古典文獻研究輯刊

三三編

潘美月・杜潔祥 主編

第3冊

道家文獻校補

（第一冊）

蕭 旭著

國家圖書館出版品預行編目資料

道家文獻校補（第一冊）／蕭旭 著 -- 初版 -- 新北市：花木蘭文化事業有限公司，2021〔民 110〕

目 6+246 面；19×26 公分

（古典文獻研究輯刊 三三編；第 3 冊）

ISBN 978-986-518-619-7（精裝）

1. 道教文學 2. 校勘

011.08　　110012073

ISBN-978-986-518-619-7

古典文獻研究輯刊

三三編 第三冊　　ISBN：978-986-518-619-7

道家文獻校補（第一冊）

作　者　蕭　旭

主　編　潘美月、杜潔祥

總 編 輯　杜潔祥

副總編輯　楊嘉樂

編　輯　許郁翎、張雅淋、潘玟靜　美術編輯　陳逸婷

出　版　花木蘭文化事業有限公司

發 行 人　高小娟

聯絡地址　235 新北市中和區中安街七二號十三樓

電話：02-2923-1455 ／傳真：02-2923-1452

網　址　http://www.huamulan.tw 信箱 service@huamulans.com

印　刷　普羅文化出版廣告事業

初　版　2021 年 9 月

全書字數　705335 字

定　價　三三編 36 冊（精裝）台幣 90,000 元

道家文獻校補
（第一冊）

蕭旭 著

作者簡介

蕭旭，男，漢族，1965 年 10 月 14 日（農曆）出生，江蘇靖江市人。常州大學兼職教授，南京師範大學客座研究員。中國訓詁學會會員，中國敦煌吐魯番學會會員。

無學歷，無職稱，無師承。竊慕高郵之學，校讀群書自娛。出版學術專著《古書虛詞旁釋》《群書校補》《群書校補（續）》《淮南子校補》《韓非子校補》《呂氏春秋校補》《荀子校補》《敦煌文獻校讀記》《史記校補》凡 9 種，都 670 萬字。在海內外學術期刊發表學術論文 130 篇，都 200 餘萬字。

提　　要

本書稿是對四種道家文獻即帛書《老子》《列子》《文子》《老子指歸》的校補著作。另外旁及後世的四種道教文獻《抱朴子內篇》《神仙傳》《真誥》《周氏冥通記》。據作者葛洪自述，《抱朴子外篇》屬於儒家文獻。抱朴先生乍出乍入，或儒或道，不復區分可矣。余既校《內篇》，《外篇》因亦附焉。

目次

第一冊

第二冊

第三冊

第四冊

馬王堆帛書《老子》校補

馬王堆帛書《老子》甲、乙本的釋文及注解最早收錄於《馬王堆漢墓帛書〔壹〕》〔註1〕，後來重新整理修訂版收錄於《長沙馬王堆漢墓簡帛集成》第4冊〔註2〕。本文依《集成》釋文為底本作校補，引用二書整理者的說法分別稱作「原注」、「新注」。

本文參考、徵引諸家說，有如下各種：

漢・河上公《道德真經註》，魏・王弼《道德真經註》，唐玄宗《御註道德真經》，南齊・顧歡《道德真經注疏》（實是宋人所作），唐玄宗《御製道德真經疏》，唐・傅奕《道德經古本篇》，唐・陸希聲《道德真經傳》，唐・李約《道德真經新註》，唐・李榮《道德真經註》，唐・強思齊《道德真經玄德纂疏》，唐・趙志堅《道德真經疏義》，唐・無名氏《道德真經次解》，宋徽宗《御解道德真經》，宋・陳景元《道德真經藏室纂微篇》，宋・林希逸《道德真經口義》，宋・彭耜《道德真經集註釋文》，宋・司馬光《道德真經論》，宋・王雱《道德真經集註》，宋・呂惠卿《道德真經傳》，宋・陳象古《道德真經解》，宋・董思靖《道德真經集解》，金・寇才質《集解》，元・吳澄《道德真經註》，明・焦竑《老子翼》〔註3〕，宋刊本漢・河上公《老子道德經河上公章句》〔註4〕，唐・張君相《道德真經集解》〔註5〕，南宋・范應元《老子道德真經古本

〔註1〕《馬王堆漢墓帛書〔壹〕》，文物出版社1980年版。

〔註2〕《長沙馬王堆漢墓簡帛集成》第4冊，中華書局2014年版。甲本，第1～56頁。乙本，第193～216頁。

〔註3〕以上皆《道藏》本。

〔註4〕《老子道德經河上公章句》，《四部叢刊》景宋刊本，（上海）商務印書館民國十八年重印。

〔註5〕張君相《道德真經集解》，收入《宛委別藏》第94冊，江蘇古籍出版社1988

集註》〔註6〕，清·徐大椿《道德經註》〔註7〕，畢沅《老子道德經考異》〔註8〕，王昶《元（玄）宗御注道德經校勘記》〔註9〕，宋翔鳳《過庭錄》卷13《老子》〔註10〕，易順鼎《讀老札記》〔註11〕，俞樾《老子平議》〔註12〕，高延第《老子證義》〔註13〕，孫詒讓《〈老子〉王弼河上公注札迻》〔註14〕，羅振玉《道德經考異》〔註15〕，陶鴻慶《讀老子札記》〔註16〕，馬其昶《老子故》〔註17〕，奚侗《老子集解》〔註18〕，顧實《老子道德經上篇解詁》〔註19〕，羅運賢《老子餘誼》、《老子餘誼（續）》〔註20〕，丁福保《老子道德經箋注》〔註21〕，劉師培《老子斠補》〔註22〕，勞健《老子古本考》〔註23〕，馬敘倫《老子校詁》〔註24〕，蔣

年版。

〔註6〕范應元《老子道德真經古本集註》，《續古逸叢書》之十七景宋本。

〔註7〕徐大椿《道德經註》，景印文淵閣《四庫全書》第1055冊，臺灣商務印書館1986年初版，第523～545頁。

〔註8〕畢沅《老子道德經考異》，收入《叢書集成初編》第541冊，中華書局1985年影印。

〔註9〕王昶《元（玄）宗御注道德經校勘記》，收入《金石萃編》卷83，《續修四庫全書》第888冊，上海古籍出版社2002年版，第543～548頁。

〔註10〕宋翔鳳《過庭錄》卷13《老子》，中華書局1986年版，第214～222頁。

〔註11〕易順鼎《讀老札記（附補遺）》，收入《琴志樓叢書》第2冊，光緒年間刻本，無頁碼。

〔註12〕俞樾《老子平議》，收入《諸子平議》卷8，上海書店1988年版，第143～162頁。

〔註13〕高延第《老子證義》，光緒六年刊本，無頁碼。

〔註14〕孫詒讓《〈老子〉王弼河上公注札迻》，收入《札迻》卷4，中華書局1989年版，第125～128頁。

〔註15〕羅振玉《道德經考異》，收入《永豐鄉人雜著續編》，1923年刊。

〔註16〕陶鴻慶《讀老子札記》，收入《讀諸子札記》，浙江人民出版社1998年版，第1～19頁。

〔註17〕馬其昶《老子故》，收入《老子注三種》，黄山書社1994年版，第3～61頁。

〔註18〕奚侗《老子集解》，收入《老子注三種》，黄山書社1994年版，第65～147頁。

〔註19〕顧實《老子道德經上篇解詁》，《國學叢刊》第1卷第1期，1923年版，第41～48頁。此文僅解《老子》第1章，續篇未見。

〔註20〕羅運賢《老子餘誼》，《華國月刊》第2卷第8冊，1925年版。羅運賢《老子餘誼（續）》，《華國月刊》第2卷第11冊，1926年版。

〔註21〕丁福保《老子道德經箋注》，上海醫學書局1927年出版。

〔註22〕劉師培《老子斠補》，收入《劉申叔遺書》，江蘇古籍出版社1997年版，第871～884頁。

〔註23〕勞健《老子古本考》，1941年影印手稿本，未標示頁碼。

〔註24〕馬敘倫《老子校詁》，中華書局1974年版。

錫昌《老子校詁》〔註25〕，胡懷琛《老子補註》〔註26〕，陳柱《老子集訓》〔註27〕，何士驥《古本道德經校刊》〔註28〕，高亨《老子正詁》〔註29〕，朱謙之《老子校釋》〔註30〕，于省吾《老子新證》〔註31〕，陳夢家《老子分釋》〔註32〕，汪桂年《老子通詁》〔註33〕，丁展成《老子校語》〔註34〕，王叔岷《老子賸義》〔註35〕，王淮《老子探義》〔註36〕，張舜徽《老子疏證》〔註37〕，徐梵澄《老子臆解》〔註38〕，張松如《老子說解》〔註39〕，古棣、周英《老子通·老子校詁》〔註40〕，高明《帛書老子校注》〔註41〕，劉信芳《荊門郭店竹簡〈老子〉解詁》〔註42〕，彭浩《郭店楚簡〈老子〉校讀》〔註43〕，郭沂《〈老子〉考釋》〔註44〕，李零《郭店楚簡校讀記》〔註45〕，廖名春《郭店楚簡〈老子〉校釋》〔註46〕，劉

〔註25〕蔣錫昌《老子校詁》，(上海）商務印書館1937年初版。

〔註26〕胡懷琛《老子補註》，收入《叢書集成續編》第38冊，新文豐出版公司1988年印行。

〔註27〕陳柱《老子集訓》，收入《民國叢書》第5編，(上海）商務印書館1928年版初版。

〔註28〕何士驥《古本道德經校刊》，國立北平研究院史學研究會考古組《考古專報》第1卷第2號，1936年版。

〔註29〕高亨《老子正詁》，中國書店1988年版。

〔註30〕朱謙之《老子校釋》，中華書局1984年版。

〔註31〕于省吾《老子新證》，收入《雙劍誃諸子新證》，中華書局2009年版，第551～588頁。

〔註32〕陳夢家《老子分釋》，中華書局2016年版。

〔註33〕汪桂年《老子通詁》，《北強》國學專號，1935年版。

〔註34〕丁展成《老子校語》，《學術世界》第1卷第8期，1936年版，第51～52頁。

〔註35〕王叔岷《老子賸義》，收入《慕廬論學集（一)》，中華書局2007年版。

〔註36〕王淮《老子探義》，臺灣商務印書館1975年版。

〔註37〕張舜徽《老子疏證》，收入《周秦道論發微》，中華書局1982年版，第93～198頁。

〔註38〕徐梵澄《老子臆解》，中華書局1988年版。

〔註39〕張松如《老子說解》，齊魯書社1998年版。其舊作《老子校讀》(吉林人民出版社1981年版)、《老子說解》(齊魯書社1987年版）本稿不復徵引。

〔註40〕古棣、周英《老子通·老子校詁》，吉林人民出版社1991年版。

〔註41〕高明《帛書老子校注》，中華書局1996年版。

〔註42〕劉信芳《荊門郭店竹簡〈老子〉解詁》，臺北藝文印書館1999年版。

〔註43〕彭浩《郭店楚簡〈老子〉校讀》，湖北人民出版社2001年版。

〔註44〕郭沂《〈老子〉考釋》，收入《郭店竹簡與先秦學術思想》，上海教育出版社2001年版，第49～136頁。

〔註45〕李零《郭店楚簡校讀記》，北京大學出版社2002年版。

〔註46〕廖名春《郭店楚簡〈老子〉校釋》，清華大學出版社2003年版。

釗《郭店楚簡校釋》〔註47〕，丁四新《郭店楚竹書〈老子〉校注》〔註48〕，彭裕商、吳毅強《郭店楚簡〈老子〉集釋》〔註49〕，程南洲《倫敦所藏敦煌〈老子〉寫本殘卷研究》〔註50〕，《郭店楚墓竹簡》〔註51〕，《北京大學藏西漢竹書（貳）》〔註52〕，劉笑敢《〈老子〉古今五種對勘與析評引論》〔註53〕。

本文徵引諸家說隨文標舉頁碼，以便覆按。此上未列者隨文標示出處。

《老子》甲本校補

一、《德篇》校補

（1）上禮〔為之而莫之應也〕，則攘臂而乃（仍）之

新注：甲、乙本皆作「乃」，北大本同，傳本多作「仍」，唯王弼本、范應元本作「扔」。各家多以為此字當讀為「扔」，《廣韻》：「扔，強牽引也。」（P7）

按：敦煌各寫卷作「仍」，《韓子．解老》引同。《釋文》本亦作「扔」，云：「而扔：人證反，又音仍，引也，因也。《字林》云：『就也，數也，原也。』」河上公注：「言煩多不可應，上下忿爭，故攘臂相仍引。」畢沅曰：「《說文》：『仍，因也。』扔亦因也。」（P37）高延第曰：「仍，因也，從也。」劉師培曰：「『扔』當作『仍』。仍，因也，即不衰之誼。」（P879）馬其昶曰：「《釋文》：『扔，就也。』攘臂而就之，謂勉強行禮也。」（P30）馬敘倫曰：「『仍』、『扔』音義同。《說文》曰：『扔，捆也〔註54〕。捆，就也。』」（P370）蔣錫昌說同馬氏（P248）。丁福保曰：「仍，繼也。」（P25）勞健曰：「仍，就也，因也。攘臂而仍之，猶云推臂而就禮，自以身為率之謂也。」朱謙之曰：「作『扔』是也。《廣雅》曰：『扔，引也。』《廣韻》曰：『扔，強牽引也。』『扔』與『仍』音義同，但『扔』字從手，與『攘臂』之義合。」（P152）高亨曰：「陸

〔註47〕劉釗《郭店楚簡校釋》，福建人民出版社2005年版。

〔註48〕丁四新《郭店楚竹書〈老子〉校注》，武漢大學出版社2010年版。

〔註49〕彭裕商、吳毅強《郭店楚簡〈老子〉集釋》，巴蜀書社2011年版。

〔註50〕程南洲《倫敦所藏敦煌〈老子〉寫本殘卷研究》，文津出版社1985年版。

〔註51〕《郭店楚墓竹簡》，文物出版社1998年版。

〔註52〕《北京大學藏西漢竹書（貳）》，上海古籍出版社2012年版。

〔註53〕劉笑敢《〈老子〉古今五種對勘與析評引論》，中國社會科學出版社2006年版。

〔註54〕《說文》本作「扔，因也」，段玉裁改「因」作「捆」。

訓扔為引，是也。謂攘臂以引人民使就於禮也。」(P87)張舜徽說同高氏(P105)。高明曰:「假『乃』為『扔』。」(P2)「捆」是「因」增旁字。仍訓因，是因仍、重復、相從、沿襲、承接義，非其誼也。扔訓牽引者，當讀為揖，字亦作挄〔註55〕。《說文》:「揖，推擣也。」《廣雅》:「挄，推也。」《集韻》:「扔，《博雅》:『引也。』一曰:就也，推也。」言推引之，猶今言推拉。言上禮為之而沒有應對，則捋袖伸出手臂而推拉之。高延第引《韓子·解老》「衆人之為禮也，人應則輕歡，不應則責怨」，是也，「推拉」即責怨之動作表現。

(2) 胃(謂)地毋〔已寧〕，將恐發

新注：敦煌寫本 S.189「發」作「廢」(鄭良樹 1983：367)。(P9)

按：敦煌寫本 S.189 作「[illegible]」，即「癈」字。「癈」同「廢」。整理者未核查原卷，誤信鄭氏所校〔註56〕。奚侗曰:「發，借作廢，謂廢毀也。」(P108)劉師培曰：「發讀為廢。恐發者，猶言將崩圮也，即地傾之義。」(P879)馬敘倫(P380)、丁福保(P27)、蔣錫昌(P255)、陳柱(P69)、朱謙之(P156)、高明(P13)、古棣(P289)皆從劉說，張舜徽說亦同(P107)。汪桂年曰：「發，動也。劉氏師培以發為廢，言屋頓也，不如訓動為得。」(P36)「發」當讀如字，汪說是也。河上公注:「言地當有高下剛柔、氣節五行，不可但欲安靜無已時，將恐發泄不為地。」成玄英疏:「發，變動也。」唐無名氏《次解》:「發，發泄也。」顧歡本引《節解》解作「精氣發泄」(張君相本引同)。焦竑、高延第說同，馬其昶(P31)、王淮(P157)從焦說。言地氣發泄，而致山崩川竭也。下句「神無以靈，將恐歇」,「歇」亦發泄、散越之誼。《呂氏春秋·孟冬紀》:「孟冬行春令，則凍閉不密，地氣發泄，民多流亡。」《淮南子·說山篇》:「天二氣則成虹，地二氣則泄藏。」

(3)〔夫唯〕道，善〔始且善成〕

新注：原釋文據乙本補全。北大本作「善貸且成」，傳本多同北大本。但

〔註55〕《左傳·昭公四年》:「夏桀為仍之會，有緡叛之。」《韓子·十過》「仍」作「戎」。《集韻》:「扔、挄、戎:《說文》:『因也。』一曰引也。或作挄，亦省。」

〔註56〕第 10 頁注釋(20)云:「敦煌戊本作『是其以賤為本與？非也』，與帛書本合。」敦煌戊本即 S.189，檢圖版作「此其以賤為本耶？非」，S.6453、P.2255、P.2375、BD14633、中村不折舊藏本 131 號同，與朱謙之所據底本景龍碑本同。S.2267「此」誤作「以」，餘同；P.2420「非」誤作「悲乎」，餘同。整理者乃據朱謙之誤校。亦未核查原卷，此外尚多，不具舉正。

范應元本作「善貸且善成」，景龍碑本作「善貸且善」（句末當脫「成」字），「且」下有「善」字，與帛書本合。敦煌戊本作「善始且成」，「始」字與帛書本合。「貸」、「始」二字上古音相近。于省吾據敦煌本謂此字當作「始」，義與可訓為「終」之「成」相對。高明據帛書本肯定於說。但北大本已作「貸」，且「貸」義自可通，參看朱謙之（1984：172），疑其亦有時代不晚於帛書本的古本為其來源。（P11）

按：羅振玉藏敦煌本作「善始且成」〔註 57〕，S.189 作「善貸生成」，P.2594 作「善貸生」，S.2267、S.3926、S.6453、P.2255、P.2375、P.2420、P.2639、中村不折舊藏本 131 號、張君相本皆作「善貸且成」，BD14633 作「善代（貸）且成」。朱謙之曰：「『貸』與《莊子・應帝王篇》述老聃語『化貸萬物而民弗恃』之『貸』意旨相同。」（P172）汪桂年曰：「貸，盈也。成，亦讀為盛，受物也。」（P38）王煥鑣曰：「始，初也。成，終也。《詩》云：『靡不有初，鮮克有終。』『始』從台聲，與『貸』音近，故本亦作『貸』。」〔註 58〕朱說是也，白于藍讀始為貸〔註 59〕，亦是也。《文選・殷仲文・解尚書表》「匡復社稷，大弘善貸」，又謝靈運《還舊園作見顏、范二中書》「殊方感成貸，微物豫采甄」，又謝靈運《初發石首城》「日月垂光景，成貸遂兼茲」，李善注三引，並作「善貸且成」，後二文，李善注引《說文》：「貸，施也。」《宋書・謝靈運傳》《山居賦》：「豈寓地而空言，必有貸以善成。」自注：「《老子》云：『善貸且善成。』此道惠物也。」是殷仲文、謝靈運所見《老子》亦作「善貸」也。李善訓貸為施，范應元、高延第、丁福保（P29）、蔣錫昌（P278）、高亨（P96）說同，亦是也，猶言施與、借貸。《初學記》卷 23 引《明威經》：「天道善貸，貸以三氣：上氣曰始，其色正青；中氣曰元，其色正白；下氣曰亥，其色正黃。」此亦作「善貸」之證。又考《淮南子・原道篇》：「夫道者……施之無窮而無所朝夕。」又「夫太上之道……布施稟授而不益貧。」又「所謂一者……布施而不既，用之而不勤。」皆天道善於布施而無窮盡之說。成，成功，成就（河上公注），不訓終，張舜徽（P112）從于省吾說，亦非也。

〔註 57〕羅振玉藏敦煌本《道德經》，存六個寫本殘卷，收入《貞松堂藏西陲秘笈叢殘》，《羅雪堂先生全集》第三編第 8 冊，第 3169～3194 頁，上虞羅氏景印本，下同。

〔註 58〕王煥鑣《〈老子・德經〉柬釋》，《杭州大學學報》1981 年第 1 期，第 5 頁。

〔註 59〕白于藍《戰國秦漢簡帛古書通假字彙纂》，福建人民出版社 2012 年版，第 13 頁。

（4）大直如詘（屈）

按：北大漢簡本、傅本、范本作「詘」，《韓詩外傳》卷 9 引同；郭店楚簡、敦煌各卷、傳世本多作「屈」。范應元曰：「詘，音屈，枉曲也。」勞健、馬敘倫（P421）、蔣錫昌（P291）指出「詘」是屈曲義本字，是也。《史記·劉敬叔孫通列傳》：「『大直若詘，道固委蛇』，蓋謂是乎？」是太史公所見亦同。《淮南子·道應篇》引作「屈」，用借字。不宜據後世用字校改漢代文獻。丁四新亦讀詘為屈（P345），慎矣。羅振玉藏敦煌本「直」誤作「真」。

（5）趮（躁）勝寋〈寒〉，靚（靜）勝炅（熱），請（清）靚可以為天下正

新注：「躁」字，甲、乙本及北大本皆從「走」。馬敘倫謂「躁」「《說文》作趮，疾也。」馬氏又謂此「躁」當作「燥」，則非是。「靜勝熱」以下二句，乙本已殘去。原注：「通行本皆作『靜勝熱』。」（P15）

按：郭店楚簡作「喿（燥）勳（勝）蒼（滄），青（清）勳（勝）然（熱），清靜為天下定（正）」，整理者注：「《說文》：『滄，寒也。』」（P120）靚，北大漢簡、敦煌各寫卷作「靜」，傅本作「竫」。馬敘倫曰：「羅卷『躁』作『噪』。以義推之，當作『寒勝躁』。躁，《說文》作『趮』，疾也。今通作『躁』。此當作『燥』，《說文》曰：『乾也。』竫借為瀞，《說文》曰：『冷寒也。』」（P422）古棣從馬說改作「寒勝躁」（P215）。蔣錫昌曰：「此文疑作『靜勝躁，寒勝熱』，『靜』、『躁』對言。言靜可勝動，寒可勝熱也。」（P292）王淮說同蔣氏（P186）。朱謙之曰：「馬敘倫曰：『躁，此當作燥。』馬說是也。《釋名》：『躁，燥也，物燥乃動而飛揚也。』《釋言語》：『燥，焦也。』《說文》：『燥，乾也。』『燥』乃《老子》書中用楚方言，正指爐火而言。《詩·汝墳》《釋文》曰：『楚人名火曰燥。』老子楚人，故用『躁』字。『躁勝寒』與『靜勝熱』為對文。『靜』與『瀞』字同，《楚辭》『收潦而水清』，注作『瀞』。《說文》：『瀞，從水，靜聲。』意謂清水可以勝熱，而爐火可以禦寒也。」（P183～184）高明曰：「馬敘倫、朱謙之皆謂『躁』為『燥』，從詞義分析，『燥』與『靜』不類。朱謙之說『清水可以勝熱』，其實水能勝熱何以只限清水，其說皆與《老子》原義相違。『躁勝寒，靜勝熱』，帛書甲、乙本與今本相同，不必改字。『躁』、『靜』對言。『躁』乃疾急擾動，正與『靜』字相對。肢體運動則生暖，暖而勝寒；心寧體靜則自爽，爽而勝熱。陳鼓應根據蔣錫昌、嚴靈峰之說，改為『靜勝躁，寒勝熱』，甚

不可取也。」(P46)彭浩曰:「青,借作清。《說文》:『寒也。』靚,借作瀞。《說文》:『瀞,冷寒也。』『清』、『瀞』兩字同義。」(P100)白奚曰:「『燥』與『滄』對文。燥即乾燥,乾則爽,燥則暖。滄即濕冷,濕冷則不舒適。老子是楚人,楚地的冬天潮濕陰冷,不若乾爽令人溫暖舒適,故曰『燥勝滄』。『清』即涼爽,涼爽則舒適,舒適則人安靜。『熱』即暑熱,暑熱出汗則人煩躁不安。楚地的夏天潮濕悶熱,不若清涼令人乾爽舒適,故曰『清勝熱』。」〔註 60〕馬、蔣、嚴改易文句,沒有版本依據,高明斥為「甚不可取」,是也。「瀞」是乾淨之淨的本字,朱謙之解為清水,無據。馬敘倫讀靖為瀞,彭浩讀青為清,皆是也,靜亦讀為瀞(凊)。白奚所解得其義,而不知「靜」、「青」當讀為瀞(凊)。「瀞」、「凊」二字音義全同,楚慶切,今吳語讀如鄭音,當是一字異體。字亦作倩、淨,《集韻》:「瀞、倩,冷也。吳人謂之瀞,或從人。亦作淨。」字亦作清,汪東曰:「《說文》:『瀞,冷寒也。凊,寒也。』並七正切。古書或假『清』為之。《莊子·人間世》曰:『吾食也執粗而不臧,爨無欲清之人。』《素問·五臟生成篇》曰:『得之寒濕腰痛足清。』」〔註 61〕張家山漢簡《脈書》:「氣者,利下而害上,從煖而去清。」《呂氏春秋·有度》:「夏不衣裘,非愛裘也,煖有餘也;冬不用簍,非愛簍也,清有餘也。」高誘注:「清,寒。」《淮南子·俶真篇》:「冬日之不用翣者,非簡之也,清有餘於適也。」楊昭儁曰:「清,讀為凊。」楊說是也。文廷式、范耕研、馮振並謂「清」當作「凊」〔註 62〕,改字非也。「靚勝熱」即《素問·陰陽應象大論》所謂「寒勝熱」也。下句「請(清)靚可以為天下正」,「靚」則當據傳本及北大漢簡讀為靜,與上「靚」同形異字。汪桂年曰:「清,讀為情。情,誠也。為,猶則也。」(P40)其說全誤,「清」讀如字。

(6)百姓皆屬耳目焉

新注:屬,乙本作「注」,二字音義皆近。傳本皆同乙本。北大本作「屬」,

〔註 60〕白奚《〈老子〉「躁勝寒,靜勝熱」釋義新探》,《中國哲學》2008 年第 3 期,第 66～71 頁。

〔註 61〕汪東《吳語》,收入《章太炎全集(七)》附錄,上海人民出版社 1999 年版,第 151 頁。

〔註 62〕楊昭儁、文廷式、范耕研說皆轉引自王利器《呂氏春秋注疏》,巴蜀書社 2002 年版,第 2975 頁。馮振《呂氏春秋高注訂補(續)》,《學術世界》第 1 卷第 12 期,1935 年版,第 27 頁。

同甲本。(P19)

按:河上公注:「注,用也。」張舜徽從河注(P123)。范應元解「注」作「傾注」。顧本成玄英疏:「河上作『注』,諸本作『淫』。淫者,染滯也。」馬敘倫曰:「注借為𣪠,今作投。」(P446)高亨曰:「《說文》:『注,灌也。』」(P105)朱謙之曰:「注,猶聚也。」(P197)羅運賢曰:「注,謂不用也。」〔註63〕注,敦煌各寫卷同,讀為屬〔註64〕,後出專字作矚,取連屬為義。《集韻》:「注,或作屬、主。」《通鑒》卷68:「群生注望。」胡三省注:「注,猶屬望。」《韓詩外傳》卷7:「使之瞻見指注,雖良狗猶不及狡兔之塵。」《新序·雜事五》、《渚宮舊事》卷3作「指屬」,《說苑·善說篇》:「見兔而指屬,則無失兔矣。」亦其例。成玄英疏本作「淫」,是形譌字。道藏本《道德真經指歸·聖人無為章》:「萬物紛紛,皆汪其耳目。」「汪」亦形譌字。

(7)蓋〔聞善〕執生者,陵行不〔避〕矢(兕)虎

新注:執生,乙本同,北大本作「聶(攝)生」,傳本皆作「攝生」。原注:「執、攝音近義通。」陵,乙本、北大本同,傳本「陵」皆作「陸」。(P19~20)

按:敦煌各寫卷同今本,《韓子·解老》引亦作「攝生」。河上公注:「攝,養也。」成玄英疏:「攝,衛也,養也。」范應元曰:「攝,引持也。」奚侗說同(P119)。張舜徽曰:「帛書甲、乙本『攝生』並作『執生』,『陸行』並作『陵行』,疑皆形誤。」(P125)王煥鑣曰:「執、攝音近義通。《釋名》:『執,懾也。』《說文》:『讋,讘也。』是其證。」〔註65〕高明指出執讀為攝,又云:「《說文》云:『陸,高平地。陵,大𨸏也。』兕虎猛獸,當處山陵,不處大陸,此當從帛書作『陵行』。」(P67)北大簡整理者曰:「執、攝音義皆近可通。攝,引持也。執亦有持義。『陸』當為『陵』之訛。」(P129)①讀執為攝,是也。「攝」取收攝、收斂為義。《列子·黃帝》:「其齊欲攝生,亦不假智於人也。」②作「陵」是古本,古楚語謂陸曰陵,《韓子·解老》引作「陸」,則改作通語耳〔註66〕。「陵行」即「陸行」,是與「水行」相對的概念。《莊子·

〔註63〕羅運賢《老子餘誼(續)》,《華國月刊》第2卷第11冊,1926年版,第2頁。
〔註64〕參見張儒、劉毓慶《漢字通用聲素研究》,山西古籍出版社2002年版,第273頁。
〔註65〕王煥鑣《〈老子·德經〉柬釋》,《杭州大學學報》1981年第1期,第10頁。
〔註66〕古棣指出「楚吳越語以『陵行』為『陸行』」(P402),劉笑敢從其說(P498)。另參見李水海《老子〈道德經〉楚語考論》,陝西人民出版社1990年版,第

秋水》孔子曰：「夫水行不避蛟龍者，漁父之勇也；陸行不避兕虎者，獵夫之勇也。」《御覽》卷386引《說苑》：「勇士孟賁，水行不避蛟龍，陸行不避虎狼。」〔註67〕皆可證。

（8）矢（兕）無所椯其角

新注：椯，北大本同，傳本多作「投」，遂州本作「註」〔註68〕，敦煌己本、P.2417、S.6453、中村不折舊藏本皆作「駐」。原整理者在「椯」字後括注「揣」，義似難通。「投其角」也難以講通。羅振玉謂敦煌己本之「駐」殆「拄」之誤，其說有理。「拄」有抵住、抵距一類意義。疑「投」為「拄」之音近誤字。陳劍指出「投、駐、椯是同類的讀音相通之例」。疑「椯」也當讀為「拄」。（P20）

按：敦煌己本即P.2347，中村不折舊藏敦煌本卷號是131〔註69〕。P.2375、P.2864李榮注本（道藏本同）、S.189、S.2267、羅振玉藏敦煌本、遂州碑本、唐無名氏《次解》本亦作「駐」，P.2420、P.2639、P.3895、S.3926、多數傳世本作「投」（《韓子·解老》、陶弘景《養性延命籙》卷上、《御覽》卷668引同）。唐無名氏《德經異同字》：「投其角：駐其角。」成玄英疏：「諸本言『駐』。駐，立也。」馬敘倫曰：「投，《淮南子·詮言訓》作『措』，《鹽鐵論·世務篇》作『用』，羅卷作『駐』，各本及《韓非·解老》、《北山錄》卷2引同此。弼注曰：『虎兕無所措其爪角。』是王兩句皆作『措』。投，古本蓋作『投』，隸書作『投』，傳寫因為『駐』矣。」（P452）蔣錫昌曰：「顧本成疏：『諸本言駐。駐，立也。』是成作『駐』。『駐』蓋與『注』通，注，擊也。『駐』、『注』均為『投』之假。《說文》：『投，擿也。』」（P314）程南洲從蔣說（P138）。朱謙之曰：「敦、遂本『投』作『駐』。《淮南子·詮言訓》引作『措』。蔣說是也。《鹽鐵論》引作『用』，用亦注也。」（P201）汪桂年曰：「投，振也。」（P43）王煥鑣曰：「椯，此借為揣，試也。字亦作敾，度也，動也。各本作『投』，亦通。」〔註70〕高明曰：「投、椯、駐古同音相借，王本用本字，其他皆為借字。」（P69）北大漢簡整理者亦讀椯為揣，訓「持」（P129）。魏宜

65～67頁。又參見蕭旭《〈越絕書〉古吳越語例釋》，收入《群書校補（續）》，花木蘭文化出版社2014年版，第2015～2017頁。

〔註67〕《御覽》卷437引作《新序》文，「蛟」誤作「蚊」。

〔註68〕引者按：遂州本作「駐」。

〔註69〕《中村不折舊藏禹域墨書集成》中冊，東京二玄社2005年版，第291頁。

〔註70〕王煥鑣《〈老子·德經〉柬釋》，《杭州大學學報》1981年第1期，第11頁。

輝謂「投」同「扣」，乃「摳」字省寫，讀為揣〔註 71〕。李銳曰：「『椯』字《說文》有一義項訓『剟』，剟之義可為刺、擊。」〔註 72〕《說文》「椯」訓剟者，《繫傳》：「剟，刊削也。」考《說文》：「椯，箠也，一曰剟也。」「剟」當作「錣」〔註 73〕。《淮南子·道應篇》：「白公勝慮亂，罷朝而立，到杖策，錣上貫頤，血流至地而弗知也。」《列子·說符》同。許慎注：「策，馬捶。端有針以刺馬，謂之錣。到杖策，故錣貫頤也。」《淮南子·氾論篇》：「欲以樸重之法，治既弊之民，是猶無鏑銜橜策錣而御馯馬也。」高誘注：「錣，揣頭箴也。」高注的「揣」即「椯」〔註 74〕，指馬箠。「錣」即是馬箠（即馬策）頭端的鐵針。《韓子·外儲說右》：「鉤飾在前，錯錣在後。」又「馬欲進則鉤飾禁之，欲退則錯錣貫之。」皆同。字本作笍，《說文》：「笍，羊車騶箠也，箸箴其耑，長半分。」《集韻》：「笍，或作錣。」字亦作銳，上引《道應篇》，《韓子·喻老》作「倒杖而策銳貫顊（頤）」，《御覽》卷 368 引作「錣貫頤」。段玉裁曰：「『錣』與『笍』音義皆同。」〔註 75〕朱駿聲曰：「笍，字亦作錣。」〔註 76〕楊樹達曰：「此『銳』字假為『笍』。《說文》云云。字又作錣，故《淮南》作『錣』。笍、銳、錣古音並同，故得通用。」〔註 77〕字亦作鈉、鏋，《玉篇》：「鏋，銳鏋。」《集韻》：「錣，策耑有鐵，或作鏋。」《廣韻》：「鈉，銳鈉。」《說文》「椯」字箠、剟二訓，只是一義，「剟」不取刺擊義，李銳說非是。兕不可自持其角，訓持非也。角兕似牛，善抵觸，陳劍說可備一通。余謂「椯」讀為捶，擊也。「投」、「駐」是音變借字。捶其角者，以角相觸刺而擊鬬也。另詳《道經》校補。

（9）物刑（形）之而器孰成之

新注：器成之，乙本同，北大本及傳本皆作「勢成之」（北大本以「埶」

〔註 71〕魏宜輝《簡帛〈老子〉校讀札記》，《古典文獻研究》第 16 輯，鳳凰出版社 2013 年版，第 350～351 頁。

〔註 72〕李銳、邵澤慧《北大漢簡〈老子〉初研》，《中國哲學史》2013 年第 3 期，第 28 頁。

〔註 73〕參見桂馥說，王筠從之。桂馥《說文解字義證》，王筠《說文解字句讀》，並收入丁福保《說文解字詁林》，中華書局 1988 年版，第 6117～6118 頁。

〔註 74〕楊明照說「揣」當作「椯」，則殊不必。楊明照《抱朴子外篇校箋》（下冊），中華書局 1991 年版，第 538 頁注⑧。

〔註 75〕段玉裁《說文解字注》，上海古籍出版社 1981 年版，第 196 頁。

〔註 76〕朱駿聲《說文通訓定聲》，武漢市古籍書店 1983 年版，第 593 頁。

〔註 77〕楊樹達《積微居讀書記·韓非子（續）》，《北平北海圖書館月刊》第 2 卷第 2 號，1929 年出版，第 119 頁。

為「勢」)。(P20)

按:器,P.3895、張虹藏敦煌殘卷作「勢」〔註 78〕,P.2375、P.2864 李榮注本(道藏本同)作「孰」,P.2255、S.2267、S.6453、中村不折藏本作「熟」。唐無名氏《德經異同字》:「勢成之:孰成之。」王叔岷曰:「『熟』字誤。」(P276)作「孰(熟)」蓋涉下文「成之熟(孰)之」而誤。

(10)是以萬物尊道而貴德。〔道〕之尊,德之貴也,夫莫之肘(爵)而恒自然也

新注:肘,乙本作「爵」。河上公、王弼及景龍碑、景福碑等本作「命」,但多數傳本(包括嚴遵、傅奕及敦煌己本、P.2417、S.6453、中村不折等本)作「爵」,與帛書本、北大本合。(P20)

按:P.2375、P.2864 李榮注本、S.189、S.2267、羅振玉藏敦煌本、張君相本作「爵」(《雲笈七籤》卷 1、102 引同),P.3895 作「令」,P.2420、P.2639、S.3926、張虹藏敦煌殘卷作「命」。高明曰:「『爵』字在此作動詞,有『封爵』、『賜爵』之意。」(P71)命、爵義同。《莊子·繕性》:「此之謂至一。當是時也,莫之為而常自然。」

(11)塞其悶,閉其門,終身不堇

新注:原注:「悶,乙本作『垗』,通行本作『兌』(引者按:郭簡作『逸』,北大本作『脫』,個別傳本作『銳』)。字當訓穴,古書或作『閱』(詳乙本《德經》注)。此疑是『閱』字之誤。」今按:下文「啟其悶」之「悶」,似亦應是「閱」之誤字。原注提到的乙本《德經》注,該注說:「《說文》『閱』字段玉裁注云:『古借閱為穴。《道德經》「塞其兌,閉其門」,兌即閱之省。』」今按:孫詒讓認為:「兌當讀為隧。塞其兌,亦謂塞其道徑也。」讀此字為「隧」,似較讀為「閱」合理,郭簡作「逸」,此字從辵,是對孫說的支持。堇,乙本同,北大本作「僅」,傳本作「勤」。帛書本及北大本的整理者皆據傳本括注「勤」字。馬敘倫謂「勤」字「借為為瘽,病也」,其說可考慮。「堇」、「僅」似亦有讀為「瘽」之可能。(P21~22)

按:悶,敦煌各寫卷皆作「兌」(《淮南子·道應篇》、《治要》卷 41、《意

〔註 78〕張虹藏敦煌殘卷,黃永武主編《敦煌寶藏》第 140 冊,新文豐出版公司 1986 年初版,第 816~825 頁。

林》卷1、《御覽》卷659引同），景福碑本作「銳」。勤，P.2255、S.2267、S.6453、張虹藏敦煌殘卷作「懃」，郭店簡作「𤕫」。河上公注：「兌，目也，目不妄視也。門，口也，使口不妄言。」《釋文》：「兌，簡〔文〕云：『言也。』河上本作『銳』，銳，自言也。」宋刊河上公本作「兌」。朱駿聲說同段玉裁讀閱為穴〔註79〕。俞樾亦曰：「兌當讀為穴。《文選・風賦》：『空穴來風。』注引《莊子》『空閱來風』。閱可叚作穴，兌亦可叚作穴也。『塞其穴』正與『閉其門』一律。」（P154）高延第曰：「兌，口也。」奚侗曰：「《易・說卦》『兌為口』，引申凡有孔竅者皆可云『兌』。《淮南・道應訓》：『則塞民於兌。』高注：『兌，耳目鼻口也。《老子》曰「塞其兌」，是也。』『門』謂精神之門。」（P120）勞健說同奚氏，張舜徽從奚說（P126）。馬敘倫曰：「孫義較長。勤借為瘽，病也。」（P462）蔣錫昌曰：「『兌』字奚說為長。『兌』、『門』詞異誼同，皆所以喻人之知與欲也。言聖人當塞兌閉門，令無知無欲，則終其身可不勞而治也。」（P322）高明曰：「俞、孫、奚三氏之說皆通，尤以奚侗舉『兌為口』引申為人之耳目鼻口，更切《老子》經義。」（P76）朱謙之從俞說，又申論之語略同奚侗（P207）。汪桂年曰：「兌，讀為隧，道也。勤，憂也。」（P44）白于藍曰：「『𤕫』應即『岑』……應以今本作『勤』為正字，『堇』或『岑』均為借字。勤，勞也。又疑此字或可讀為矜，苦也。」〔註80〕①段、俞、奚、勞、蔣、二朱說是也。口者心之門戶，門戶者口之象也，《老子》曰「塞其兌」、「閉其門」，其義一也。《鬼谷子・捭闔》：「口者，心之門戶也。」《淮南子・道應篇》：「故人主之意欲見於外，則為人臣之所制，故《老子》曰『塞其兌，閉其門，終身不勤』。」「兌」、「門」正喻指知、欲。范應元曰：「《莊子・天運篇》載『塗郤守神』與此義同。成玄英疏云：『塗，塞也。郤，孔也。閑心知之孔郤，守凝寂之精神。』」其說是也，郭象注：「塞其兌也。」「郤」同「隙」，「塗郤」即「塞兌」。《鬼谷子・本經陰符》：「損兌法靈蓍。」梁・陶弘景注：「老子曰：『塞其兌。』河上公曰：『兌，目也。』《莊子》曰：『心有眼。』然則兌者，謂以心眼察理也。損者，謂減損他慮，專以心察也。兌能知得失，蓍能知休咎，故損兌法靈蓍也。」「損兌」謂減損其知慮情欲，取譬亦同。②白于藍說「𤕫」即「岑」字，無據。「勤」當讀如字，「懃」乃分

〔註79〕朱駿聲《說文通訓定聲》，武漢市古籍書店1983年版，第653頁。

〔註80〕白于藍《郭店楚簡〈老子〉「𤕫」「賽」「𡍲」校釋》，《古籍整理研究學刊》2000年第2期，第58～59頁。

別字，「堇」、「僅」乃借字。孟，讀為敄。《說文》:「敄，彊也。」字亦作務，《爾雅》:「務，彊也。」《說文》:「務，趣也。」字亦作䥘、侔，《方言》卷 7：「侔莫，強也，北燕之外郊，凡勞而相勉若言努力者，謂之侔莫。」《廣雅》:「䥘莫，強也。」「孟」指強力而趣赴於事、勉力從事於事，與「勤」義近。③帛書「悶」，當是從心問聲之「悶」(『問』形誤作『閂』)，即「悶」俗字，當讀為「門」。帛書作「悶」與下句犯複，當是誤書，乙本作「垙」不誤。下文「塞其悶，閉其門，〔和〕其光，同其墼（塵）」云云，「悶」字亦誤書，郭店簡作「迻」不誤。

(12) 啟其悶，濟其事，終身〔不口〕

新注：郭簡作「啟其迻，賽其事，終身不逨」，乙本作「啟其垙，齊其事，〔終身〕不棘」，北大本作「啟其脫，齊其事，終身不來」，傳本大都作「啟其兌，濟其事，終身不救」。趙彤說:「『賽』字也應該讀為『塞』，為『阻止、杜絕』之意。」「逨」、「來」當讀為「棘」。棘，急也。疑「齊」字當齊平、齊一講。「濟」應為「齊」的誤讀。(P22)

按：范應元曰:「濟，成也。」奚侗曰:「濟，益也。救，當訓治。」(P121）蔣錫昌（P322～323)、張舜徽（P126）從奚說。羅運賢曰:「《說文》:『救，止也。』又以止為足，則不救猶不足也，與上文『終身不勤』對文，勤猶盡也。」〔註 81〕高亨曰:「救借為瘳，疾痛也。上文言不勤即不瘽，此句言不瘳，意正相對。」(P110）徐梵澄曰:「救、棘一聲之轉。救，止也。」(P74）郭店簡整理者曰:「賽，疑讀作蹇。《說文》:『蹇，實也。』《廣雅》:『安也。』」（P119）宋啟發曰:「『棘』字不誤。『棘』通『瘠』，有困窮、竭盡之意，同前句『勤』字相呼應。」〔註 82〕白于藍曰:「『濟』字在此是當憂講……陳、楚之地的方言。『賽』應當讀為『思』，亦可訓為憂，與『濟』同義。『逨』、『救』、『棘』三者音義並通，故可通用……都包含有窮盡、終止之意。」〔註 83〕北大漢簡整理者曰:「來，郭簡作『逨』，帛乙作『棘』，傳世本作『救』。『逨』、『來』通用，『棘』為『來』之譌，隸書『來』、『求』易混，疑『來』先譌為『求』，再變為『救』。『逨』、『來』應讀為『勑』，《說文》:『勑，勞也。』」

〔註 81〕羅運賢《老子餘誼（續）》，《華國月刊》第 2 卷第 11 冊，1926 年版，第 3 頁。
〔註 82〕宋啟發《帛書〈老子〉異文商榷》，《文獻》1998 年第 4 期，第 237 頁。
〔註 83〕白于藍《郭店楚簡〈老子〉「孟」「賽」「逨」校釋》，《古籍整理研究學刊》2000 年第 2 期，第 59～61 頁。

（P130）李銳曰：「『逨（棻）』可讀為『棘』。『棻』讀為『勑』可從，惟解釋當作順或理（魏啟鵬已有說），字同『敕』。《廣雅》：『勑，順也。敕，理也。』」〔註 84〕①勑（敕）訓作順、理者，是整治之使有條理、和順合理義。《說文》：「順，理也。」《廣雅》：「理，順也。」二字互訓。悶，當讀為門。「啟其悶」即「啟其門」，是上文「閉其門」的反筆。作「啟其兌（逘、垙、脫）」者，是上文「塞其兌」的反筆。正因為「塞其兌」與「閉其門」是一義，故此文既可作「啟其門」，也可作「啟其兌」，單舉其一以概之。②郭店簡整理者讀賽作塞是也，實則安，引申之誼也。字亦作塞，《方言》卷 6：「塞，安也。」郭璞注：「物足則定。」字亦作寨，《廣韻》：「寨，安也。」「寨」是「寨（塞）」形變。與「濟」字義近，謂安定之也。考《說文》：「寋，窒也。從𦥯從廾，窒宀中。𦥯猶齊也。」「寋」與「塞」音義同。「塞」古字作「𡫳」，是心窒實充滿的分別字，其字從𦥯會義，本與「齊」義相因。故一作「賽」，一作「齊（濟）」，其義本不相違。後世有「整𡙁」、「𡙁方」、「齊𡙁」之語〔註 85〕，齊整、正方之義，「𡙁」即「寋」音轉，亦齊也。濟，讀為齊，齊整也。事之齊整，故濟為成義。敦煌本 P.3895「濟」作「資」。③余謂來、棻讀為利，一聲之轉，字亦音轉作賴，「賴，利也」故訓甚多，不煩舉證。棘，亦讀為利，古音見母、來母可通〔註 86〕。傳世本作「救」者，北大漢簡整理者謂「來」形誤，可備一說。余謂救讀為訅，《玉篇殘卷》引《字書》：「訅，渠留反，安也。」P.2011 王仁昫《刊謬補缺切韻》：「訙，巨鳩反，安。」「訙」是「訅」俗書，宋本《玉篇》、《廣韻》、《集韻》並作「訅，安也」。言如開其兌（門）而齊整其事，則終身不利矣。

（13）使我潔（挈）有知也，〔行於〕大道，唯〔施是畏〕

原注：潔，即「挈」之異體，各本皆作「介」。嚴遵《道德指歸》釋此句云：「負達抱通，提聰挈明。」注引經文作「挈然有知」，而經的正文已改作「介」。（P7）

〔註 84〕李銳、邵澤慧《北大漢簡〈老子〉初研》，《中國哲學史》2013 年第 3 期，第 27 頁。

〔註 85〕《玄應音義》卷 16：「整𡙁：𡙁謂正方也。」《慧琳音義》卷 79 引《古今正字》：「𡙁方，齊整之皃也。」梁・蕭統《殿賦》：「闌檻參差，棟宇齊𡙁。」

〔註 86〕《禮記・喪大記》鄭玄注：「『綠』當為『角』，聲之誤也。」孔穎達疏：「『綠』與『角』聲相近。」此亦二聲相通之例，類例尚多。

新注：使我潔有知也，乙本作「使我介有知」，北大本同乙本，傳本皆作「使我介然有知」。原注云云，據「提聰挈明」語，嚴遵所見本「挈」下應無「然」字，與帛書本、北大本合。「挈」、「介」古音相近，傳者改「挈」為「介」，其後又有人於「介」下加「然」字。乙本、北大本雖已用「介」字，但尚未加「然」字。王念孫指出「施」字當訓邪。今按：「使我潔（挈）有知也（各本皆無「也」字），行於大道，唯施是畏」，似可解釋為「讓我提挈帶領有知識者行於大道，唯恐其入於邪道」。（P22～23）

按：①河上公注：「介，大也。」顧歡曰：「《節解》曰：『吾夙夜介介心念，守一於身也。』王及羅、什二家亡（作）『介，小也』。我小有所知，則便行於大道也。」（張君相本引同）。唐玄宗《御註》：「若使我耿介然矜其有知，欲行大道。」唐玄宗《御疏》：「介然，謂耿介然，有知之貌。」成玄英疏：「使我者，假設之辭也。知，分別也。介然，微小也。」李約曰：「介，孤介也。」趙志堅曰：「使我者，假設之辭。介，大也。臧、劉並以為小。」宋徽宗《御解》：「介者，小而辯於物。」陳景元曰：「介，孤也，耿介也。」林希逸曰：「介然，固而不化之意。」范應元曰：「介然於懷。」吳澄曰：「『我』者，汎言眾人，非老子自謂。介然，音義與《孟子》『介然用之成路』同，倏然之頃也。介，音戛。」焦竑曰：「介然有知，猶言微有知也。」徐大椿曰：「若使我介然光明，有所知識，以行大道於天下，則凡所為，必至叛道而可畏也。」（P537～538）丁福保曰：「介，微也。」（P36）蔣錫昌曰：「『介』為微小之誼，河上注：『介，大也。』適與『小』誼相反，非是。」（P326）丁仲祜曰：「介，微也。又，介然，堅固貌。」朱謙之從丁說（P210）。高延第曰：「介，晝也，明察貌。」勞健曰：「介然，堅固貌。謂知之確，信之堅。」古棣（P425）、張松如（P298）從勞說。奚侗曰：「介，《說文》：『晝也。』介然有知，謂有分別知識。」（P121）張舜徽從奚說（P127）。馬其昶曰：「《說文》：『介，晝也。』」（P38）汪桂年曰：「介，善也。介然有知，猶言善知，即知不知之義也。又按：介，別也。介然有知，言其知能辨別也，說亦可通。」（P45）王淮曰：「介，特也。《方言》：『物無耦曰特，獸無耦曰介。』介然，獨特貌。施，行也，為也，謂有為之政教設施也。」（P211）高明曰：「馬敘倫謂『介』字借為『哲』，知也。高亨云：『介讀為黠，慧也。』均未達本義。《說文》：『挈，縣持也。』引申為持握或掌握。使我挈有知，謂假使我掌握了知識。『介』乃『挈』之借字。」（P80）徐梵澄曰：「挈、介一聲之轉。『挈』通『契』，即契然有知，契於心也。唯它，諸本皆作『惟施』，解說無不牽強。蓋昧於古音也。此聯緜字，當是『逶迤』，或作『委佗』、『委移』、『逶迪』、『逶蛇』，曲折紆余（徐）之意。」(P76) 北大漢簡整理者曰：「『介』應讀為『挈』，『㨗』亦『挈』之異體。《說文》：『挈，縣持也。』又云：『提，挈也。』傳世本作『介然』，失其本義。」(P130) 李銳曰：「『介』當是棄去、遠離、保持界限一類意思……當讀為『使我介（界）有知智（知）』。」〔註 87〕北大簡整理者說不知所云，既說介讀為挈，何又說作「介然」失其本義？難道古書作通借字都失其本義？王念孫謂施訓邪，諸家皆從其說，是也。古棣指出《道德指歸》「提聰挈明」乃嚴氏自造句，並非注解《老子》(P425)，是也。當作「介然」，帛書乙本、北大簡脫「然」字。帛書甲本「㨗」、「介」音轉，亦脫「然」字。舊說解「介」為孤介、耿介，王淮說是。考《莊子·庚桑楚》：「老耼之役有庚桑楚者，偏得老耼之道，以北居畏壘之山，其臣之畫然知者去之，其妾之挈然仁者遠之，擁腫之與居，鞅掌之為使。」一本「挈然」作「絜然」〔註 88〕。王叔岷曰：「契、挈古通。道藏成疏本、覆宋本『挈』並作『絜』，郭注同。挈、絜古亦通用。道藏林希逸《口義》本亦作『絜』（偽《子華子·晏子篇》『絜然知者遠之』即本此文，字亦作『絜』）。」〔註 89〕「挈然」即「絜然」、「㨗然」，亦即「介然」。郭象注：「畫然，飾知。挈然，矜仁。擁腫，朴也。鞅掌，〔不〕自得。」〔註 90〕《釋文》：「畫，音獲。挈，本又作契，同，苦計反〔註 91〕，向云：『知也。』又苦結反，《廣雅》云：『提也。』崔云：『擁腫，無知貌。鞅掌，不仁意。』向云：『二句朴纍之謂。』司馬云：『皆醜貌也。』」《莊子》之

〔註 87〕李銳、邵澤慧《北大漢簡〈老子〉初研》，《中國哲學史》2013 年第 3 期，第 28 頁。

〔註 88〕《莊子》據北宋本，國圖藏宋刻本、南宋蜀刻趙諫議本、元刊《纂圖互注》本、《道藏》褚伯秀《義海纂微》本、《道藏》王雱《新傳》本、明世德堂刊本、日本萬治四年《注疏》本、松崎慊堂舊藏《注疏》本同，南宋刊《注疏》本、覆宋本、《道藏》注疏本、《道藏》白文本、《道藏》林希逸《口義》本、韓國活字印本作「絜然」，《永樂大典》卷 10286 引亦作「絜然」。

〔註 89〕王叔岷《莊子校詮》，中華書局 2007 年版，第 858 頁。其說又見王叔岷《莊子校釋》卷 4，中央研究院歷史語言研究所專刊之二十六，臺灣商務印書館 1993 年版，本卷第 1 頁。《莊子·田子方篇》：「長官者不成德，則同務也。」郭象注：「絜然自成，則與眾務異矣。」敦煌寫本 P.3789 作「挈然」。亦其相通之例。

〔註 90〕據宋·陳景元本補「不」字。

〔註 91〕日藏宋本《莊子音義》（天理本）誤作「若計反」。

文，「畫然」與「擁腫」對文，「挈然」與「鞅掌」對文。「畫然」猶言豁然〔註92〕，有知貌。「鞅掌」是事情煩雜困迫之義〔註93〕。《方言》卷6：「絓、挈、介，特也。晉曰絓，秦曰挈，物無耦曰特，獸無耦曰介。」《廣雅》：「挈、介，特，獨也。」王念孫曰：「挈亦介也，語之轉耳。《說文》：『絜，麻一耑也。』聲與『挈』近而義同。」〔註94〕吳予天曰：「『絓』、『挈』均為『介』之語轉，絓、介雙聲，介、挈疊韻。」〔註95〕挈、絜、契、㓗、介，猶言特立，並讀為趨，《說文》：「趨，超特也。」挈然，出眾貌，特異貌。成玄英疏：「故畫然舒智自明炫者，斥而去之；潔然矜仁苟異於物者〔註96〕，令其疏遠。」林希逸曰：「畫然，分明之意。絜然，慈柔之意。」陸西星曰：「畫然知以經畫為知者也，絜然仁以絜度為仁者也。」〔註97〕宣穎曰：「畫然，明察貌。挈然，諄篤貌。」〔註98〕馬其昶曰：「挈，結也。」〔註99〕錢穆從馬說〔註100〕。馬敘倫曰：「畫疑借為譮。《說文》：『譮，言壯貌，讀若畫。』『絜』、『挈』當依一本作『契』。契為㝀省，《說文》曰：『㝀，靜也。』」〔註101〕鍾泰曰：「畫然，言其有畛域也。挈猶揭也。挈然，《山木篇》所謂『昭昭乎如揭日月而行』者。」〔註102〕諸說疑皆未得。《老子》此文「㓗（介）然」作「有知」的狀語，不是「有知」的謂語。老子反對知、欲，故云介然有知者行於大道，唯恐其入於邪道。②高明曰：「馬敘倫曰：『是，羅卷作甚。』敦煌唐天寶十年神沙鄉寫本、道藏玄宗《御注》本『是』字亦作『甚』。帛書作『是』字，與王本同，原本當如此。」（P425）其說是也，北大漢簡本亦作「是」，P.2420、

〔註92〕《列子・湯問》張湛注：「湯革雖相答，然於視聽猶未歷然，故重發此問，令盡然都了。」殷敬順《釋文》本「盡然」作「畫然」，是也。「畫然」亦此誼。

〔註93〕參見蕭旭《「狼抗」轉語記》，收入《群書校補（續）》，花木蘭文化出版社2014年版，第2337～2338頁。

〔註94〕王念孫《廣雅疏證》，收入徐復主編《廣雅詁林》，江蘇古籍出版社1992年版，第206頁。

〔註95〕吳予天《方言注商》，上海商務印書館1933年版，第44頁。

〔註96〕《道藏》注疏本「潔然」作「絜然」。

〔註97〕陸西星（長庚）《南華真經副墨》卷6，　萬曆六年刊本。

〔註98〕宣穎《南華經解》卷23，同治五年半畝園刊本，本卷第1頁。

〔註99〕馬其昶《莊子故》，黃山書社1989年版，第157頁。

〔註100〕錢穆《莊子纂箋》，臺灣東大圖書股份有限公司1985年第5版，第187頁。

〔註101〕馬敘倫《莊子義證》卷23，收入《民國叢書》第5編，（上海）商務印書館1930年版，本卷第1頁。

〔註102〕鍾泰《莊子發微》，上海古籍出版社2002年版，第519頁。

P.2639、S.3926同；P.2255、P.2375、S.189、S.2267、S.6453皆誤作「甚」。③「施」字王念孫說是，徐梵澄未知「唯（惟）……是……」句式，妄以連綿詞說之，亂說古音通轉，決不可信。

（14）終曰〈日〉號而不㤼（憂—嚘），和之至也

原注：㤼，當是「憂」之省，此讀為嚘。嚴遵本作「嚘」。《玉篇》：「嚘，《老子》曰：『終日號而不嚘。』嚘，氣逆也。」帛書「憂」字常寫作「夏」。通行本《老子》此字多作「嗄」，《莊子・庚桑楚》引亦作「嗄」，司馬彪注：「楚人謂啼極無聲曰嗄。」（P7）

新注：《指歸》今本實作「嗄」，樊波成校為「嚘」，但並無版本根據。帛書原整理者引作「嚘」，不知何據。郭簡作「𢙴」，即「憂」之古字，當讀為嚘。北大本作「幽」，整理者括注「嚘」，可從。傅奕本作「㰻」，他本多作「嗄」，或作「啞」，畢沅引《太玄》及《玉篇》為證，以作「嚘」、「㰻」者為是，謂「嚘」與「嗄」形近，或誤「嚘」為「嗄」，又轉「嗄」為「啞」聲。高明據本肯定畢說。郭店及北大本也支持畢說。《莊子・庚桑楚》作「兒子終日嗥而嗌不嗄」，嚴遵本同，還有些傳本（包括傅奕本）「不」上亦有「嗌」字，彭耜、畢沅等認為「嗌」字非《老子》古本所有，簡帛本亦支持此說。（P26～27）

按：秘冊彙函本《道德指歸論・含德之厚篇》：「啼號不嗄，可謂志和。」〔註103〕明鈔本作「嚘」〔註104〕，不可謂「作『嚘』無版本根據」，惟樊君失校耳。宋刊河上公本、道藏顧歡本作「終日號而不啞」，道藏河上公本、范應元本作「終日號而嗌不嗄」，傅奕本作「終日號而嗌不㰻」。陸氏《釋文》：「嗄，一邁反，氣逆也。又於介反。而聲不嗄，當作『噫』。」河上公注：「赤子從朝至暮啼號，聲不變易者，和氣多所致也。」成玄英疏：「終日啼號而聲不嘶嗄者，為無心作聲，和氣不散也。」唐玄宗《御註》：「終日啼號而聲不嘶嗄，猶（由）純和之至。」唐玄宗《御疏》：「嗄，聲嘶破也。」傅奕曰：「㰻，於油切，氣逆也。」陸希聲曰：「雖終日啼呼而聲無嘶嗄，皆以純精不散，和炁常存，故能至此耳。」李約曰：「雖啼之竟日而聲不斯（嘶）者，和之極也。」唐無名氏《次解》卷下：「聲散為嗄。」李榮曰：「啼極無聲曰嗄。」趙志堅

〔註103〕《叢書集成初編》第536冊影秘冊彙函本，中華書局1985年影印，第34頁。《道藏》本、津逮秘書本、學津討原本、四庫本同。

〔註104〕《四部要籍注疏叢刊》影明鈔本，中華書局1998年版，第47頁。

曰：「嗄，聲嘶咽也。」陳景元曰：「啼極無聲曰嗄，又聲嘶也。」范應元曰：「嗌，音益，咽也。嗄，所訝切，聲破也。」畢沅曰：「嗄，本又作『啞』，陸德明曰：『當作噫。』《玉篇》引作『終日號而不嚘』。《說文》有『嚘』字，云：『語未定貌。』《太元（玄）經》：『柔兒于號，三日不嚘。』《玉篇》是『欭』，『嚘』之異字。『嗄』與『嚘』形近，或者誤『嚘』為『嗄』，又轉『嗄』為『啞』耳。又或與『優』通，《漢書・東方朔傳》『伊優亞者，辭未定』，亦即是『嚘』。此字後人多亂，惟奕本為近焉。」（P51）高延第曰：「嗌，咽喉也。嗄，聲敗也。」易順鼎曰：「《莊子》正本《老子》之文，較之《太元（玄）》、《玉篇》更為近古可據。『嗄』即《史記・刺客傳》『吞炭為啞』之『啞』，《索隱》謂『啞，瘖病也』。此章以『螫、據、搏、固、作、嗄』為韻，皆古音同部字，若作『嚘』則無韻矣。《道德指歸論》曰『啼號不嗄』，亦作『嗄』字。《釋文》『嗄，一邁反，又於介反。』音並非。」勞健曰：「『嗄』字當如《玉篇》音義，讀所訝切，聲破也。『作』、『嗄』二字亦是韻也。」馬敘倫曰：「《一切經音義》卷 88 作『嚘』〔註 105〕，各本作『嗄』，《莊子・庚桑楚篇》引『嚘』作『嗄』。尋陸謂『而聲不嗄，當作噫』，是王『嗌』作『聲』。成疏曰：『前言終日啼號而聲不嘶嗄者』，是成亦作『而聲不嗄』。陸謂『當作噫』者，疑謂『聲』字當作『噎』，傳寫誤為『噫』耳……『欭』、『嚘』、『嗄』並『喝』之借字，崔譔本《莊子》作『不喝』，是也。《說文》：『喝，㵣也。』段玉裁謂『㵣』下當有『音』字，是也。『㵣音』即司馬彪《莊子》注所謂『楚人謂啼極無聲為嗄』也。作『嗄』者古音曷聲脂類〔註 106〕，夏聲魚類，魚從歌轉通脂也。《史記・刺客傳》『豫讓吞炭為啞』，『啞』亦『喝』之借字。亞聲亦魚類也。作『嚘』者，憂聲幽類，幽、脂古亦通也。」（P485～486）〔註 107〕奚侗曰：「嗌，咽也。嗄，聲破也，河上本作『啞』，誼同，或本作『嚘』，則『嗄』之誤字也。」（P123）丁福保曰：「嗌，咽也。嗄，聲嘶也。」（P38）馬其昶曰：「嗄，聲破也。」（P40）蔣錫昌曰：「《道德真經集注》云：『弼本嗄作噫。』又引弼曰：『故終日出聲而不噫也。』是弼本『嗄』作『噫』，《釋文》出『不嗄』二字云云，語意不解，必有誤字。然弼本作『噫』，則可推而知也，當據改正。『噫』為『喑』字之假，《說文》：『喑，宋、齊謂兒泣不止曰喑。』

〔註 105〕引者按：當是卷 86，馬氏誤記卷號。

〔註 106〕引者按：「嗄」當作「喝」。

〔註 107〕馬說又見馬敘倫《讀書續記》卷 1，中國書店 1985 年版，本卷第 33 頁。

喑，啞也，蓋兒泣不止，自成啞之無聲也。馬氏謂『歍』、『嚘』、『嗄』並『噶』之借字，亦通。惟『噶』為普通無聲之啞，『喑』則專言小兒啼極無聲之啞，當以『喑』字為尤切耳。」（P341）高亨曰：「有『嗌』字是也。《說文》：『嗌，咽也。』嗄，即『啞』之異文。」（P117）朱謙之曰：「《莊子・庚桑楚篇》《釋文》：『嗄，本又作嚘。』」古鈔卷子本正作『嚘』，疑出《老子》。『嗌』乃秦、晉方言，李頤曰：『嗌音厄，謂噎也。』《方言》卷6曰：『廝、嗌，噎也。楚曰嘶，秦、晉或曰嗌，又曰噎。』老子楚人，當用楚語。彭耜《釋文》曰：『嗌，咽也。』嗄，本又作『噫』，或作『啞』。陸德明曰：『而聲不嗄，當作噫。』道藏張太守匯刻四家注曰：『弼本嗄作噫。』又引弼曰：『無爭欲之心，故終日出聲而不噫也。』是王本作『噫』。『噫』與『欭』、『噎』、『嚘』均一聲之轉。嚴本作『嚘』，《指歸》：『啼號不嚘，可謂志和。』《玉篇》亦引作『不嚘』。《說文》『嚘』字云：『語未定貌。』《太玄・夷》：『次三，柔，嬰兒于號，三日不嚘。測曰：嬰兒于號，中心和也。』語本《老子》。『嚘』從口從憂，與『嗄』形近。與『噎』義近，蓋『嗄』為本字。《莊子》司馬彪注：『楚人謂啼極無聲曰嗄。』老子楚人，用楚方言，用之秦、晉則為『嗌』，又為『噎』。『噎』有憂義。劉端臨《經傳小記》曰：『噎，憂也。《詩》「中心如噎。」傳曰：「噎憂不能息也。」「噎憂」雙聲字，「噎憂」即「欭嚘」，氣逆也。《說文》「欭」字注：「憂也。」《玉篇》「嚘」字注云云。《廣韻》：「欭，憂歎也。歍，氣逆也。」噎、噫、欭、憂一聲之轉。』案端臨所見，王念孫《方言疏證補》引之，謂『實貫通毛傳、《方言》之旨』，是也。今據以訂正《老子》，知『號而嘶不嗄』，『嗄』是故書，其演變為『嚘』，為『歍』，因又轉為『噫』，為『啞』，蓋皆方言之變耳……『啞』為假借字，本字實為『嗄』。『嗄』、『啞』同字，故河上、柰卷作『啞』，然『啞』為後起之字，欲復《老子》古本之真，則宜從碑本作『嗄』，作『嚘』、作『歍』、作『噫』、作『啞』皆非也。」（P222～224）張舜徽曰：「『嗄』即今之『啞』字，他本有作『嚘』字，由形近而誤也。」（P131）高明曰：「此字王弼本寫作『嗄』，傅奕本寫作『歍』，河上本作『啞』，林志堅本作『嗌』。由於世傳本經文用字不同，舊注亦各持一說，是非難以裁定。此字帛書甲本作『㲋』，為『憂字之省；乙本雖僅殘存一『口』字形符，但帛書整理組參照甲本復原為『嚘』，則為澄清此一是非懸案，提供了很好的依據。畢沅云云，漢帛書《老子》甲、乙本，為畢氏之說得一確證。《玉篇》：

『嚘，氣逆也。』『不嚘』即不氣逆，正與下文『和之至也』相一致。『和』指氣言，如第 42 章『沖氣以為和』。由於赤子元氣淳和，故而終日號哭，而氣不逆滯。準此，經文當從帛書作『終日號而不嚘，和之至也』。」（P95）李零從王弼本讀作「嗄」（P7）。彭浩曰：「王弼本作『嗄』，似為『嚘』之誤。」（P66）郭沂曰：「王本之『嗄』，乙本之『嚘』蓋為『憂』之訛誤，形相近也。」（P59）廖名春曰：「『憂』可訓為病……後世寫作『嚘』，又借作『歠』，省寫作『叜』……又形訛為『夏』，進一步借為『嗄』、『啞』。」（P335）劉信芳（P41）、劉釗（P24）並謂楚簡「惪」讀為「嚘」。①「和」謂心和，非氣和，高明說非是。翻宋本《太玄·夷》「次三：柔，嬰兒于號，三日不嗄。測曰：嬰兒于號，中心和也。」是其證也。《道德指歸論》解作「志和」，亦其佐證。嗌，咽喉也，彭耜、范應元、高亨說是，朱謙之解作憂，非也。②易順鼎、勞健說此字當作「嗄」入韻，是也，江有誥曰：「螫，音恕。搏，音布。作，音詛。嗄，『疏』去聲。」並指出「螫、據、搏、固、作、嗄」諸字魚部為韻〔註 108〕。鄧廷楨曰：「夏聲之字古音在御部。《說文》無『嗄』字，《廣韻》『嗄』字引《老子》『終日號而不嗄』，注云『聲不變也』。《莊子·庚桑楚》曰：『終日嗥而嗌不嗄。』與此文同。是《老子》本作『嗄』，與『螫、據、搏、固、作』等字為韻。傅奕校定《老子》作『不歠』，《玉篇》『嚘』字引此句作『不嚘』，注云『氣逆也』，皆緣不知『嗄』為入韻之字，故致有異文耳。」〔註 109〕朱駿聲、繆篆、奚侗（P124）亦指出「螫、據、搏、固、作、嗄」為韻〔註 110〕。P.2255、P.2375、P.2639、S.189、S.2060、S.2267、S.3926、S.6453、羅振玉藏敦煌本、張虹藏敦煌殘卷、道藏河上公本、王弼本、張君相本、景龍碑本、范應元本作「嗄」，P.2420、宋刊河上公本、葛玄本作「啞」。蔣斧印本《唐韻殘卷》：「嗄，《老子》云：『終日號而不嗄。』於介反。」《廣韻》：「嗄，於辖切，聲敗。又所嫁切。」又「嗄，《老子》曰：『終日號而不嗄。』注云：『聲不變也。』所嫁切，又於介切。」漢·長生陰真人《周易參同契註》卷下：「或作嬰兒之聲，終日號而不嗄；或為暴湧之勢，晝夜沸而不休。」所據本亦作「嗄」。或作「啞」者，即「嗄」音轉，易順鼎、高亨、張舜徽說是也，劉笑敢謂二字

〔註 108〕江有誥《老子韻讀》，《江氏音學十書·先秦韻讀》，收入《續修四庫全書》第 248 冊，第 161 頁。

〔註 109〕鄧廷楨《雙硯齋筆記》卷 3，光緒丙申本。

〔註 110〕朱駿聲《說文通訓定聲》，武漢市古籍書店 1983 年版，第 395、404、412、450 頁。繆篆《老子古微》，《制言》第 47 期，1937 年版，本文第 9 頁。

「意思相同」(P539)，猶隔於古音。章太炎曰：「今通謂不能言者為嗄，嗁極無聲亦曰嗄，通借『啞』字為之。《史記》已云『吞炭為啞』，其假借久矣。」〔註 111〕黃侃曰：「啞，訓瘖者本作『嗄』，見《莊子·庚桑楚篇》(《說文》未收此字)。」〔註 112〕《莊子·大宗師》「其嗌言若哇」，是《莊子·庚桑楚》「兒子終日嗥而嗌不嗄」反言，可以互證，「哇」亦是「啞」轉語，舊說皆未得。《釋文》「嗄，一邁反，又於介反」，下音與《唐韻》音合，不誤，易順鼎指為音誤，則非是。梁玉繩謂《史記》「吞炭為啞」當據《戰國策》作「吞炭以變其音」，云：「下文豫讓與其友人及襄子相問答，則不可言啞。」〔註 113〕張森楷從梁說，斯皆不通訓詁也，李笠已駁梁氏說〔註 114〕。諸家解「嗌不嗄」或「不嗄」作「聲不變易」、「聲不嘶嗄」、「聲嘶咽」、「聲嘶破」、「聲不斯(嘶)」，又云「啼極無聲曰嗄，又聲嘶」、「聲散為嗄」，皆是也。「嘶」正字作「㽄」，《說文》：「㽄，散聲。」「嗄」音所嫁切，俗字又借作同音的「沙」字，蔣斧印本《唐韻殘卷》：「沙，《周禮》曰：『鳥皫色而沙鳴貍。』注云：『沙，嘶也。』」《廣韻》同。李實《蜀語》：「聲不清圓曰嗄。嗄音沙去聲，俗作上聲。」〔註 115〕桂馥曰：「《周禮》：『鳥皫色而沙鳴郁(貍)。』《廣韻》：『沙，所嫁切。』案：《老子》：『終日號而嗌不嗄，和之至也。』《玉篇》：『嗄，聲破。』馥謂『嗄』、『沙』音義同。《太玄》：『柔，〔嬰〕兒于號，三日不嚘。』『嚘』當為『嗄』。《老子》俗本亦誤作『嚘』。」〔註 116〕桂說亦是也，今吳語尚有「沙啞」、「嘶啞」之語。③《玉篇》：「歠，逆氣也。」《玉篇殘卷》：「歠，《老子》：『終日號而不歠。』野王案：歠，氣逆也。今並為『嚘』字，在《口部》。」《集韻》、《類篇》「歠」字條引亦作「歠」，同傅奕本。胡吉宣曰：「《口部》『嚘』下引此《老子》文作『嚘』，顧見本同。謂於字當為此『歠』也，非其所見《老子》別本異文也。今本《老子》又由『嚘』譌作『嗄』，唐時已然。

〔註 111〕章太炎《新方言》卷 4，收入《章太炎全集(七)》，上海人民出版社 1999 年版，第 92 頁。

〔註 112〕黃侃《說文段注小箋》，收入《說文箋識》，中華書局 2006 年版，第 173 頁。

〔註 113〕梁玉繩《史記志疑》卷 31，中華書局 1981 年版，第 1313 頁。

〔註 114〕張森楷《史記新校注》，中國學典館復館籌備處 1967 年版，第 4423 頁。李笠《廣史記訂補》卷 9，復旦大學出版社 2001 年版，第 228 頁。

〔註 115〕李實《蜀語》，收入《叢書集成初編》第 1182 冊，中華書局 1985 年影印，第 22 頁。

〔註 116〕桂馥《札樸》卷 7，中華書局 1992 年版，第 256 頁。桂氏引「貍」誤作「郁」，又脫「嬰」字。

《釋文》云：『嗄，當為噫。』噫、嚘聲誤，嗄、嚘形誤。」〔註 117〕胡說皆誤。考《說文》：「嚘，語不定貌。」《玉篇殘卷》：「歐，《說文》：『嚘也。』《聲類》：『不平也。』野王案：嚘，語不定也，氣逆也。」又「欭，《說文》：『欭，歐也。』《蒼頡篇》：『嚘，欭也。』《聲類》：『欭，嗟也。』」P.2011 王仁昫《刊謬補缺切韻》：「嚘，歐嚘，歎。」《集韻》引《蒼頡》：「嚘，欭也。」「欭」即嘆詞「嗟（䜴）嗞」之「嗞」。《說文》：「嗞，嗟也。」「嚘」是「憂」增旁俗字，表示憂歎之聲，非此文之誼。段玉裁、桂馥、王筠、鈕樹玉、錢坫皆引《老子》此文（從傅本及《玉篇》作「嚘」）說解《說文》「嚘」、「欭」、「歐」三字〔註 118〕，非是。馬敘倫謂「𣣋」、「嚘」為借字，朱謙之謂「嚘（𣣋）」為「嗄」音轉，皆非也。④《莊子·庚桑楚》：「兒子終日嗥而嗌不嗄。」古鈔卷子本「嗄」作「嚘」。《釋文》：「嗄，於邁反，本又作『嚘』，徐音憂。司馬云：『楚人謂啼極無聲為嗄。』崔本作『喝』，云：『啞也。』」俞樾曰：「《釋文》『嗄，本作嚘，徐音憂』，當從之。《老子》：『終日號而不嗄。』傅奕本作『𣣋』，即『嗄』之異文也。《太元（玄）經·夷》：『次三日，柔，嬰兒于號，三日不嚘。』二宋、陸、王本皆如是，蓋以『嚘』與『柔』為韻，可知楊子所見《老》、《莊》皆作『嚘』也。」〔註 119〕「嚘（𣣋）」為「嗄（㰦）」之形誤。翻宋本《太玄經》作「嗄」，司馬光注：「嗄，聲變也。」俞樾曰：「二宋、陸、王本作『嚘』，溫公從范本作『嗄』。然實以作『嚘』為長，『嚘』與『柔』韻……今本《老子》亦皆作『嗄』，惟傅奕本作『𣣋』，尚為近之。」〔註 120〕俞氏不知《老子》自有韻語，作「嚘」則失韻，《太玄》無韻語，俞說未是。「嚘」為形訛，徐邈音憂者，據誤字而音也。⑤「嗄」音於介反，故崔譔本《莊子》又作同音字「喝」，馬敘倫謂「嗄是喝借字」，又謂「㵣音」即司馬彪《莊子》注所謂「楚人謂啼極無聲為嗄」，是也。「喝」是本字，《說文》：「喝，㵣也，於介切。」《繫傳》「㵣」作「渴」，《玄應音義》卷 11、《慧琳音義》卷 52 引

〔註 117〕胡吉宣《玉篇校釋》，上海古籍出版社 1989 年版，第 1945 頁。

〔註 118〕段玉裁《說文解字注》，桂馥《說文解字義證》，王筠《說文解字句讀》，鈕樹玉《說文解字校錄》，錢坫《說文解字斠詮》，並收入丁福保《說文解字詁林》，中華書局 1988 年版，第 2201、8736、8756 頁。

〔註 119〕俞樾《莊子平議》，收入《諸子平議》卷 19，上海書店 1988 年版，第 368 頁。

〔註 120〕俞樾《太元（玄）平議》，收入《諸子平議》卷 33，上海書店 1988 年版，第 662～663 頁。

同，是也。王筠曰：「渴字，今以『竭』字代之。《水部》：『涸，渴也。渴，盡也。』」承培元曰：「『喝』即『嗌不嗄』之嗄。喝音渴也，渴（俗作竭）與涸同義，謂喉枯涸而無音也。崔譔注『啞也』，亦謂無聲也。」〔註 121〕喝之言渴，竭盡也。渴指水之盡，喝指聲之盡。故喝訓嘶，嘶之言斯，亦聲之盡也。《繫傳》：「喝，聲長而轉也。」小徐說失其義。桂馥曰：「《五音集韻》引作『竭也』，本書：『竭，氣越泄。』」朱駿聲曰：「喝，音之歇也。」〔註 122〕二君皆未明其語源，所說非也。《玉篇》：「喝，嘶聲也。」《文選・子虛賦》：「榜人歌，聲流喝。」李善注：「喝，於邁反。郭璞曰：『聲喝，言悲嘶也。喝，一介切。』」《史記・司馬相如列傳》《集解》引徐廣曰：「喝，烏邁反。」《廣韻》：「喝，嘶聲，於犗切。」楊慎曰：「『嗄』與『喝』古字通。」〔註 123〕此「喝」與呵聲之「喝」同形，而音義全殊。《論衡・氣壽》：「兒生號啼之聲，鴻朗高暢者壽，嘶喝濕下者夭。」《文選・宋孝武宣貴妃誄》李善注引《廣雅》：「喝，嘶喝也。」「嘶喝」即「嘶啞」、「嘶嗄」音轉。⑥《老子釋文》：「嗄，氣逆也。而聲不嗄，當作『噫』。」傅奕注：「嚘，於油切，氣逆也。」《玉篇殘卷》：「嚘，氣逆。」《集韻》：「嗄，氣逆也，或作噎。」「嗄」或「嚘」訓氣逆，皆無訓詁依據，故陸氏《釋文》欲改「嗄」字作「噫」。傅氏音於油切，亦據誤字而音也。「噫」當音烏界切、乙界切，同「欬」字。《說文》：「噫，飽食（出）息也。」〔註 124〕又「欬，屰（逆）氣也。」字亦作餀、餲。所謂逆氣者。謂腹中之氣由喉嚨向外衝出，「噫」特指人吃飽飯後腹中之氣向外衝出。馬敘倫謂《釋文》是說「聲」當作「噫」，蔣錫昌謂「噫」借為「喑」，皆非也。⑦盩厔樓觀《古文老子碑》「嗄」作「（𠼢）」，古字。《古文四聲韻》卷 4 引《古老子》「嗄」作「」〔註 125〕，字形相同。《集韻》：「嗄、歞、𠼢：所嫁切，聲變也，或從欠，古作𠼢。」又「夏，古作昰。」《說文》：「㚅，古

〔註 121〕王筠《說文解字句讀》，承培元《廣說文答問疏證》，並收入丁福保《說文解字詁林》，第 2240 頁。

〔註 122〕桂馥《說文解字義證》，朱駿聲《說文通訓定聲》，並收入丁福保《說文解字詁林》，第 2239～2240 頁。

〔註 123〕楊慎《轉注古音略》卷 4，收入景印文淵閣《四庫全書》第 239 冊，臺灣商務印書館 1986 年版，第 383 頁。

〔註 124〕《玄應音義》卷 11、14、18、20 引「食」作「出」。《玉篇》、《文選・長門賦》李善注引《字林》亦作「出」。

〔註 125〕《汗簡・古文四聲韻》，中華書局 1983 年版，第 66 頁。

文夏。」「昰」蓋即「䖒」形變。楚文字中的「夏」從昰從頁作「題」〔註126〕，省寫則作「昰」。⑧《老子》古傳本有二，一作「嗄」（字變亦作「歅」，音轉則作「啞」、「喝」），此以《莊子》所引及傳世本為代表；一作「嚘」（字變亦作「歠」，或省作「憂」，音轉則作「幽」），此以簡帛及顧野王、傅奕本為代表。當以作「嗄」為是，作「嚘」既不合用韻，又不合文義，奚侗指出形近而誤，是也。簡帛用字，不盡可據矣。劉笑敢指出「竹簡本、帛書本均不是精抄、嚴校的善本。它們只是古代眾多流傳的版本中偶然埋入地下，又更偶然地被發現的古本。如何評估竹簡本和帛書本的價值與字句的可靠性，需要細緻的分寸之間的推考和體會」（P548～549），劉氏雖然對於《老子》古本的文字疑難處發明無多，但對簡帛本的價值則有清醒地認識，我們不必過分地迷信簡帛本。⑨《方言》卷1：「平原謂啼極無聲謂之唴哴，楚謂之噭咷，齊、宋之間謂之喑，或謂之惄。」錢繹曰：「喑之言瘖也，謂瘖啞無聲也。《史記·淮陰侯傳》：『項王喑啞叱咤。』《漢書》作『意烏猝嗟』。晉灼注云：『意烏，恚怒也。』《莊子·庚桑楚》：『兒子終日嗥而嗌不嗄。』司馬彪注：『楚人謂啼極無聲為嗄。』《釋文》：『音於邁反，崔本作喝，啞也。』郭氏《子虛賦》注云：『喝，言悲嘶也。』《道德經老子》：『終日號而不嗄。』《釋文》：『嗄，當作噫。』《玉篇》作『不嚘』。嚘、喑、意、噫、啞、嗄、喝、嚘，聲轉字異，義並同也。」〔註127〕錢說非是，「唴哴」等詞，是指哀痛而哭泣不止的啼極無聲，與《老》、《莊》指聲破的啼極無聲不同，附辨於此。

（15）坐（挫）其閱（銳），解其紛

新注：「解其紛」句，乙本、北大本、郭簡及多數傳本皆同，「紛」字有些傳本作「分」或「忿」，應以作「紛」為是。（P27）

按：張虹藏敦煌殘卷作「紛」（《淮南子·道應篇》、《文子·下德》、《意林》卷1引同），王弼本作「分」，P.2255、P.2347、P.2375、P.2420、P.2639、S.189、S.2060、S.2267、S.3926、S.5920、S.6453、嚴遵本、景龍碑本、李榮本、景福碑本、遂州碑本作「忿」。河上公注：「紛，結恨不休。」王弼註：「解其分，除爭原也。」《道德指歸論·知者不言篇》解作「解其所思，散其

〔註126〕參見滕壬生《楚系簡帛文字編》（增訂本），湖北教育出版社2008年版，第526頁。

〔註127〕錢繹《方言箋疏》卷1，上海古籍出版社1984年版，第41～42頁。

所慮」。趙志堅曰：「紛，結恨也。」陸希聲曰：「解世故之紛糺（糾）。」李約曰：「解其紛，虛其心也。」成玄英疏：「釋恚怒也。」汪桂年曰：「分，猶離也。」（P48）「挫其銳，解其紛」二句亦見《老子》第4章，帛書甲本、北大本、P.3235V作「紛」，帛書乙本作「芬」，《釋文》引河上公本亦作「芬」（宋刊本、道藏本均作「紛」），P.2329、P.2370、P.2584、P.2596、S.477、S.798、S.6825V《想爾注》本、羅振玉藏敦煌本、顧歡本、張君相本、遂州碑本、景龍碑本、龍興碑本作「忿」。河上公注：「紛，結恨也。」〔註128〕S.6825V《想爾注》：「忿者，怒也。」唐玄宗《御注》：「釋散紛擾。」唐玄宗《御疏》：「紛，多擾也。」李約曰：「解其紛，善釋讎嫌。」顧歡《注疏》：「《節解》曰：『謂無恚怒也。』疏：『忿，嗔怒也。』」（張君相引《節解》同）。張君相曰：「忿，嗔怒也。解，釋散也。」李榮曰：「可欲亂正，得失滑心，紛也。」范應元曰：「解事物之紛瑩。」俞樾讀芬、紛為忿（P144）。丁福保曰：「紛者情之擾動也。」（P4）勞健曰：「景龍、開元、敦煌『紛』作『忿』，非是。傅、范與諸王本皆作『紛』。《釋文》云：『河上作芬。』《漢書・禮樂志》注：『芬亦謂眾多。』是猶紛紜之紛也。今河上亦作『紛』。」汪桂年曰：「解，去也。『紛』為『分』之借字，56章作『分』。分，離也。」（P5）朱謙之曰：「武內義雄曰：『敦、景、遂三本作忿，蓋紛為忿之借字。』案：《呂覽・慎大篇》：『紛紛分分。』注：『恐恨也。』疑『分』字為『棼』字之省字。《左隱四傳》：『猶治絲而棼之也。』《釋文》：『亂也。』王本『解其分』，即解其紊亂也。敦、景、遂本作「忿」。按《廣雅》：『忿，怒也。』《楚辭・懷沙》：『懲違改忿兮。』注：『恨也。』『改忿』亦即『解其忿』。二說均通。」（P228）考《文子・下德》：「老子曰：『非禍人不能成禍，不如挫其銳，解其紛，和其光，同其塵』，人之性情皆願賢己而疾不及人，願賢己則爭心生，疾不及人則怨爭生，怨爭生則心亂而氣逆，故古之聖王退爭怨，爭怨不生則心治而氣順。」是漢代以前人皆解作「忿怒」、「結恨」，俞樾、武內義雄說是也。王弼註「除爭原也」，亦此誼，非解作「解其紊亂」，朱謙之說非是。「分」、「芬」亦借字。

（16）以正之邦，以畸（奇）用兵

新注：之，乙本、北大本及郭簡皆同，傳本多作「治」，但遂州本、P.2417、

〔註128〕據道藏本，S.477同，《意林》卷1引同，宋刊本「恨」誤作「根」。

S.3926 及幾種日本古抄本作「之」，與簡帛本合。馬敘倫早已據「奈卷」指出，河上公經文「治」當作「之」，注文「以，至也」本作「之，至也」。簡帛本的整理者皆據傳本讀「之」為「治」，恐怕是有問題的。河上公訓「之」為「至」，文義不通，亦不可信。疑此「之」當讀為「持」。（P28）

按：P.2420、S.2267、S.6453、唐無名氏《次解》本亦作「之」，P.2347、P.2375、P.2639、S.189、S.5920、張虹藏敦煌殘卷作「治」（《文子・上禮》、《尹文子・大道下》引同），S.2060、李榮本、顧歡本、杜光庭本、張君相本作「理」（《長短經・大體》引同）。唐無名氏《德經異同字》：「以政治國：以政之國。」作「之」是也，讀「之」為「持」亦是也。作「理」者又避唐諱而改。《漢書・藝文志》：「權謀者，以正守國，以奇用兵。」持亦守也。汪桂年曰：「正，猶止也。止之為言靜也。又按：『正』可通『定』，安也。奇，讀為萎，耎弱也。又按：『奇』通『委』，『委』亦同『妥』，『妥』、『退』亦通用」（P48）全是妄說。「奇」、「正」對舉，並讀如字，第 58 章「正復為奇」亦同。

（17）人多知（智），而何（奇）物茲（滋）起

原注：通行本作「人多伎巧，奇物滋起」，傅奕、范應元本作「民多智慧，而邪事滋起」。（P8）

新注：何物，乙本作「奇物」，郭簡作「戓勿」，傳本多作「奇物」，個別本作「衺（邪）事」。帛書本、郭簡整理者讀為「奇物」。我們曾疑此字應讀為「苛」。「物」字可訓為「事」。「苛物」猶言「苛事」。北大本正作「苛物」，整理者說：「或以為『戓』、『何』應讀為『奇』，今據漢簡本，以上三字均應讀為『苛』，《說文》：『苛，小草也。』段注：『引申為凡瑣碎之稱。』」今案：帛乙及傳本作「奇物」自有理解，似不宜將「奇物」亦讀為「苛物」。但《老子》原來所說的確應是「苛物」而非「奇物」。（P28～29）

按：馬敘倫曰：「『衺』、『奇』通假。」（P500）朱謙之曰：「傅、范『民多智慧而衺事滋起』，范曰：『王弼同古本，衺與邪同。』案弼注：『民多知慧則巧偽生，巧偽生則邪事起。』是王所見本正作『邪事』，與傅、范、陸希聲本同也。案『邪』、『奇』二字通假。此章『伎巧』乃『知巧』之譌，遂州本正作『知巧』。」（P231～232）高明亦謂當作「知巧」（P106）。三氏說皆是也。道藏王弼本作「人多技巧，奇物滋起」（張虹藏敦煌殘卷「民」作「人」），P.2255、P.2347、P.2375、S.189、S.6453 作「民多知巧，奇物滋起」（S.2060「民」作

「人」，S.2267 脫「知」字，餘同），S.3926、陳景元本作「人多技巧，奇物滋起」（P.2420、P.2639、景龍碑本「技」作「伎」，餘同），S.5920 殘存「人多知伎巧奇」六字（『知伎巧』衍一字），《文子・道原》引作「民多智能，奇物滋起」。「智慧」、「智慧」、「知巧」義同，當以作「奇物」為是，民多智巧，故奇邪之事多起也。帛書本、郭店簡整理者說不誤。「苛」是借字。

（18）〔其政閔閔，其民□□〕

新注：乙本原釋文作「其正（政）闆（閔）闆（閔），其民屯屯」，北大本作「其正昏昏，其民春春」，傳本多作「其政悶悶，其民淳淳（『淳』或作『醇』、『諄』，字通）」。悶悶，傅奕、范應元二本作「閔閔」。淳淳，傅、范二本作「偆偆」，遂州本作「蠢蠢」，P.2417、S.6453 作「耋耋」，「耋」即「蠢耋」之省。《指歸》作「其政悶悶，其民偆偆」，而篇中闡釋此句之文則作：「故人主之政……閔閔縵縵，萬民慁輓，墨墨偆偆」，可知此句嚴遵本原作「其政閔閔，其民偆偆」，與傅奕本同。原注：「闆，從糸，門聲，疑即『紊』之異體。嚴遵、傅奕、范應元本作『閔』，通行本作『悶』。」北大本整理者注：「『闆』、『閔』皆通『悶』，『昏昏』、『悶悶』皆糊塗之貌。」「悶悶」、「閔閔」、「昏昏」音皆相近。《老子》第 20 章說「俗人察察，我獨悶悶」，傅、范二本亦作「閔閔」，北大本亦作「昏昏」，帛甲作「悶悶」，帛乙作「閩閩」，原整理者讀「閩閩」為「閔閔」，當可信。高亨解釋第 20 章說：「『悶悶』當讀為『閔閔』。察察，清也。閔閔，濁也。閔借為潣，污濁之義。《楚辭・漁父》：『安能以身之察察，受物之汶汶者乎？』汶亦借為潣。58 章曰：『其政悶悶，其民醇醇。』『悶悶』傅本亦作『閔閔』，尤足相為佐證。」其說大致可信。今本的「悶悶」，既可讀為「閔閔」，也可據北大本讀為「昏昏」，義皆可通。通行本《淮南子・道應》引作「其政悶悶，其民純純」，王叔岷謂「宋本『悶悶』作『惛惛』」。「屯屯」有兩種可能的讀法，一種是讀為第 20 章的「沌沌」，北大簡即作「屯屯」，即渾沌之貌。另一種是讀為數見於古書的可以寫作「肫肫」、「純純」的「忳忳」，懇誠、專一之貌。從今本第 20 章的「沌沌」，乙本作「湷湷」來看，似以讀為「忳忳」的可能性為大。《淮南子》引作「純純」，同「忳忳」。第 20 章甲本作「惷惷」，大概就應讀為「忳忳」。「春」、「偆」也應讀為「忳」。北大本整理者讀「春」為「蠢」，並疑其他異文皆應讀為「蠢」，似不可從。（P30～31）

按：無作「諄諄」之本，整理者失檢。P.2347、P.2420、P.2639、S.189、S.3926、張虹藏敦煌殘卷、河上公本、景福本、顧歡本、張君相本、林希逸本作「其政悶悶，其民醇醇」（《治要》卷34引同，S.2060、景龍碑本「民」作「人」，餘同），王弼本、唐玄宗《御疏》本、陸希聲本、李約本作「其政悶悶，其民淳淳」（《文子·上禮》、《意林》卷1、《通典》卷165、《御覽》卷624引同），P.2375 作「其政悶悶，其民蠢蠢」（唐無名氏《次解》本、遂州碑本「民」作「人」，餘同）。唐無名氏《德經異同字》：「其民淳淳：其人蠢蠢。」陳景元曰：「淳淳，古本作『偆偆』，王弼本作『惇惇』。」景宋本《淮南子·道應篇》引作「其政惛惛，其民純純」（道藏本「惛惛」作「悶悶」）。①古棣從高亨說（P195）。馬敘倫曰：「『閔』借為『紊』。」（P506）丁展成曰：「悶悶，當通作『簢簢』。《說文》：『簢，簢在也。』（引者按：『在』當作『存』）21章『我獨悶悶』，即謂能自存也。此謂能存民真，故民醇醇然有完德也。或曰：悶當叚為懣。《說文》：『懣，忘也，懣兜也。』」（P51）汪桂年曰：「悶，借為閔。閔閔，猶昏闇也。」（P49）徐梵澄曰：「閔閔，憂貌。」（P83）各說皆非。「閔閔」不可解作「紊亂」、「汙濁」。悶悶、**闅闅**、閔閔、閽閽、汶汶，並讀為「昏昏」、「惛惛」。《荀子·不苟》：「其誰能以己之僬僬，受人之掝掝者哉？」楊倞註：「掝，當為惑。惑，惛也。」《史記·屈原傳》用《楚辭》文，《索隱》：「汶汶者，音閔，汶汶猶昏暗也。」「掝掝」與「汶汶」同義。《荀子》楊倞注引《楚辭》「汶汶」正作「昏昏」。「汶汶」亦作「忞忞」，或省作「文文」。《廣雅》：「惛惛、忞忞，亂也。」《易林·明夷之蠱》：「文文墨墨，禍福相雜。」《法言·問神》：「彌綸天下之事，記久明遠，著古昔之唔唔，傳千里之忞忞者，莫如書。」②屯屯、春春、偆偆、淳淳、醇醇、蠢蠢，馬敘倫（P506）、蔣錫昌（P356）、高亨（P121）、王叔岷（P286）、高明（P109）指出並讀為「惇惇」，憨厚之狀，是也，即淳樸之貌。唐玄宗《御注》：「悶悶，無心寬裕也。淳淳，質樸敦厚也。」皆得其誼。《說文》：「惷，一曰厚也。」亦借字。勞健曰：「《春秋繁露·陽尊陰卑》：『春之為言猶偆偆也。偆偆者，喜樂之貌也。』其民偆偆，義當如此。」汪桂年曰：「淳，讀為純。又按：淳亦通醇。純，全也。」（P49）其說皆非是。

（19）其正（政）竊竊（察察），其邦夬夬

新注：乙本原釋文作「其正（政）察察，其〔民缺缺〕」，北大本作「其

正計計，其國夬夬」，傳本多作「其政察察（或作『詧』，乃『察』本字），其民缺缺」。此本借「竊」為「察」。原整理者注說：「邦，各本作『民』，蓋避漢高帝劉邦諱改。」今按：從北大本看，甲本用「邦」字，確應為《老子》原貌。（P30）

按：S.3926 河上公本、張虹藏敦煌殘卷作「其政察察，其民缺缺」（道藏本河上公同，嚴遵本、王弼本亦同，《淮南子·道應篇》、《文子·上禮》、《治要》卷 34 [註 129]、《意林》卷 1 引並同；唐無名氏《次解》本、遂州碑本「民」作「人」，餘同），P.2255、P.2347、P.2375、P.2639、S.189、S.6453、宋刊河上公本作「其政察察，其民鈌鈌」（《御覽》卷 624 引同，P.2420「民」作「政」，S.2060、景龍碑本「民」作「人」，餘同），傅奕本、范應元本作「其政詧詧，其民缺缺」。河上公注：「政教急，民不聊生，故鈌鈌日以疏薄。」唐玄宗《御註》：「政教察察，有為苛急，人則應之缺缺然而凋弊矣。」唐玄宗《御疏》：「察察，有為嚴極。缺缺，凋弊離散也。」成玄英疏：「察察，嚴速也。缺缺，零落也。」李榮曰：「其政急而煩，其人困而乏。」林希逸曰：「察察者，煩碎也。缺缺，不足也。」范應元曰：「詧詧，叢脞為明。缺，虧缺也。」徐大椿曰：「察察，煩瑣也。缺缺，虧玷也」宋刊本《文子》唐徐靈府注：「上太察，下不安。」「缺」讀如字，舊說皆得之。馬敘倫曰：「缺借為映。《說文》曰：『映，睊也。』『映』字次『眵』、『䁾』、『眼』、『眛』之間，蓋目有蔽垢不明之義。」（P507）蔣錫昌曰：「缺缺，機詐滿面貌。」（P357）高亨曰：「缺疑借為獪，狡獪也，詐也。獪亦作狭。」（P121）高明（P109）、古棣（P196）、張松如（P318）從高說。其說皆非是，馬說尤誤。「映」訓睊目，指斜視、側目相視 [註 130]，馬氏未達其誼。北大簡「計計」，第 20 章「俗人察察」，北大簡亦作「計計」，整理者並讀計為察（P133、153）。魏宜輝認為「計」、「察」古音不近，簡本的「[illegible]」當隸定作「訨」，讀為察 [註 131]。「計計」當讀為「稽稽」，明察貌。《史記·滑稽列傳》《索隱》引姚察曰：「稽，音計也。以言諧語滑利，其知計疾出，故云滑稽也。」《史記·夏本紀》：「或言禹會諸侯江南，計功而崩，因葬焉，命曰會稽。會

[註 129] 《治要》據天明刊本，古鈔本引「缺缺」作「鈌鈌」。

[註 130] 參見蕭旭《〈說文〉疏證（三則）》，《北斗語言學刊》第 7 輯，2020 年 12 月版，第 99～104 頁。

[註 131] 魏宜輝《簡帛〈老子〉校讀札記》，《古典文獻研究》第 16 輯，鳳凰出版社 2013 年版，第 346 頁。

稽者，會計也。」《集解》引《越傳》曰：「禹到大越，上苗山，大會計，爵有德，封有功，因而更名苗山曰會稽。」所引見《越絕書·越絕外傳記〔越〕地傳》。《論衡·書虛篇》：「吳君高說會稽本山名，夏禹巡守會計於此山，因以名郡，故曰會稽。」陶弘景《養生延命錄》卷上引《老子指歸》「委慮於無欲，歸計於無為」，《雲笈七籤》卷 32 引「計」作「指」。皆「計」、「稽」相通之證。「計」與「察」同義，《戰國策·齊策一》：「大王覽（賢）其說而不察其至（質）實。」〔註 132〕P.5034V《春秋後語》「察」作「計」。

（20）〔道〕者，萬物之注也

原注：注，乙本同，通行本作「奧」。「注」讀為「主」。（P8）

新注：此字北大本作「椯」，按古音亦可讀「主」。（P32）

按：高明亦讀注為主，謂「舊注訓藏不確」（P127）。高延第曰：「奧，主也。」汪桂年說同（P52）。北大簡「奧」作「[illegible]」，整理者錄作「梋」，注云：「『梋』、『奧』音近可通。」（P134）張舜徽曰：「帛書甲、乙本『奧』作『注』，並有『也』字，今據寫正。注，灌也，引申有歸聚義。」（P140）李銳曰：「『梋』似應讀為『主』。」又加注釋說：「或曰：『梋』當讀為『歸』，『歸』有藏之義。『注』也有歸流、集中之義，二者與『奧』為義近關係。」〔註 133〕陳劍認為「[illegible]」應釋作「椯」，讀作端，始也〔註 134〕。「[illegible]」確是「梋」，與「奧」均幽部字，聲母則章、影准雙聲，音近可通。《尹文子·大道上》引《老子》亦作「奧」。河上公注：「奧，藏也。道為萬物之藏，無所不容也。」蔣錫昌申其說（P378）。成玄英疏：「奧，深密也，亦藏府也。言道生成萬有，囊括百靈，大無不包，故為萬物藏府也。」其說皆不誤。作「奧」是也，江有誥指出與下文「寶」、「保」幽部合韻〔註 135〕。帛書作「注」者，則「梋」一聲之轉，二字均章母，韻部則幽、侯通轉。

〔註 132〕《史記·張儀傳》「覽」作「賢」。「至」讀為「質」，參見裴學海《評高郵王氏四種》，《河北大學學報》1962 年第 2 期，第 48 頁。

〔註 133〕李銳、邵澤慧《北大漢簡〈老子〉初研》，《中國哲學史》2013 年第 3 期，第 29 頁。

〔註 134〕陳劍《漢簡帛〈老子〉異文零札（四則）》，《「簡帛〈老子〉與道家思想」國際學術研討會論文集》，北京大學 2013 年 10 月 25～26 日。

〔註 135〕江有誥《老子韻讀》，《江氏音學十書·先秦韻讀》，收入《續修四庫全書》第 248 冊，第 162 頁。

（21）故立天子，置三卿，雖有共之璧以先四馬，不善〈若〉坐而進此

新注：共之璧，乙本、北大本同，原注：「通行本無『之』字。」今按：簡帛本皆有「之」字，似「共」乃專名，「共璧」猶「和璧」、「隨珠」之比。（P32）

按：共之璧，P.2420、P.2517、P.2639、S.3926、宋刊河上公本等作「拱璧」（梁元帝《答齊國雙馬書》、《左傳・僖公三十三年》孔疏、《御覽》卷806、《事類賦注》卷9引同），P.2350、P.2375作「拱之璧」，P.2347、S.189作「供璧」，P.2255、S.6453作「供之璧」，張虹藏敦煌殘卷作「拱辟」。成玄英疏：「拱璧，抱璧也。謂圓全大璧也。」范應元曰：「古本作『珙』，大璧也。『珙』一作『拱』，《春秋傳》：『與我其拱璧。』」易順鼎曰：「《左傳・襄公三十一年》：『叔仲帶竊其拱璧。』杜注：『拱璧，公大璧。』《玉篇》：『珙，大璧也。』王注謂為『拱抱之璧』，非是。」〔註136〕馬敘倫（P537）、朱謙之（P254）從易說，朱氏且云：「范本正作『珙璧』。」奚侗說略同易氏（P130）。蔣錫昌曰：「《左傳・襄公十九年》《正義》引《老子》曰：『雖有拱抱之璧以先駟馬』，較今本多『抱之』二字。《左傳・襄公二十八年》：『與我其拱璧。』杜注：『崔氏大璧。』《正義》：『拱，謂合兩手也。此璧兩手拱抱之，故為大璧。』據此，則王注是也，易氏以為『拱璧』即『珙璧』，非是。」（P381）高明曰：「『共』字當假為『拱』。『拱之璧』即拱抱之璧，王說誠是。」（P130）王注是也，《正義》「此璧兩手拱抱之，故為大璧」明其語源，最為得之，大璧亦謂之「拱」，故俗製分別字作「珙」。「共」非專名「和璧」、「隨珠」之比。「供」則借字。

（22）百仁（仞）之高，台（始）於足下

新注：北大本作「百仞之高」，傳本多作「千里之行」，但嚴遵本、遂州本及成玄英《義疏》引經作「百仞之高」，敦煌辛、P.2417、S.6453作「百刃（仞）之高」，與簡帛本合。乙本作「百千之高」，高明謂「甲本假『仁』字為『仞』，乙本誤寫為『千』。」今按：疑乙本「百千」為「百人（仞）」之誤。（P33）

乙本原注：千，甲本作「仁」，讀為仞。《說文》古文「仁」從千、心作，此「千」即「仁」之誤。嚴遵本作「百仞之高」，與帛書合。通行本作「千里之行」。（P94）

按：所謂敦煌辛本，卷號是P.2517。乙本整理者說是也，張舜徽曰：「『仁』

〔註136〕易順鼎說見《讀老札記補遺》，收入《琴志樓叢書》第2冊，光緒刻本。

即『仞』之形譌。古文『仁』字從千心作『忎』，故乙本譌為『百千之高』，以義不可通，傳寫者又改為『千里之行』耳。」（P144）張說亦是也，但謂「仁」為誤字則非，「仁」借作「仞」。白于藍徑以「千」為「仞」借字〔註 137〕，亦未當。P.2347、羅振玉藏敦煌本、張虹藏敦煌殘卷、河上公本作「千里之行，始於足下」；P.2420、P.2639、S.189、S.3926、嚴遵本作「百仞之高，始於足下」（《治要》卷 34 引同）；P.2350、P.2375、P.2417、S.6453 作「百刃之高，起於足下」（遂州碑本、趙志堅本、唐無名氏《次解》本、唐無名氏《德經異同字》引一本「刃」作「仞」，餘同）。趙志堅曰：「七尺曰仞。登高山者，先起一足之下，移足不休，高至百仞。有本作『千里之行』者，百仞、千里，意義相似。但恐古人為九層、百仞，俱從下起，義勢以重，故改為『千里』。不應本文『千里』改為『百仞』，今取『百仞』為定。」強本成玄英疏：「百仞之高，起於足下，七尺曰仞，陟百仞之高峰，發自初步。」《文子．道德》：「百仞之臺始於〔足〕下。」定州漢簡簡 1178 作「……之高始於足下」。《陰符天機經》：「百仞之臺，起於足下。」《老子》舊本當作「百仁之高」，朱謙之謂「千里之行」是故書（P260），非也。「百仞之高」可以指臺，《新語．懷慮》言楚靈王「作乾谿之臺，立百仞之高」是也，故《文子》及《陰符天機經》又改作「百仞之臺」。「百仞之高」亦可以指山，《史記．李斯列傳》：「是故城高五丈，而樓季不輕犯也；泰山之高百仞，而跛牂牧其上。夫樓季也而難五丈之限，豈跛牂也而易百仞之高哉，峭塹（漸）之勢異也。」是其例也。

（23）學不學，而復眾人之所過

按：河上公注：「眾人學問反，過本為末，過實為華。復之者，使反本也。」成玄英疏：「河上本作『復』，諸家作『備』。備，防也。」李榮曰：「防備眾人之過也。」趙志堅曰：「備，防也。」唐無名氏《次解》卷下：「如此則備見眾人之過。」陳象古曰：「復，反也。反眾人之所過，不與眾人同過也。」劉師培曰：「《韓非．喻老篇》述此義曰：『故知者不以言談教，而慧者不以書藏篋，此世之所過也，而王壽復之，是學不學也。故曰：學不學，復歸眾人之所過也。』據此，則古本『復』下有『歸』字，與 14 章『復歸於無物』，28 章『復歸於嬰兒』、『復歸於無極』、『復歸於樸』一律。」（P883）

〔註 137〕白于藍《戰國秦漢簡帛古書通假字彙纂》，福建人民出版社 2012 年版，第 844 頁。

馬敘倫曰：「館本、卷子成疏『復』作『備』。河上作『復』，成所據蓋俗本。然古音『復』、『備』相同，『復』字是，《說文》：『复，行故道也。』（『復』後起字）」（P550）丁福保從馬說（P44）。奚侗曰：「《莊子·繕性篇》：『文滅質，博溺心，然後民始惑亂，無以反其性情而復其初。』此云『復所過』，猶云『復其初』矣。」（P133）汪桂年曰：「復，補也。」（P54）朱謙之曰：「劉說非也。『復歸』之『歸』字無義，敦煌一本作『備』，成玄英曰：『復，河上作備。』〔註 138〕『備』亦無義。復也者，猶復補也。《莊子·德充符篇：『夫無趾，兀者也，猶務學以復補前行之惡。』此『復』之本義。《韓非·喻老篇》引『復歸眾人之所過也』，顧廣圻曰：『傅本及《德經》無歸字。』王先慎曰：『王弼注：「學不學，以復眾人之過。」歸字疑衍。』」（P262）高明曰：「今驗之帛書甲、乙本，亦均無『歸』字，也不作『備』，朱說誠是。」（P140）。復，乙本、郭店簡甲本、郭店簡丙本、P.2350、P.2420、P.2639、S.3926、羅振玉藏敦煌本、張虹藏敦煌殘卷、河上公本、嚴遵本、王弼本同（《韓子·喻老》、《治要》卷 34 引同），P.2255、P.2347、P.2517、P.2599、S.189、S.6453、遂州碑本、成玄英本、李榮本、趙志堅本、唐無名氏《次解》本作「備」。唐無名氏《德經異同字》：「復眾人之所過：備眾人之所過。」王先慎謂《韓子》「歸」字衍，是也。「復」即「重復」義，「復過」指重犯其錯，讀《韓子·喻老》自明，「此世之所過也，而王壽復之」謂世人所犯的過錯，王壽又重犯了。作「備」者乃後人未得「復」字之誼而以音近改之。

（24）恒知此兩者，亦稽式也

新注：稽式，乙本同，北大本作「楷式」，傳本或作「楷式」，或作「稽式」。蔣錫昌、朱謙之皆以為「稽」、「楷」音近，「稽式」當讀為「楷式」，高明是之。（P33）

按：P.2255、P.2347、P.2350、P.2420、P.2517、P.2599、S.189、S.3926、S.6453、羅振玉藏敦煌本、張虹藏敦煌殘卷、景龍碑本作「揩」，偏旁手書之混。北大本作「[illegible]」，當隸定作「稽」〔註 139〕。汪桂年曰：「稽，留止也。『式』當為『或』，『或』為『減』之借字。」（P55）全是妄說。

〔註 138〕引者按：朱氏引文有脫字，當作「河上本作『復』，諸家作『備』」。

〔註 139〕參見魏宜輝《簡帛〈老子〉校讀札記》，《古典文獻研究》第 16 輯，鳳凰出版社 2013 年版，第 349 頁。

（25）故居前而民弗害也，居上而民弗重也

新注：原注：「乙本作『故居上而民弗重也，居前而民弗害』，通行本同，疑此處誤倒。」郭簡及北大本句序亦同傳本。（P34）

按：帛書甲本二句誤倒。傳世本二「居」作「處」。《淮南子・原道篇》：「是以處上而民弗重，居前而眾弗害。」又《主術篇》：「故百姓載之上弗重也，錯之前而弗害也。」〔註140〕《文子・道原》：「是以處上而民不重，居前而人不害。」《抱朴子內篇・明本》：「處上而人不以為重，居前而人不以為患。」皆本於《老子》。害，妒忌也。馬敘倫曰：「『害』疑為『遏』之借字，止也。」（P564～565）其說非是。

（26）使民重死而遠送〈徙〉

新注：原注：「乙本同（引者按：乙本『徙』字不誤，北大本同帛書本），通行本『遠』上有『不』字。按帛書『遠』與『徙』對言，『遠』作動詞用，『遠徙』猶言避免遷徙。另一種解釋，『重』字貫『死徙』二事。」今按：另一種解釋在語法上講不通。（P34）

按：高明曰：「『遠』字非作遠近解的副詞，而是作『疏』、『離』解的動詞。因後人誤識『遠』為遠近之義……改作『不遠徙』。」（P152～153）北大簡整理者曰：「『遠』在此義為『遠離於』，後人誤解而增『不』字。」（P143）簡帛本是，「不」字衍文，但整理者解「遠」均誤。重，難也，愛惜也。「遠徙」、「重死」對言，言以死為重，以徙為遠也。以徙為遠，故不徙也。遂州碑本、唐無名氏《次解》本作「不徙」，亦非其舊。《韓子・有度》：「故民不越鄉而交，無百里之戚。」可證《老子》之誼。

（27）今舍其茲（慈），且勇；〔舍其儉，且廣〕；舍其後，且先；則必死矣

按：河上公注：「今世人舍〔其〕慈仁〔註141〕，但為勇武〔註142〕。舍其儉約，但為奢泰。舍其後己，但務先人。」王弼注：「且，猶取也。」唐玄宗《御疏》卷9：「且，苟且也。」成玄英疏：「舍去慈悲，且好行剛勇。」王叔岷曰：「『且』與『則』同義。」（P297）王弼注是也，且、舍對文。高亨讀

〔註140〕茲據明刻本、四庫本、漢魏叢書本，景宋本、《道藏》本脫「載」字。

〔註141〕「其」字據S.3926補。

〔註142〕古鈔本、天明刊本《治要》卷34引「但」俱形誤作「伹」。

為叡、摣、抯，取也（P136），汪桂年讀為抯（P56），朱駿聲則徑讀且為取〔註143〕。盩厔樓觀《古文老子碑》作「」，《古文四聲韻》卷 3 謂《古老子》「且」字作「」、「」等形〔註144〕，此字即「虘」、「叡」字。《說文繫傳》：「叡，叉取也。」《方言》卷 10：「抯、摣，取也。」此乃聲訓。上博楚簡（七）《凡物流形》甲本：「旻（得）[illegible]（一）〔而〕煮（圖）之，女（如）并天下而虘之。」整理者曹錦炎謂「虘」是「且」繁文，讀為抯〔註145〕。字亦作徦，《石鼓文》：「具蒦（獲）倍徦。」

（28）天將建之，女（如）以茲（慈）垣之

新注：原注：「乙本同，通行本『建』作『救』，無『女』字，『垣』作『衛』。帛書甲本『建』、『悈』形近，蓋傳寫致誤。」今按：此說似應存疑。北大本作「天之救之，若以茲（慈）衛之」，已用「衛」字。傳本作「天將救之」，「將」字同帛書本，「救」字同北大本。（P34）

按：高明曰：「張松如云：『建之、救之，皆助之之謂。』恐未確。建乃立也，與『助』不類。『天將建之，如以慈垣之』，猶言天將建立之事，則以慈援衛之。似較今本『天將救之』義勝。」（P164）原注「悈」當是「捄」誤刻。「捄」同「救」。所謂「建」字甲本圖版作「」，乙本圖版作「」，當錄作「逮」，是「逑」形誤，讀為救。「救」與「衛」其義相因。女，讀為而。羅振玉藏敦煌本、景福碑本、道藏河上公本「救之」下衍「以善」二字（宋刊河上公本不衍）。衛，護衛，高明指出與「垣」義近（P164），是也。勞健曰：「《爾雅》：『衛，嘉也。』乃借衛作韙。」張舜徽曰：「今據帛書甲、乙本改正。建謂樹立也。垣謂圍護之也。」（P151）其說皆非也。

（29）善勝敵者弗〔與〕

按：乙本作「善朕（勝）敵者弗與」（北大簡本「敵」作「適」，餘同），道藏河上公本作「善勝敵者不與爭」，宋刊河上公本作「善勝戰者不與」，傅奕本、唐玄宗《御註》本、顧歡等本作「善勝敵者不爭」（《御覽》卷 322 引同），嚴遵本、王弼本、P.2420、P.2639、S.3926、羅振玉藏敦煌本作「善勝敵

〔註 143〕朱駿聲《說文通訓定聲》，武漢市古籍書店 1983 年版，第 432 頁。

〔註 144〕《汗簡・古文四聲韻》，中華書局 1983 年版，第 45 頁。

〔註 145〕馬承源主編《上海博物館藏戰國楚竹書（七）》，上海古籍出版社 2008 年版，第 255 頁。

者不與」，張虹藏敦煌殘卷作「善勝者不与」，P.2255、P.2347、P.2517、P.2577李榮注本（道藏本同）、S.189、S.6453 作「善勝敵不爭」。勞健、陶鴻慶（P3）、高亨（P137）、蔣錫昌（P414）、朱謙之（P275）、汪桂年（P57）諸家皆謂「與」字合韻，與即爭也、敵也、鬥也、當也。《淮南子・兵略篇》：「是故善守者無與禦，而善戰者無與鬭。」《文子・下德》同。「弗與」即「不鬥」，亦即「無與鬭」（此「與」是介詞）。王重民曰：「卷子本脫『爭』字。」〔註 146〕非也。高延第曰：「不與，謂不待交兵接仞。」奚侗曰：「以我臨物曰與。開元碑、顧歡本『與』作『爭』，于韻不叶，非是。」（P136）二氏得其字，未得其義。

（30）是胃（謂）行無行，褱（攘）無臂，執無兵，乃（扔）無敵矣。懸（禍）莫於〈大〉於無適（敵），無適（敵）斤（近）亡吾葆（寶）矣

原注：衍一「吾」字。（P8）

新注：「矣」字為各本（包括乙本、北大本）所無。此本加「矣」字，似不讀「乃」為「扔」，而用其常見義，但如此理解，似與下文「禍莫大於無敵」矛盾。無敵，乙本、北大本同，傳本大都作「輕敵」，唯傅奕本作「無敵」。高明認為本應作「無敵」，「輕敵」乃後人所改。（P35）

按：馬敘倫曰：「『無敵』各本作『輕敵』，羅卷上『輕』字作『誙』，卷子館本成疏『無』作『侮』，成疏曰：『侮，輕淩也。』」（P580）丁福保曰：「仍，王弼本作『扔』。扔，摧也。」（P46）朱謙之曰：「輕敵，傅本作『無敵』，敦、遂本作『侮敵』，強本成疏引經文作『侮』。」（P278）張舜徽曰：「輕敵，帛書甲、乙本均作『無敵』，謂曰無敵人，輕蔑之也。」（P152）張松如曰：「扔，摧也。」（P368）高明曰：「樓宇烈云：『當以「乃」本字用。』樓氏之說似較舊注貼切，『乃無敵』謂無人與之為敵也。『侮敵』與『輕敵』義近……但『無敵』則不同，『無敵』即無有敵過他的對手……『無敵』與『輕敵』誼不相屬，二者必有一誤。」（P170～171）劉笑敢亦從樓說（P666）。北大本整理者曰：「乃，帛書同，王本作『扔』，河本等作『仍』，皆為『乃』之誤。無適，帛甲作『無適』，帛乙、傅本作『無敵』，傳世本多作『輕敵』。作『無敵』義較長。」（P138）乃，北大本同，河上公本、嚴遵本、傅奕本、P.2255、P.2347、

〔註 146〕王重民《P.2639 老子道德經校記》，收入《敦煌古籍敘錄》，中華書局 1979 年版，第 232 頁。

P.2350、P.2420、P.2517、P.2599、P.2639、S.189、S.3926、S.6453、羅振玉藏敦煌本、張虹藏敦煌殘卷作「仍」，道藏王弼本、宋太守張氏《集註》本、范應元本作「扔」。彭耜《釋文》：「仍：陸、王弼仍作扔，音仍。」下二「無敵」，P.2255、P.2347、P.2350、P.2517、P.2577 李榮注本（道藏本同）、P.2599、S.189、S.6453、杜光庭本、唐無名氏《次解》本、遂州碑本並作「侮敵」，張虹藏敦煌殘卷作「輕敵」，羅振玉藏敦煌本分別作「誙（誙—誣）敵」、「輕（輕—輕）敵」。唐無名氏《德經異同字》：「輕敵：侮敵。」《次解》：「懷輕敵也。」強思齊本成玄英疏：「禍莫大於侮敵。侮，輕凌也（顧歡本作「輕，凌侮也」，張君相本引同，蓋底本作「輕」）。」范應元曰：「扔音認，引也，又音仍。」《道德真經指歸·用兵章》：「戰雖萬全，敵不可易。易敵生姦，亡時失利，福去禍來，為天所疾。」谷神子註：「禍莫大於侮敵。」上「無敵」讀如字。下二「無敵」讀為「誣敵」、「侮敵」，即輕敵、易敵之義，張舜徽未達音借。有無「矣」字，無關於文義，上一「無敵」與下二「無敵」不同。《商子·戰法》：「其過失，無敵深入。」「無敵」亦猶言輕敵〔註 147〕。《尉繚子·攻權》：「夫民無兩畏也，畏我侮敵，畏敵侮我。」高明及北大本整理者亦未達音轉，故斷為二橛，非也。羅振玉《考異》卷下：「敦煌庚、壬本作『**詮**敵』，下同。」（P8）皆誤校。勞健錄敦煌本作「詮」，云：「詮，就也，蓋與『仍』字近同。詮敵謂往就其敵，先發為主也。」馬敘倫、張松如、高明錄敦煌本作「誙」，張氏云：「『誙』字通作『詮』，就也。『詮敵』當亦是『輕敵』的一種表現。」其說亦誤。

（31）天之道……彈（坦）而善謀

新注：北大本作「諅然善謀」，整理者注：「諅然，帛甲作『彈而』，帛乙作『單而』，王本、河本作『繟然而』（《釋文》引河本『繟』作『墠』），嚴本作『坦然而』，傅本作『默然而』。『諅』即『默』之異體，『彈』、『單』、『繟』、『墠』皆讀為『坦』。漢簡本與傅本為同一系統，作『默然』；帛書與王本、河本、嚴本為同一系統，作『坦然』。疑此字本作『諅（默）』，先訛為『單（彈、繟、墠）』，再讀為『坦』。」所提出的「默」展轉訛變為「坦」之說，似當存疑。（P36）

〔註 147〕參見蕭旭《商子校補》、《賈子校補》、《〈大戴禮記〉拾詁》，並收入《群書校補（續）》，花木蘭文化出版社 2014 年版，第 304、682～683、1943～1944 頁。

按：陸氏《釋文》出「繟坦」二字，云：「繟，音闡。坦，吐但反，梁〔武〕王尚〔註148〕、鍾會、孫登、張嗣本有此。坦，平大貌。河上作『墠』。墠，寬也。」「繟坦」二字當是異文，而非成詞，又所見河上公本與今本不同。彈，P.2420、P.2639、S.4430、河上公本、王弼本、顧歡本、張君相本作「繟然」（《治要》卷34引同），P.2577李榮注本（道藏本同）、張虹藏敦煌殘卷、宋徽宗《御解》本作「坦然」，傅奕本、范應元本、陳景元本作「默然」，P.2255、P.2347、P.2517、P.2599、S.189、S.6453、遂州碑本、唐無名氏《次解》本作「不言」。陳景元曰：「默然，開元御本、河上公本並作『繟然』，嚴君平今作『默』，王弼本作『坦』。」陳氏所見王本與今本不同。河上公注：「繟，寬也。」（S.3926同，顧歡本引注作「繟然，寬大也」。）李榮曰：「大道甚夷，故曰坦然。」S.4430引注：「繟，寬也。天道繟然，唯善是啚（圖），啚（圖）之雖緩，而報不失實也。繟音吐丹反，字或作繟（引者按：此『繟』與上重複，疑當作『墠』），音尺善反。」〔註149〕《集韻》：「墠，寬也。《老子》：『墠然而善謀。』河上公讀。通作繟。」危大有《集義》卷10引何氏曰：「《古韻》『繟，緩也，寬也』，於義為長，如作『默然』，則與『不言』之意重；如作『坦然』，則與『不爭』之意複。」方以智《通雅》卷8：「『繟然』與『坦然』、『嘽然』互通。《老子》：『繟然而善謀。』焦氏《翼》曰：『繟，音闡，王作坦，嚴作默，不如作繟為長。』智按王輔嗣注作『坦然』者亦通。蓋『單』與『亶』古通，猶嬗之於禪，儃之於嘽也。嘽音單，亦音善，緩也。其音嘽以緩，故唐人用『嘽然』。」朱謙之曰：「此文『繟』、『坦』並出，嚴、彭、王羲之本作『坦』，奈卷作『繟』。方以智云云。盧文弨曰：『繟、坦、墠三字音相近，得通用。』大田晴軒曰：『坦然，平貌。言天道平易，似無謀者，而歙、張、與、奪、善謀而不失也。「坦然」或作「繟然」，繟音闡，舒緩貌，亦通。』今案嚴本作『默』，誼古。或作『繟』作『坦』，皆非。傅、范本亦作『默』。《論衡·初稟篇》曰：『人徒不召而至，瑞物不招而來，黯然諧合，自然道也。』即本《老子》此章，但『坦然』作『黯然』。此字景龍碑未刻，敦、遂本作『不言』，『不言』亦即『黯然』也。傅、范本作『默然』，與『黯然』形義相近，必有一是，當從之。」（P287～288）勞健曰：

〔註148〕「武」字據盧文弨《莊子音義考證》說補，收入《叢書集成初編》第1204冊，中華書局1985年影印，第315頁。

〔註149〕引者按：此不知何人之注。

「墠訓寬，是假作『坦』。『繟』字蓋又從『墠』字傳寫演變，故今河上本亦作『繟』。《廣雅》：『繟，緩也。』詞固可通，然與下文『恢恢』義不相應。作『不言』則涉上句『不言善應』之誤。『默然』又似從『不言』改作，皆非也。」高明（P186）、張松如（P383）從勞說，二氏又謂「彈」、「單」均借為「坦」（P186）。奚侗曰：「繟，寬緩義，與下『恢恢』相應。或作『默』，或作『坦』，皆非。」（P140）汪桂年曰：「繟，讀為坦。」（P60）魏宜輝謂「䍒」字與「單、彈、繟、坦」諸字的讀音非常近，「䍒」訛變作「墨」，「墨」又變作「黑」，北大本「䵏」所從「黑」乃「廛」所從之「䍒」訛變〔註 150〕。李銳曰：「單（彈、繟、墠）疑當讀為憺，靜也。默，靜也。二者恐實乃文義相近。」〔註 151〕考《道德真經指歸·勇敢章》解作「寂然䆗䆗，無所不圖」，似亦從「默然」生義，則是漢代已作「默然」矣，北大本可證。單、彈、繟、墠、坦，並讀為安，與「䵏（默）」義近。

（32）人之生也柔弱，其死也𦼐仞賢（堅）強

新注：原注：「通行本作『其死也堅強』，無『𦼐仞』二字（引者按：『堅強』上乙本有『䯓信』二字，北大本有『倰信』二字）。𦼐，乙本作『䯓』，義為硬。仞讀為肕，慧琳《一切經音義》卷 59：『堅韌：今作肕，同，而振反。《通俗文》：「柔堅曰肕。」《管子》曰「筋肕而骨強」是也。』《玉篇》：『肕，堅肉也。』疑指乾肉言，與此處義尤近。」乙本原注：「䯓從骨，恒聲，字書不見，疑其義與『骾』相近。信，甲本作『仞』，蓋音近通假。」「骾」與「鯁」、「梗」通，有剛直之義。原整理者似以為「骾」音與「恒」相近，「䯓」當為其同源詞，有硬直之義，後世所言之「硬」即源自「䯓」、「骾」。北大本整理者指出，「倰」與「恒」，「信」與「仞」，古音皆相近可通。按：直接讀「倰」為「骾」似不妥。將「信」、「仞」都讀為「韌」，從語音上看是可以的，但對人死後的僵硬狀況用「韌」來形容，似不合適。頗疑「信」、「仞」都應讀為「伸」，是就人死後的僵直狀況而言的。疑「𦼐信（伸？）」有挺直、不可彎曲之意。（P37～38）

按：張舜徽謂帛書本字誤（P158）。高明曰：「『𦼐』、『䯓』均與『筋』字

〔註 150〕魏宜輝《北大漢簡〈老子〉異文校讀五題》，《安徽大學學報》2013 年第 6 期，第 72 頁。

〔註 151〕李銳、邵澤慧《北大漢簡〈老子〉初研》，《中國哲學史》2013 年第 3 期，第 27 頁。

通假。『仞』、『信』均假為『肕』。今本脫『筋肕』二字。」（P198）劉笑敢從高說（P714）。白于藍等曰：「『薩』與『骺』，似並當讀為骸。骸指骨，肕指肉，正相對應。」〔註152〕「硬」是「鞕」俗字，字亦作「靰」，是「剛」的音轉字，「鯁」、「梗」亦音轉字。范應元本「堅強」作「剛彊」，《說苑·敬慎》引同，P.2517作「罰（剛）強」，俗字。《文選·崔子玉·座右銘》：「柔弱生之徒，老氏誡剛強。」所見《老子》亦作「剛強」。薩、骺，並讀為搄，字亦作揯、絚、緪。《說文》：「搄，引急也。」又「緪，一曰急也。」清華簡（六）《子儀》簡3：「公曰：『義（儀）父，不彀（穀）繻（揄）左右絚，繻（揄）右左絚。』」《淮南子·繆稱篇》：「治國辟若張瑟，大絃組（絚）則小絃絕矣。」許慎注：「組（絚），急也。」《意林》卷2引作「絚」，《玉篇殘卷》「緪」字條引作「緪」，《玉篇殘卷》又云：「緪，與『揯』字同。揯，急引也。」《韓詩外傳》卷1、《說苑·政理》「絚」作「急」。《淮南子·泰族篇》：「故張瑟者，小絃急而大絃緩。」又《詮言篇》：「譬如張琴，小絃雖急，大絃必緩。」《類聚》卷52引「急」作「絚」，有注：「絚，急也。」《文子·上仁》：「夫調音者，小絃急大絃緩。」《文選·長笛賦》：「若絚瑟促柱，號鐘高調。」李善注引「急」作「絚」，又引高誘注：「絚，急也。」後漢侯瑾《箏賦》：「於是急絃促柱，變調改曲。」是絚猶急也。《玉篇殘卷》「緪」字條引《淮南子》：「緪履趹步。」又引許慎注：「緪，勑也。趹，疾也。」〔註153〕字亦省作恒，《詩·天保》：「如月之恒。」毛傳：「恒，弦也。」《釋文》：「恒，本亦作緪，同。」孔疏：「定本『絚』字作『恒』。」是孔疏本作「絚」也。《白氏六帖事類集》卷1引作「緪」。恒訓弦者，取急為義。清華簡（五）《厚父》簡13：「隹（惟）酉（酒）甬（用）恴（恒）痓（狂）。」「恴（恒）」指心急。筋骨之急曰骺（薩），琴絃之急曰緪（絚），心急曰恒，皆「搄（揯）」之分別字。音轉則作「兢」或「競」〔註154〕，又音轉作「彊」。帛書《老子》甲本：「木強則恒。」乙本

〔註152〕白于藍、黃巧萍《讀秦漢簡帛札記》，《中國文字研究》第17輯，上海人民出版社2013年版，第60頁。

〔註153〕景宋本《淮南子·脩務篇》「緪」作「敇」，亦急也，蓋高誘注本。

〔註154〕《方言》卷6：「緪，竟也。秦、晉或曰緪，或曰竟。」《文選·西都賦》李善注引作「亘，竟也」，又云：「亘與絚古字通。」蔣斧印本《唐韻殘卷》「亙」字條、《玄應音義》卷21、《慧琳音義》卷18引《方言》亦作「亙，竟也」。《說文》：「榧，竟也。」《廣韻》：「亙，竟也。」當是聲訓。《史記·天官書》「居前亙天，其半半天」，《漢書·天文志》作「竟」。「竟」、「競」古音同。

「恒」作「兢」。《書鈔》卷 118 引《逸周書・大武》「競竟」，慈利竹簡作「恒志」。《爾雅》：「競，彊也。」《說文》：「兢，競也。競，彊語也。」《詩・無羊》毛傳：「矜矜兢兢，言堅彊也。」此亦是聲訓。《詩・長發》：「不競不絿。」馬王堆帛書《五行》引「競」作「勮」，並解釋說「勮者強也」；郭店簡《五行》引「競」作「彊」。《詩・鶉之奔奔》「鶉之奔奔，鵲之彊彊」，安大簡「彊彊」作「競競」。《書・大誥》：「洪惟我幼沖人嗣無疆大歷服。」楊樹達曰：「『無疆服』即《臣卣》之『無兢在服』也（古兢、疆音同）。」〔註 155〕「競」音轉亦作「堅」、「勁」。故從「恒」或「亙」之字有彊急義。信、仞，讀為韌（肕），是也，指肌肉之堅韌。《說文新附》：「韌，柔而固也。」植仞賢強，四字皆為形容詞，指筋骨肌肉彊急發硬。北大本作「倰」者，亦「兢（競）」音轉，《詩・小旻》：「戰戰兢兢。」北大簡（三）《周訓》引「兢兢」作「淩淩」，是其例也。

（附記：此條 2017 年作為會議論文《帛書〈老子〉解詁（五則）》的一條發表〔註 156〕，後見史傑鵬亦認為「植仞堅強」四字同義連用，「恒」、「亟」古音相近，並引「揯、緪」同源詞〔註 157〕，可以參看。）

（33）兵強則不勝，木強則恒

新注：恒，乙本作「兢」，北大本作「核」。原注：「恒，疑讀為柜。《說文》：『柜，竟也。』木強則柜，猶木強則折。通行本作『共』或『兵』。」乙本原注：「兢，甲本作『恒』，疑讀為柜，『兢』是假借字。」北大本整理者認為「核」、「恒」音近可通，謂「核」亦應讀為「柜」。今按：柜訓竟，《說文》段注謂義近於「遍」，與「折」義相距頗遠，原注謂「木強則柜，猶木強則折」，不知何據。通行本作「共」或「兵」，義皆不可通。解《老》者多據《列子・黃帝》所引老子語「兵強則滅，木強則折」（亦見《淮南子・道應》），謂《老

〔註 155〕楊樹達《釋「服」》，收入《積微居小學述林》卷 3，中華書局 1983 年版，第 79 頁。

〔註 156〕蕭旭《帛書〈老子〉解詁（五則）》，提交「出土文獻與諸子學研究新境——第四屆諸子學學術研討會」，上海大學 2017 年 4 月 22～23 日，《論文集》第 264～265 頁。又增補二則作《帛書《老子》解詁（七則）》，收入上海大學《考證與釋義：出土四古本〈老子〉綜合研究》，中西書局 2019 年出版，第 265～266 頁。

〔註 157〕史傑鵬《西漢帛書和漢簡〈老子〉『植仞堅強』及相關問題研究》，收入《畏此簡書——戰國楚簡與訓詁論集》，江西高校出版社 2018 年版，第 389～399 頁。

子》此句本作「木強則折」。但《列子》、《淮南子》之文以「滅」、「折」為韻，《老子》此文上句各本皆作「兵強則不勝」，帛書本的「恒」、「兢」皆蒸部字，正與「勝」字協韻（北大本「核」字亦為韻部對轉之字），如作「折」就失韻了。可見上引舊說不可信（參看高明 1996：201）。但帛書本的「恒（兢）」究竟代表古漢語的哪個詞，尚待研究。（P38）

按：《老子指歸．生也柔弱章》嚴遵所見經文作「木強則共」，解云：「夫巨木，高百尋，大連抱，頭剖中門，尾判中戶，不蒙華實，常在於下，千枝萬木，舒條布葉，青青蔥蔥，共生其上者，以其形大而勢強也。」S.4430 引注：「木體（體）強大則為群林所共架，人性強梁則為眾人所共伐也。」〔註 158〕奚侗曰：「『折』各本或作『共』，或作『兵』，皆非是。『折』以殘缺，誤作『兵』，復以形近誤作『共』耳。茲據《列子》、《文子》、《淮南子》引改。」（P142）張舜徽從奚說，又謂帛書本字誤（P158）。丁福保曰：「《集韻》『共』為『拱』之省文。拱，合抱也。木大而至可以兩手合抱，則為棟樑之材。木可任棟樑則伐。故《列子》曰『兵強則滅，木強則折』。」（P48）丁展成曰：「俞改『兵』為『折』，當從之。折猶堅也。」（P52）汪桂年曰：「考本文『木強則兵』，與末句『柔弱處上』，間句為韻。當仍以『兵』字為是。此言兵者，即自災之義。」（P62）張松如曰：「拱，有曲折彎躬之義。兢、恒，疑當讀為柦，即今『梗』字，病也。與『拱』字誼近義通。」（P394）高明曰：「自黃茂材根據《列子》改訂此文為『木強則折』之後，像俞樾、易順鼎、劉師培、奚侗、馬敘論、蔣錫昌、高亨、朱謙之等皆主此說，蓋無異議，幾成定論。但是，自帛書甲、乙本出土之後，該說完全動搖。『恒』、『競』（引者按：高氏釋作『競』字）古音同可互假，但與『折』字音義絕遠。從而證明原文絕非『木強則折』。『則』下一字，亦必為一見紐並與『恒』、『競』通韻之字。由此看來，嚴遵、傅奕諸本所云『木強則共』不誤。『共』字與『恒』、『競』古讀音相同，在此均當假借為『烘』。《爾雅》：『烘，燎也。』木強則烘，猶言木強則為樵者伐取，燎之於烓竈也。」（P201～202）劉笑敢從高說（P715）。「兵強則滅，木強則折」見《淮南子．原道篇》，亦見《文子．道原》，整理者誤記作《道應篇》。高明說是也，但讀共為烘則誤。「恒」、「兢」一音之轉，彊急也。「核」是「革」音轉，革亦急也，亟也，一音之轉耳。《莊子．大宗師》：「且彼有駭形而無損心。」《釋文》：「駭，如字，崔作咳。」《淮南子．精神篇》「駭」作「戒」，高誘注：

〔註 158〕引者按：此不知何人之注。

「戒，或作革。」此其音轉之證。字亦作鞕，《說文》:「鞕，急也。」蔣斧印本《唐韻殘卷》:「鞕，皮鞭。」《廣韻》:「鞕，皮鞭貌。」「鞭」同「鞕」，即「硬」字。傳世本作「共」，敦煌各卷同，蓋「恒」音誤。王弼本作「兵」，又「共」形誤，道藏王弼本仍作「共」。遂州碑本、王真本、唐無名氏《次解》本作「拱」，元·李道純《道德會元》卷下作「栱」，又「共」之增旁誤字。木強則恒，言木屈強者則木質堅硬也。

(34) 故聖人之言云:{曰}受邦之訽(詬)，是胃(謂)社稷之主;受邦之不祥，是胃(謂)天下之王

新注:訽(詬)，乙本及北大本同，傳本作「垢」。詬，辱也。(P39)

按:「曰」蓋「能」字誤書。《淮南子·道應篇》引作「能受國之垢，是謂社稷主」，又引「能受國之不祥，是謂天下王」;《新序·雜事四》引下句「能受國之不祥，是謂天下之王」。《莊子·天下》引作「受天下之垢」。S.189、傅奕本「王」誤作「主」。

二、《道篇》校補

(1)〔故〕恒無欲也，以觀其眇(妙);恒有欲也，以觀其所噭(徼)。兩者同出，異名同胃(謂)

新注:原注:「所噭，乙本同，通行本作『徼』，無『所』字。」北大本作「所僥」，亦有「所」字。「噭」、「僥」、「徼」音近可通。北大本注認為「噭」、「僥」皆應讀為「徼」，並說:「傳世本『徼』上無『所』字，故常作名詞講，釋為『邊際』、『歸止』;帛書兩本及漢簡本皆有『所』字，故『徼』顯係動詞，義為『求取』，較傳世本義長。」今按:蔣錫昌早就提出了「徼」應訓為要求，指人類的欲求的意見。(P44)

按:其所噭，河上公等本作「其徼」，P.2329、李約本作「其儌」，P.2596作「所儌」，P.2584、P.2370作「所噭」，羅振玉藏敦煌本作「其曒」，陳致虛《上陽子金丹大要》卷2、林希逸《老子》第16章《口義》引作「其竅」。河上公曰:「妙，要也。人常能無欲，則可以觀道之要。要謂一也。徼，歸也。常有欲之人，可以觀世俗之所歸趣也。」王弼註:「妙者，微之極也。徼，歸終也。」《釋文》:「徼，小道也，邊也，微妙也。」唐玄宗《御疏》:「徼，邊也。又解云:徼，歸也。」成玄英疏:「徼，歸也。」陸希聲曰:「徼謂動

以照事，殊塗同歸者也。」李榮曰：「徼，跡也，歸也，來（求）也……染廲法而流徼來（求）也。」〔註159〕陳景元曰：「徼，邊隅也。大道邊有小路曰徼，又歸也。」范應元曰：「徼，循也，境也。」林希逸曰：「徼即《禮記》所謂『竅於山川』之竅也，言所自出也。」彭耜《釋文》：「黃『徼』作『竅』。」吳澄曰：「徼者，猶言邊際之處，《孟子》所謂端是也。」焦竑曰：「『徼』、『竅』通，物所出之孔竅也。又邊際也，歸也。徼讀如邊徼之徼，言物之盡處也。《晏子》曰：『徼也者，德之歸也。』《列子》曰：『死者，德之徼。』皆指盡處而言。」畢沅曰：「李約本『徼』作『儌』，非。《說文》:『徼，循也。』應從此義。」（P1）惠棟曰：「徼，小也。」〔註160〕宋翔鳳曰：「此言妙者，性之微眇（妙與眇通）。徼者，欲之究極。《列子・天瑞篇》曰：『死者，德之徼也。古者謂死人為歸人。』張湛注曰：『德者，得也。徼者，歸也。』」〔註161〕朱駿聲曰：「徼，叚借為竅。」〔註162〕奚侗曰：「徼，歸終也。『徼』本『竅』之借字，竅為空竅，空虛能受，故引申有歸誼。」（P65）汪桂年曰：「焦氏竑云：『徼讀如邊徼之徼，言物之盡處也。』按：妙，微也，猶言堂奧也。徼，邊也，猶言藩籬也。」（P1）張舜徽從帛書本作「噭」，云：「『噭』與『竅』義同，謂孔穴也。空虛能受，故引申有歸趣義。」（P163）其說即由奚說化來。顧實曰：「徼，循也，循其理也。舊解『徼』字，或訓為微妙，誠是也。又或訓徼為邊，或訓為小道，或讀為竅字，皆非也；至王弼訓徼為歸終也，則附會佛說『群有以至虛為宗，萬品以終滅為驗』，而妄竄古訓也。」（P45～46）勞健曰：「徼，當釋如邊。王注歸終，義猶邊際也；或妄改作『竅』，或解作徼倖，與《釋文》兼注『微妙』俱非。」馬其昶解「徼」作「邊際」（P3）。馬敘倫曰：「『徼』當作『竅』，《說文》：『竅，空也。』『竅』與『杪』對言（引者按：馬氏謂『杪』為『妙』本字）。」（P90）丁福保曰：「『徼』當作『竅』，後世道家謂之玄關一竅。觀其竅者，即52章之『習常』也。」（P2）高延第曰：「徼，歸也。」朱謙之曰：「徼，宜從敦煌本作『曒』。14章『其上不皦』，景龍碑本亦作『曒』，是也。妙者，微眇之

〔註159〕二「來」是「求」形譌，李若暉引其說而失校。李若暉《老子集注彙考》第1卷，上海辭書出版社2015年版，第594頁。

〔註160〕惠棟《周易述・易微言下》，收入阮元《清經解》卷350，上海書店1988年版，第2冊，第693頁。

〔註161〕宋翔鳳《過庭錄》卷13，中華書局1986年版，第217頁。

〔註162〕朱駿聲《說文通訓定聲》，武漢市古籍書店1983年版，第334頁。

謂。皦者，光明之謂，與『妙』為對文，意曰理顯謂之皦也。」（P6～7）于省吾說略同朱謙之（P552）。高明從蔣錫昌說（P226）。陳夢家曰：「徼者界也。常有欲以觀其徼者，於有中觀萬物之封界也。」（P25）王叔岷曰：「『所』與『其』同義。」（P240）張松如解「徼」為「追求、求索、循求」（P9）。諸家說尚多，可以參看李若暉《老子集注彙考》〔註 163〕。「徼」字惟陸氏《釋文》所引舊說「徼妙也」得其誼，顧實得其誼，而未達「徼」訓微妙之由，餘說皆誤。簡、帛本「其所」二字，當衍其一。徼、儌、曒、噭、僥，並讀為窈，亦妙也。《說文》：「窈，深遠也。」引申則為深邃精微義。字亦作杳，音轉則為幽。《說文》：「杳，冥也。」「以觀其徼」亦即「以觀其妙」義，分別從有與無這二個對立面去觀察道之微妙，《老子》認為「有」、「無」兩者相為體用，本非有二，故云「兩者同出，異名同謂」。《老子》最後作總結說「玄之又玄，眾妙之門」，正因為同義，故單用「妙」字，即包括了「徼」和「妙」。合成詞則曰「窈眇」、「窈妙」、「窈渺」、「徼妙」、「杳眇」、「幽眇」、「幽渺」、「幽妙」，「窈眇（妙）」又省作「幼妙」、「幼眇」，《老子》第 27 章則曰「要妙」，又作「要眇」〔註 164〕，皆深邃貌。《慧琳音義》卷 88：「徼妙：《考聲》：『邊境外也。』《韻詮》云：『小道也。』」慧琳所釋亦並誤。《元始說先天道德經》卷 1：「有有無無，無無有有，吾居徼妙之常。」即本《老子》此章。宋李嘉謀註：「以有為徼，以無為妙，故曰『吾居徼妙之常』。《老子》曰：『常無欲以觀其妙，常有欲以觀其徼。此兩者同出而異名，同謂之玄。』世人體無則不能有，體有則不能無，觀妙則不能徼，觀徼則不能妙，是皆囿於形器，不能出入於有無之間。真人以妙無為體，出而有，雖小道不為不足；入而無，雖體妙不為有餘。蓋以有無徼妙為常。如此則徼即妙，妙即徼，有即無，無即有。」李嘉謀註深得老氏之旨。

（2）長短之相刑（形）也，高下之相盈也

新注：原注：「盈，通行本作『傾』，蓋避漢惠帝劉盈諱改。盈，假為呈或逞，呈現。」北大本作「頃」，整理者讀為傾；郭簡作「浧」，整理者讀為盈。有些郭簡研究者從帛書甲本整理者，讀為呈。（P44）

〔註 163〕李若暉《老子集注彙考》第 1 卷，上海辭書出版社 2015 年版，第 589～604 頁。

〔註 164〕「幽」、「要」聲轉，《易·困》「入于幽谷」，帛書本「幽」作「要」。

按：高明從帛書整理者說讀為呈（P231）。羅振玉藏敦煌本及各傳世本、石刻本作「傾」，《淮南子・齊俗篇》、《文子・道原》引同。汪桂年曰：「傾，攲側也。此即高岸為穀，深谷為陵之意耳。」（P3）盈、浧，當讀為頃，音轉亦作㑒，俗作傾，傾側不正也。北大簡整理者讀頃為傾（P145），儨矣，此以今律古，疏於小學也。自下視之，則高者傾，反之亦然，故曰「高下相傾」。唐玄宗《御疏》解作「傾奪」，陳景元解作「傾覆」，張松如謂作「傾」是避漢諱改，解「盈」為「充盈」（P19～20），徐梵澄解「盈」為「非」（P4）。皆非是。

（3）虛而不淈（屈），踵（動）而俞（愈）出

按：淈，乙本同，郭店簡甲本、P.3235V、S.477、S.798、S.6825V《想爾注》本作「屈」，傳世本亦多作「屈」，傅奕本作「詘」。《釋文》出「掘」字，云：「掘，求物反，又口（求）月反，河上口（本）作『屈』。屈，竭也。顧作『掘』〔註 165〕，云：『猶竭也。』」〔註 166〕《管子・心術上》：「天之道，虛其無形，虛則不屈。」亦可發明老氏之旨（奚侗已引）。河上公注：「言空虛無有屈竭時。動搖之，益出聲氣也。」王弼注：「故虛而不可窮屈，動而不可竭盡。」唐玄宗《御注》：「虛之而不屈撓，動之而愈出聲。」唐玄宗說誤。朱駿聲曰：「掘，叚借為屈。」〔註 167〕「詘」亦借字。勞健指出屈本訓無尾、短尾，引申為竭盡義，是也。馬敘倫謂「屈」借為「渴」，故訓竭盡（P120～121），非是。P.2329「愈」音誤作「喻」。

（4）上善治（似）水。水善利萬物而有靜，居眾之所惡，故幾於道矣

新注：原注：「乙本亦作『而有爭』（引者按：北大本同），通行本作『而不爭』，義正相反。按下文云『夫唯不爭，故無尤』，疑通行本是。」北大本注則據甲本讀「有爭」為「有靜」，並謂傳本作「不爭」，「為後人誤解而改」。（P46）

按：高明從帛書原整理者說，又提出一說云：「『有』字有求取之義。『有靜』猶言取於清靜也。景龍、遂州諸本作『又不爭』，其中『又』字又像是後

〔註 165〕畢沅引「掘」誤作「楅」（P4），後之學者不加覆核，多沿畢氏之誤。

〔註 166〕二缺字據盧文弨《莊子音義考證》說補，收入《叢書集成初編》第 1204 冊，中華書局 1985 年影印，第 311 頁。

〔註 167〕朱駿聲《說文通訓定聲》，武漢市古籍書店 1983 年版，第 620 頁。

人仿王本而增入。」（P254）傳本「而不爭」，朱謙之指出諸本有作「又不爭」者（P31），除朱氏所舉外，P.2329、P.2370、P.2584、P.2596、P.3235V、S.798、S.6825V《想爾注》本亦作「又不爭」。原整理者說是也，而猶未盡。帛書當作「而有不靜」，脫一「不」字，「有」讀為「又」，「靜」讀為「爭」。《淮南子·原道篇》：「水下流不爭先〔註168〕，故疾而不遲。」《文子·符言》：「水流下不爭疾，故去而不遲。」皆作「不爭」之明證也。

（5）揗（持）而盈之，不〔若其已〕

按：揗，乙本同，傳世本作「持」（《淮南子·道應》、《文子·微明》引同〔註169〕）；郭店簡「揗」作「枈」，「盈」作「浧」。汪桂年曰：「持，執也，守也。」（P9）張舜徽曰：「『揗』蓋『殖』之形譌，嚴君平作『殖而盈之』，是已。殖謂積其財貨也。」（P169）郭店簡整理者曰：「枈，從木之聲，疑讀作殖，積也。」（P117）尋陳景元曰：「嚴君平作『殖而盈之』，謂積其財寶也。」此當即張舜徽及整理者說所本，丁原植、魏啟鵬、彭浩說同〔註170〕。高明指出「揗」是「持」異體字（P259），是也，《集韻》：「揗，持也。」「枈」當是「栕」異體字〔註171〕，讀為持。郭店簡《老子》：「其安也，易枈也。」今本第64章「枈」作「持」。道藏本《道德真經指歸·持而盈之章》作「持而盈之」，與陳景元所見本不同，「殖」當是「揗」音誤，解作「積其財寶」，非也。

（6）〔揣而〕□之□之，□可長葆（保）之

原注：乙本作「㧻而允之」，通行本作「揣而銳之」，河上公注：「揣，治也。」此處「之」上殘字缺左旁，右從㕣，疑是「鉛」字。「鉛」作動詞用，《荀子》中常見，如《榮辱篇》「鉛之重之」，注：「鉛與沿同，循也，撫循之。」「允」、「鉛」古音同，可通用。「銳」則「鉛」字之誤。又此多出「□之」二字，當是筆誤。乙本作「不可長葆也」，此處「可」上殘字似「惡」字。（P14）

〔註168〕《淮南子》據道藏本，景宋本「先」誤作「失」。

〔註169〕朱弁《文子》「盈」誤作「備」。

〔註170〕各說參見彭裕商、吳毅強《郭店楚簡〈老子〉集釋》，巴蜀書社2011年版，第363～364頁。

〔註171〕陳偉武謂「枈」是「植」異體，見《楚系簡帛釋讀掇瑣》，《古文字研究》第24輯，中華書局2002年版，第363頁。

乙本原注：「揗」與「揣」音近通假。揣，治也。允，訓為循。一說：《廣雅》：「揣、抁，動也。」又「揣抁，搖捎也。」王樹楠以釋《老子》此句，「言凡物長動搖之則不可長保」。（P98）

新注：北大本作「短而允之」，與乙本甚近。郭簡作「湍而群之」。原注謂第一個「之」上的殘字右旁為「㕣」，從圖版看似不可信，其說只能存疑。高明以「口之」為「兌」之殘，更不可信。總之，「之」上殘字尚待進一步研究。下一個「之」上的殘字很不清晰，也無法辨識。不可長葆也，郭簡同。「可」上一字是寫壞的「可」字，已用硃塗去，其上似尚可隱約看到改寫的「不」字的殘筆。（P46）

乙本新注：孫詒讓讀「揣」為「捶」，參看高明（1996：260）。「允」與「兌」形音皆近而致異。（P208）

按：傳本多作「揣而銳之」（P.2329、P.2596、S.792 同，《淮南子・道應》、《文子・微明》引亦同，S.6453 殘存「揣之」二字），P.2370、P.2584、嚴遵本、王弼本作「揣而梲之」，S.477、S.798 作「揣而捝之」，S.6825V《想爾注》本作「揣而悅之」，P.3235V 作「椯而銳之」，傅奕本作「敇而梲之」。河上公注：「揣，治也。」《釋文》引顧歡說同，馬其昶從此說（P8）。王弼註：「既揣末令尖，又銳之令利，勢必摧衄，故不可長保也。」唐玄宗《御注》：「揣度銳利。」唐玄宗《御疏》：「揣，量度也。銳，銛利也。」成玄英疏：「揣，磨也。銳，利也。夫揣劍磨刀，雖利必損，況勵己陵物，寧不困乎？」傅奕曰：「敇，音揣，量也。梲，士活切，解也。」李約曰：「磨而至銳，保其不折，未之前聞。揣，磨也。銳，薄也。」陳景元曰：「揣，度也，又治也。銳，銛利也。」范應元曰：「揣，度也。」吳澄曰：「揣，捶之也。此章言捶錐鋒者不可以銳，銳之則易至於挫，而不可長保其銳矣。」畢沅曰：「或『敇』為『揣』字古文歟？又顧歡以揣為治，《說文》有『敱』字，云『有所治也』。又疑『敇』即『敱』字之譌矣。」（P6）高延第曰：「揣，擊治也。錘擊刀劍，使之鋒利，則易折缺。」張舜徽從高說，又曰：「《說文》：『揣，量也，一曰捶之。』此處用後一義。王弼本『銳』作『梲』，乃形譌。」（P169）朱駿聲曰：「揣，叚借為摧。」又「梲，叚借為銳。」〔註 172〕朱謙之謂「揣應訓摧」（P34），其說同於朱駿聲。孫詒讓曰：「『敇』即『揣』之或體，見《集韻》（《集韻》又以『敇』為或『捶』字，二字古本通也）。然以注義推之，此『揣』

〔註 172〕朱駿聲《說文通訓定聲》，武漢市古籍書店 1983 年版，第 601、653 頁。

字蓋當讀為『捶』。《說文》:『揣，一曰捶之。』蓋『揣』與『捶』聲轉字通也（《集韻》：『揣，冶擊也。《老子》：「揣而銳之。」梁簡文讀。』）。」（P126）王淮從孫說（P39）。奚侗曰:「《說文》:『揣，一曰捶也。』《廣雅》:『捶，擊也。』《莊子·知北遊篇》:『大馬之捶鉤者。』《釋文》引或說云:『江東三魏之間，人皆謂鍛為捶。』此『揣』亦訓捶，即鍛擊誼。『銳』或本作『梲』，乃誤字。」（P73）勞健曰:「王弼注云云，蓋用《說文》『捶之』之義，並借梲為銳，乃合於富貴而驕之義，是也。」蔣錫昌曰:「揣，捶也。」（P51）蓋即本於孫說。馬敘倫曰:「《莊子·知北遊篇》:『大馬之捶鉤者。』《音義》曰:『或說曰:江東三魏之閒，人皆謂鍛為捶音，字亦同。』《淮南子·道應訓》:『大司馬之捶鉤者。』許慎注曰:『捶，鍛擊也。』許說與陸引或說同。蓋借捶（揣）為鍛〔註173〕，歌、元對轉也。然『揣』借為『鍛』，鍛從段聲，段亦從耑省聲也。」(P134～135）高亨曰:「『揣』疑借為『段』，字衍為『鍛』。」(P22）丁福保曰:「揣，揣摩。銳，精其智思。」(P6）汪桂年曰:「揣，持也。持、揣互文同義。」(P9）徐梵澄曰:「揣、掔、敓，摶之借字。梲，解也，通『銳』、『脫』。此句義是『摶而脫之』，奪也。『兌』字破缺為『允』。」(P11）北大簡整理者「短」錄作「梪」，注云:「湍、敓皆讀為揣，訓為持。『梪』應為『掔』之訛，亦讀為揣。允，帛乙同，帛甲殘存右旁，整理組疑為『鈆』字，讀為允；郭簡作『群』，王本、傅本作『梲』，河本作『銳』，想本作『悅』。『允』、『群』音近可通，疑當讀為『捃』，拾也，取也。疑『允』先訛為『兌』，又變為『梲』、『銳』、『悅』等字。」(P147）魏啟鵬、趙建偉讀湍為摶，訓為聚集、結聚；劉釗讀湍為揣訓持，群訓會聚；丁原植謂群訓蒐集聚合；趙建偉謂群訓積聚眾多；李零有二說，一說解為控持聚會，一說解為揣度拾取（讀群為捃，此即北大本整理者說所本，而未指明出處）；劉信芳解作度量而會合之；彭浩解為急流聚集在一起便不再成為急流；廖名春解為錘煉兵鋒而使之銳利；彭裕商從王弼注、孫詒讓說〔註174〕。李銳曰:「北大簡注釋說『梪』可從，但『允、鈆、群』等可能當讀為銳。『揣』之義當為捶擊，似仍當從通行本作『揣而銳之』。」〔註175〕陳劍讀「湍群」為「摶困」，

〔註173〕引者按:「捶」是「揣」誤書，觀下文自知。

〔註174〕各說參見彭裕商、吳毅強《郭店楚簡〈老子〉集釋》，巴蜀書社2011年版，第366～370頁。

〔註175〕李銳、邵澤慧《北大漢簡〈老子〉初研》，《中國哲學史》2013年第3期，第27頁。

訓為卷束〔註 176〕。①朱駿聲讀棁為銳，是也，乙本及北大本「允」當是「兑」形誤，亦「銳」借字。帛書甲本殘字右旁之「㠯」，或是「台」，同「兖」、「沇」，是帛書本與北大本相合也。郭簡作「群」，又「允」字音誤。傅奕訓棁為解，乃讀為挩（畢沅已經指出），非也。②「揣」字唐玄宗訓揣度、量度，成玄英、李約訓磨，朱駿聲讀揣為摧，並非是。揣訓磨，無訓詁依據。寇才質《集解》卷 2 引《列子·力命》「言迎天意，揣利害，不如其已」，易順鼎引《孟子》「其進銳者其退速」，以證此文之誼，亦皆誤，《列》、《孟》與此文無涉。河上公、王弼、梁簡文、吳澄、高延第等所解是也，而未指出本字，孫詒讓讀為捶，精矣。王筠引《老子》此文以證《說文》「揣，一曰捶之也」〔註 177〕，是也，其說早於孫氏，亦當出之。《古文四聲韻》卷 3「揣」字條引《古老子》作「敼」〔註 178〕，乃異體字。郭簡本作「湍」，亦「捶」借字。《說文》：「𡿨，小巵也，讀若捶擊之捶。」此其音轉之明證。《說文》：「椯，箠也。」又「稀，禾垂貌，讀若端。」《五經文字》卷上：「椯，捶也。」亦皆是聲訓。「揣」、「椯」實一字，動詞、名詞之別耳。《漢書·藝文志》載兵權謀書有「《娷》一篇」，《娷篇》當指《鬼谷子》中的《揣篇》，顏師古謂「娷」是人名，恐非。《管子·地員》：「大者不類，小者則治，揣而藏之，若眾練絲。」揣亦讀為捶，王紹蘭引《說文》「揣，捶之也」以說之，而尚未悟二字乃聲轉也〔註 179〕；夏緯瑛則讀揣為團，訓團聚，恐非是〔註 180〕。《御覽》卷 640 引《風俗通》：「南郡讞：女子何侍為許遠妻，侍父何陽素酗酒，從遠假求，不悉如意，陽數罵詈。遠謂侍：『汝翁復罵者，吾必揣之。』侍曰：『共作夫妻，奈何相辱？揣我翁者，搏若母矣。』其後陽復罵，遠遂揣之。」桂馥引以證《說文》「揣，捶之」之義〔註 181〕，是也，馬敘倫亦曰：「揣借為捶，歌、元對轉也。」〔註 182〕一本不知其誼，臆改「揣」作「撾」字。《後漢書·酷吏傳》：「若其揣挫彊埶，摧勒公卿，碎裂頭腦而不顧，亦為壯也。」揣亦讀為捶。分別字

〔註 176〕陳劍《郭店楚簡〈老子〉釋義二則》，《古籍整理研究學刊》2014 年第 6 期，第 52～53 頁。

〔註 177〕王筠《說文解字句讀》，中華書局 1988 年版，第 478 頁。

〔註 178〕《汗簡·古文四聲韻》，中華書局 1983 年版，第 37 頁。

〔註 179〕王紹蘭《管子地員篇注》卷 3，收入《續修四庫全書》970 冊，上海古籍出版社 2002 年版，第 651 頁。

〔註 180〕夏緯瑛《管子地員篇校釋》，中華書局 1958 年版，第 54 頁。

〔註 181〕桂馥《說文解字義證》，齊魯書社 1987 年版，第 1050 頁。

〔註 182〕馬敘倫《讀書續記》卷 2，中國書店 1985 年版，本卷第 35 頁。

則作「錘」，特指捶擊金屬之物；分別字亦作「腄」、「腨」，特指以杵舂米也。《廣雅》：「搖（捶），舂也。」《集韻》引「搖」作「腄」。《玉篇》：「腄，杵擊也。腨，同上。」《廣韻》、《集韻》同。《篆隸萬象名義》：「腄，捶。」「腨」同「腄」，尤可證揣之讀為捶也。又音轉作「段」，俗作「鍛」字。馬敘倫、高亨讀為段（鍛），皆知引孫說，而未能會通古音也。睡虎地秦簡《日書》甲種《詰》：「去地五尺，以鐵椎椯之，必中蟲首。」整理者括注「椯」為「段」，云：「段，《說文》：『椎物也，從殳，耑省聲。』」〔註 183〕《莊子·知北遊》《釋文》引一說明云「鍛」、「捶」同音同字。《莊子·大宗師》：「皆在鑪捶之間耳。」「捶」一本作「錘」〔註 184〕。郭象注：「言天下之物，未必皆自成也，自然之理，亦有須治（冶）鍛而為器者耳。」〔註 185〕成玄英疏：「錘，鍛也。」郭、成亦是以聲為訓。《禮記·冠義》：「棗、栗段脩。」《釋文》：「段，本又作腶，或作鍛，同。脩，脯也。」《禮記·內則》：「腶脩蚳醢。」鄭玄注：「腶脩，捶脯施薑桂也。」「腶」是捶脯義的分別字，鄭君亦是聲訓也。乙本作「掜」，北大本作「短」，亦「揣」、「捶」之音轉字。郭店楚簡《老子》甲本：「長耑之相型（形）也。」帛書甲、乙本「耑」作「短」，北大本及今本第2章同。楚簡多以「耑」、「耑」為「短」〔註 186〕。包山楚簡簡 274：「一輮（乘）椯楘。」白于藍讀「椯楘」為「短轂」〔註 187〕。《易·頤》：「觀我朵頤。」《釋文》：「朵，動也，鄭同，京作揣。」〔註 188〕帛書本作「掜」，上博簡本作「敨」，阜陽簡本作「端」，《集韻》「埽」字條引京房本作「埽」。李鼎祚《集解》：「朵頤，垂下動之貌也。」「朵」即「垂」音轉。朵頤，垂下其頤，以狀貪食之貌。此尤足證明「掜」即「揣」音轉字也。《莊子·天下》「銳則挫矣」，《墨子·親士》「銛者必先挫」，故《老子》言捶擊之使尖銳，則不可長保也。③王弼註「揣末令尖」，「尖」是會意俗字，正字當作「籤」，俗亦作「鑯」。《說文》：「籤，一曰銳也。」《廣雅》：「籤，利也。」又「鑯，銳也。」

〔註 183〕《睡虎地秦墓竹簡》，文物出版社 1990 年版，第 217 頁。

〔註 184〕《釋文》：「捶，本又作錘。」趙諫議本、道藏白文本、道藏《注疏》本、道藏褚伯秀《纂微》本卷 19 作「錘」，晉·釋道恒《釋駁論》引同。

〔註 185〕道藏本「治」作「冶」。

〔註 186〕參見白于藍《戰國秦漢簡帛古書通假字彙纂》，福建人民出版社 2012 年版，第 779～780 頁。

〔註 187〕白于藍《曾侯乙墓竹簡考釋（四篇）》，《中國文字》新 30 期，藝文印書館 2005 年出版，第 198 頁。

〔註 188〕《釋文》據宋元遞修本，敦煌寫卷 P.2617 同，通志堂本「揣」作「椯」。

（7）脩（修）除玄藍（鑒），能毋疵乎

新注：脩，乙本、北大本同，傳本作「滌」。秦漢人多以「脩」為「修」。「脩（修）」本有清除污垢之義，鏡鑒當亦可言修除，高亨所引《太玄》說「修其玄鑒」，應即本於《老子》之「修除玄鑒」。此句「脩（修）」字似不必從傳本讀為「滌」。原釋文為甲、乙本「脩」字括注「滌」，今改為括注「修」。（P46）

按：「脩（修）」自本有清除污垢之義，「滌」則是以水清除污垢的分別字。清除鏡鑒上的污垢，自當水洗，故當徑讀為滌。

（8）然（埏）埴為器，當其無，有埴器〔之用也〕

按：然埴，乙本作「燃埴」，北大本作「挻殖」，S.477 河上公本、陸氏《釋文》本、范應元本作「挻埴」（《慧琳音義》卷 13、84、93、95 引同），P.2370、P.2584、P.3235V、S.798、S.6453、S.6825V《想爾注》本作「埏殖」，P.2329 作「埏填」（「填」是「埴」形譌），S.792、Дx.11809+Дx.11890、羅振玉藏敦煌本、多數傳世本作「埏埴」，無「器」上「埴」字。俞琰《周易參同契發揮》卷 1 引誤作「埏垣」。陸氏《釋文》：「挻，河上云：『和也。』宋衷注本云：『經同。』《聲類》云：『柔也。』《字林》云：『長也。』又一曰：柔挻。《方言》云：『取也。』如淳作『繫』。」又云：「埴，河上曰：『土也。』〔註 189〕司馬云：『埴土可以為陶器。』《釋名》云：『埴，職。』杜弼云：『埴，黏土也。』」彭耜《釋文》：「《纂微》、司馬『埏』並作『挻』，和也。」河上公注：「埏，和也。埴，土也。」〔註 190〕唐玄宗《御疏》：「埏，和也。埴，粘土也。」《廣韻》：「埏，打瓦也，《老子》注云：『和也。』」畢沅曰：「埏，王弼作『挻』。陸德明曰：『河上公云「和也」。』不言王弼與河上異字，疑河上亦作『挻』。《說文》：『挻，長也。』《方言》：『挻，取也。』依義當用《方言》。」（P8）馬敘倫曰：「《說文》無『埏』字，當依王本作『挻』，而借為『摶』，以手圜之也。」（P154～155）丁福保（P8）、蔣錫昌（P64）、張松如（P69）、古棣（P124）皆從馬說。奚侗曰：「『挻』或作『埏』，非。《說文》：『挻，長也。』挻從延，有延引之誼，故引申訓和、訓柔。」（P76）勞健曰：「《說文》：『挻，長也，從手從延。』會意。……《釋文》從手不從土，是也。他本多誤從土作『埏』。」汪桂年曰：「挻，取也。畢沅云云。按『取』猶言聚也。」（P11～12）王叔岷曰：「殖亦借為埴。」（P244）

〔註 189〕宋、元遞修本「土」誤作「上」。

〔註 190〕S.477 河上公本「埏」作「挻」。

高明曰：「『㘓』字乃『埏』之別構。」（P270）王卡曰：「畢說近是。《廣韻》：『挻，柔也，和也。』與河上注同。『埏』當為『挻』之叚字。」〔註 191〕《古逸叢書》之六王弼本、道藏王弼本皆作「埏」，不作「挻」，畢氏所據本誤，或失檢。依義亦不當用《方言》，畢沅、汪桂年說非也。馬敘倫、王卡皆從畢校，而不覆檢。①埏、挻，猶言延也，衍展也，言令物延長也。《說文》：「挻，長也。」又「梴，長木也。」二字同源，皆「延」之分化字。隋·吉藏《百論疏》卷3：「埏者和也，以手柔治之耳。」P.2011 王仁昫《刊謬補缺切韻》：「挻，打瓦，又柔挻。」《玄應音義》卷 13：「挻土：《淮南》云：『陶人之剋挻埴。』許叔重曰：『挻，揉也。埴，土也。』挻，擊也，亦和也。」又卷 17：「挻埴：《字林》：『挻，柔也。』今言柔挻也，亦擊也，和也。」「柔」同「揉」。挻即揉捏義。《集韻》：「揉，以手挻也。」二字互訓。《淮南子·說山篇》：「譬猶陶人為器也，揲挻其土而不益厚，破乃愈疾。」「然」、「挻」一聲之轉，字亦作撚。《說文》：「撚，一曰蹂也。」「蹂」當作「揉」，皆指手揉而言。《玄應音義》卷 14引《通俗文》：「手捏曰撚，兩指索之也。」專指揉捏泥土，故字從土作「埏」或「㘓」，皆俗字，奚侗、勞健謂「埏」誤，非是。「捏」亦「撚」音轉之俗字。高明謂「㘓字乃埏之別構」，其說近是。《說文》：「埏，八方之地也。」此「埏」雖亦取延長之義，而與「埏埴」字不同也。《釋文》引《方言》「取也」，非其誼。如淳作「繫」者，乃「擊」字之譌〔註 192〕。「挻埴」也稱作「摶埴」，《周禮·考工記》：「摶埴之工二。」鄭玄注：「摶之言拍也。埴，黏土也。」《釋文》：「摶，李音團，劉音博。」李軌音團，則所見本作「摶」，《白氏六帖事類集》卷 24、《記纂淵海》卷 84 引亦作「摶」〔註 193〕。戴震曰：「《考工記》：『摶埴之工。』鄭注云：『摶之言拍也。』（張參《五經文字》拍音摶。）劉熙《釋名》云：『拍，摶也，手摶其上也。』又云：『摶，博也，四指廣博亦似擊之也。』則

〔註 191〕《〈老子道德經〉河上公章句》（王卡點校），中華書局 1993 年版，第 43～44 頁。

〔註 192〕黃焯曰：「『繫』字為『擊』之形譌，《文選·長笛賦》李善引《漢書音義》如淳曰：『挻，擊也。』此即德明所本。」《廣韻》：「挻，繫也。」趙少咸校云：「『繫』為『擊』誤，法偉堂本校如此。」黃、趙說是也，《慧琳音義》卷 13、31、85 引《漢書音義》同。《廣韻》各本皆誤，黑水城殘卷本「挻」又誤作「㢟」，獨覆元泰定本作「擊」不誤。黃焯《經典釋文彙校》，中華書局 2006 年版，第 721 頁。趙少咸《廣韻疏證》，巴蜀書社 2010 年版，第 850 頁。

〔註 193〕《白孔六帖》在卷 84。

摶當音博，不音團，而《釋文》列『團』、『博』兩音，且團音在前，是直不辨『摶』、『搏』之為二字。」〔註 194〕沈廷芳曰：「『摶』誤『搏』。」〔註 195〕王昶說同。戴說是，沈、王說非。《說文》：「瓬，周家摶埴之工也。」《繫傳》本亦誤作「摶」，云「摶，團也」，引《周禮》亦誤，此小徐之失也。郭店簡《窮達以時》：「舜耕於鬲（歷）山，匋（陶）笤（拍）於河匿（浦）。」整理者括注「笤」為「拍」〔註 196〕，是也，此當作「搏」之確證。②今本《釋名》云：「埴，膩也，黏朊（昵）如脂之膩也。」上「膩」字，《莊子·馬蹄篇》《釋文》、《慧琳音義》卷 28 引作「膱」。《釋文》所引《釋名》「埴，職也」，盧文弨校「職」作「膱」，黃焯從其說〔註 197〕，可不煩改字，古音同通借，字亦作「樴」、「濈」、「戠」，皆「昵」、「䵒」之音轉。《集韻》：「昵，粘也，或作膩、濈，通作膱。」其為粘土，故字從土作「埴」。錢大昕曰：「『戠』與『埴』同義，《說文》：『埴，黏土也。』《禹貢》：『厥土赤埴墳。』鄭康成本作『戠』，徐、鄭、王皆讀曰熾。《攷工記》：『摶埴之工。』鄭亦訓埴為黏土，是『埴』、『戠』同物也。《弓人職》云：『凡昵之類不能方。』注：『故書昵或作樴。杜子春讀為「不義不昵」之昵，或為䵒，䵒，黏也。玄謂樴，脂膏膩敗之膩。膩，亦黏也。』埴與膩，戠與樴，文異而義同，皆取黏䵒之意也。』」〔註 198〕惠士奇曰：「《禹貢》『赤埴』，鄭本《尚書》『埴』作『戠』，孔疏云：『戠、埴音義同。』《考工記》『摶埴之工』，然則合土之工為摶埴，戠者合也。」〔註 199〕錢說是，惠說非也。

（9）五色使人目明〈盲〉……五音使人之耳聾

按：原整理者亦括注「明」為「盲」（P11），皆以為誤字。北大本作「眊」，

〔註 194〕戴震《聲韻考》卷 4《論韻書中字義答秦尚書》，其說又見《考工記圖》卷上，分別收入《戴震全書》第 3、5 冊，黃山書社 1995 年版，第 336、316～317 頁。

〔註 195〕沈廷芳《十三經注疏正字》卷 32，收入景印文淵閣《四庫全書》第 192 冊，臺灣商務印書館 1986 年初版，第 424 頁。王昶《金石萃編》卷 111，收入《續修四庫全書》第 889 冊，上海古籍出版社 2002 年版，第 442 頁。

〔註 196〕《郭店楚墓竹簡》，文物出版社 1998 年版，第 145 頁。

〔註 197〕盧文弨《經典釋文考證》，第 311 頁。黃焯《經典釋文彙校》，第 721 頁。

〔註 198〕錢大昕《潛研堂文集》卷 11《答問八》，其說又見《十駕齋養新餘錄》卷上，分別收入《嘉定錢大昕全集》第 9、7 冊，江蘇古籍出版社 1997 年版，第 170、559 頁。

〔註 199〕惠士奇《易說》卷 2，收入景印文淵閣《四庫全書》第 47 冊，第 695 頁。

整理者曰：「『眝』為『盲』之異體，帛乙、傳世本作『盲』，帛甲作『明』，假為『盲』。」（P149）古音明、盲一聲之轉，讀為冥，俗作瞑，指目不明也，非眼瞎不見之謂。「聾」是「不聰」之誼，非耳聾不聞之謂。《釋名》：「聾，籠也，如在蒙籠之內，聽不察也。」是其誼也。《韓子・解老》：「故視強則目不明，聽甚則耳不聰。」韓子又解曰：「目不能決黑白之色則謂之盲，耳不能別清濁之聲則謂之聾。」此為正解。《莊子・天地》：「五色亂目，使目不明；五聲亂耳，使耳不聰。」〔註 200〕《越絕書・內經九術》：「申胥諫曰：『臣聞五色令人目不明，五音令人耳不聰。』」〔註 201〕考《莊子・駢拇》：「是故駢於明者，亂五色，淫文章，青黃黼黻之煌煌，非乎而離朱是已；多於聰者，亂五聲，淫六律，金石絲竹黃鍾大呂之聲，非乎而師曠是已。」《關尹子・五鑑篇》：「目視雕琢者，明愈傷；耳聞交響者，聰愈傷。」莊子、關尹之說本於《老子》，正謂五色傷目之明，五音傷耳之聰也，非謂使人不見不聞也。

（10）難得之儥（貨）使人之行方（妨）

按：方，北大簡同，乙本作「仿」。各家皆據今本（敦煌各卷同）括注為「妨」。河上公注：「妨，傷也。」S.6825V《想爾注》解作「妨道」，成玄英解作「妨礙」，高延第解作「害」。舊注《老子》者皆從此說，讀「妨」如字。方、仿、妨，並讀為旁，邪曲不正也。行為不正之專字亦作趽，《賈子・道術》：「衷理不辟謂之端，反端為趽。」是「趽」與「辟（僻）」同義，與「端正」義相反。《荀子》言「旁辟」者同義連文，《孟子》「放辟」，《文子》「放僻」，「放」亦借字〔註 202〕。

（11）故貴為身於為天下，若可以迈（託）天下矣；愛以身為天下，女何以寄天下

新注：乙本作「女（如）可以寄天下矣」，北大本作「若可以寄天下」，郭簡作「若可以迲（去）天下矣」。乙本、北大本相近，甲本和郭簡跟它們都有重大出入。傳本異文也極多，但文義大都跟乙本、北大本相同或相近。甲、乙本的「女」，應讀為「如」，「如」跟「若」一樣，也可訓「則」或「乃」。甲

〔註 200〕《文子・九守》「聲」作「音」，《淮南子・精神篇》「亂耳」作「譁耳」，餘同。

〔註 201〕《三國志・陸凱傳》二句互倒。

〔註 202〕參見蕭旭《賈子校補》，收入《群書校補（續）》，花木蘭文化出版社 2014 年版，第 652 頁。

本的「如」似乎也可以不訓「則」，而跟「何」連讀為複合疑問詞。甲本句末無「矣」而用疑問詞「何」，顯然是問句。原釋文以「何」為「可」的錯字，用尖括號括注「可」字，今刪去。（P47）

乙本原注：《淮南子．道應》引作「愛以身為天下者，焉可以寄天下矣」。似「女」當作「安」，義猶乃。（P99）

按：河上公本作「故貴以身為天下者，則可寄於天下；愛以身為天下者，乃可以託於天下」（S.477「以身」誤倒，餘同），S.792、王弼本作「故貴以身為天下，若可寄天下；愛以身為天下，若可託天下」（P.2329 上句「以身為」作「以身於」，餘同），P.2584、S.798、S.6453、BD14633、羅振玉藏敦煌本作「故貴以身於天下，若可託天下；愛以身為天下，若可寄天下」（Дx.11964 脫「下愛」二字，餘同；P.2370 脫「若可託天」四字，餘同；P.2255 殘存下句十一字），范應元本作「故貴以身為天下者，則可以託天下矣；愛以身為天下，則可以寄天下矣」，《淮南子．道應篇》引作「貴以身為天下，焉可以託天下；愛以身為天下者，焉可以寄天下矣」，《莊子．在宥》作「故貴以身於為天下，則可以託天下；愛以身於為天下，則可以寄天下」，《文子．上仁》作「貴以身治天下，可以寄天下；愛以身治天下，所以託天下矣」。各本文義並無差異。河上公本「則可」下脫「以」字，或「乃可」下衍「以」字。甲本、北大本下句末脫「矣」字。「女」讀為「如」，固然，亦有可能是「安」省文。「安」、「焉」一聲之轉，亦猶則也、乃也，與「若」、「如」同義，都用為連詞。絕不可讀「女何」為「如何」，否則與上句「若可以迈天下矣」句法參差。何，讀為可，不是誤字。迈，讀為託、侂。《說文》：「託，寄也。侂，寄也。」二字音義全同，當是一字異體。郭店簡「迲」，讀為居，實為據。《廣雅》：「居，據也。」猶言據有。白于藍曰：「迲，似當讀為寓。《禮記．效特牲》鄭玄注：『寓，寄也。寓，或為託。』」〔註 203〕亦備一說。

（12）視之而弗見，名之曰饕〈饕—微〉。聽之而弗聞，名之曰希。捪之而弗得，名之曰夷

原注：乙本同。通行本作「視之不見名曰夷，聽之不聞名曰希，摶之不得名曰微」。「摶」亦作「搏」。《說文》：「捪，撫也，摹也。夷，平也。」蓋

〔註 203〕白于藍《戰國秦漢簡帛古書通假字彙纂》，福建人民出版社 2012 年版，第 236 頁。

「揗」訛為「搏」、「摶」，與「夷」義不相應，遂改「夷」為「微」，而將「視之不見名曰夷」之「微」改為「夷」。（P14）

新注：名，乙本作「命」。北大本除「不」作「弗」，「名」作「命」，「命」下有「之」字外，已同於傳本。（P48）

按：河上公注：「無形曰微。言一無體，不可搏持而得之。」唐玄宗《御註》：「搏，執持也。」成玄英疏：「搏，觸也。」易順鼎曰：「『搏』乃『摶』之誤。手團曰摶。《易乾鑿度》：『視之不見，聽之不聞，循之不得，故曰《易》也。』《列子・天瑞篇》亦同。『摶之不得』即『循之不得』，『摶』、『循』古音相近。」陳柱從易說（P24）。馬敘倫曰：「館本、羅卷『搏』作『博』，寇、彭、張嗣成作『摶』〔註 204〕，各本作『搏』。《莊子・知北遊篇》曰『搏之而不得』，蓋本此文，亦作『搏』〔註 205〕。《列子》作『循』者，『揗』之借字。《老子》本文當作『揗』。《說文》：『揗，摩也。』此作『搏』者，亦借為『揗』。」（P170～171）奚侗曰：「《說文》：『搏，索持也。』」（P79）蔣錫昌曰：「《老子》用『搏』，正用本義。《說文》：『搏，索持也。』段注：『索持謂摸索而持之。』易、馬二說並非是。」（P77）高亨曰：「《說文》：『搏，索持也。』索持謂以手撫尋而持之也。」（P31）朱謙之曰：「易、馬之說是也。《淮南子・原道訓》：『是故視之不見其形，聽之不聞其聲，循之不得其身。』正用《老子》本文。知《老子》經文當作『循』，『循』為『揗』叚。朱駿聲曰：『今撫揗字，以循為之。』搏之不得，即循之不得，亦即撫摩之而不得其身也。」（P53）高明曰：「誤『揗』字為『搏』。『揗』字亦可寫作『揗』。《廣雅》：『揗，循也。』」（P283）北大簡整理者曰：「搏，傳世本多同，傅本訛為『摶』〔註 206〕，帛書作『揗』。或以『搏』為『揗』之誤，然漢簡本已作『搏』，『搏』疑讀為『拍』。」（P150）河上公本、王弼本、傅奕本、顧歡本、唐玄宗《御註》本、李榮本、李約本、張君相本作「搏」，皆與北大簡合；景龍碑本、陸希聲本、道藏白文本、王雱本、林志堅本、吳澄本作「摶」，遂州碑本作「博」（P.2255、S.6825V《想爾注》本作俗字「慱」），敦煌其餘各卷皆作「搏」；盩厔樓觀《古文老子碑》作「[illegible]」，《古文四聲韻》卷 5 引《古老子》「搏」作

〔註 204〕引者按：張嗣成本作「[illegible]（搏）」不作「摶」，馬氏誤校。
〔註 205〕二「搏」字，朱謙之引誤作「摶」。
〔註 206〕引者按：傅奕本作「搏」不作「摶」，整理者誤校。

「[illegible]」、「[illegible]」二形〔註 207〕，可以比較。S.2496《釋肇序抄義》、《文選・遊天臺山賦》李善注引作「搏」，《上清僊府瓊林經》、《辯正論・九箴篇》引作「搏」（麗藏本《廣弘明集》卷 13 引《辯正論》同，宋、元、明本引仍作「搏」）。奚侗、蔣錫昌、高亨說是也，古棣駁易說（P33），而失引三氏之舊說。汪桂年亦駁易說，而云：「信如易說，搏訓循，循乃隨從之義，與下文『隨之不見其後』，則詞複矣，是宜仍從王本原文作『搏』字。」（P14）汪氏未知「循」是「揗」借字。考《釋文》：「搏，音博，簡文補各反。」（范應元引陸德明曰：「搏，手擊也。」）是陸氏本《老子》必作「搏」不作「搏」也。北宋本《莊子・知北遊篇》：「終日視之而不見，聽之而不聞，搏之而不得也。」《釋文》：「搏，音博。」是陸氏本《莊子》亦必作「搏」也，《莊子》覆宋本、南宋蜀刻趙諫議本、道藏白文本、道藏注疏本、道藏林希逸《口義》本、道藏褚伯秀《纂微》本、日本萬治四年刊本並作「搏」，《纂圖互注》本、世德堂本、道藏王雱《新傳》本、日本松崎慊堂舊藏本則作「搏」。「捪」是撫摸義，音轉亦作捫。《說文》：「捫，撫持也。」《淮南子・俶真篇》：「有無者，視之不見其形，聽之不聞其聲，捫之不可得也，望之不可極也。」「搏」當作「搏」，「博」乃借字。《淮南子・道應篇》：「視之不見其形，聽之不聞其聲，搏之不可得，望之不可極也。」《道德指歸論・道生一章》：「視之不見其形，聽之不聞其聲，搏之不得其緒，望之不覩其門。」皆作「搏」字，與傳世本《老子》及《莊子》相合。《說文》：「搏，索持也。」謂摸索而持之，亦撫摸義。搏音轉亦作拊〔註 208〕，《說文》：「拊，揗也。」《史記・禮書》：「縣一鍾尚拊膈。」《集解》引徐廣曰：「拊膈，一作『搏膈』。」此異文之證。《慧琳音義》卷 16 引《玉篇》：「搏，拊也。」又卷 75 引顧野王曰：「搏，猶拊也。」蓋出《原本玉篇》，此是聲訓之證。搏音轉又作拓，俗字作拍。北大簡整理者徑讀搏為拍，其說雖不誤，然以俗字為正，以今律古，疏於小學也。《說文》：「拓，拊也。」《周禮・考工記》鄭玄注：「搏之言拍也。」《釋名》：「撫，敷也，敷手以拍之也。拍，搏也，手搏其上也。」《玉篇》：「拍，撫也。」皆聲轉義通。「循」之言因循也，手之因循，即撫摸義，專字則作「揗」，與「捪」義同，「循」不是誤字。《道德指歸論・道生一章》：「有形臠（埒）可因循者，有

〔註 207〕《汗簡・古文四聲韻》，中華書局 1983 年版，第 82 頁。

〔註 208〕聲轉之例參見張儒、劉毓慶《漢字通用聲素研究》，山西古籍出版社 2002 年版，第 337 頁。

聲色可見聞者，謂之萬物。」此文「因循」正撫摸義。《晏子春秋·內篇問下》：「堅哉石乎落落，視之則堅，循之則堅。」亦以「循」、「視」對舉，與《列子》、《淮南子》同。《韓子·說林下》：「一人舉踶馬，其一人從後而循之，三撫其尻而馬不踶。」循亦撫也，同義對舉。帛書《雜療方》：「用布抵揗中身及前，舉而去之。」「抵」是「⿰扌⿱氐日」省寫，乃「⿰扌昬」俗字。⿰扌⿱氐日、揗同義連文。《靈樞經·師傳》：「誰可捫循之，而後答乎？」《素問·離合真邪論篇》：「必先捫而循之。」《荀子·富國》：「垂事養民，拊循之，唲嘔之。」《史記·王翦傳》：「王翦日休士洗沐，而善飲食撫循之，親與士卒同食。」循亦捫也、撫也、拊也，亦皆同義連文。

（13）三者不可至（致）計（詰），故⿴囗束〔而為一〕

新注：原注：「⿴囗束，乙本作『緒』，通行本皆作『混』（引者按：北大本作『運』，整理者讀為混，並認為『⿴囗束』、『緒』亦應讀為混）。按『⿴囗束』從束從口，疑即《說文》部首之『㯻』字，在此讀為㮯，完木未析也。」今按：此說可疑。或謂此即「困」之異體，乃「捆」之初文，在此讀為混。（P48）

乙本原注：緒，疑為「緄」字，在此讀為掍，同也。（P99）

按：河上公注：「混，合也。」唐玄宗《御疏》：「混，同也。」馬敘倫曰：「混借為㮯。《說文》：『㮯，完木未析也。』」（P171）此即原整理者說所本。高明曰：「『⿴囗束』與『緒』均當從今本假為『混』。」（P284）此即北大簡整理者說所本。①「⿴囗束」從束從口，當分析為從束從圂省聲，原整理者疑即「㯻」字，至確。「㯻」篆文作「[illegible]」，從束圂聲。馬敘倫及乙本原注是也。《說文》：「掍，同也。」木未析曰㮯，水混亂曰溷，心混亂曰惃，其義一也。「混」是「滾」本字，水大貌。「混」作混同、混亂解者，亦掍、溷借字，《文選·典引》蔡邕注：「混，猶溷濁。」高明讀為混，以今律古，北大簡整理者不能辨，誤襲其說，而又不著出處。字亦作棍，《史記·張儀傳》：「混一諸侯。」《索隱》：「混，本作棍，同。」《漢書·揚雄傳》：「形之美者不可棍於世俗之目。」顏師古曰：「棍，亦同也。」《文選·甘泉賦》：「薌呹肸以棍批兮。」《漢書·揚雄傳》作「掍根」，李善注：「棍，同也。」北大本作「運」，亦「掍」借字，「餛」或作「餫」，「鵾」或作「鶤」，「裩」或作「褌」，「焜」或作「煇」，「⿰目昆」或作「睴」，皆是其比也。字或作渾，《文子·九守》引老子曰：「天地未形，窈窈冥冥，渾而為一。」《淮南子·原道篇》：「所謂一者，無匹合於天下者也……

大渾而為一，葉累而無根。」古「君」、「軍」同音，故乙本又作「緡」字。②計，乙本及北大本同，高明據今本讀為詰（P284），北大簡整理者又襲其說（P150）。宋啟發曰：「『計』當作本字用，計算也、度量也。『道』無形無象、無聲無臭，故云『不可致計』。《淮南子·俶真訓》：『有有者……可切循把握而有數量；有無者，視之不見其形，聽之不聞其聲，捫之不可得也，望之不可極也，儲與扈治，浩浩瀚瀚，不可隱儀揆度而通光耀者也。』《齊俗訓》云：『樸至大者無形狀，道至眇者無度量。』今本『詰』字為『計』字之假。」〔註 209〕宋說非是，《老子》言夷、希、微三者混而為一，不可窮究。計、詰，當讀為稽，查考也，明察也。

（14）其上不攸，其下不物（忽）

原注：攸，乙本作「謬」。忽，乙本及《想爾本》同。通行本此二句作「其上不皦，其下不昧」。（P14）

新注：北大本作「其上不杲，其下不沒」。（P48）

按：陸氏《釋文》本出「不皦」、「不昧」四字，P.2255、P.2370、P.2584、S.798、S.6453、S.6825V《想爾注》本、BD14633、Дx.11964 作「其上不曒，其下不忽」，P.2329 作「在上不曒，在下不昧」，S.477、S.792、陸希聲本作「其上不曒，其下不昧」（唐·王真《道德真經論兵要義》卷 1 引同），羅振玉藏敦煌本作「其上不皎，其下不昧」（羅振玉《考異》卷上誤作『皎』，P4），景龍碑本作「其上不曒，在下不昧」（P.3235V 殘存「其上……不昧」四字），遂州碑本、唐無名氏《次解》本作「其上不皦，其下不忽」，強思齊本作「其上不皎，其下不昧」。顧歡本引注：「皦，光明也。」（張君相引同，當是河上公注，強思齊本引作「皎，光明也」。）高延第曰：「皦，明皎也。」蔣錫昌曰：「《後漢書·欒恢傳》注云：『曒，明也，音公鳥反，或從白作皎，音亦同。』《說文》：『皦，玉石之白也。』又云：『皎，月之白也。』是『皦』、『皎』二字皆通，『曒』蓋『皦』之俗體。」（P79）張松如從蔣說（P84）。丁福保曰：「皦，明也。」（P10）高亨曰：「《方言》卷 12：『皦，明也。』《說文》：『昧，闇也。』」（P32）高明「攸」錄作「攸」，云：「『攸』、『謬』、『曒』通假，『忽』與『昧』通假。今本用本字，帛書用借字。」（P285～286）北

〔註 209〕宋啟發《帛書〈老子〉異文商榷》，《文獻》1998 年第 4 期，第 241 頁。宋氏此文亂說通借，大多不可取，此下不再引其說。

大簡整理者曰：「杲，王本、河本、傅本作『皦』，想本作『曒』。《說文》：『杲，明也。』《玉篇》：『曒，明也。』二者蓋一字之異體。『皦』常借為『曉』或『皎』，亦光明之義。帛甲作『攸』，帛乙作『謬』，皆音近借字。沒、忽、昧三字音近可通，此處讀為忽。」（P150）蔣錫昌、高亨說是也，「皦」、「皎」二字同源通用，「曒」則日白的分別字。《詩·大車》：「謂予不信，有如皦日。」毛傳：「皦，白也。」《釋文》：「皦，本又作皎。」正用本字「皦」。「杲」是會意字，日在木上，指早晨，故訓明，不得與「曒」為異體字，北大簡整理者臆說耳。高明謂「昧」是本字，是也，北大簡整理者以「忽」為本字，又昧於小學矣。《說文》：「忽，忘也。」焉得以「忽」為本字？帛書作「攸」、「謬」者，疑讀為憭或瞭，心明曰憭，目明曰瞭，二字同源。帛書指明瞭於事，與「昧」亦相對。

（15）𦉼𦉼（尋尋）呵不可名也，復歸於無物

原注：尋尋，乙本同，通行本作「繩繩」，音近通假。（P14）

新注：北大簡原釋文作「台台微微」，魏宜輝《北大漢簡〈老子〉異文校讀五題》（《安徽大學學報》2013 年第 6 期，第 75 頁）將「微」字改釋為「徵」，與「繩」、「尋」皆音近相通，其說可信（關於「台台」亦參看此文）。（P48）

按：「呵」同「兮」，語辭。河上公注：「繩繩者，動行無窮極也。」陸氏《釋文》出一「繩」字，云：「繩，食陵反，又民忍反。梁〔武〕帝云：『無涯際之貌。』顧云：『無窮不可序。』或曰：『寬急。』河上本作『繩』。」唐玄宗《御注》：「繩繩者，運動不絕之意。」《集韻》：「繩，繩繩，無涯際皃，一曰運動不絕意。」此錄二帝注語。成玄英疏：「繩繩，正直也，猶繩墨之義。又解：繩繩，運動之貌，言至道運轉天地，陶鑄生靈，而視聽莫尋，故不可名也。」陸希聲曰：「繩繩然運行不絕。」李約曰：「繩繩者，長遠不絕也。」唐無名氏《次解》卷上：「蠅蠅為不絕義。」呂惠卿曰：「繩繩兮調直而有信，雖有信也，而不可名。」司馬光曰：「繩繩，延長之貌。」林希逸曰：「繩繩，多也。多而不可名，其終皆歸於無物。」陳景元曰：「繩繩，接連不絕之貌，又無際也。」馬敘倫曰：「繩借為㮕，聲幷真類。」（P173）高延第曰：「繩繩，戒慎也。」朱起鳳曰：「繩繩，眾多貌。《漢書·禮樂志》郊祀歌：『繩繩意變，備得其所。』〔注〕：孟康曰：『眾多也。』《老子釋文》引簡文注：『繩繩，無涯際之貌。』『意變』即『億變』，猶俗言千變萬化也。

應劭曰：『繩繩，謹敬更正意也。』誤讀『意』為本字，未達書恉。老氏言『不可名』，不啻為『意變』兩字下一注腳。」〔註 210〕奚侗曰：「《漢書．禮樂志》：『繩繩意變。』孟康曰：『眾多也。』」（P79）蔣錫昌曰：「16 章『夫物芸芸，各復歸其根』，與此文異誼近。『繩繩』猶『芸芸』，謂道生萬物，紛賾不絕也。」（P80）古棣從蔣說（P35）。丁福保曰：「『繩繩』猶緜緜不絕之意。」（P10）高亨曰：「『繩繩』疑本作『䵶䵶』，形近而譌。《說文》：『䵶，冥也，從冥黽聲，讀若黽蛙之黽。』則『䵶䵶』猶『冥冥』矣，謂其不可見也。不可見自不可名，故曰『䵶䵶不可名』。《釋文》：『繩，食陵反，又民忍反。』食陵反乃『繩』字之音，而民忍反乃『䵶』字之音，此《老子》古本有作『䵶䵶』之證。又陸云『河上本作繩』，此王本原非作『繩』之證。疑王本原作『䵶䵶』，讀民忍反；俗本依河上改作『繩繩』，讀食陵反也。」（P32）汪桂年曰：「繩繩，猶言繩繩（引者按：據下文，當作『蠅蠅』）。蠅蠅，蓋為『洋洋』之轉語，流行無涯之貌也。」（P14）張舜徽曰：「繩繩，戒慎也。」（P174）高明曰：「『尋尋』、『繩繩』同音，皆重言形況字，此當從今本作『繩繩』為是。《詩．螽斯》『宜爾子孫繩繩兮』，《抑》『子孫繩繩』，毛傳、鄭箋皆據《爾雅》訓戒訓慎。河上公注云云，成玄英疏下說云云。」（P286）魏宜輝曰：「台台，應讀作『熙熙』。『繩繩』指的是眾多、綿綿不絕的樣子。熙熙，繁盛的樣子。」〔註 211〕①高明引《詩》傳、箋訓戒慎（亦作「憴憴」、「譝譝」，實「慎慎」之音轉〔註 212〕），非其誼也，亦與河上公注不合，不當並引之。②繩繩，P.3235V、S.477、S.792、S.6453、羅振玉藏敦煌本同（孫盛《老子疑問反訊》引亦同），P.2329、李榮本作「乘乘」，P.2255、P.2370、P.2584、S.798、S.6825V《想爾注》本、BD14633、Дx.11964、遂州碑本作「蠅蠅」。李榮曰：「乘乘，猶泛泛也。乘物以遊，而無繫也。」③《釋文》出「繩」字，又云「河上本作繩」，盧文弨曰：「當是『作繩繩』，少一『繩』字，眾家考異俱不言。」黃焯從盧說〔註 213〕。王叔岷曰：「竊疑《釋文》所謂『河上本作繩』，『繩』乃『蠅』

〔註 210〕朱起鳳《辭通》卷 10，上海古籍出版社 1982 年版，第 1003 頁。

〔註 211〕魏宜輝《北大漢簡〈老子〉異文校讀五題》，《安徽大學學報》2013 年第 6 期，第 75 頁。

〔註 212〕《詩．下武》：「繩其祖武。」毛傳：「繩，戒。」《後漢書．祭祀志》劉昭注引「繩」作「慎」。參見王引之《經義述聞》卷 27 引王念孫說，（臺北）世界書局 1975 年版，第 640 頁。

〔註 213〕盧文弨《經典釋文考證》，收入《叢書集成初編》第 1204 冊，中華書局 1985 年影印，第 312 頁。黃焯《經典釋文彙校》，中華書局 2006 年版，第 721 頁。

之誤。此文蠅亦借為繩，《小爾雅》：『大者謂之索，小者謂之繩。』『繩繩』乃『微小』之義。」（P246）高亨疑王本原作「黽黽」。考《詩・緜》：「其繩則直。」鄭玄箋：「乘聲之誤，當為『繩』也。」《釋文》：「繩，如字，本或作『乘』。案經作『繩』，傳作『乘』。箋云：『傳破之乘字，後人遂誤改經文。』」《詩・抑》：「子孫繩繩，萬民靡不承。」「繩」與「承」為韻，元刊本《韓詩外傳》卷 6 引作「承承」〔註 214〕，《詩攷》引同。《酉陽雜俎》續集卷 4：「今六博齒，采妓乘。乘字去聲，呼無齒曰乘。據《博塞經》云：『無齒為繩，三齒為雜繩。』」S.614《兔園策府》：「胤后承亂紀之誅。」S.1086「承」作「繩」。P.5034《春秋後語》「日繩秦之貴公子」，《史記・商君傳》同，P.5523《春秋後語》「繩」作「乘」。是「乘」、「承」與「繩」古音相通，「乘乘」、「儽儽」皆「繩繩」音轉。諸說惟高亨說得其誼，餘說均誤。高亨說「繩」是「黽」形誤，則非是。《說文》說「黽從冥黽聲」，「黽」也可能是雙聲符字，是「冥」或「黽」的孳乳異體字。馬敘倫曰：「黽，『冥』之同邊音轉注字也，亦或『冥』之異文。」〔註 215〕其說是也。《廣雅》亦云：「黽，冥也。」王念孫曰：「黽之言瞢瞢也。」〔註 216〕《左傳・文公十五年》：「一人門於句黽。」《釋文》：「黽，又作黽，莫幸反。」朱駿聲曰：「『句黽』猶曰『句芒』、曰『句萌』。」〔註 217〕王、朱說是也，字亦作「句望」，此「黽」、「黽」與「盲」、「瞢」音轉之證。《說文》謂「繩」從蠅省聲，「蠅」是會意字，其實「蠅」亦從「黽」得聲〔註 218〕。繩繩、蠅蠅，讀為「盲盲」〔註 219〕，音轉作「蒙蒙」、

〔註 214〕明嘉靖沈氏野竹齋本引仍作「繩繩」，又《外傳》卷 9 二引《詩・螽斯》亦作「繩繩」。

〔註 215〕馬敘倫《說文解字六書疏證》卷 13，上海書店 1985 年版，本卷第 43 頁。

〔註 216〕王念孫《廣雅疏證》，收入徐復主編《廣雅詁林》，江蘇古籍出版社 1992 年版，第 316 頁。

〔註 217〕朱駿聲《說文通訓定聲》，武漢市古籍書店 1983 年版，第 921 頁。

〔註 218〕參見徐灝《說文解字注箋》，收入丁福保《說文解字詁林》，中華書局 1988 年版，第 13119 頁。

〔註 219〕《左傳・定公四年》：「還塞大隧、直轅、冥阨。」《史記・蘇秦傳》：「殘均陵，塞鄳隘。」《集解》：「鄳，音盲。」《史記・春申君傳》：「秦踰黽隘之塞而攻楚。」《正義》：「黽，音盲也。」《通鑑》卷 6 胡三省注引劉昭曰：「江夏郡鄳縣，古冥阨之塞也。」《史記・楚世家》：「王出寶弓，碆新繳，涉鄳塞，而待秦之倦也。」《集解》引徐廣曰：「或以為『冥』，一作『黽』。」《正義》引《括地志》：「故鄍城在陝州河北縣東十里虞邑也。杜預云『河東太陽有鄍城』，是也。」《墨子・非攻中》：「出於冥隘之徑。」《淮南子・墜形篇》謂九塞之一有「澠阨」。皆其音轉之證。

「曹曹」、「茫茫」,「盲盲」又音轉作「冥冥」〔註 220〕,幽冥茫昧之貌,亦幽深精微之貌,用以狀「一」(即道所生者),故云「不可名也」,下句又云「是謂無狀之狀,無物之象,是為忽恍」,皆申述「冥冥」之誼。《道德指歸論·昔之得一章》:「一者道之子……故其為物也,虛而實,無而有,圓而不規,方而不矩,繩繩忽忽,無端無緒,不浮不沈,不行不止。」亦以「繩繩」狀「一」,正本《老子》此文。「繩繩忽忽」即「冥冥忽忽」也。《老子》第 21 章:「道之為物,唯恍唯忽。忽兮恍兮,其中有像;恍兮忽兮,其中有物;窈兮冥兮,其中有精。」《莊子·在宥》:「至道之精,窈窈冥冥;至道之極,昏昏默默。」(《意林》卷 2 引作「杳杳冥冥」)。《淮南子·原道篇》:「忽兮恍兮,不可為象兮;恍兮忽兮,用不屈兮;幽兮冥兮,應無形兮;遂兮洞兮,不虛動兮。」(《文子·道原》作「窈兮冥兮」)又《精神篇》:「古未有天地之時,惟像無形,窈窈冥冥,芒芠漠閔,澒濛鴻洞,莫知其門。」(《御覽》卷 1 引作「幽幽冥冥」)。又《兵略篇》:「是謂至於窈窈冥冥,孰知其情?」《文子·道原》:「有物混成,先天地生,惟象無形,窈窈冥冥,寂寥淡漠,不聞其聲。」《韓詩外傳》卷 5:「夫《關雎》之人,仰則天,俯則地,幽幽冥冥,德之所藏;紛紛沸沸,道之所行。」《素問·徵四失論》:「嗚呼!窈窈冥冥,熟(孰)知其道?道之大者,擬於天地,配於四海。」窈、杳、幽,並一聲之轉。諸文「窈(幽)冥」、「冥冥」並同,均足證此文「繩繩」之誼。《鶡冠子·泰鴻》:「精微往來,傾傾繩繩。」陸佃注:「或作『鴻鴻繩繩』。傾傾,側貌。繩繩,正貌。」陸說非是,「傾傾」當作「澒澒」或「鴻鴻」,鴻濛廣大之貌〔註 221〕。

〔註 220〕《呂氏春秋·明理》高誘注:「盲,冥也。」此乃聲訓。《呂氏春秋·音初》:「天大風晦盲。」高誘注:「盲,瞑也。」此亦聲訓。《山海經·中山經》郭璞注引作「晦冥」,《論衡·書虛篇》、《指瑞篇》、《宋書·樂志一》亦作「晦冥」,《劉子·命相》作「晦瞑」。《史記·魏世家》:「而攻冥阸之塞。」《正義》:「冥,音盲。」《荀子·賦篇》:「列星隕墜,旦暮晦盲。」《類聚》卷 24 引作「冥」。《韓詩外傳》卷 8:「盲臣不習。」《晏子春秋·內篇雜上》、《新序·雜事一》作「冥」,《文選·演連珠》、《雜詩》李善注二引《晏子》「冥」作「盲」。孫星衍曰:「『冥』、『盲』音義俱相近。」石光瑛曰:「『冥』、『盲』雙聲,義亦通也。」孫星衍《晏子春秋音義》,收入《諸子百家叢書》,上海古籍出版社 1989 年影印浙江書局本,第 92 頁。石光瑛《新序校釋》,中華書局 2001 年版,第 116 頁。

〔註 221〕上文「夫物之始也傾傾,至其有也錄錄」,陸注:「傾傾,或作『鴻鴻』。」洪頤煊、俞樾校作「澒澒」或「鴻鴻」,參見黃懷信《鶡冠子彙校集注》,中華書局 2004 年版,第 231 頁。

「繩繩」亦讀為「盲盲」、「冥冥」，舊說皆未得〔註 222〕。第 20 章：「我獨怕兮其未兆，如孾兒之未孩，乘乘兮若無所歸。」《子華子・北宮子仕》：「古之知道者，泊兮如大羹之未調，誷誷兮如將孩。」此文即本於《老子》，「乘乘」即「誷誷」音轉，亦讀為「盲盲」、「冥冥」，懵懂無知貌，言其直樸也。④帛書二本作「尋尋」者，與「繩繩」古音頗遠，當讀為「覃覃」（尋古音讀覃），深邃貌。《方言》卷 1：「尋、延，長也。海岱大野之閒曰尋，自關而西，秦晉梁益之閒，凡物長謂之尋。」《廣雅》：「覃、尋，長也。」王念孫曰：「尋亦覃也。」〔註 223〕《淮南子・繆稱篇》：「不能使無憂尋。」許慎注：「憂尋，憂長也。」又「其憂尋推之也。」許慎注：「憂尋，憂深也。」《淮南子》用古楚語，蓋古楚語亦謂深長曰「尋」。《老子》亦用古楚語，疑帛書作「尋尋」是其故書。字亦作「沈沈」、「戡戡」（沈亦讀若覃），又音轉為「湛湛」。⑤北大簡「台台」，台讀為佁，字或作嬯，癡愚也。《說文》：「佁，癡貌，讀若騃。」又「嬯，遲鈍也。」字亦作怠，《莊子・山木》：「侗乎其無識，儻乎其怠疑。」王念孫曰：「『怠疑』與『佁儗』義亦相近。」〔註 224〕錢坫曰：「『怠疑』即『佁癡』。《大人賦》：『仡以佁儗。』『佁儗』亦即『佁癡』。此讀若騃者，猶言人騃癡也。」〔註 225〕俗字亦作儓、懛、騃、呆、獃。「台台」即狀「一」無知無識、蒙昧惘然之貌，與「繩繩」之義相因。「微微」是「昧昧」轉語〔註 226〕。

（16）〔隨而不見其後〕，口而不見其首

新注：「而」上一字（而，傳本作「之」，乙本、北大本同甲本），各本皆作「迎」。（P48）

按：S.477 河上公本作「隨之不見其後，迎之不見其首」，景福碑本同，《文選・頭陀寺碑文》李善注、《雲笈七籤》卷 55 引亦同，《鶡冠子・夜行》作「隨而不見其後，迎而不見其首」，皆與簡、帛相合。宋刊及道藏河上公本作「迎之不見其首，隨之不見其後」，王弼本、傅奕本等本同；P.2255、P.2329、

〔註 222〕舊說參見黃懷信《鶡冠子彙校集注》，第 238 頁。

〔註 223〕王念孫《廣雅疏證》，收入徐復主編《廣雅詁林》，江蘇古籍出版社 1992 年版，第 144 頁。

〔註 224〕王念孫《廣雅疏證》，收入徐復主編《廣雅詁林》，第 168 頁。

〔註 225〕錢坫《說文解字斠詮》，收入丁福保《說文解字詁林》，中華書局 1988 年版，第 8148 頁。

〔註 226〕此趙家棟博士說。

P.2584、S.792、S.798、S.6453、S.6825V《想爾注》本、李榮本、景龍碑本作「迎不見其首，隨不見其後」(P.3235V、BD14633「後」字不可辨，餘同；P.2370殘存「首隨不見其後」六字)，二句與帛書甲、乙本及北大本互倒，疑漢代以後人所乙。

(17)與呵其若冬〔涉水，猶呵其若〕畏四〔鄰〕

按：與，宋刊河上公本同(《史記・呂后本紀》《索隱》引亦同)，郭店簡作「夜」，北大本作「就」；P.2255、P.2370、P.2584、P.3235V、S.477 河上公本(道藏河上公本同)、S.792、S.798、S.6453、BD14633、羅振玉藏敦煌本、道藏河上公本、嚴遵本、王弼本、傅奕本、陸希聲本、李榮本、李約本作「豫」，S.6825V《想爾注》本作「�」，Дx.11964 作「𧰼」，P.2329 作「喻」。宋刊《文子・上仁》引作「與」(道藏本及《纘義》本作「豫」)，並分別解二句曰「不敢行也」、「恐四傷也」。宋刊河上公注：「舉事輒加重慎，與與兮(S.477 作「豫豫兮」，顧歡本作「豫兮」)若冬涉川，心猶難之也。」顧歡本引《想爾注》：「豫，猶豫，行止之貌，常當畏敬也。」(張君相本引同，S.6825V《想爾注》本脫此語)。陸氏《釋文》:「豫，如字，本或作『懊』，簡文與此同也。」成玄英疏：「豫，猶豫也。猶豫，怖懼也。」唐玄宗《御注》：「豫，閑豫也。」李約曰：「方冬之時，堅冰必至，而涉川者固無慮於墊溺，所以悅豫。」宋徽宗《御解》：「豫者，圖患於未然。猶者，致疑於已事。」林希逸曰：「豫，容與之與也，遲回之意也。猶，夷猶也。」陳象古曰：「豫，悅豫也。猶，言也。」奚侗曰:「『豫』是猶豫戒慎之義。」馬敘倫曰:「豫借為�，走顧也。本作『與』者，通假。本又作『懊』者，懊從奥得聲，古音宜在元類，魚、元旁轉通假也。『猶』借為𨘋，行貌。或借為冘，行貌。訓不決不定者，義皆生於趯。」(P182～184)高亨曰:「馬謂『豫』、『與』通用，是也。其本字當為『趣』，《說文》:『趣，安行也。』(又《說文》:『愳，趨步愳愳也。䳒，䳒䳒，馬行徐而疾也。』音義相近。)馬說『猶借為𨘋』是也，𨘋亦徐行也。」(P35～36)蔣錫昌曰:「猶、豫誼同。」(P90)北大本整理者曰:「『夜』、『與』、『豫』音近可通，讀為『豫』是。『就』應讀為『蹴』，『蹴虖』即『蹴然』，指驚慚不安貌。水，帛書同，郭簡、傳世本作『川』，二字形義皆近常通用。」(P151)魏宜輝曰:「『就』可以是涉下句之『猶』而誤。我們懷疑漢代還有一種《老子》抄本，其中『猶兮若畏四鄰』的

『猶』是寫作『就』的，北大簡本抄寫者很可能在參照時將其誤抄進來，並誤置於原本『豫』字的位置上。」〔註 227〕《老子》「與兮」、「猶兮」是「猶豫」的分言，畏難疑懼之貌，河、想、成、林、奚說是也，餘說皆誤。《淮南子·兵略篇》：「擊其猶猶，陵其與與。」「猶」、「與」亦分言〔註 228〕。「猶豫」音轉又作「容與」、「夷猶」、「容裔」、「溶滳」等。馬氏說「猶」借作「趥」或「冘」是也，說「豫（與）」借作「趯」則誤。高亨說「豫（與）」讀為趣，亦是也，于省吾謂高說非是（P559），則失考。金文《曾子遡匠》中的「遡」乃「趣」異體字。《說文》訓「馬行徐而疾也」之字本作「鷽」，黃侃曰：「鷽，依《玉篇》作『鸒』，此『鸒』正當作『懇』、『趣』。」〔註 229〕《集韻》引《說文》亦作「鸒」。「鸒」亦是「趣（懇）」分別字。P.2011 王仁昫《刊謬補缺切韻》：「鸒，馬行疾。」蔣斧印本《唐韻殘卷》：「鸒，馬行疾皃。」釋義皆未完備。《釋文》一本作「懊」字無義，當是「懙」形譌〔註 230〕，「懙」即「懇」異體字，《集韻》：「懙，懙懙，行步安舒也。或作怠，亦書作懇。」馬氏說「懊」是音借字，絕不可信。就，當讀為慽，《說文》：「慽，憂也。」言憂懼恭謹也。字亦作慼、愀、憱，「蹴」亦借字（「蹴」本義是躡、踐踏）。「水」當是「川」形近譌字，無相通之理。

（18）〔嚴〕呵其若客

按：乙本、北大本同。北大本整理者曰：「嚴，帛乙同，郭簡作『敢』，當如傳世本讀為『儼』。客，王本訛為『容』。傅本、想本作『儼若客』」（P151）客，李榮本、唐無名氏《次解》本、宋徽宗《御解》本、范應元本、王雱本、邵若愚本作「容」。宋刊《文子·上仁》引作「容」，《纘義》本作「客」。畢沅（P12）、王昶（P544）、勞健、張舜徽（P175）等已經指出「客」字是，與下文合韻。

〔註 227〕魏宜輝《北大漢簡〈老子〉異文校讀五題》，《安徽大學學報》2013 年第 6 期，第 75 頁。

〔註 228〕《詩·卷阿》孔疏：「孔晁引孔子曰：『奐乎其有文章，伴乎其無涯際。』」此是「伴奐」之分言，亦其例。

〔註 229〕黃侃《字通》，收入《說文箋識》，中華書局 2006 年版，第 143 頁。

〔註 230〕盧文弨、黃焯皆失校。盧文弨《經典釋文考證》，收入《叢書集成初編》第 1204 冊，中華書局 1985 年影印，第 312 頁。黃焯《經典釋文彙校》，中華書局 2006 年版，第 720 頁。

（19）渙呵其若淩（凌）澤（釋）

原注：乙本同，通行本作「渙兮若冰之將釋」，《想爾》本作「散若冰將汋」。（P14）

按：P.2255、P.2370、P.2584、S.798、S.6453、BD14633、Дx.11964 亦同 S.6825V《想爾注》本作「散若冰將汋」，P.2329、遂州碑本、唐無名氏《次解》本作「渙若冰將汋」。渙、散同義。王昶曰：「邢州本『釋』作『汋』。」（P544）馬敘倫曰：「『釋』亦可借為『液』，聲並魚類。本或作『汋』者，魚、宵之類古亦通也。」（P186）「汋」當是「澤」音轉，亦讀為釋。《釋名》：「汋，澤也，有潤澤也。」郭店簡作「懌」，亦借字。《文子・上仁》引作「液」，易順鼎、蔣錫昌（P91）、高亨（P37）讀為釋，是也。

（20）玑呵其若楃（樸）

原注：「呵」上殘字，左從玉，右旁缺，乙本作「沌」，《想爾》本作「混」，通行本作「敦」。（P14）

新注：玑，郭簡作「屯」，北大本作「杶」。「玑」原來很可能作「玶」，都應從傳本讀為「敦」。（P49）

按：玑，P.2255、P.2584、S.798、S.6453、BD14633、Дx.11964、遂州碑本亦同 S.6825V《想爾注》本作「混」，P.2329、S.477、S.792、P.3235V、張君相本作「敦」（《文子・上仁》引同）。河上公注：「敦者，質厚。」王昶曰：「邢州本作『混若樸』，『敦』作『混』，疑涉下文而誤。」（P544）朱謙之從王說（P61）。馬敘倫曰：「敦借為稛。」（P187）蔣錫昌曰：「敦兮，淳厚貌。」（P93）高亨曰：「敦，樸皃。」（P37）王叔岷曰：「敦煌景龍鈔本作『肫』。肫借為惇，《說文》：『惇，厚也。』敦亦借為惇。」（P247）諸家訓厚，是也，故言「若樸」，王叔岷得其本字。沌、屯、杶、玶，亦讀為惇，字亦作忳、淳、醇。

（21）湷〔呵其若濁〕

新注：湷，乙本同，郭簡作「坉」，北大本作「沌」。北大本注：「沌，遂州本同，郭簡作『坉』，想本作『肫』（引者按：P.2584、S.6453 亦作『肫』），皆讀為沌；王本等作『混』，河本作『渾』，帛書作『湷』，亦讀為渾。此字作『渾』或『沌』皆可。」今按：第 20 章的「沌沌」，帛乙作「湷湷」，則此

章的「湷」也應讀為「沌」，同於北大本。（P49）

按：朱駿聲曰：「渾，叚借為溷。」[註231] 馬敘倫曰：「混當作溷。《說文》曰：『溷，亂也，一曰水濁貌。』」（P188）蔣錫昌曰：「混兮，和雜貌。」（P93）朱謙之曰：「『混』與『渾』同。《御注》等均作『渾』。」（P61）湷，P.2255、P.2584、S.798、S.6453、S.6825V《想爾注》本作「肫」[註232]，BD14633 作「吨」，P.2329 作「混」（《文子·上仁》引同），P.3235V、S.477、S.792 作「渾」。朱駿聲、馬敘倫說是，《說文》：「渾，一曰洿下也。」亦「溷」借字，指汙濁之水，故云「渾兮若濁」。

（22）〔□呵其〕若浴（谷）

新注：「呵」上缺文原釋文據乙本補為「湛」。此字，傳本作「曠」，北大本作「廣」。（P49）

按：此字，敦煌各卷均作「曠」，宋刊《文子·上仁》引作「廣」。高明讀湛為曠（P294）。「湛」當是「壯」的分別字。《爾雅》：「壯，大也。」徐梵澄曰：「湛，疑是『涵』或『涵』之借字。」（P21）其說無據。

（23）葆（保）此道不欲盈

按：葆，乙本同，郭店楚簡、傳世本作「保」，北大本作「抱」。成玄英疏：「保，持也。」陸希聲釋作「保持」，陳景元、范應元釋作「保守」。畢沅曰：「高誘《淮南子》注云：『保，本或作服。』」（P13）馬敘倫曰：「莊本《淮南·道應訓》引『保』作『復』，汪本引同此。《文子·守弱篇》引作『服』。『保』、『復』、『服』之、幽二類通假也，正當作𠬝，《說文》：『𠬝，治也。』今通作『服』。」（P192）張松如從馬說（P92）。蔣錫昌曰：「應從莊本《淮南》作『復』，『復』與『返』誼同。」（P96）朱謙之從蔣說（P62）。高明曰：「保此道猶言守此道，蔣說亦非。」（P297）廖名春曰：「『服』有持義。『服』與『保』當為同義互用。」[註233] 景宋本《淮南子·道應篇》、《文

〔註231〕朱駿聲《說文通訓定聲》，武漢市古籍書店 1983 年版，第 787 頁。

〔註232〕S.6825V《想爾注》本字形作「[illegible]」（P.2584、S.6453 亦同），不是「肫」，簡、帛整理者皆誤從饒宗頤《校證》錄文。饒宗頤《老子想爾注校證》，上海古籍出版社 1991 年版，第 18 頁。

〔註233〕廖名春《楚簡〈老子〉校釋（九）》，《簡帛研究 2001》，廣西師範大學出版社 2001 年版，第 88 頁。

子・九守》引作「服」，道藏本、明刻本、漢魏叢書本《淮南子》作「保」，皆無高誘注，畢沅誤記；王叔岷指出莊逵吉本《淮南子》仍作「服」，不作「復」，馬氏失檢（P248）。無作「復」之版本，馬敘倫失校，蔣錫昌、張松如不覆檢，據馬氏誤說立論，皆非是。成玄英等說是也，抱、保古同音，亦守持之義。「服」、「保」一音之轉，《韓子・初見秦》：「荊王君臣亡走，東服於陳。」《史記・楚世家》作「東北保於陳城」，是其例。

（24）夫唯不欲〔盈，是〕以能〔敝而不〕成

按：洪頤煊曰：「『蔽』字與『新』對言之，『蔽』即『敝』字。下文『弊則新』，《釋文》作『蔽』。」俞樾曰：「『蔽』乃『敝』之叚字。唐景龍碑作『弊』，亦『敝』之叚字，《永樂大典》正作『敝』。『不新成』三字，景龍碑作『復成』二字。然《淮南子・道應篇》引作『故能弊而不新成』，則古本如此，但今本無『而』字，於文義似不足耳。」劉師培曰：「俞說是，22 章云『敝則新』，此『蔽』當作『敝』之證。『能蔽』之能，義與『寧』同，言寧損弊而不欲清新廉成。今脫『而』字，蓋因『不』、『而』字近，傳寫致脫。」（P876）

易順鼎曰：「疑當作『故能弊而新成』。『蔽』者，『敝』之借字。『不』者，『而』之誤字也。『敝』與『新』對，『能弊而新成』者，即 22 章所云『敝則新』，與上文『能濁而清，能安而生』同意。《淮南子》作『故能蔽（引者按：當是『弊』）而不新成』，可證古本原有『而』字，『不』字殆後人臆加。《文子・十守篇》作『是以蔽（引者按：當是『弊』）不新成』，亦後人所改。諸本或作『而不成』，或作『復成』者，皆不得其誼，而以意改之。」高亨從易說（P38）。馬敘倫曰：「參校各本，並依下文曰『敝則新』，是此文當作『故能敝而復新成』，『而』、『不』相近誤衍，或『不』、『復』聲近而譌。」（P195）蔣錫昌曰：「『蔽』當讀如字。王注：『蔽，覆蓋也。』河上注：『蔽，匿光榮也。』解並得之。『新成』誼與 64 章『幾成』相近，猶云暴成，或早成也。或謂此『新』即 22 章『敝則新』之新，故『蔽』亦應作『敝』，不知此『新』為狀詞，用以改變『成』字之意義，彼『新』為補足語，乃一句要意之所在。二者文法既然不同，詞誼豈容牽混？俞、劉、易、馬之說均非是。『夫唯不盈，故能蔽不新成』，謂夫唯聖人不欲奢盈，故能藏智匿光而不暴成也。」（P99）汪桂年曰：「王弼、河上俱作『故能蔽不新成』，故從之。蔽，猶極也，終也。『敝』（引者按：當作『蔽』）又與『敝』通用，『蔽』亦與『弊』同。不，讀

為復。新，讀為信。信，誠也。成，讀為盛，盈滿之義。」（P16～17）朱謙之曰：「錢大昕曰：『故能蔽不新成，石本作「能弊復成」，遠勝他本。』是也。傅本作『是以能敝而不成』，脫一『新』字，與《老子》義相反。易說以『弊則新』證此文當作『故能弊而新成』，其說亦較俞樾之說為勝。『能蔽復成』當與上文『復此道者不欲盈』句相應，則『弊而新成』不如景龍、遂州及李榮、司馬光本作『蔽而復成』，為更與《老子》義相合也明矣。」（P63）高明曰：「俞氏云『蔽乃敝之假借字』誠是，但是他據《淮南子》，而謂此文為『故能弊而不新成』則不確。帛書無『新』字，傅奕本與帛書同。景龍、遂州、司馬諸本雖誤作『能弊復成』，但也不作『新成』。今本『新』字乃由後人妄增。劉氏謂『能』讀作『寧』，甚為精闢。」（P298）朱謙之校語景龍碑本等作「蔽而復成」有誤，羅振玉（P4）、高明作「能弊復成」。下句，乙本作「是以能褩（敝）而不成」，北大簡作「是以能敝不成」，宋刊河上公本作「故能蔽不新成」（王弼本同，S.477 河上公本「蔽」作「弊」，P.3235V、唐玄宗《御注》本、顧歡本、陸希聲本、杜光庭本、張君相本、陳景元本、道藏白文本作「弊」，S.792 作「獘」），范應元本作「故能敝不新成」，P.2584、S.798 作「能弊復成」（S.6453、S.6825V《想爾注》本「復」作「澓」，餘同；P.2255、BD14633「弊」作「弊」，P.2329 作「獘」，二卷「復」作「澓」，餘同）。「弊」、「澓」分別是「弊」、「復」俗字。諸家以「敝」為正字，是也。易順鼎校作「故（引者按：亦可作『是以』二字）能敝而新成」（馬敘倫所校又補一「復」字，則不必），是也。帛書、《淮南子》、傅奕本「不」字是「而」形誤而衍，帛書、傅奕本脫「新」字；北大本「而」形誤作「不」，脫「新」字；河上公本、王弼本及《文子》「而」形誤作「不」。「能」是副詞「能夠」義，不讀為「寧」。諸唐本作「能弊復成」，義同「能敝而新成」，其義雖近是，然非舊本。

（25）至虛極也，守情（靜）表也

原注：表，乙本作「督」，通行本作「篤」，《淮南子・道應》引亦作「篤」。「表」或是「裻」字之誤。（P14）

新注：督，北大本同乙本。郭簡作「管」，一般認為「督」、「管」皆應讀為「篤」。守情（靜），乙本及傳本皆作「守靜」，郭簡作「獸（守）中」，北大本作「積正」。（P49）

按：至，S.477 河上公本、宋刊河上公本同，《文子・道原》引亦同；道藏河上公本等傳本多作「致」,《淮南子·道應篇》、《後漢書·喬慎傳》李賢注引同。P.2255、P.2329、P.2584、P.3235V、S.798、S.6453、S.6825V《想爾注》本、BD14633「至」作「致」,「篤」作「萬」(S.477 河上公本「篤」作「萬」,S.792「至」作「致」)。道藏本河上公注:「致,至也(S.477 河上公本、宋刊河上公本無此三字)。守清淨,行篤厚。」王弼注:「言致虛靜之極,篤守靜物之真正也。」S.6825V《想爾注》:「不如守靜自萬也。」畢沅曰:「致,俗本有作『至』者,非也。」(P13)馬敘倫曰:「極借為涸,音相近也。篤借為管,厚也。」(P195~196)宋啟發曰:「裻、督,二者音同,又皆有『中』義。極亦中也。何必牽合今本,以為『篤』字之假?」〔註 234〕寧鎮疆曰:「鄭良樹認為『督』當和《莊子·養生主》的『緣督以為經』之『督』義同,『也就是「至正」、「至中」的意思,《老子》此文當句讀為「致虛,極;守靜,督」,謂至虛、守靜,乃得道者至高、至正之境界』。晚近鄭氏還提到『表』字,如依整理者意見乃『裻』之誤,則同樣可訓為『中』……此處『督』字可能確當依鄭氏的意見讀為本字……還可以增補馬王堆帛書《經法》之《道法》篇的例子,其中有云『虛無形,其裻冥冥』,其中之『裻』整理者訓為『中樞』……此字當訓為『中』。《莊子·天地》云:『視乎冥冥,聽乎無聲,冥冥之中,獨見曉焉。』『冥冥之中』與《道法》的『其裻冥冥』,表述可謂絕類,在『裻』訓為『中』的背景下,簡直可說是驚人一致。如果《老子》以『督』為本字,那麼漢簡本『正督』就好理解了。『正』與訓為『中』的『督』,不過是同義複指,正中是也……楚簡本『中筥』,筥也當讀為督,『中督』同樣是同義複指,與漢簡本『正督』雷同。積,聚也,與『守』雷同。」〔註 235〕寧鎮疆說「積」與「守」義近是也,而謂「其裻冥冥」與《莊子》「冥冥之中」同則誤,即使如其說「裻」是「中正」義,但《莊子》「冥冥之中」的「中」卻非此義,而是方所介詞「中間」義,二者絕不相同。靜,傅奕本作「靖」,借字。「萬」是「篤」俗寫。至,讀為致。《莊子·天下》:「人皆取實,己獨取虛。」「致虛」即「取虛」之誼也。「致虛」、「守靜」對舉。高誘《淮南子敘》:「其旨近《老子》,淡泊無為,蹈虛守靜。」整理者謂「表」是「裻」形誤,是也。裻、督、筥,並讀為篤,《爾雅》:「篤,固也。」王念孫曰:「守靜篤,謂

〔註 234〕宋啟發《帛書〈老子〉異文商榷》,《文獻》1998 年第 4 期,第 241 頁。

〔註 235〕寧鎮疆《漢簡「積正督」與〈老子〉十六章臆詁》,《出土文獻》第 10 輯,中西書局 2017 年版,第 193~200 頁。

守靜固也。」〔註 236〕極，郭店簡作「亙」，即「恒」省文，是「極」字形誤。「極」、「篤」皆「致虛」、「守靜」修飾語。馬說「極借為渴」，非也。

（26）天物雲雲，各復歸於其〔根〕

原注：天，乙本同，通行本作「夫」。雲雲，乙本作「䰟䰟」，通行本作「芸芸」。《呂氏春秋・圜道》：「雲氣西行，云云然。」注：「云，運也。」《夏小正・戴氏傳》：「䰟䰟也者，動也。」《太玄・玄告》：「䰟䰟萬物，動而常沖。」（P14）

新注：北大本及郭簡亦作「天」，但郭簡「天」下一字作「道」。乙本原文作「祛祛」，整理者以為「祛」即「䰟」之異體。北大本作「云云」，郭簡作「員員」，音皆相近。「云云」、「䰟䰟」等皆為運動之貌，原注之說可信。郭簡研究者多以為「天道」是《老子》原文，後被改為「天物」，又被改為「夫物」。「天道員員」即天道不斷運轉之意。說似可從。（P49）

按：《呂氏春秋》注原作「云，遊也」，作「運也」乃畢沅校改。傳世本作「夫物」是也，傅奕本、范應元本作「凡物」，《釋文》出「凡物」二字，云：「本作『夫』。」夫、凡一音之轉耳。河上公本、嚴遵本、王弼本作「夫物芸芸，各復歸其根」，一本無「復」字〔註 237〕，郭店簡無「歸」字。高明指出「天」是筆誤（P300），是也。此緊接上句「萬物並作，吾以觀其復」，「夫物」即指「萬物」而言，言吾以觀萬物之復，萬物各歸其根也。《莊子・知北遊》：「今已為物也，欲復歸根，不亦難乎？」又《在宥》：「萬物云云，各復其根。」《淮南子・覽冥篇》：「使萬物各復歸其根。」《文子・上禮》：「萬物各復歸其根。」是復歸其根者乃萬物，非天道也。「復歸」是合成詞，復亦歸也，故或複言「復歸」，或單言「復」，或單言「歸」，其義一也。高亨謂「復」字衍文（P39），非是。李約本倒作「皆復各歸其根」，以「復」為副詞，非是。漢代簡帛本誤作「天物」，不辭，郭店簡又易作「天道」，則與上句不應，亦與《莊子》等說不合。此亦簡帛本不可盡據之例，郭簡研究者多過信出土資料而失考文獻，其說不可從也。北大簡整理者謂作「天物」、「天道」是二個版本系統（P151），亦誤。芸芸，

〔註 236〕王說轉引自王引之《經義述聞》卷 26，江蘇古籍出版社 1985 年版，第 619 頁。

〔註 237〕P.2255、P.2329、P.2584、P.3235V、S.798、S.6453、S.6825V《想爾注》本、BD14633、李榮本、顧歡本、陸希聲本、唐無名氏《次解》本、張君相本、陳景元本、范應元本無「復」字。

S.477 河上公本、S.792 同（王叔岷（P248）指出舊鈔本《文選・雜體詩》注引同），傅奕本、范應元本作「貶貶」，P.2255、P.2329、P.2584、P.3235V、S.798、S.6453、S.6825V《想爾注》本、BD14633、景龍碑本、遂州碑本、唐無名氏《次解》本作「云云」，《玉篇殘卷》「云」字條、《文選・雜體詩》李善注引亦作「云云」。宋刊河上公注：「芸芸者，華葉盛。」〔註 238〕唐玄宗《御注》：「為物華葉芸芸，生性皆復歸於其根本故。有作『云云』者，動作也。言夫物云云動作者，及其歸復皆在根本爾。」成玄英疏：「芸芸，眾多貌也。」（《莊子・在宥》成玄英疏亦云：「云云，眾多也。」）李榮曰：「其事非一，故曰芸芸。」陳景元曰：「芸芸，茂盛貌。謂草木植物之類也。或作『云云』，動作貌，眾多貌。」陳夢家曰：「云云猶混混，古音相同。」（P76）其解作「眾多貌」是也，言運動之盛貌。《釋名》：「雲，猶云云，眾盛意也。又言運也，運行也。」《玉篇殘卷》「野王案：云，不安靜之辭也。」《夏小正》原文作「昆者，眾也，猶魂魂也者，動也，小蟲動也」，是亦運動之盛義。各異體皆「云云」借字，字亦作「紜紜」、「沄沄」」、「伝伝」。「貶」是雙聲符字，累增俗字也。《左傳・昭公七年》孔疏引《孝經說》：「魂，芸也，芸芸動也。」《白虎通・情性》：「魂猶伝伝也，行不休也。」

（27）邦家悶（泯）乳（亂），案有貞臣

新注：悶亂，乙本同，北大本作「揗亂」，郭簡作「緍亂」，傳本皆作「昏亂」。上引簡帛本與傳本「昏」字相當之字，諸本原整理者皆讀為昏。今按：四種簡帛本與今本第 57 章「國家滋昏」之「昏」相當之字，全都徑作「昏」，而此竟無一本徑作「昏」字，不能不令人懷疑《老子》古本此處並非「昏亂」。《書・康誥》有「泯亂」之語，疑《老子》本言「邦家泯亂」。「緍亂」、「揗亂」無疑可以讀為「泯亂」。「泯亂」後變為「昏亂」。「悶」字從心問聲，應為「悶」之異體。（P50）

按：說「悶」是「悶」之異體，是也；據《書》有「泯亂」一詞，因疑《老子》本作「泯亂」，證據不足。「悶亂」即「昏亂」轉語，原整理者說不誤。「揗亂」、「緍亂」亦是「昏亂」借字，字亦作「惛（惽）亂」。《書》之「泯亂」，泯讀為怋，亦亂也。怋、悶、昏並一音之轉，不能強生分別。P.2255、P.2329、P.2584、S.477 河上公本（宋刊本同）、S.6453、S.6825V《想爾注》

〔註 238〕S.477 河上公本「葉」誤作「菓」，道藏本作「芸芸者，花葉茂盛之貌」。

本、BD14633「昏」作「昬」，景宋本《淮南子·道應篇》引同。「昬」是「昏」俗字。

（28）眾人配配（熙熙），若鄉（饗）於大牢，而春登臺

按：而春登臺，乙本同，北大本作「而菁（春）登臺」，P.3235V、S.477 河上公本（宋刊本、道藏本同）、S.792、王弼本、顧歡本、李榮本、張君相本、宋徽宗《御解》本、陳景元本作「如春登臺」，《御覽》卷 177 引同；P.2255、P.2329、P.2584、S.798、S.6825V《想爾注》本、BD14633、Дx.11685、傅奕本、景龍碑本作「若春登臺」，《文選·魏都賦》劉淵林注引作「若春升臺」〔註 239〕；道藏白文本、嚴遵本、唐玄宗《御註》本、陸希聲本、李約本、范應元本作「如登春臺」，《無上祕要》卷 65、《類聚》卷 3、《書鈔》卷 154、《御覽》卷 19、30、《事類賦注》卷 4 引同，《玉燭寶典》卷 3 引作「若登春臺」（又卷 1 引「登春臺」三字）。而、如一音之轉。畢沅（P16～17）、王昶（P545）、俞樾（P147）等指出作「如登春臺」乃誤倒，是也。《文選·潘安仁·秋興賦》：「登春臺之熙熙兮」，李善注引作「如登春臺」，《文選·閑居賦》注引亦同，蓋晉、唐人已誤倒其文。奚侗（P86）、易順鼎、勞健謂當作「登春臺」（易氏引劉淵林注誤作「若升春臺」），張松如從易說（P118），非是。

（29）我泊焉未佻（兆），若嬰〔兒未咳〕，累呵如〔無所歸〕

按：①咳，據乙本補，傅奕、范應元本、景福碑本同，北大本作「晐」，P.2255、P.2329、P.2584、P.3235V、S.792、S.798、S.6453、S.6825V《想爾注》本、BD14633、Дx.11685、道藏河上公本、道藏王弼本、李榮本、李約本、陸希聲本、景龍碑本、遂州碑本作「孩」。陸氏《釋文》：「咳，胡來反，《說文》：『字本或作孩。』」是陸氏所見王弼本作「咳」。河上公注：「如小兒未能答偶人時。」王弼注：「如嬰兒之未能孩也。」唐玄宗《御註》：「如彼嬰兒，未能孩孺也。」唐玄宗《御疏》：「如彼嬰兒，未能孩笑，無分別也。」成玄英疏：「孩，笑也。」范應元曰：「咳，何來切，《集韻》通作『孩』，《說文》：『小兒笑皃。』」于省吾曰：「如嬰兒之未咳，應讀作『如嬰兒之未期』，言嬰兒尚未期年，天真未漓也。」（P562）馮勝君認為「孩」是「娩」字之誤〔註 240〕。侯乃峰曰：「孩

〔註 239〕《文選》據宋淳熙八年池陽郡齋刻本，宋刊六臣注本脫「春」字。

〔註 240〕馮勝君《從出土材料談今本〈老子〉中「孩」字的釋讀問題》，《古籍整理研究學刊》2005 年第 2 期，第 29 頁。

當讀為骸，訓為骨。是說如同嬰兒在母體中尚未長骨也。」〔註 241〕王凱博認為「孩」當讀作「駭」，其本字為「㧡」，是「動」的意思……就是動擾、不安等義……「嬰兒之未孩」就是說「腹內胎兒尚未駭動、駭擾」，這與女性孕期的「胎動」現象有關〔註 242〕。史傑鵬說「孩」讀作「荄」，是「開始、萌生」義〔註 243〕。舊說「孩（咳）」訓小兒笑皃不誤，馮勝君改作「娩」，非是。唐玄宗《御疏》、宋徽宗《御解》引《莊子》「不至乎孩而始誰」以證，是也。按《莊子》見《天運篇》：「孕婦十月生子，子生五月而能言，不至乎孩而始誰，則人始有夭矣。」郭象注：「誰者，別人之意也。未孩，已擇人。」《釋文》：「孩，《說文》云：『笑也。』」成玄英疏：「未解孩笑已識是非，分別之心自此而始矣。」「未孩（咳）」即「不至乎孩」，亦即未解咳笑之誼，可證「孩（咳）」字不誤。《子華子・北宮子仕》：「古之知道者，泊兮如大羹之未調，䚗䚗兮如將孩。」此文即本於《老子》，亦其證。《家語・本命》：「及生三月而微煦（眴），然後有見；八月生齒，然後能食；朞而生臏，然後能行；三年顋（顖）合，然後能言。」《大戴禮記・本命》、《韓詩外傳》卷 1 略同，「能言」之說與《莊子》不同。此文之「孩（咳）」，指言笑而言。未孩（咳），謂不懂言笑也。②嬰，P.2255、P.2329、S.798、S.6453、BD14633、Дx.11685 作「㜲」，宋刊河上公本作「孆」，P.2584 作「攖」。「㜲」字字書未見，當是「孆」形譌。③累，乙本作「纍」，北大簡作「絫」，S.792、P.3235V、河上公本、唐玄宗《御註》本、景龍碑本、景福碑本、強思齊本、李榮本、李約本、陳景元本、林希逸本作「乘乘」（《無上秘要》卷 65 引同），王弼本、陸希聲本、范應元本作「儽儽」，傅奕本作「儡儡」，P.2255、P.2329、P.2584、S.798、S.6453、S.6825V《想爾注》本、BD14633、Дx.11685、遂州碑本、顧歡本、唐無名氏《次解》本、強思齊所據成玄英疏本、張君相本作「魁」。陸氏《釋文》：「儽儽兮，一本曰：『損益也，敗也，欺也。』古本河上作『乘乘兮』。」盩厔樓觀《古文老子碑》作「兖兖兮」，「兖」即「乘」，見《集韻》，《古文四聲韻》卷 2 引《古老子》作「[illegible]」形，又卷 4 引《古老子》作「[illegible]」、

〔註 241〕侯乃峰《〈老子〉「如嬰兒之未孩」解》，《第二十三次全國醫古文研究學術交流會論文集》，廣西南寧，2014 年 5 月 31 日～6 月 2 日，第 175～176 頁。

〔註 242〕王凱博《出土文獻資料疑義探研》之《〈老子〉「嬰兒之未孩」新解》，吉林大學 2018 年博士學位論文，第 300～304 頁。

〔註 243〕史傑鵬《也談〈老子〉「如嬰兒之未孩」之「孩」》，收入《畏此簡書——戰國楚簡與訓詁論集》，江西高校出版社 2018 年版，第 362～368 頁。

「[illegible]」二形〔註 244〕。河上公注：「我乘乘如窮鄙，無所歸就也。」（張君相本引「乘乘」作「魁然」）。唐玄宗《御注》：「乘乘，運動貌。」成玄英疏：「魁，寬大也。」唐無名氏《次解》:「魁，首也。」李約曰:「乘乘者，乘其所乘也。」王真曰:「若嬰兒之未有所知，有如乘其車乘，悠悠未有所止。」陸希聲曰:「處之儽儽然如不足，若喪家而無所歸也。」宋徽宗《御解》：「乘乘者，因時任理而不倚於一偏，故若無所歸。」彭耜《釋文》：「古河上作『乘乘兮』，李：『乘乘，食陵切，運動相適貌。』《纂微》一作『魁魁兮』。」陳景元曰：「乘乘，運動貌。又解：乘乘，若虛舟之東西而無所歸止也。乘乘，王弼作『儡儡』，一本作『魁魁』。」林希逸曰：「乘乘，若動不動之意。」王雱曰：「乘乘者，乘萬物之變而不自私，故若無所歸。一本作『儡儡兮無所歸』，非也。」董思靖《集解》引曹氏曰：「乘萬物而遊，無所繫累也。」陳象古曰：「乘乘，厚重之貌。」吳澄曰：「乘乘，謂寄寓於物。」胡文英曰:「乘乘，斗跳無知之貌。今吳中舉赤子高下戲之曰乘乘然也。」〔註 245〕畢沅曰:「《說文》:『儡，相敗也，讀若雷。儽，垂貌，一曰嬾解（懈）。乘，覆也。』三義皆相近，其聲之轉，則猶乃之讀為仍，徵之讀為止矣。」（P17）桂馥說略同畢氏〔註 246〕，王昶（P545）、丁福保（P15）、汪桂年（P20）從畢說。段玉裁曰:「《說文》:『傫，𠂹皃。』《老子》曰:『儽儽兮若無所歸。』王弼、陸希聲本同。今按此『傫傫』之誤。河上公本作『乘乘』。『傫』從積絫之絫，與『乘』義相近。」〔註 247〕王筠曰:「『乘』似『垂』之譌。」〔註 248〕高延第曰：「乘乘無歸，所謂汎兮若不繫之舟，無定向也。」朱駿聲曰：「儽，《說文》：『垂貌。一曰嬾懈。』與『儡』微別，字亦作『傫』，又誤作『傫』。《廣雅》：『傫，勞也。』《釋訓》：『傫傫，疲也。』《老子》『儽儽兮若無所歸』，《釋文》：『敗也，又欺也。』河上本作『乘乘』，『垂垂』之誤。」〔註 249〕武內義雄曰：「王本『儽儽兮』，舊鈔河上本作『儡儡兮』，

〔註 244〕《汗簡·古文四聲韻》，中華書局 1983 年版，第 34、69 頁。

〔註 245〕胡文英《吳下方言考》卷 4，收入《續修四庫全書》第 195 冊，上海古籍出版社 2002 年版，第 36 頁。

〔註 246〕桂馥《說文解字義證》「鄘」字條，齊魯書社 1987 年版，第 551 頁。

〔註 247〕段玉裁《說文解字注》，上海古籍出版社 1981 年版，第 373 頁。

〔註 248〕王筠《說文解字句讀》，中華書局 1988 年版，第 297 頁。

〔註 249〕朱駿聲《說文通訓定聲》，武漢市古籍書店 1983 年版，第 592 頁。朱謙之（P82）引「傫」誤作「儽」，「儽儽」誤作「傫傫」，「欺」誤作「散」。

景龍碑作『乘乘兮』。按：『儽』、『儡』聲相同，據《說文》『儽儽，垂貌』，與『乘乘』音義不近。疑『乘乘』是『垂垂』之訛。果然，則河上本作『儡儡』，據其義訓作『垂』字也。」《釋文》：「敗也，又散也。」朱謙之從朱駿聲、武內義雄說（P82），勞健從段玉裁、朱駿聲說。奚侗曰：「《廣雅》：『儽儽，疲也。』顧本『儽儽』作『魁』，開元碑本、河上本作『乘乘』，均非是。」（P86）馬其昶引柯劭忞曰：「王本『乘』作『儽』是也，猶『儽儽若喪家之狗』之義。」（P17）馬敘倫曰：「『儡』字是，古本河上作『乘乘』者，疑本作『埀』（引者按：俗『垂』字），形近譌為『乘』也。儡、垂、魁聲近通假。」（P230）蔣錫昌謂「儽儽」亦作「纍纍」，解作羸疲（P132）。高亨曰：「《說文》：『儽，垂貌。一曰嬾懈。』此取後義。字或作『傫』，《廣雅・釋詁》：『傫，勞也。』《釋訓》：『傫傫，疲也。』又或借『纍』為之。」（P47）王淮從高說（P84）。張舜徽曰：「《廣雅》：『儽儽，疲也。』儽儽無歸，謂若疲困無定向也。」（P180）王叔岷曰：「『儽』、『儡』同義，字亦作纍。纍纍，羸憊貌。」（P251）高明曰：「纍呵，猶言『纍纍』，乃失志疲憊之狀。」（P320）北大本整理者曰：「『乘』或為『絫』之訛。」（P153）古《老子》有二個版本系統，王弼本、傅奕本、陸希聲本、范應元本作「儽儽」，與簡帛相合；作「魁魁」者，是其音轉。以「儽儽」狀未咳之嬰兒（非狀泊焉之我），無義。河上公本、《御註》本作「乘乘」，《子華子》作「譝譝」，亦相合。「乘乘」即「譝譝」音轉，讀為「盲盲」、「冥冥」，懵懂無知貌，言其直樸也。諸家解「乘乘」皆誤。「乘」形誤作「垂」，因又音誤作「儽」、「儡」、「魁」、「纍（累）」、「絫」耳。

（30）我禺（愚）人之心也，惷惷呵

新注：「惷」可能當讀為「忳」或「沌」。（P51）

按：禺，各本作「愚」，正字；P.3235V、S.792 作「遇」，亦借字。惷惷，乙本作「湷湷」，北大簡作「屯屯」，宋刊河上公本、王弼本、傅奕本、范應元本、陳景元本、林希逸本、吳澄本作「沌沌」，P.2255、P.2329、P.2584、P.3235V、S.798、S.6453、S.6825V《想爾注》本、BD14633、Дx.11685、道藏河上公本、唐玄宗《御註》本、李榮本、李約本、陸希聲本、景龍碑本、唐無名氏《次解》本、張君相本作「純純」。河上公注：「無所分別。」王弼曰：「無所別析，不可為明。」S.6825V《想爾注》：「純純，若癡也。」成玄英疏：「純，不雜

也。」(張君相本引「純」作「純純」)。傅奕曰:「沌,殊倫切,粹也。」朱謙之解同成、傅(P83)。陸氏《釋文》:「沌,本又作忳。」彭耜《釋文》:「純純:陸、王弼作『沌沌』,又作『忳忳』,李『純純』如字,質樸無欲之稱。《纂微》作『沌沌』。」范應元曰:「沌音囤,不分貌。世本作『純純』。」陳景元曰:「沌沌,不分貌。」吳澄曰:「沌如渾沌之沌,冥昧無所分別也。」高延第曰:「沌沌,即『悶悶』,形容愚人之心之狀,與下『察察』相對。」奚侗曰:「沌沌,愚無知也。『純純』乃借字。」(P87)北大簡整理者曰:「諸字音近可通,讀為『沌』或『蠢』均可。」(P153)馬敘倫讀為「惇惇」(P232),是也,質樸敦厚之貌,故以狀愚人之心也。《說文》:「萶,一曰厚也。」「萶」亦借字。絕不可讀為「蠢」,「蠢」本義指蟲動,訓愚是後世用法(二漢無此用法),北大簡整理者以今律古,疏於小學也。

(31)忽(惚)呵其若〔海〕

按:乙本作「沕呵其若海」,北大本作「沒(忽)旖(兮)其如晦」,宋刊河上公本、陳景元本作「忽兮若海」,顧歡本、張君相本作「忽若海」,景福碑本作「忽兮其若海」,王弼本作「澹兮其若海」,范應元本作「澹兮若海」,傅奕本作「淡兮其若海」,景龍碑本、李榮本作「淡若海」,P.2255、P.2329、P.2584、P.3235V、S.792、S.798、S.6453、S.6825V《想爾注》本、BD941、BD14633、唐玄宗《御註》本、強思齊本、唐無名氏《次解》本、道藏白文本、遂州碑本作「忽若晦」(《無上秘要》卷65引同)。陸氏《釋文》:「澹,徒紺切。古本河上作『忽兮若海』,嚴遵作『忽兮若晦』。」彭耜《釋文》:「澹兮其若海:《纂微》作『忽若海』,司馬作『忽兮其若晦』,蘇、曹、陳作『忽若晦』,葉『海』作『晦』。」高延第曰:「若海,言其寬博無涯涘。」奚侗曰:「《說文》:『忽,忘也。忘,不識也。』晦,昧也。王弼本『忽』作『澹』,『晦』作『海』;河上本『晦』亦作『海』,皆非是。」(P87)蔣錫昌曰:「澹,靜也。謂聖人居心一若恬靜之海也。」(P137)朱謙之曰:「作『澹』是也。《說文》:『澹,水搖也。』『晦』為『海』之假借。」(P84)汪桂年亦曰:「澹,水搖也。」(P21)于省吾曰:「作『忽』於義為長,作『海』為是。『忽』謂無邊際。『忽兮』正形容海之不可窮極。成疏訓晦為闇,失之。」(P565)《老子》有二個版本系統,一作「忽(沕、沒)」,一作「澹(淡)」。余謂當作「忽若海」義長,忽猶言恍惚,晦讀為海。忽若晦,言道之恍惚不明如海也。《莊子・知北遊》:「淵淵乎其若海。」「淵淵」是深邃貌，與「恍惚」義相因。

（32）望（怳）呵其若無所止

按：望，乙本同，北大本作「芒」，河上公本、景龍碑本、景福碑本、陳景元本作「漂」，顧歡本、傅奕本、張君相本、范應元本作「飄」，王弼本、陸希聲本、道藏白文本、宋徽宗《御解》本、林希逸本、宋太守張氏《集註》本作「飂」，P.2255、P.2329、P.2584、P.3235V、S.792、S.798、S.6453、S.6825V《想爾注》本、BD941、BD14633、唐玄宗《御註》本、強思齊本、王真本、唐無名氏《次解》本、遂州碑本作「寂」(《無上秘要》卷 65 引同，《想爾注》本「寂」作俗字「宊」)。陸氏《釋文》:「飂，力幽反。梁〔武帝〕作『飄』，簡文云:『敷遙反。』河上『淵兮』。」彭耜《釋文》:「飂兮似無所止：《纂微》『飂』作『漂』，司馬作『飄』，蘇作『寂若無所止』，曹、陳『飂』並作『寂』，程作『飂飂乎』。」此文簡帛本作「望（芒）」，當涉上文而誤。乙本上文「望呵其未央哉」（甲本脫），北大本「望」作「芒」〔註 250〕。此文除簡帛本外，有「漂（飄）」、「飂」、「寂」三個版本系統。《道德真經指歸・天下謂我章》:「寂泊無為，若無所止。」則嚴遵本亦作「寂」字。王衵曰:「『寂』即『廫宗』之宗。王弼作『飂』，此作『寂』，二字形殊義同。」（P545）王說是也。飂，讀為廫，俗作寥、廖，亦寂也。《說文》:「廫，空虛也。」《老子》第 25 章:「寂兮寥兮。」據陸氏《釋文》，鍾會本「寥」作『飂』，尤為確證。「寥兮」亦即「寂兮」，是王弼本「飂」與《想爾注》本「宊（寂）」其義相同也。朱駿聲引《老子》「飂兮若無止」以證《說文》「飂，高風也」之誼〔註 251〕。蔣錫昌曰:「《說文》:『飂，高風也』。謂聖人之行動，若高風之直上，而無所繫縶也。」（P138）程南洲從蔣說（P58～59）。丁福保曰:「飂然無著，若長風之御太虛。」（P15）諸說皆非是。作「漂（飄）」者，讀為眇。漂（飄）乎，猶言眇乎、眇眇，高遠貌。河上公注:「我獨漂漂若飛若揚，無所止也。」奚侗

〔註 250〕P.3235V、S.477 河上公本（宋刊本同）、S.792、王弼本、傅奕本作「荒」，P.2255、P.2329、P.2584、S.6453、S.6825V《想爾注》本、BD14633、遂州碑本、成玄英疏本、唐無名氏《次解》本作「莽」，P.4781、Дx.11685 作「莾」(「莽」俗字)，景龍碑本作「忙」。唐無名氏《道經異同字》:「荒兮其未央哉：莽其未央。」《想爾注》:「俗人莽莽，未央脫死也。」馬敘倫曰:「荒、莽、忙並借字，正當作㠎。《說文》曰:『㠎，闊也。』」(P223）馬說非是，正字當作「怳」。

〔註 251〕朱駿聲《說文通訓定聲》，武漢市古籍書店 1983 年版，第 260 頁。

曰：「《說文》：『漂，浮也。』」勞健曰：「寂而云無所止，義未安。飄音嫖，謂飄颻也，與上文相貫，義長。漂，《說文》訓浮，亦通作飄。」（P87）皆非是。

（33）眾人皆〔有以，我獨頑〕以悝（俚）

乙本原注：「阮」字左半殘，通行本作「頑」。鄙，甲本作「悝（俚）」，義同。（P99）

乙本新注：「北大本作「而我獨抏以鄙」，乙本原來也可能是寫作「抏」的。（P209）

按：頑以悝，乙本作「阮以鄙」。S.798、S.6825V《想爾注》本、BD14633作「頑以鄙」，P.2255、P.2329、P.2584、P.3235V、S.792、S.6453、BD941、宋刊河上公本、王弼本、道藏白文本、唐玄宗《御註》本、陸希聲本、景龍碑本、李榮本、李約本、王真本、強思齊本、顧歡本、張君相本、陳景元本、范應元本作「頑似鄙」（《無上秘要》卷 65 引同），宋徽宗《御解》本、林希逸本、董思靖本、江瀓本、邵若愚本、李嘉謀本作「頑且鄙」，傅奕本作「頑且圖」。彭耜《釋文》：「我獨頑且鄙：《纂微》、司馬、蘇、曹、陳『且』並作『似』，程同。」俞樾指出「似」讀為「以」，與「且」同義（P147），汪桂年從其說（P21）。蔣錫昌謂「『且』與『目』形近而誤」（P139），非也。「圖」亦音「鄙」，都是「啚」的繁體。悝，讀為里。「里」指鄉居之地，故引申為鄙陋、鄙俗之義。「俚」本訓聊，亦借字。《新序・雜事一》：「其始曰下里巴人。」《御覽》卷 572 引《襄陽耆舊傳》「里」作「俚」，《文選・演連珠》李善注引《宋玉集》、《御覽》卷 12 引《宋玉對問》同。

（34）濼（幽）呵鳴（冥）呵，中有請（精）吔〈呵〉

按：濼呵鳴呵，乙本作「幼呵冥呵」，北大本作「幽旖（兮）冥旖（兮）」，傅奕本、范應元本作「幽兮冥兮」，P.3235V、宋刊河上公本、道藏王弼本、陸希聲本、李約本、強思齊本、王真本、宋徽宗《御解》本、陳景元本、林希逸本作「窈兮冥兮」（《淮南子・道應篇》、《西昇經》卷上》引同），S.792、《古逸叢書》之六王弼本作「窈兮冥兮」（《後漢書・矯慎傳》李賢注引同），唐無名氏《次解》本、道藏白文本、司馬光本作「窈兮冥」（《文選・鍾山詩》李善注引同），杜光庭本作「杳兮冥兮」，唐玄宗《御註》本作「杳兮冥」，P.2329、P.2255、P.2329、P.2584、S.798、S.6453、S.6825V《想爾注》本、BD941、BD14633、顧歡本、景龍碑本、唐無名氏《次解》本作「窈冥」，李榮本作「杳冥」，張君相本作「窈冥」。陸氏《釋文》出「窈冥」二字，注音云：「烏了反，莫經反。」《鶡冠子・夜行》：「窅乎冥乎，中有精乎！」《雲笈七籤》卷 2、102 並云：「幽幽冥冥，其中有精。」二文是暗引《老子》。《淮南子・原道篇》：「幽兮冥兮，應無形兮。」《御覽》卷 1 引孫楚《石人銘》：「杳兮冥兮，陶冶衆有。」皆本於《老子》。馬敘倫曰：「幽、窈聲並幽類通假，字當作窈，《說文》：『窈，冥也。』」（P248）馬說是也，「窈」、「杳」、「窅」同音，音轉則作「幽」，省文則作「幼」，形誤則作「窈」。

（35）自今及古，其名不去，以順眾仪（父）

原注：順，乙本同，通行本作「閱」。閱謂更歷（參考《老子翼》）。《爾雅》：「順，敘也，緒也。」《釋名》：「順，循也。」順、閱義近。仪，乙本作「父」，通行本作「甫」。（P14）

新注：北大本作「說」，整理者疑「說」與「閱」皆讀為「悅」。（P51）

按：眾仪，乙本、北大本、景福碑本作「眾父」，S.798、P.3235V、宋刊河上公本、王弼等本作「眾甫」，P.2255、P.2329、S.798、S.6453、S.6825V《想爾注》本、BD941、BD14633、遂州碑本作「終甫」。俞樾謂「眾父」是本字，解作「萬物母」（P148），是也。北大簡整理者說是。陸氏《釋文》出「說」字云：「一云悅。」似陸氏所見王弼本「閱」作「說」。河上公注：「閱，稟也。」王弼註：「眾甫，物之始也。以無名說萬物始也。」〔註 252〕S.6825V《想爾注》：「道有以來，更閱終始，非一也。甫者，始也。」唐玄宗《御注》：「閱，度閱也。」成玄英疏：「閱，覽也。」李榮曰：「閱，簡也。」李約曰：「閱，尋閱也。」唐無名氏《次解》：「閱，覽也。」林希逸曰：「閱，歷閱也。」陳景元曰：「閱，度也，又披也。」陳象古曰：「閱，簡視也，如簡其物在目也。」吳澄曰：「閱，猶歷也。」焦竑曰：「鄧錡云：『閱，自門出者一一而數之。一訓經歷，亦同此義。』」高延第曰：「閱，總也。」馬其昶曰：「閱，歷也。」（P17）馬敘倫曰：「梁啟超曰：『閱同說。』梁說是。」（P250）丁福保曰：「河上公注：『閱，稟也。』案：稟，受也。眾父亦道也……以容受大道。」（P16）奚侗曰：「閱，《小爾雅》：『具也。』《說文》：『具，供置也。』」（P88）高亨曰：「閱，猶出也。」（P54）丁展成曰：「閱，容也。言道偉大能容眾始也。《說文》：『閱，具數於門中也。』義亦近。」（P51）汪桂年

〔註 252〕金人李霖《道德真經取善集》卷 4 引弼注「說」作「閱」。

亦曰：「閱，容也。」（P22）蔣錫昌曰：「成疏：『閱，覽也。』覽者，觀也。」（P149）朱謙之曰：「閱字古文訓總。」（P90）陳夢家解「閱」作「觀」（P62）。高明曰：「順，循也。閱，猶更歷也。可見因『順』、『閱』義近，故互用之。但是，《老子》為何有此差異，二者孰為本字，實難判斷。」（P333～334）梁啟超謂「『閱』同『說』」，蓋以為「解說」義。張松如解「閱」作「總覽」（P123）。徐梵澄曰：「閱訓容，其義為『以容眾物』。然甲、乙本皆作『順』，許書『理也』，其說較勝。」（P30）李銳等曰：「王弼以甫為始可從，據之《想爾注》本『終甫』，即勞健所訓之『終始』。蔣錫昌說『閱』字可參，據之帛書本『順』字可以讀為巡，省視也，即巡察之意。『閱』亦有覽察之意，兩字義近可通。」〔註 253〕諸說並誤。順，順從之義，引申則為取悅也，「順」、「閱（說）」二字同義。《禮記・中庸》：「順乎親有道，反諸身不誠，不順乎親矣。」《家語・哀公問政》同，《孟子・離婁上》作「悅親有道，反身不誠，不悅於親矣」，《淮南子・主術篇》作「說親有道，脩身不誠，不能事親矣」。《韓詩外傳》卷 9：「吾意者身未敬邪？色不順邪？辭不孫邪？」《荀子・子道》同，《家語・困誓》「順」作「悅」。是順猶悅（說）也，此為確證。《左傳・襄公八年》：「唯子產不順。」竹添光鴻曰：「順亦悅也，《孟子》『不順於父母』即不悅於父母也。」〔註 254〕《漢書・嚴安傳》：「夫佳麗珍怪固順於耳目。」言悅於耳目也。《漢書・東方朔傳》：「務快耳目之欲。」《說苑・臣術》：「以快主之耳目。」「快」字義同。《管子・法禁》：「莫敢超等踰官、漁利蘇功以取順其君。」言取悅其君也。盩厔樓觀《古文老子碑》此字作「[illegible]」，即「思（懼）」字，未確。《古文四聲韻》卷 5 引《古老子》「閱」字作「[illegible]」〔註 255〕，《集篆古文韻海》「閱」字作「[illegible]」，「[illegible]」當是「[illegible]」形譌。劉笑敢曰：「以閱眾甫，帛書本作『以順眾父』，意義似更明確。」（P257）劉氏未達通借。

（36）炊者不立

原注：乙本同。炊，疑讀為吹，古導引術之一動作。河上公本作「跂」，

〔註 253〕李銳、張帆《〈老子〉札記三則》，《中國文字研究》第 26 輯，2017 年版，第 70 頁。

〔註 254〕竹添光鴻《左氏會箋》，巴蜀書社 2008 年版，第 1193 頁。所引《孟子》見《萬章上》。

〔註 255〕《汗簡・古文四聲韻》，中華書局 1983 年版，第 77 頁。

王弼本作「企」。唐寫本及石刻本此句有作「喘者不久」者。又通行本此句下有「跨者不行」一句，按文例當有，甲、乙本似脫誤。（P14）

新注：北大本亦作「炊者不立」，亦無「跨者不行」句，疑此句為後人所增。原整理者疑「炊」可讀為「吹」，北大本注謂「炊」應讀為「企」或「跂」，似皆不可信。或疑「炊」即「爨炊」之炊，炊者燒竈，一般不站立。（P51）

按：P.3235V、S.792、河上公本、唐玄宗《御註》本、顧歡本、陸希聲本、李約本、強思齊本、張君相本、宋徽宗《御解》本、陳景元本、司馬光本、范應元本作「跂者不立，跨者不行」，P.2255、P.2584、S.798、S.6453、S.6825V《想爾注》本、BD941、BD14633、遂州碑本、唐無名氏《次解》本作「喘者不久，跨者不行」，王弼本、傅奕本、李榮本作「企者不立，跨者不行」，景龍碑本作「企者不久（立），夸者不行」。P.2462 顏師古《玄言新記明老部》「第廿四企者章」，是顏氏所見本亦作「企」字。S.2695《真言要決卷第三》「得治要則人無夸企」，亦出《老子》。唐無名氏《道經異同字》：「跂者不立：喘者不久。」S.6825V《想爾注》：「用氣喘息，不合清靜，不可久也。今大跨而立，非能行者也，不可久也。」勞健曰：「企者不立，『企』字范與開元、廣明作『跂』，二字通，此宜作『企』。又廣明此句上多『喘者不久』一句。敦煌一本與《道藏》、龍興碑本作『喘者不久，跨者不行』，無『企者不立』句。景龍作『企者不久，跨（引者按：當是『誇』字）者不行』。按：立而至於企踵，勢難持久；行而至於跨越，必致喘蹶，故曰不立不行。疑『喘』字『久』字並從古疏語譌竄，廣明誤合二本，又增出一句耳。景福兩句互倒，作『跨者不行，企者不立』，不叶韻。」馬敘倫曰：「企，《說文》重文作『跂』，此當作『𨇨』，《說文》曰：『尪不能行，為人所引曰𨇨㸑。』《莊子・人間世篇》『支離』即『𨇨㸑』也。跨借為尪，《說文》曰：『尪，股尪也。』」（P266～267）張舜徽曰：「帛書甲、乙本『企』作『炊』，蓋由『企』或作『跂』，又以形近而譌『跂』為『炊』耳。今本有『跨者不行』，是也。」（P182）高明曰：「炊當從今本讀為企，舉踵也。」（P335）徐梵澄曰：「作『炊者』是，作『喘』者，『炊』之聲變；作『跂』者，『炊』之形變；作『企』，又從『跂』而來者。炊爨之事，必俛身為之，故云『不立』。此亦與下『餘食』隱約相應。」（P31）魏宜輝曰：「『喘』與『企』在音義上沒有什麼聯繫，但『喘』與『炊』的讀音卻很近。『炊』、『喘』是可以互通的。『跨者不行』一句顯然是後人附加上去的。『炊』、『喘』應讀為『端』，指站得端正。『端者不立』可以理解為『自以為站得端正的人反而站不住』。『喘者不久』中的『久』當為『立』之誤字。」〔註 256〕張舜徽謂當有「跨者不行」四字，是也。下文「自見者不明，自是者不彰」、「自是者不彰，自矜者不長」，皆對句，此不當獨否，「企者不立，跨者不行」亦對句。「跨」讀如字，跨步也，動詞。企、跂，並讀為歧，謂足歧出，參差不齊等也。舊說以「企」為本字，訓為舉踵，非是。馬說尤誤，「企」不得改作「繾」字，且《說文》「企」重文不作「跂」，又「繾纚」即「提攜」，亦非「支離」。「跂」、「炊」字形不近，張舜徽說非是。炊，讀為差，俗作蹉，謂足衺出也。《吳越春秋・勾踐陰謀外傳》：「夫射之道……左〔足〕蹉，右足橫。」言足叉出者不能站立，足跨步者不能行走。「炊」音誤作「喘」，因又易作「喘者不久」耳。《想爾注》解作「喘息」，據誤字解說也。

（37）其在道，曰粽（餘）食贅行

按：粽食贅行，乙本同，北大簡作「斜食叕行」，S.792、P.3235V 及傳世本多作「餘食贅行」，P.2255、P.2584、S.798、S.6453、S.6825V《想爾注》本、BD941、BD14633、遂州碑本、唐無名氏《次解》本作「餘食餟行」。河上公注：「贅，貪也。」S.6825V《想爾注》解「餟」作「祭餟禱祠」。《說文繫傳》：「《老子》：『餘食贅行。』贅，獨出也。」馬敘倫曰：「館卷『贅』作『餟』，此蓋以聲通假。」（P269）汪桂年曰：「曰，猶是也，為也。食，猶為也。餘為贅行，文正相對。」（P24）朱謙之曰：「『餟行』無義，蓋音近而誤。」（P98）北大本整理者曰：「斜，帛書作『粽』，傳世本作『餘』，皆一字之異體，讀為『餘』是。叕，帛書及多數傳世本作『贅』，想本作『餟』，音近可通，讀為『贅』是。」（P156）「食」讀如字。叕、餟，讀為綴，連屬也。「贅」本義是以物質錢，其訓附屬者，亦「綴」之借字。《三國志・武帝紀》裴松之注：「《公羊傳》：『君若贅旒然。』贅，猶綴也。」所引《公羊傳》見《襄公十六年》，《釋文》：「贅，本又作綴，繫屬也。」「贅旒」即《詩・長發》之「綴旒」。《詩・桑柔》孔穎達疏：「贅，猶綴也，謂繫綴而屬之。」是其證也。段玉裁曰：「《大雅》傳曰：『贅，屬也。』謂贅為綴之假借也。《孟子》：『屬其耆老。』《大傳》作『贅其耆老』。《公羊傳》云『君若贅旒』，《史》、《漢》云『贅壻』，此為聯屬之偁。又《莊子》云『附贅縣肬』，《老子》云『餘食贅行』，

〔註 256〕魏宜輝《簡帛〈老子〉校讀札記》，《古典文獻研究》第 16 輯，鳳凰出版社 2013 年版，第 348～349 頁。

此為餘賸之偁。皆『綴』字之假借。」王筠從段說，朱駿聲說略同，亦云：「贅，叚借為綴。」〔註 257〕北大本整理者以借字為本字，疏於小學矣，又不考段、朱二氏之明文。

（38）物或惡之，故有欲者〔弗〕居

新注：原注：「乙本同（引者按：北大本亦同）。通行本『欲』作『道』。居，儲蓄。此言惡物為人所棄，雖有貪欲之人亦不貯積。（P51）

按：北大簡整理者亦從原整理者說（P156）。下文亦有此句，乙本、北大本同，傳世本及敦煌各卷皆作「道」，整理者（P54）、北大簡整理者（P160）亦從原整理者說。汪桂年曰：「『或』字不解，『或』當為『咸』之訛誤。處，猶為也。」（P24）高明曰：「『有道者』與『有欲者』意義相悖，帛書研究者云云。許抗生云：『疑「欲」字為誤，「有欲者弗居」與《老子》無為思想不合。』謂『欲』為『貪欲』雖誤，然疑『欲』為誤字亦非。『欲』字在此當假為『裕』。《方言》卷 3：『裕，道也，東齊曰裕，或曰猷。』《廣雅》：『裕，道也。』」又曰：「『欲』字在此而假借為『裕』。『裕』字與『道』不僅義同，古音亦通。喻四歸定，古為雙聲。屋、幽音之轉也。」（P338、389）汪說全誤，高說近之，「欲」當徑讀為「道」，東齊音轉作「裕」，又音轉作「猷」。字亦作「猶」，「猶」訓道者，舊訓甚多，實亦音訓，不煩舉證。又音轉作「由」，《方言》卷 13：「由，式也。」《廣雅》同。「由」訓法式，亦「道」借字，而諸家疏證《方言》、《廣雅》者，皆未之及。劉笑敢曰：「最關鍵的區別在於『有道者』和『有欲者』的不同，一字之差，意思大不相同。」又引劉殿爵說同（P280）。二劉氏未達通借。居，當據傳世本訓處，不訓儲積。BD941「或」作「有」。

（39）洼（窪）則盈，敝則新

按：洼，乙本、北大簡同，傳世本作「窪」，S.6825V《想爾注》本作「窐」（敦煌其餘各寫卷皆作「窪」）。彭耜《釋文》「窪：陸烏瓜切，簡文烏麻切，顧『洿』，李烏爪切，埳也。」〔註 258〕畢沅曰：「《說文》：『窪（引者按：《說文》作『漥』），窊也。窊，汙衺下也。洿，一曰窳下也。』三字義並相近。」（P20）朱謙之曰：「窪，道藏河上本作『窊』，字同，皆洿下低陷之義。《說

〔註 257〕段玉裁《說文解字注》，王筠《說文解字句讀》，朱駿聲《說文通訓定聲》，並收入丁福保《說文解字詁林》，中華書局 1988 年版，第 6500～6503 頁。

〔註 258〕朱謙之節引其文，又「埳」誤作「堷」。

文》：『窊，汙衺下也。』《古文四聲韻》卷2引《古老子》作『窊：𡨃』。」（P92）宋刊河上公本仍作「窪」。畢、朱說是也，然畢氏尚未悟本一字之異體。字亦作窐、汙、汚、窊、窳、溛，俗字作凹。《呂氏春秋·任地》：「子能以窐為突乎？」「窐突」即俗字「凹凸」。

（40）繡（寂）何（呵）繆（寥）何（呵），獨立〔而不改〕

新注：此句下北大本有「偏（遍）行而不殆」一句，傳本亦有此句，作「周行而不殆」。郭簡及帛書甲、乙本皆無此句（P52）

按：乙本作「蕭呵漻呵，獨立而不玹」，郭店簡作「敓纏，蜀（獨）立不亥」，北大簡作「肅覺，獨立而不孩」。繡呵繆呵，S.792、河上公本、王弼本、唐玄宗《御註》本、顧歡本、李榮本、李約本、陸希聲本、景福碑本、強思齊本、張君相本、宋徽宗《御解》本、林希逸本、陳景元本作「寂兮寥兮」，成玄英疏本作「寂寥」，傅奕本作「寂兮寞兮」，范應元本作「宗兮寞兮」，S.6825V《想爾注》本作「家漠」，P.2255、P.2584、P.3235V、S.798、S.6453、BD941、BD14633、景龍碑本、唐無名氏《次解》本作「寂漠」。陸氏《釋文》：「宗，本亦作寂。寞，音莫，河上云：『寥，空無形也。』鍾會作『飈』，云：『空疏無質也。』」是陸氏所見王弼本作「宗寞」。范應元曰：「宗，古『寂』字。寞，王弼與古本同。河上公作『寥』。」①河上公注：「寂者，無音聲。寥者，空無形。」王弼注：「寂寥，無形體也。」畢沅曰：「『寥』應作『廫』，『寞』應作『募』。」（P23）馬敘倫曰：「『寥』與『飂』音同。『飄』、『飂』形音並近。『飄』、『漂』音近。『漂』或作『淵』，形與『淵』近，故河上作『淵』。『漂』字形與『漠』近，故館卷作『漠』。『漠』或作『寞』。然字當作『寥』。寥，《說文》作『廫』，空也。」（P272～273）崔仁義曰：「敓綉，通作『寞寥』。『敓』即『奪』，與『寞』古韻相近。『綉』、『寥』古韻同在幽部。」丁原植曰：「繆假借為穆。穆，深微貌。」魏啟鵬曰：「敓讀為悅，經籍多以『說』為之。悅，喜也。穆，和美也。敓（悅）穆，謂莊敬肅穆也。《文子·精誠》謂道者『悅穆胸中，廓然無形，寂然無聲』。」趙建偉曰：「敓疑讀為悅或娧，《說文》：『倪，好也，與娧同。』『纏』即『穆』。娧穆，美好莊嚴的樣子。」李零曰：「『敓』為『奪』字的古文。疑簡本仍讀『寂寥』。但『寂』是覺部字，而『奪』是月部字，不能通假。案簡文上字見於楚占卜簡或加示旁，與『祝』字相似，疑是『祝』字之誤。『祝』、『寂』古音相近，『繆』、『寥』古音亦相近。」廖名春曰：「『敓』即『挩』，與『涚』通，清也。如此，則與『肅』、『寂』義近。疑本字為『清』，同義互用為『涚』，楚簡借為『敓』。『繡』、『蕭』的本字借為『肅』，『肅』、『寂』音義皆近，它們與『清』都屬同義互用。『纏』與『寥』音近通用。『繆』、『漻』皆『寥』之音借。『漠』為『寞』字之假，而『寞』乃『寥』字同義互用。」劉釗曰：「『敓纏』讀為『悅穆』，『纏』為『繆』字異體。『悅穆』意為愉悅和樂。《文子・精誠》云云。」陳錫勇曰：「纏當讀為寞或漠也。『繆』亦當釋作寞或漠。」彭裕商、吳毅強曰：「『繡』、『蕭』與『寂』古音極近。『敓』字古音與『寂』、『蕭』相隔較遠，不能以音近解釋。簡本作『敓纏』，文意不明，或如李零所說，『敓』乃誤字歟？『敓纏』仍應據今傳本讀為『寂寥』。」〔註259〕黎廣基曰：「敓，當讀為莌或銳，本義為芒，並寓小義。纏，讀為穆，取義於禾穗之穎芒，實與『秒』字義近。『秒』字疑為『穆』字之後起形聲字。『穆』即微妙、幽微之義。敓纏，讀為莌穆，乃近義連字詞，義為微妙無形之貌。『敓纏』即《文子・精誠》『悅穆』。又通作『浂寥』、『沕穆』、『物穆』、『芴漠』，乃一聲之轉，音近義通。」〔註260〕史傑鵬從黎廣基說「敓纏」即「悅穆」，又曰：「『寂』和『芴』、『浂』，是古書中常見的幽、物兩部的通假現象，楚簡《老子》的『敓纏』，就應當讀為傳世本的『寂寥』。」〔註261〕鄭剛曰：「『敓』相當於『敦』字，『敦』和『諄』、『淳』、『醇』等字都用來表示厚、重、濃。而『穆』不應解為『靜』，而是和美的意思。『敦穆』為厚的意思。……《老子》中僅見的『寂』字肯定是後代神仙、修道氣重的道家所改。」〔註262〕陳劍曰：「『悅穆』是同義連用，徑如鄭箋訓作『和』即可。『悅穆』可訛作『訟穆』，『訟』又可寫作『谿』，『谿穆』或可寫作『湫漻』，『湫漻』音聲與『繡繆』

〔註259〕以上諸說皆見彭裕商、吳毅強《郭店楚簡〈老子〉集釋》，巴蜀書社2011年版，第214～217頁。

〔註260〕黎廣基《郭店楚簡〈老子〉「敓纏」考》，《中国文字研究》2002年第3期，第209～213頁。李健亦認為「敓纏」即「悅穆」，乃襲取魏、黎說，而不作說明。李健《道是本原——郭店楚簡〈老子〉甲本首章研究》，《國家教師科研專項基金科研成果（漢字文化卷）》會議論文集，2015年。

〔註261〕史傑鵬《由郭店〈老子〉的幾條簡文談幽、物相通現象暨相關問題》，簡帛網2010年4月19日。

〔註262〕鄭剛《「敓穆」與老子的宇宙論》，收入《楚簡道家文獻辨證》，汕頭大學出版社2004年版，第112、114頁。

之類很相近。」〔註 263〕北大簡整理者曰：「肅、繡、蕭、寂，諸字音近可通。『敓』與諸字古音稍遠，究竟讀為何字尚有不同意見。覺、寥、漻、繆亦為一聲之轉。『纓』可讀為『繆』。『肅覺』、『繡繆』、『蕭漻』、『寂寥』均為疊韻連綿詞（『寂漠』當由『寂寥』變來）。」（P156）諸家說有對有錯。涚訓清是清潔、清拭義，非清寂義，廖名春誤解其義，且謂《老子》本作「清」，亦是無據。各版本不同的詞，不能據今本牽而為一，下面分別申述之：（a）「寂寞」、「宗寞」、「家漠」、「寂漠」並同，《說文》作「啾嗼」、「宗募」。《說文》：「嗼，啾嗼也。」又「啾，嗼也。」又「宗，無人聲。誄，宗或從言。」又「募，死宗募也。」《方言》卷 10：「宗，靜也。」《爾雅》：「嗼，定也。」郭璞注：「嗼，靜定。」《廣雅》：「嗼，安也。」《玉篇》：「啾，啾嗼而無聲，言安靖（靜）也。」「寥」即「廫」借字，《說文》：「廫，空虛也。」是深遠、空曠義。「啾嗼」與「寂寥」略有分別。「寂寥」取空寂、寥廓為義，「寂寞」取靜寞、安定為義。河上公注「寂者，無音聲。寥者，空無形」，至確。《文子·道原》引《老子》此文作「惟象無形，窈窈冥冥，寂寥淡漠，不聞其聲」。「寂寞」即「寂寥淡漠」省文，「寂漠」無法由「寂寥」變來。（b）敓纓，魏啟鵬、黎廣基、劉釗讀為「悅穆」，是也〔註 264〕，和悅貌，和靜貌。陳劍訓作和，亦是也，然非其發明，王引之早指出《淮南子·泰族篇》譌作「訟繆」，王氏又曰：「說，古『悅』字。『繆』與『穆』同。穆亦和悅也。」〔註 265〕《玉篇殘卷》「繆」字條引《淮南》同今本作「訟繆」，又引許慎曰：「訟，容也。繆，靜也。」或許本已誤。（c）繡繆、蕭漻，並讀為「肅穆」，猶言靜穆。肅，清靜也，幽清也，而非莊敬義。穆之言嗼，或借為默，亦靜也。北大本作「肅覺」者，「肅」正是本字，「覺」又「翏」聲之轉。（d）「沕穆」、「物穆」、「芴漠」、「昒穆」、「伆邈」相同，又倒作「穆忞」、「漠閔」〔註 266〕，猶言恍惚靜穆。沕、物、芴、昒、伆，並是「忽（惚）」借字。②河上公注：

〔註 263〕陳劍《郭店楚簡〈老子〉釋義二則》，《古籍整理研究學刊》2014 年第 6 期，第 53～54 頁。

〔註 264〕白于藍申證魏說，參見白于藍《郭店楚簡補釋》，《江漢考古》2001 年第 2 期，第 56 頁；又參見白于藍《戰國秦漢簡帛古書通假字彙纂》，福建人民出版社 2012 年版，第 500 頁。

〔註 265〕王引之說轉引自王念孫《讀書雜志》卷 15，中國書店 1985 年版，本卷第 22 頁。

〔註 266〕參見朱起鳳《辭通》卷 7、21，上海古籍出版社 1982 年版，第 1357、2250～2251 頁。

「不改者，化有常。」王弼曰：「返化終始，不失其常，故曰不改也。」唐玄宗《御疏》解「改」作「移改」。成玄英疏：「不改，無遷變也。」蔣錫昌曰：「不改者，永遠如此。」（P167）劉信芳曰：「『獨立』謂道之唯一，『不該』謂道之無二。『亥』字王本作『改』，非是。」丁原植曰：「亥、孩，均似假借為垓，『改』恐是誤字，或為『垓』字之假。『垓』有界限、界域或邊際之義。《淮南子》所言『無垓坫之域』可能衍自《老子》此處『獨立不亥』。《莊子·天地》曰：『方且為物絯。』『絯』有束縛之義。『垓』、『絯』二字，字義上或有關連。『不亥』疑解為『不受界限』。」陳錫勇從丁說。廖名春曰：「疑『亥』為本字。《玉篇》：『亥，依也。』『不亥』即不依、不依附。『孩』當為『亥』之借。『改』與『亥』音近，故可通用。」龐光華從廖說〔註267〕。劉釗曰：「亥讀為改。」〔註268〕北大簡整理者曰：「狻、亥、孩，讀為『改』是。」（P156）《說文》：「垓，兼垓八極地也。」又「晐，兼晐也。」「晐」指日光兼覆，引申則為兼備、咸備、無所不包義，字或借「該」、「賅」為之。「垓」是「晐」的分別字，指地之廣遠，引申則為地之盡頭、邊際之義。《莊子》「方且為物絯」，絯訓拘束者，是「該」的分別字（「該」本義是軍中約，故有約束義），字亦作閡，挂礙也。「垓」、「絯」二字不同源，丁原植牽混為一。「改」、「亥」古音相轉〔註269〕，謂「改」字誤者，未諳古音也。狻、亥、孩、改，並讀為㤥。《說文》：「㤥，苦也。」猶言愁苦、憂懼。蔣斧印本《唐韻殘卷》：「㤥，患苦。」《玄應音義》卷12：「《通俗文》：『患愁曰㤥。』㤥亦苦也，恨也，今猶言患㤥，以有所苦也。」又卷20引《廣雅》：「㤥，痛也。」〔註270〕獨立而不改，猶言獨立而不懼耳。《易·大過》象曰：「君子以獨立不懼，遯世無悶。」《晏子春秋·內篇雜下》：「田桓子見晏子獨立於墻陰，曰：『子何為獨立而不憂？』」

〔註267〕龐光華《今本〈老子〉新考七篇》，《五邑大學學報》2015年第2期，第86頁。

〔註268〕以上諸說皆見彭裕商、吳毅強《郭店楚簡〈老子〉集釋》，巴蜀書社2011年版，第217～219頁。

〔註269〕《三國志·龐統傳》裴松之注：「胲，音改。」《漢書·東方朔傳》顏師古注：「胲，音改。」又《禮樂志》顏師古注：「閡，音改，又音亥。」故「胲」或作「頋」，「峐」或作「屺」也。

〔註270〕據磧砂大藏經本，高麗本脫。今本《廣雅》有「㤥，苦也」之說，脫「㤥，痛也」之訓。

（41）唯（雖）有環官（館），燕處〔則昭〕若

原注：環官，通行本作「榮觀」。范應元注：「觀，一作館。」《說文》：「館，客舍。」《蒼頡篇》：「闤，市門也。」疑「環官」讀為「闤館」。闤與館乃旅行必經之處，極躁之地。（P15）

新注：環官，乙本同，北大本作「榮館」。缺文據乙本補。昭若，北大本作「超若」，傳本作「超然」。「昭」或當讀「超」。（P52）

按：敦煌各寫卷皆作「榮觀」、「超然」。河上公注：「榮觀，謂宮闕。燕處，后妃所居也。超然，遠避而不處也。」成玄英疏：「言重靜之人，雖有榮華之官觀，燕寢之處所，而遊心虛淡，超然物外，不以為娛，處染不染也。」林希逸曰：「其胸中之所見，極天下之至美，故曰榮觀。」范應元曰：「雖有榮華之觀，亦安居而超然不顧。」馬敘倫曰：「『榮觀』是『營衛』之借。觀借為衛者，脂、歌聲近，歌、元對轉也。超借為怊，《說文》無『怊』，『惆』即『怊』也。《說文》：『惆，失意也。』」（P281～283）高亨曰：「雖讀為唯。榮讀為營，營者宮垣也。《爾雅》：『觀謂之闕。』超然者，高脫無憂之義。」（P63）古棣從高說（P353）。高明曰：「正如馬敘倫云『榮、營通假』，營、環二字音同通用。『營』有營築、營建之義。『館』、『官』通『觀』。『營觀』與『燕處』係指兩種不同規格的居處。」（P357～358）河上公、成玄英讀「雖有榮觀燕處」為句，以「榮觀」、「燕處」平列，非也。河上公、成玄英解「榮觀」是也，解「燕處」非也。高亨解「觀」及「超然」是也，餘說則誤。燕處，猶言安居，范說是也。「環」古音營，當讀為榮。官、館，並讀為觀。榮觀，謂壯麗之宮闕。《道德真經指歸·行於大道章》：「豐屋榮觀，大戶高門，飾以其怪，加以采文。」桓玄《與僚屬沙汰僧众教》：「京師競其奢淫，榮觀紛於朝市。」馬氏云「觀借為衛」，濫說音轉，絕不可信。「超」、「怊」、「惆」雖可音轉，然訓失意非其誼也。當以「超」為本字，超然，遠貌，高貌。

（42）善行者無勶（轍）迹

按：勶，北大本同，乙本作「達」，P.2255、P.2584、S.798、S.6453、BD941、BD14633、傅奕本作「徹」（《古文四聲韻》卷5引《古老子》同〔註271〕），S.6825V《想爾注》本作「徹」，P.3235V、S.792、河上公本、王弼本、唐玄宗《御註》本、陸希聲本、顧歡本、張君相本等作「轍」。「徹」是「徹」俗字，S.388《字

〔註271〕《汗簡·古文四聲韻》，中華書局1983年版，第77頁。

樣》：「徹、徹，二同。」陸氏《釋文》：「無徹，梁云：『應車邊，今作彳邊者，古字少也。』是陸氏所見王弼本作「徹」。彭耜《釋文》：「轍：李直列切，輪輾地為轍。」畢沅曰：「古無『轍』，實應用『徹』耳。」（P24～25）乙本新注：「『勶（徹）』、『達』與『轍』古音並近，『達』蓋應讀為『轍』。」（P209）徹、達音轉古通，黃侃曰：「『徹』同『達』。」〔註272〕《呂氏春秋・古樂篇》「六曰達帝功」，《漢書・司馬相如傳》顏師古注、《文選・上林賦》李善注引張揖說「達」作「徹」。《國語・晉語三》「臭達於外」，《書・盤庚中》孔疏、《左傳・僖公十年》孔疏引「達」並作「徹」。《大戴禮記・本命》「三月徹昀」，《說苑・辨物》「徹」作「達」。《荀子・賦篇》「頭銛達而尾趙繚者邪？」《漢書・賈誼傳》顏師古注引晉灼曰：「世俗謂利為銛徹。」「銛達」即「銛徹」。古書「徹視」或作「達視」。《淮南子・原道篇》「徹於心術之論」，《文子・九守》「徹」作「達」。北大漢簡（四）《反淫》：「乘其閣天之車，駝（馳）騁八徹之道。」王挺斌指出「『徹』在古書古注中往往訓為通達之義，與『達』字在音義上關係都十分密切。」〔註273〕《真誥》卷9引《消魔經上篇》「令人聰徹」，「聰徹」即「聰達」，漢魏六朝成語。《抱朴子內篇・雜應》云老君「額有三理上下徹」，《御覽》卷363引《神仙傳》說老子「額有參午達理」，徹亦達也。皆其音轉之例。徹者通也，達也，故車輪所通達之跡因稱作徹、達。「轍」是「徹」的後起分化字，畢說是也。「勶」乃借字。《列子・湯問》：「延頸承刃，披胸受矢，鋩鍔摧屈，而體無痕撻。」《酉陽雜俎》卷9引同，「痕撻」指痕跡，「撻」字取義亦同。王叔岷曰：「卷子本《玉篇・誩部》引作『善行者無遠近』。」（P257）王校未是，《玉篇殘卷・誩部》「譱」字條引作「善行，行者無遠近」。

（43）〔善〕言者無瑕適（讁）

按：瑕適，乙本、北大本、P.2255、P.2584、S.798、BD14633、遂州碑本、唐無名氏《次解》本同，道藏河上公本、傅奕本、陸希聲本、顧歡本、李榮本、李約本、王真本、唐玄宗《御注》本、強思齊本、宋徽宗《御解》本作「瑕讁」（《意林》卷1引同），S.792、宋刊河上公本、王弼本、唐玄宗《御疏》本作「瑕讁」，P.3235V、S.6453、S.6825V《想爾注》本作「瑕適」，景龍碑本作「瘕讁」。范應元曰：「瑕，玉病也，又過也。讁，罰也，責也。」「適」是「適」

〔註272〕黃侃《說文同文》，收入《說文箋識》，中華書局2006年版，第19頁。
〔註273〕王挺斌《北大簡〈妄稽〉與〈反淫〉研讀札記》，簡帛網2016年6月29日。

俗譌字。陸氏《釋文》:「瑕，疵過也。謫，譴責也。」〔註 274〕瑕、適皆玉病，適俗字亦作璃，引申之，用為動詞，則為譴責、責怒義。

（44）善數者不以檮（籌）箖（策）

按：乙本作「善數者不用檮（籌）箣」，北大本作「善數者不用檮（籌）筴」。乙本新注：「箣，原隸定作『筞』，原注：『筞，甲本作箖，通行本作策。箖、策音近通假。箖，從竹析聲。析，從木從斤，義為破木，故戰國文字箖或改從木為從片（見《中山王方壺》），此更省作斤旁，遂成筞。《想爾》本作笇，即算字。』今按：此字所從的『片』形實即『析』的表意初文，可以單獨成字（裘錫圭說）。」（P209～210）善數，王弼本、傅奕本、范應元本同（范氏且謂「王弼、嚴遵本同」），其餘各本皆作「善計」。《列子．說符》:「衛人有善數者，臨死以訣喻其子。」《周髀算經》卷上:「昔者周公問於商高曰:『竊聞乎大夫善數也。』」亦謂精通算術者。檮箖，S.6825V《想爾注》本作「籌笇」，P.3235V、S.792、唐玄宗《御註》本、顧歡本、遂州碑本「笇」作「筭」（《御覽》卷 659 引同），P.2255、P.2584、S.798、S.6453、BD941、BD14633 作「竿」，河上公本、王弼本、傅奕本、李榮本、王真本、景龍碑本、陳景元本、林希逸本、范應元本作「策」（《御覽》卷 750 引同），陸希聲本、李約本、唐無名氏《次解》本、張君相本作「算」。①「檮」同「籌」，其物或木片或竹片，故為異體。望山一號墓楚簡有「少篙」（1.3）和「少敐」（1.9），是占卜之具，整理者讀為「小籌」〔註 275〕，是也。朱德熙引李家浩說讀為「篿」字〔註 276〕，非是。②「筭」是算籌的「算」本字。「弄」字俗作「卡」，故「筭」俗譌作「笇」，又譌作「竿」、「𥫗」。敦煌本《抱朴子內篇．對俗》「一竿乘除」〔註 277〕，宋紹興本、道藏本、魯藩本作「筭」。甘博 003《佛說觀佛三昧海經》卷 5:「過𥫗數劫，令彼罪人發菩提心。」「笇」、「𥫗」下部當是「卡」省書，甘博 003

〔註 274〕《釋文》據宋元遞修本，通志唐本「譴」誤作「讉」。黃焯《經典釋文彙校》失校，中華書局 2006 年版，第 722 頁。

〔註 275〕《望山楚簡》，中華書局 1995 年版，第 88 頁。

〔註 276〕朱德熙《望山楚簡裏的「敐」和「篙」》，《古文字研究》第 17 輯，中華書局 1989 年版，第 194～197 頁。

〔註 277〕敦煌原卷已毀於 1923 年日本關東地震，日本田中慶太郎《古寫本〈抱朴子〉》有影印，文求堂書店大正 12 年（1923）出版；《子藏．道家部．抱朴子卷》第 1 冊複影印文求堂本，國家圖書館出版社 2016 年版，第 50 頁。

另一處同句正作「[illegible]」形。「弄」字俗又作「挵」、「拤」，俗譌作「抃」，是其比也。浙敦 026《普賢菩薩說證明經》：「治生販賣，囂升[illegible]升。」③「簕」當是「析」的分別字。《說文》：「析，破木也。」又「片，判木也。」裘錫圭說「『片』即『析』的表意初文」，是也。破，剖也。剖竹片製作的算籌亦稱作「析」，名、動相因，「簕」當是剖竹片製作的算籌的專字。《周易乾鑿度》卷下：「陽析九，陰析六。陰陽之析各百九十二，以四時乘之，八而周，三十二而大周，三百八十四爻，萬一千五百二十析也。故卦當歲，爻當月，析當日。」此「析」字正算籌義。《易緯稽覽圖》卷下：「推軌當日。術曰：置軌，以其歲之日除之，得軌不盡日，每分即日之分也。」又「推折當日。術曰：以二十四除折數，所得是日軌折，皆當歲之折，有餘，如上。」「折」當作「析」，「析」是占算之具。俞樾曰：「軌革之術，即《易緯稽覽圖》『推軌、推析』之遺，觀易通子《周易菥蓂璇璣軌革》益信矣，菥即析也。」〔註 278〕《隋書・律曆志》所載董峻、鄭元偉《非宋景業天保麻議》：「軌簕之術，妄刻水旱。」「軌簕」即出於《易緯》，正作「簕」字。「菥」是「簕」的分別字，以草為之曰菥（即蓍草），以竹為之曰簕。《易緯乾坤鑿度》卷上：「聖人設卦以用蓍。」鄭玄注：「蓍者，菥，靈草、蕭蒿之類也。」《易緯乾坤鑿度》卷上引《本經》：「紫蓍之下，五龍十朋伏隱，天生靈菥（《永樂大典》卷 14708 引『菥』作『[illegible]』），聖人採之，而用四十九，運天地之數，萬源由也。」《崇文總目》卷 8 載「《歷數緯文軌[illegible]》三卷」（『[illegible]』一作『菥』，《通志》卷 68「[illegible]」作「算」），《宋史・藝文志》載「《晷菥算經法》三卷」。「[illegible]」、「菥」、「[illegible]」分別是「簕」、「菥」形誤。算籌又稱作「筳（挺）」，亦是剖竹片製成的小竹片〔註 279〕，是其比也。④《老子》乙本圖版作「[illegible]」，其下所從乃「卜」字，「[illegible]」當是「簕」異體字，是表示以竹片占卦的會意字，亦可以看作「[illegible]」的省寫。帛書《養生方》：「筭：……置甗中，傅[illegible]炊澤上。」原整理者括注「[illegible]」為「策」，並云：「筭，疑讀為孱，軟弱。」〔註 280〕新注：

〔註 278〕俞樾《茶香室三鈔》卷 21「宋時軌革之術」條，《春在堂全書》本。

〔註 279〕《後漢書・方術列傳》：「日者挺專、須臾、孤虛之術。」李賢注：「日者，卜筮掌日之術也。挺專，折（析）竹卜也。《楚辭》曰：『索瓊茅以筳專。』注云：『筳，八段竹也，楚人名結草折（析）竹曰專。』」今《楚辭・離騷》作「筳篿」，王逸注：「筳，小折（析）竹也，楚人名結草折（析）竹以卜曰篿。」「折」亦當是「析」形譌。《文選・離騷》呂向注：「筳，竹筭也。」《玉篇》：「筳，小破竹也。」

〔註 280〕《馬王堆漢墓帛書〔肆〕》，文物出版社 1985 年版，第 100 頁。

「原釋文作『傅笓（策）炊』。『傅』下一字裘錫圭認為有可能是『箕』字，施謝捷懷疑即上文提到之『筭』，待考。」〔註 281〕施謝捷說是也。「笓」當是「笲」，乃「箣」、「莿」異體字，音轉亦作「策」，指筭籌。蓋謂以筭籌入藥。「析」俗字作「枂」或「扸」，故又省寫作「笲」。帛書《九主》：「湯乃延三公，伊尹布圖陳笓，以明法君法臣。」原整理者隸定作「笓」，括注為「策」，並云：「帛書乙本《老子》『籌策』之策如此作，故釋為『策』，策即算策。」〔註 282〕新注隸定作「笲」，從原整理者說〔註 283〕。帛書《九主》：「伊尹或（又）請陳笓以明八〔適〕變過之所道生。」原整理者隸定作「笓」，括注為「策」；新注隸定作「笲」〔註 284〕。這個「笓（笲）」字也是「箣」異體字。《中山王方壺》的「箣」字，亦是此字異體，原整理者說是也。⑤「策（筴）」之言刺也，黃善夫本《史記・龜策列傳》「諸靈數刺」，《集解》引徐廣曰：「刺，音策。」景祐本、紹興本作「莿」；《班馬字類》卷 5 引作「莿」，並云：「字或作莿。」「刺（莿）」是「刺（莿）」形誤。「刺」本義指馬箠、馬鞭，用以擊馬者也，其算籌義是「箣」字音轉，語源也是「析」，指小竹片或蓍草。帛書原整理者說「箣、策音近通假」是也。北大漢簡（五）《揕輿》「杓、莢」，馬王堆帛書《陰陽五行》甲篇《堪輿占法》作「勺、晳」。「莢」同「筴」、「策」，與「晳」異文。清華簡（三）《赤鳩之集湯之屋》：「帝命句（后）土為二菱（陵）屯，共居句（后）之牀下，其𡉚（上）𣥂句（后）之體，是思（使）句（后）之身䖵（疴）蠚不可𡌗（極）于笤（席）。」整理者曰：「𣥂，即『析』字本文，讀為刺。《神農本草經》『莿蓂』，帛書《五十二病方》作『策蓂』，《說文》作『析蓂』。」〔註 285〕《玄應音義》卷 6、11 謂「蜥蜴」一名「蝀（蝀）蝪」。《御覽》卷 741 引《搜神記》「刺蜴」，又卷 946 引作「蜥蜴」。皆其音轉之證。但諸家以「策」為本字，則未探本，以後世用法律之也。東漢以後，鮮用「析（箣）」字表筭籌，多易作「策」字。《新唐書・曆志》引《曆本議》「以卦當歲，以爻當月，以策當日。」其說本於《乾鑿度》，而字已易作「策」矣。

〔註 281〕《長沙馬王堆漢墓簡帛集成》第 6 冊，中華書局 2014 年版，第 40 頁。
〔註 282〕《馬王堆漢墓帛書〔壹〕》，文物出版社 1980 年版，第 29、31 頁。
〔註 283〕《長沙馬王堆漢墓簡帛集成》第 4 冊，中華書局 2014 年版，第 97、100 頁。
〔註 284〕《馬王堆漢墓帛書〔壹〕》，第 30 頁。《長沙馬王堆漢墓簡帛集成》第 4 冊，第 98 頁。
〔註 285〕《清華大學藏戰國竹簡（叁）》，中西書局 2012 年版，第 169 頁。

（45）善閉者無闗（關）籥（闟）而不可啟也

按：《玉篇殘卷·言部》「譱」字條引作「善閇者，無開鍵之」，錯譌已甚。闗籥，乙本作「關籥」，北大本、道藏河上公本、傅奕本、景龍碑本、陸希聲本、杜光庭本作「關鍵」(《淮南子·道應篇》、《文選·五君詠》李善注引同)，S.792、S.798、王弼本、唐玄宗《御註》本、顧歡本、李榮本、李約本、強思齊本、唐無名氏《次解》本、張君相本、宋徽宗《御解》本、陳景元本作「關楗」(《淮南子·說山篇》、《御覽》卷659、《雲笈七籤》卷11、12引同，敦煌二卷「關」作俗字「閞」)，P.2255、P.2584、S.6453、S.6825V《想爾注》本、BD941、BD14633、宋刊河上公本、唐玄宗《御疏》本作「關揵」(《漢書·司馬遷傳》晉灼注、《白氏六帖事類集》卷3引同〔註286〕，敦煌六卷「關」作俗字「閞」，P.3235V殘存「閞」字，「鍵」字不甚可辨)，道藏白文本作「關犍」，《御覽》卷184引作「關𨫼」。《淮南子·說山篇》引「無」作「不用」，據彭耜《釋文》：「司馬無『用』字，陳『不用』作『無』。」是有作「不用」之本。陸氏《釋文》：「楗，距門也。」北大簡整理者曰：「闗讀為關。『籥』同『闟』，亦作『鑰』。『鍵』同『楗』，『揵』乃『楗』之訛。」(P157)「犍」是「揵」形譌，「𨫼」是「鍵」形譌〔註287〕。「揵」亦借字，非誤字。《莊子·庚桑楚》：「夫外韄者不可繁而捉將內揵，內韄者不可繆而捉將外揵。」郭象注：「揵，關揵也。」《文選·南都賦》：「排揵陷扃。」李善注引《說文》：「揵，距門也。」今本《說文》作「楗，限門也」。亦皆用借字。俗字亦作𨵙。

（46）是以聲（聖）人恒善怵（救）人，而無棄人，物無棄財，是胃（謂）忡〈愧〉明

原注：愧，乙本作「曳」，通行本作「襲」。《蒼頡篇》：「愧明也。」《說文》：「愧，習也。」襲、習古通用。(P15)

新注：原注云云。愧明，北大本作「欲明」，北大本整理者讀「欲」為「愧」。「欲」、「愧」聲母雖同，韻部不同。秦漢文字中，「曳」、「臾」二形極易相混，而「臾」與「欲」之音極近，疑「曳」先以形近訛作「臾」，又以音近訛作「欲」(據蔣文說)。(P52)

〔註286〕《白帖》在卷10。

〔註287〕嘉慶仿宋刻本、四庫本《御覽》正作「鍵」。《賈子·益壤》：「淮陽包陳以南揵之江。」《長短經·七雄略》引「揵」作「捷」。《爾雅》郭注：「為物捷健。」敦煌寫卷Φ367《妙法蓮華經音義》引「捷」作「揵」。是其比也。

按：所引《蒼頡篇》當點開作：「怈，明也。」原注失標一逗號，新注沿襲其誤。張舜徽從帛書原注（P187）。①「怈」訓明訓習是二音二義。P.3696AV《箋注本切韻》：「怈，丑世反，習怈。」又「怈，餘制反，明，一曰尋（習）。」蔣斧印本《唐韻殘卷》、故宮博物院藏王仁昫《刊謬補缺切韻》並云：「怈，明，一曰習。」②「怈」訓明者是「厂」分別字。朱駿聲曰：「怈，叚借為闓。」〔註 288〕非是。《廣雅》、《玉篇》亦並云：「怈，明也。」王念孫曰：「怈者，《衆經音義》卷 12 引《倉頡篇》云：『怈，明也。』《漢書・王莽傳》云：『憒眊不渫。』《說文》：『厂，明也。』厂、渫并與怈通。《說文》：『厂，抴也，明也，象抴引之形。』」〔註 289〕錢坫曰：「《倉頡篇》：『怈、明也。』即此字（引者按：指『厂』字）。」〔註 290〕王筠曰：「至於《倉頡》『怈，明也』，則當作『抴』，《厂部》曰：『抴也，明也。』是已。厂、抴一字。」〔註 291〕抴者，引也，「怈」當指引而申明之。段玉裁謂「明也」二字是衍文〔註 292〕，非是。《廣韻》：「厂，施明也。」「施」當是「拖（拕）」形誤。張文虎曰：「《玉篇》：『厂，拕身皃。』《廣韻》：『厂，施明也，又身皃。』疑《說文》、《廣韻》皆有譌衍之字，當以《玉篇》正之。此解『抴』下衍『也』字，『明』乃『身』字之誤。《廣韻》衍『也又』二字，『明』亦『身』字之誤衍。此解之『抴身也』即《廣韻》之『施身皃』，皆即《玉篇》之『拕身皃』也。施也者，斜也。」〔註 293〕張說全誤，《玉篇》、《廣韻》當據《說文》訂正。③「怈」訓習是習慣義，字亦作忕、裔。《說文》：「怈，習也。」《詩・四月》孔疏、《蕩》《釋文》、《左傳・桓十三年傳》孔疏引《說文》並作「伏，習也」。「伏」是「忕」形譌。《玄應音義》卷 12：「習忕：又作怈，翼世反。《字林》：『怈，習也。』」《廣韻》：「忕，忕習。」《方言》卷 12：「裔，習也。」郭璞注：「謂玩習也。」④甲本作「[illegible]」，乙本作「[illegible]」。魏宜輝從陳松長《馬王堆簡帛文字編》把乙本的「[illegible]」字隸作「臾」字，又把甲本的「[illegible]」隸作「惐」，他說：「『臾』（喻母侯部）與『欲』（喻母屋部）的讀音極近。甲本『惐』、乙本『臾』與北大簡中的『欲』顯然

〔註 288〕朱駿聲《說文通訓定聲》，武漢市古籍書店 1983 年版，第 565 頁。

〔註 289〕王念孫《廣雅疏證》，收入徐復主編《廣雅詁林》，江蘇古籍出版社 1992 年版，第 295 頁。

〔註 290〕錢坫《說文解字斠詮》卷 12，收入《續修四庫全書》第 211 冊，上海古籍出版社 2002 年版，第 784 頁。

〔註 291〕王筠《說文解字句讀》，中華書局 1988 年版，第 404 頁。

〔註 292〕段玉裁《說文解字注》，上海古籍出版社 1981 年版，第 627 頁。

〔註 293〕張文虎《舒藝室隨筆》卷 3，遼寧教育出版社 2003 年版，第 78～79 頁。

屬於通假形成的異文關係。傳世本中的『襲』則可能是一個誤字。而古書中最有可能誤作『襲』的字莫過於『襱』字了。『襱』字從龍聲，古音為來母東部字，正好與『臾』、『欲』字的讀音非常接近。我們推測很可能還存在有一種抄本，與『悏』、『臾』、『欲』對應之字寫作『襱』，因為『襱』、『襲』形近，後來訛誤作『襲』。由於還不能確定『是謂▲明』這句話是什麼意思，所以也就不能完全確定上述假設一定成立，因為還存在另外一種個可能性，即：傳世本中的『襲』字所表示的詞義來源於《老子》的最初文本，後來『襲』訛誤作『襱』，又由『襱』輾轉分化出不同抄本中的『悏』、『臾』、『欲』諸字。」〔註 294〕S.6825V《想爾注》:「襲常明也。能知此意明明也。」唐玄宗《御註》:「密用曰襲。」唐玄宗《御疏》:「襲，密用也。明，了悟之。」成玄英疏：「襲，承也，用也。」李榮曰:「善行五者，人物兼濟。承道而用，是謂襲明。」宋徽宗《御解》:「襲者，不表而出之。」林希逸曰:「襲者，藏也。『襲明』即《莊子》所謂『滑疑之耀』也。」范應元曰:「襲明，猶緝熙之意。」焦竑曰:「襲，相傳襲也。一作掩襲之襲，言密用也。」奚侗曰:「襲，因也。『明』即 16 章及 55 章『知常曰明』之『明』。襲明，謂因順常道也。」(P95) 顧實曰:「本書曰『襲明』，與《莊子》曰『因明』(《齊物論》)，一也。」(P45) 蔣錫昌 (P184～185)、張松如 (P164) 從奚說。高延第、馬其昶 (P22) 亦並曰:「襲，因也。」高亨曰:「襲，重也。襲明謂聖人與人物之德皆明也。」(P65) 張丰乾曰:「《說文》:『曳，臾曳也。』曳明者，就是寬容之明、牽引之明、無所遺棄之明。」〔註 295〕劉笑敢從張說 (P307)。李銳曰:「《廣雅》:『㥻、明也。』則帛甲『㥻明』即明明，帛乙可以讀作㥻。通行本的『襲明』，『襲』有重義，則『襲明』乃重明，即是明明。北大簡的『欲明』，第 65 章『故有欲者弗居』，王本作『道』，則『欲明』可解作『道明』，比『明明』之義更深。」〔註 296〕龐光華曰:「各家以『襲』為本字是正確的。有的學者訓襲為因，甚難通解。我認為這裏的襲訓為重(即重複、重疊之重，非重量之重)。襲明乃言重明。《老子》之所以言『重明』，是因為上文的『常善救人，無棄

〔註 294〕魏宜輝《北大漢簡〈老子〉異文校讀五題》,《安徽大學學報》2013 年第 6 期，第 72～73 頁。

〔註 295〕張丰乾《〈老子〉索隱（六則)》,《華學》第 4 輯，紫禁城出版社 2000 年版，第 217～218 頁。

〔註 296〕李銳、邵澤慧《北大漢簡〈老子〉初研》,《中國哲學史》2013 年第 3 期，第 27 頁。

人』，此為一明；『常善救物，故無棄物』，此又為一明。所以可稱為『重明』。唯高亨得正解。」〔註 297〕「㥞」訓習或訓明皆不合文誼。傳世本作「襲」不誤，《淮南子．道應篇》引作「人無棄人，物無棄物，是謂襲明。」亦作「襲」字，敦煌各卷同。「襲」是因襲、承用之誼，《小爾雅》：「襲，因也。」字亦作習，《廣韻》：「習，因也。」帛書本魏宜輝隸作「臾」、「㥚」是也，但推測有作「襛」的傳本，則非是。臾、㥚、欲，並讀為容，一聲之轉〔註 298〕，猶言受也，用也。或讀為由、迪，用也；音轉亦作道，實為蹈〔註 299〕，蹈亦襲也。簡帛本與傳世本是近義替換的關係，而不是音轉或形誤的關係。《老子》言「人無棄人，物無棄物」，又云「故善人者，不善人之師；不善人者，善人之資」，皆襲承別人之智慧，善人、不善人，各有所取，聖人兼而用之，故云「襲明」。《淮南子．道應篇》：「昔者公孫龍在趙之時，謂弟子曰：『人而無能者，龍不能與遊。』有客衣褐帶索而見，曰：『臣能呼。』公孫龍顧謂弟子曰：『門下故有能呼者乎？』對曰：『無有。』公孫龍曰：『與之弟子之籍。』後數日，往說燕王，至於河上，而航在一汜，使善呼之，一呼而航來，故曰：聖人之處世，不逆有伎能之士。」下引《老子》之文為證。公孫龍承用客之伎能，雖一呼之小伎，亦不棄之，公孫龍可謂能襲明者矣。

（47）夫大制無割

新注：乙本同，傳本作「故（或作『是以』，或無『故』字）大制不（或作『無』）割」，北大本作「大制無畍」。「畍」即「界」之異體。北大本整理者讀畍為割，似可不必。不過，「界」、「割」音近，二者當是因音近而產生的同源異文。（P53）

按：制，P.3235V、S.792、S.6825V《想爾注》本同，P.2255、P.2584、S.798、S.2267、S.6453、BD14633、羅振玉藏敦煌本作「剬」。P.2462 顏師古《玄言新

〔註 297〕龐光華《今本〈老子〉新考七篇》，《五邑大學學報》2015 年第 2 期，第 86 頁。

〔註 298〕「從諛」音轉作「從欲」、「從容」，是其相通之證。參見蕭旭《淮南子校補》，花木蘭文化出版社 2014 年版，第 404 頁。

〔註 299〕韻部則侯、屋、幽相轉，其聲則上古音喻母、定母極近，曾運乾氏所謂「喻四歸定」也。《白虎通義．德論上》：「狄者，易也，辟易無別也。」《說文》：「狄之為言淫辟也。」此乃聲訓。「狄牙」或作「易牙」。「狄」是定母，「易」、「淫」是喻母。是其例也。《釋名》：「道，蹈也。」又「蹈，道也。」二字互為聲訓。

記明老部》「第廿九大制章」，是顏氏所見本亦作「制」字。大制無割，《淮南子·道應篇》引亦同。宋刊河上公注：「聖人用之，則以大道制御天下，無所傷割（道藏本作「傷害」，張君相本引同，強思齊本及《御覽》卷 659 引並作「割傷」）；治身則以天道制情欲，不害精神也。」唐玄宗《御註》、李榮解作「傷割」，蘇轍解作「割裂」，董思靖解作「裁割」。王弼注：「大制者，以天下之心為心，故無割也。」S.6825V《想爾注》：「為道人欲制大，故自忍，不以俗事割心情也。」成玄英疏：「至聖神力不可思議，三界內外無不制伏。主領弘普，故稱大制。而亭毒群品，陶鑄生靈，推功於物，不為宰主，故云不割。割，宰斷也。」唐無名氏《次解》：「有大制者不宰割天下。」林希逸曰：「割，離也。」焦竑曰：「制，裁斷也。割，分裂也。」馬敘倫曰：「『制』作『剬』者，形近而誤。」（P300）王叔岷說同馬氏（P259）。奚侗曰：「制者，宰制。大制，謂宰制萬物。割，謂裁割。『不割』猶云『不器』，器必以裁割而成也。」（P96）張舜徽從奚說（P189）。蔣錫昌曰：「《說文》：『制，裁也。』此指聖人統治天下以制百物而言。故『大制』猶云大治。『無割』猶云無治。」（P192）。徐山曰：「『制』用的正是本義，即截割木材義，此『制』承上文的『樸散』而來。『制』和『割』在截割義上又是同義詞關係。『故大制不割』，其字面義即為『所以大手筆地截割木材（反而）是不割』。」〔註 300〕王弼得其誼，而未釋「割」字。割、盼，並當讀為遏，字亦省作害，制止、禁止之義。《莊子·天運》：「以物為量。」郭象注：「大制不割。」成玄英疏：「大小脩短，隨物器量，終不制割而從己也。」言聖人以物為量，以天下之心為心，大的遏制則是不遏制，此正《老子》之旨。《老子》第 58 章：「是以聖人方而不割，廉而不害〔註 301〕，直而不肆〔註 302〕，光而不曜。」《大戴禮記·曾子立事》：「君子恭而不難，安而不舒，遜而不諂，寬而不縱，惠而不儉，直而不徑。」《漢書·蓋寬饒傳》：「夫君子直而不挺，曲而不屈。」均與「大制不割」同一句法。

〔註 300〕徐山《〈老子〉「故大制不割」辨正》，《安徽大學學報》2017 年第 1 期，第 29 頁。

〔註 301〕張虹藏敦煌殘卷同，帛書甲、乙本「害」作「刺」，北大本作「刖」，P.2347 作「穢」，《韓子·解老》、《淮南子·道應篇》、《文子·上義》、《文子·道德》引作「劌」，《管子·水地》、《晏子春秋·內篇問下》、《禮記·聘義》、《荀子·不苟》、《荀子·法行》、《韓詩外傳》卷 2、《家語·問玉》、《說苑·修文》、《說苑·雜言》亦作「劌」。

〔註 302〕北大本、P.2347 同，《韓子·解老》、《文子·上義》引亦同，帛書甲、乙本「肆」作「紲」。

（48）物或行或隨，或炅（熱）或〔吹〕

按：或炅或吹，乙本作「或熱〔或吹〕」，北大本作「或熱或炊」。「吹」字傳世各本及石刻、敦煌各卷同。炅，王弼本作「歔」，河上公本、唐玄宗《御疏》本、陸希聲本、李約本、杜光庭本、陳景元本、蘇轍本、陳象古本、林志堅本、張嗣成本、吳澄本作「呴」（《玉篇》引同），S.792、唐玄宗《御註》本、道藏白文本（一本）、景福碑本、李霖本、寇才質本作「煦」（S.792 存「或煦」，脫「或吹」二字），P.2255、P.2584、S.783、S.798、S.2267、S.6453、S.6825V《想爾注》本、BD14633、羅振玉藏敦煌本、成玄英疏本、顧歡本、李榮本、張君相本、景龍碑本、遂州碑本作「嘘」，P.3235V 作「[illegible]」，杜道堅本作「煦」，傅奕本、范應元本、道藏白文本（又一本）作「噤」，《潁川語小》卷下引作「吻」。唐無名氏《道經異同字》：「或煦或吹：或嘘或吹。」范應元曰：「噤字，嚴遵同古本，注引《楚辭》曰：『口噤閉而不言。』或有噤閉而或有吹嘘者。」河上公注：「呴，溫也。吹，寒也。」畢沅曰：「《說文》：『嘘，吹也。吹，嘘也。歔，唏也。欨，吹也。』疑『呴』應作『欨』。」（P27）易順鼎曰：「『歔』字本作『嘘』，與『吹』反。《玉篇》引《聲類》：『出氣急曰吹，緩曰嘘。』此吹、嘘之別，即《老子》古義也。《玉篇》又有『呴』字，引《老子》曰『或呴或吹』，與河上本同，蓋漢以後俗字。」馬敘倫曰：「字當作『噤』。」（P305）奚侗曰：「《說文》：『噤，口閉也。吹，嘘也。』『噤』各本或作『呴』，或作『嘘』，於誼不協。茲從范應元本改。」（P97）高亨曰：「呴正字作欨，《說文》：『欨，吹也。』歔、嘘古字通也。」（P68）朱謙之曰：「《說文》：『噤，口閉也。』義與『吹』相反，其說亦通。」（P116～117）高明曰：「熱、炅，應假為『嘘』字。」（P379）北大本整理者曰：「『炅』乃『熱』之異體。『歔』、『嘘』、『呴』為一字之異體。『熱』與『嘘』音近可通，應讀為嘘。炊，讀為吹。」（P158）「噤」當是「嘘」形譌，范應元、朱謙之說非是。出氣急曰吹，氣寒；出氣緩曰嘘，氣溫。河上公、易順鼎、高亨說是也，「呴」是「欨」異體，與「嘘」音義全同，非漢以後俗字，易順鼎說非也；字亦作煦、煦、咻、嘔，又省作休。「[illegible]」是「煦」形誤，「吻」是「呴」形誤。「炅（熱）」指以口呼出的熱氣，與「嘘」所指同，北大本整理者讀熱為嘘，非是。凡於異文，不可必以聲合之也。

（49）〔或強或挫〕

按：此句甲本脫，乙本作「〔或強〕或硁（挫）」，北大本作「或強或桂」，

P.3235V、S.783、河上公本、王弼本、唐玄宗《御註》本、成玄英疏本、顧歡本、陸希聲本、李約本、杜光庭本、李榮本、唐無名氏《次解》本、張君相本、遂州碑本、陳景元本作「或強或羸」，P.2255、P.2584、S.792、S.798、S.2267、S.6453、S.6825V《想爾注》本、羅振玉藏敦煌本作「或彊或羸」，BD14633 作「或殭或羸」，傅奕本、范應元本、道藏白文本作「或彊或剉」，景龍碑本作「或強或羸」。河上公注：「有所強大，必有所羸弱也。」范應元曰：「或彊或剉，嚴遵、王弼、傅奕、阮籍同古本。剉，折傷也。或有彊梁而或有剉折者。」馬敘倫曰：「『剉』或作『羸』者，聲同歌類，蓋王本借『羸』為『剉』也。羸、剉義雖相近，作『剉』為長。《說文》：『彊，弓有力也。剉，折傷也。』此正相對為文。」（P307）蔣錫昌曰：曰：「陸於《釋文》出『羸』、『挫』、『隳』三字，當仍以陸本為正。或強或羸，言人性或好剛強，或好柔弱，或好摧折，或好毀壞。」（P197）北大本整理者曰：「『梐』為『挫』之譌，帛乙作『硾』，傅本作『剉』，皆讀為挫。其餘傳世本作『羸』。」（P158）范應元說是也。「殭」、「強」均是「彊」借字。《說文》：「剉，折傷也。挫，摧也。」二字音義全同。「梐」為木折傷義的分別字，非譌字。《淮南子·原道篇》、《列子·黃帝》並云：「故兵強則滅，木強則折。」《老子》舊本作「挫（剉）」，後人意改作「羸」，以與「彊」字對舉。甲本殘存「或炅或」三字，乙本殘存「或熱或硾」四字，高明補甲本作「或炅或〔吹，或強或羸〕」，因云：「『或硾』二字猶今本『或吹』，硾、吹音同互假。」（P379）其說非也。

（50）或坏（培）或撱（墮）

按：乙本作「或陪（培）或𡍼（墮）」，北大本作「或伓或隋」，王弼本作「或挫或隳」，P.3235V、河上公本、唐玄宗《御註》本、成玄英疏本、顧歡本、陸希聲本、李約本、張君相本、杜光庭本、景福碑本、陳景元本作「或載或隳」，景龍碑本、遂州碑本、李榮本、唐無名氏《次解》本作「或接或隳」，P.2255、P.2584、S.798、S.2267、S.6453、羅振玉藏敦煌本作「或接或墮」，S.783 作「或接或隳」，傅奕本、范應元本、道藏白文本作「或培或墮」，S.792 作「或載或隓」，S.6825V《想爾注》本作「或接或隨」，BD14633 作「或接或墮」。陸氏《釋文》：「挫，搦也，簡文在臥反，河上作『載』。隳，毀也。」唐無名氏《道經異同字》：「或載或墮：或接或隳。」范應元曰：「或培或墮，嚴遵、王弼、傅奕、阮籍同古本。培，傅奕引《字林》云『益也』。墮，傅奕引《字林》云『落也』。或有培益而或有墮落者。」河上公注：「載，安也。隳，危也。有所安，必有所危。」S.6825V《想爾注》：「身常當自生，安精神為本，不可恃人，自扶接也。」成玄英疏：「河上本『或載』作『或接』。夫接者，連續也。隳，廢敗也。連接續謂之成，廢敗謂之壞，此明安危不定。故《莊子》云『其成也毀也』。」李榮曰：「聚之則接，散之則隳。」《次解》：「未有可接，早有所隳。」畢沅曰：「培，河上作『載』，王弼作『挫』。《說文》：『剉，折傷也。挫，摧也。』義相近，疑弼本誤。」（P27）俞樾曰：「王弼作『挫』，則與『隳』不分二義矣。疑『挫』乃『在』字之誤。『或在或隳』即『或載或隳』。」（P149～150）高亨（P69）、汪桂年（P28）從俞說。易順鼎曰：「俞說是也，然有未盡者。然『在』、『載』均『栽』之假借字。或栽或隳，即《禮記·中庸》所謂『栽者培之，傾者覆之』。」馬敘倫曰：「石田羊一郎『培』作『掊』。倫謂當從此文。『培』形近『接』，因誤為『接』。『挫』、『接』形近，或誤為『挫』。『培』誤為『挫』，讀者以上有『或剉』之文，『剉』或作『挫』，為其複也，則改『或挫或隳』為『或載或墮』矣。」（P306～307）蔣錫昌說已引見上條。奚侗曰：「培者增高，墮者廢落。『培』各本作『載』，王弼本作『挫』，均誤。茲從范本改。」（P97）武內義雄曰：「由『培』字訛為『接』，又訛而為『挫』。『培』即《莊子·逍遙遊》『培風』之『培』同義，即乘之意，正與『隳』字相對。河上本作『載』，亦乘之意。」于省吾曰：「接應讀為捷。捷，勝也。墮有敗義，義正相對也。」（P570）朱謙之曰：「俞說、武內說、于說三說各有所明，誼皆可通。以于說為勝。」（P118）程南洲（P84）、古棣（P311）從于說。徐梵澄曰：「培，通行本作『載』，成也，意謂『裨補』。」（P42）北大簡整理者曰：「伓，帛甲作『坏』，帛乙作『陪』，讀為『培』是，義為堆土；此字王本作『挫』，河本作『載』，想本作『接』。隋，帛甲作『撱』，帛乙、傅本作『墮』，王本、河本作『隳』。『墮』、『隳』常通用，皆毀壞之義，兩讀皆可。」（P158～159）①「挫」無搦義，王弼本、簡文本作「挫」，非是。「培」譌作「掊」，因又譌作「接」、「挫」。傅奕引《字林》「培，益也」，是也。「隳」是「墮」俗字，墮、撱、壙、隋、隨，並讀為陊，敗也，毀也。或培或墮，言或培益之，或敗毀之。成玄英引《莊子·齊物論》「其成也毀也」，是其誼也。②武內義雄說亦備一通，于省吾說未得。培、坏、陪、伓，並讀為馮。《廣雅》：「馮，登也。」《玉篇》：「馮，乘也，登也。」《荀子·宥坐》：「三尺之岸，而虛車不能登也；百仞之山，任負車登焉，何則？陵遲故也。百仞之山，而豎子馮而游焉，陵遲故也。」馮亦登也，異字同義。《類聚》卷52、《御覽》卷624引「馮」作「升」，《說苑・政理》同，升亦登也，借字耳，《韓詩外傳》卷1正作「登」。墮訓落，本字作陊，《說文》：「陊，落也。」或培或墮，言或登車乘之，或墮落之。

（51）以道佐人主，不以兵強〔於〕天下

按：佐，乙本、北大簡、傳世各本及敦煌各卷同，《治要》卷34、《白氏六帖事類集》卷21〔註303〕、《御覽》卷276引亦同，郭店簡甲本作「差」，景龍碑本作「作」。郭店簡整理者括注「差」作「佐」（P111），是也。俞樾曰：「唐景龍碑作『以道作人主者』，乃古本也。河上公注曰：『謂人主能以道自輔佐也。』則河上公亦是『作』字。若曰『以道佐人主』，則是人臣以道輔佐其主，何言人主以道自輔佐乎？因『作』、『佐』二字相似，又涉注文『輔佐』字而誤耳。」（P150）汪桂年從俞說（P29）。俞說非是。碑本作「作」者，乃「佐（差）」字音誤。《廣韻》「作」、「佐」同音側箇切，《集韻》同音子賀切；又《集韻》「乍」、「溠」同音昉駕切。班固《車騎將軍竇北征頌》：「翼肱聖上，作主光輝。」作亦讀為佐。S.4511《金剛醜女因緣》「今生形容醜乍」，又「容貌乍」，P.2945V、P.3592V、S.2114V「乍」同，P.3048都作「差」。《文選・西京賦》：「柞木翦棘。」五臣本「柞」作「槎」。李善注：「『柞』與『槎』同。」《集韻》：「槎，或作柞、䂪。」皆其音譌之證也。

（52）善者果而已矣，毋以取強焉。果而毋驕（驕），果而勿矜，果而〔勿伐〕，果而毋得已居，是胃（謂）〔果〕而不強

原注：果而毋得已居，乙本同，通行本無「居」字。（P15）

新注：北大本作「果而毋不得已」，郭店無此句，通行本作「果而不得已」。疑帛書本「居」字，其義與「居奇」、「居物」之「居」相似，「毋得已居」當讀為「毋得以居」（景龍碑本即作「以」），意謂不得將戰敗者的土地、財物等據為己有，也有可能指不得「居功」自傲。各本脫落「居」字，義不可通。（P53～54）

按：高明曰：「『居』字作語助詞，與『者』、『諸』義同。」（P384）張松如曰：「居，句末助詞，與『乎』同。」（P178）北大簡整理者曰：「『居』為句

〔註303〕《白帖》在卷70。

末語氣詞。傳世本作『果而不得已』，漢簡本文義與之皆相反，應是誤衍『毋』或『不』字。」（P159）說北大本衍「毋」或「不」字，是也。「居」是衍文，傳世各本及敦煌各卷皆無此字。上文言「善者果而已矣，毋以取強焉」，言「果」乃不得已而為之，但不當過分而取彊，故此云「果而毋得已，是謂果而不強」與之相應。「毋得已」與「而已」相應。

（53）夫兵者不祥之器〔也〕

新注：傳本「兵」上有「佳」字（傅奕等極少數本作「美」），北大本作「夫觟美，不恙（祥）之器也」，整理者疑「觟」當讀「佳」，又疑「佳」當讀「畫」，「畫美」為動詞，「夫畫美不祥之器」應連讀，指美化、裝飾不祥之器的行為。今按：讀「畫」不如讀「佳」合理，「佳美」似亦可有使動用法。（P54）

按：乙本同。P.2255、P.2584、P.3235V、S.783、S.792、S.798、S.2267、S.6825V《想爾注》本、BD14633、羅振玉藏敦煌本、河上公本、王弼本、唐玄宗《御註》本等作「夫佳兵者，不祥之器」（宋刊河上公本無「者」字，《書鈔》卷113引同，句末有「也」字），盩厔樓觀《古文老子碑》作「夫嘉兵者，不祥之器」，傅奕本、道藏白文本作「夫美兵者，不祥之器」，《史記・扁鵲倉公列傳》引作「美好者，不祥之器」。河上公注：「兵者，驚精神，濁和氣，不善人之器也，不當修飾。」《御註》、李約並曰：「佳，好也。」成玄英疏：「佳，麗也。」李榮曰：「精飾為佳。」唐無名氏《次解》：「佳，善也，好也。」陳景元曰：「佳者，好也，尚也。夫好尚兵戈以為服玩者，是尚不善之器用也。」林希逸曰：「佳兵，喜用兵者也。以用兵為佳，此不祥之人也。」范應元曰：「謂佳好之兵，凶器也。」董思靖曰：「佳兵者，用之善者也。」吳澄曰：「佳，猶云嘉之也。」徐大椿曰：「或以佳兵為精利之兵器，如干將、莫邪之類。」宋翔鳳曰：「『佳兵』當是『作兵』。或以『佳』為『隹』，古字通『惟』，篆字『佳』與『作』相近，與『隹』遠，不當作『佳』。」（P221）畢沅曰：「河上云：『佳，飾也。』案《廣雅》：『佳，勞也。』較河上為著。」（P28）王念孫、阮元謂「佳」為「隹」形誤，「隹」同「惟（唯）」，陸繼輅、馬其昶（P25）、丁福保（P21）、奚侗（P99）、高亨（P72）、汪桂年（P29）、朱謙之（P124）、王叔岷（P262）、古棣（P550）從此說〔註304〕。盧文弨曰：「佳者，以為嘉美

〔註304〕陸繼輅《合肥學舍札記》卷1，收入《續修四庫全書》第1157冊，上海古籍出版社2002年版，第294頁。

而憙悅之也。刑可為祥，兵不可以為佳。佳兵之人，是天下之至不祥人也。下云『兵者，不祥之器』，古之所謂兵者，弓、矢、劍、戟之屬是器也，後人因亦名執此器者為兵。此溯其本而言之，故曰『兵者，不祥之器』。若『佳兵者不祥』，句下古本元無『之器』二字，俗本有之，蓋因下文而誤衍也……下文云『勝而不美，而美之者，是樂殺人』，曰美曰樂，此即『佳』字之正詁矣。下又云『凶事尚右』，曰『喪禮處之，悲哀泣之』，其非可佳之事明甚，而或佳之，其為不祥也孰甚焉……或曰：『佳』乃『唯』字之文脫耳，『唯』古作『隹』故譌為『佳』也。曰：是不然。《老子》之文，凡云『夫唯』者眾矣，其語勢皆不若是也。」〔註 305〕蔣錫昌從盧說，並云：「佳兵，美利之兵器也。」（P206）宋翔鳳曰：「『佳兵』當是『作兵』。《大戴禮・用兵篇》曰：『用兵者，其由不祥乎？』又：『公曰：「蚩尤作兵與？」子曰：「否，蚩尤庶人之貪者，何器之能作？」』此『作兵』之證。或以『佳』為『隹』，古字通『惟』。篆字『佳』與『作』相近，與『隹』遠，不當作『佳（隹）』。」〔註 306〕高明曰：「王氏認為『佳兵』二字應是『隹兵』，盧氏認為『之器』二字應是衍文。帛書甲、乙本『夫』下無『佳』字，『之器』二字亦非衍文。當從帛書甲、乙本作『夫兵者』為是，今本皆非。」（P388～389）王淮引日人石田羊一郎說「佳」字衍文（P124），是也，張舜徽（P192）、高明、劉笑敢（P335）說同，當讀作「夫兵者，不祥之器也」。北大本作「觟（佳）美」，《史記》引作「美好」，所見本皆已誤作「佳」字。《老子》乃言「兵」是不祥之器，《國語・越語下》：「兵者，凶器也。」〔註 307〕《呂氏春秋・論威》：「凡兵，天下之凶器也。」《越絕書・越絕篇敘外傳記》：「兵，凶器也。」《新序・雜事五》：「兵者，國之凶器也。」皆足與《老子》印證。

（54）〔兵者〕，不祥之器也，不得已而用之，銛龐為上，勿美也；若美之，是樂殺人也

新注：銛龐，原釋文作「銛襲」，此從張松如改釋。原注：「通行本作『恬

〔註 305〕盧文弨《「佳兵者不祥」解》，《抱經堂文集》卷 22，收入《叢書集成初編》第 2502 冊，中華書局 1985 年影印，第 318～319 頁。

〔註 306〕宋翔鳳《過庭錄》卷 13，中華書局 1986 年版，第 221 頁。據文義，末「佳」當是「隹」字誤書（《續修四庫全書》第 1157 冊影印《過庭錄》刻本已誤，上海古籍出版社 2002 年版，第 526 頁）。

〔註 307〕《韓子・存韓》、《淮南子・道應篇》、《文子・下德》、《說苑・指武》同。

惔為上』，銛、恬古音同。襲、惔古音相近。」「銛」下一字明顯從广，故改釋為「龐」。銛龐，乙本作「銛憹」，原注：「憹，甲本作『襲』，此從心，蓋即『讋』之異體，與『慴』音義略同。『銛憹』讀為『恬惔』。」今按：既知甲本「銛」下一字是「龐」，「憹」自應是從心龍聲之字，原注之說不可信。郭簡作「銛纅」，「纅」從糸龏聲，「龏」與「龔」本為一字，「龍」、「共」皆聲。北大本作「恬僂」，「恬」、「銛」可通，「僂」從婁聲，與「龍」侯、東對轉。裘錫圭認為郭簡的「銛纅」讀為「銛功」，意為「堅利」，可參考。帛乙的「憹」如為「恭」之異文，也可讀為「功」。「龐」、「僂」似可視為音近誤字。今本的「惔」恐怕是個臆改之字。(P54)

按：帛書甲本圖版作「」，確是「龐」字。P.2255、P.2375、P.2584、S.783、S.798、S.2267、S.6453、S.6825V《想爾注》本、BD14633、羅振玉藏敦煌本、宋刊河上公本、顧歡本、張君相本、景龍碑本、遂州碑本作「恬惔」(《治要》卷34引同)，P.3235V、S.792、《古逸叢書》之六王弼本、唐玄宗《御註》本、陸希聲本、李榮本、李約本、王真本、范應元本作「恬淡」，道藏王弼本、唐玄宗《御疏》本、強思齊本作「恬澹」(《白氏六帖事類集》卷15引同〔註308〕)，傅奕本、道藏白文本、陳景元本作「恬憺」。河上公注：「恬惔為上，不貪土地、利人財寶。」S.6825V《想爾注》：「道人恬淡，不美兵也。」成玄英疏：「恬澹，無為也。」李榮曰：「恬淡，靜也。」陸氏《釋文》：「恬，揲嫌反，本或作栝，梁武音膾。澹，徒暫反，本亦作惔，音同，又音談，字同；河上本作恢，梁武云：『苦回反。』簡文『恬惔』。」宋刊河上公本有校語：「惔，一本作『然』。」范應元曰：「恬，安也。」畢沅曰：「《說文》：『恬，安也。憺，安也。惔，憂也。』據之，則作『惔』者非。『恢』、『惔』形同而誤。」(P29)蔣錫昌曰：「『淡』當據《釋文》作『澹』。『澹』為『憺』字之假，安也。恬澹為上，言安靜為上也。」(P209)程南洲從蔣說(P90)。高明從帛書整理者說，謂「甲本『銛襲』與乙本『銛憹』，均當從今本作『恬淡』。」(P391)郭店簡整理者曰：「銛，簡文右上部是『舌』，下部是『肉』。『銛纅』疑讀作『恬淡』。帛書甲本作『銛襲』，整理者云：『銛、恬古音同，襲、淡古音相近。』裘按：『第一字右上部似非舌，第二字從龏，恐亦不能讀為淡。此二字待考。』」(P122)裘錫圭後來自訂其說，云：「遠在帛書本和郭店簡出土之前，勞健在《老子古本考》中就指出『用兵而言恬惔，雖強為之詞，終不成理』，他認為『恬惔』

〔註308〕《白帖》在卷56。

『乃「銛銳」之譌，謂兵器但取銛銳，無用華飾』。簡文和帛書甲、乙本皆用『銛』字，可見勞氏實有卓識。但他以下一字為『銳』字之譌，則不可信。此從糸龏聲之字似當讀為『功苦』之『功』，功謂堅利。銛功為上，就是說兵器以堅利為上。帛乙本的從心龍聲之字也可讀為『功』。帛甲本的『襲』應是從龍聲之字的形近譌字。『襲』、『淡』二字上古音相距不遠，可能有人將『銛襲』一類異文讀為『恬惔』，遂為今本所襲用。」劉笑敢從裘氏後說（P336）。張舜徽曰：「銛襲，各本作『恬淡』，或作『恬澹』，蓋傳寫者初以形近誤『銛』為『恬』，後又改下一字為『淡』或『澹』耳。銛，銳利也。襲，攻敵也。謂用兵以銳利攻敵為上。」（P192）王叔岷曰：「『恢』蓋『惔』之形誤。惔、淡、澹並憺之借。」（P262）張松如曰：「帛書作『銛龐』，『龐』疑『厖』字之變。敦龐、駿龐，皆有厚大之義，誼與『銛銳』為近，均指兵器言。」（P184）史傑鵬認為東部、談部相通，「纙」通作「淡」〔註 309〕。何琳儀把郭店簡二字隸定作「鑛纙」，讀為「厭降」〔註 310〕。魏啟鵬曰：「銛，《集韻》：『或作錟。』錟，《說文》：『長矛也。』襲，讀為鈒，短矛也。帛書乙本之『慵』非『讋』異體，慵讀為鏦，矛也。可見帛書『銛襲』、『銛慵』，其義皆為長矛和短矛。簡文『銛纙』實同於『銛慵』，其義亦同。」李零曰：「上字右半厂字下從肉之字正是楚文字中的『舌』字（參看《語叢四》簡 19『舌』字〔註 311〕），讀『恬』是可以的；下字從龏，古書從龍之字多在東部，當然與『淡』字的讀音相差較遠（淡是定母談部字），即使如馬甲本作『襲』，讀音也有差距（襲是邪母緝部字），但古書有『讋』字，是章母葉部字，與『淡』字讀音相近，馬乙本從心從龏的字也可能是這個字（古文字心旁、言旁往往互易），照後一種情況，讀『淡』也是可以的。」劉信芳曰：「[illegible]應讀如括，《說文》：『括，絜也。』絜者，收束也。『纙』即『襱』之異體，此讀如『籠』，從龍之字多有包攏之義。是『[illegible]纙』乃收束兵器之意。」劉釗曰：「『[illegible]纙』可以讀『恬愉』，與『恬惔』意義亦相近。」劉釗又曰：「[illegible]字讀為銛。纙從龏聲，讀為功。『銛』意為鋒利，『功』意為堅利。」晁福林曰：「[illegible]纙，讀為『嚴恭』，實際今語之『恭

〔註 309〕史傑鵬《〈儀禮〉今古文差異釋例》，《古籍整理研究學刊》1999 年第 3 期，第 2～6 頁。

〔註 310〕何琳儀《郭店楚簡選釋》，《簡帛研究 2001》，廣西師範大學出版社 2001 年版，第 160 頁；其說又見何琳儀《鄂君啟舟節釋地三則》，《古文字研究》第 22 輯，中華書局 2000 年版，第 142 頁。

〔註 311〕引者按：《語叢四》簡 19「舌」字作「[illegible]」形，原文例為「若齒之事舌」。

敬』。」廖名春曰：「《廣雅》：『銛，利也。』『銛』義為鋒利。我意『襲』為本字，『纚』為異體，而『慲』為借字，它們都以『龍』為聲符。『襲』有遮蓋、掩藏義。『銛襲』猶言兵銳襲藏，也就是說要掩藏兵鋒。（下略）。」〔註 312〕白于藍讀「銛襲」、「銛慲」為「恬愉」〔註 313〕，取劉釗前說。劉樂賢曰：「今本『恬淡』，其詞義與整章講用兵的主題並不密合，正如勞健所說（略）……按照帛書甲本讀，則問題就能獲得較為圓滿的解釋……『銛』仍當讀本字，是鋒利之意。其後一字，讀音與『淡』相近，讀為『錟』或『剡』，《說文》：『錟〔註 314〕，銳利也。』《爾雅》：『剡，利也。』《廣雅》：『剡，銳也。』簡、帛本三種異寫，都可讀為『銛錟』或『銛剡』，如論本字，則當寫為『銛剡』，是鋒利、銳利之意。『銛錟』為上就是兵器以銳利為上。今本作『恬淡』，有可能只是『銛錟』的一種同音異寫。不過，今本《老子》的解讀者多將『恬淡』理解為恬靜淡泊，顯然已不明白古本原意了。」〔註 315〕鄭剛曰：「銛，利也。纚、慲、襲一概讀剡，意義是『銳利』。」〔註 316〕北大簡整理者曰：「恬，傳世本同，帛書作『銛』，郭簡作『銽』，從舌得聲，可讀為銛。『銛』義為鋒利。『恬』應是『銛』之借字。僂，郭簡作『纚』，帛甲作『襲』，帛乙作『慲』，王本作『淡』，想本、河本作『惔』，傅本作『憺』。『纚』、『襲』、『慲』均從龍得聲，『僂』可通假。僂疑讀為鏤，《說文》：『鏤，剛鐵也。』『銛鏤』即鋒利的鐵製兵器。『僂』、『惔』形近，疑『僂』先訛為『惔』，再進一步變為『淡』、『憺』等字。『銛鏤』訛為『恬淡』，遂致文義難解。」（P160）王志平認為東、談通轉，「拋開釋義不談，僅就音韻來說，讀為『恬淡』也是完全可以成立的」〔註 317〕。李永康、吳偉曰：「『銛龔』當讀為『謙龔（恭）』。帛書甲本『襲』為『龔』之訛寫，乙本『慲』不訛。帛書本之後，諸本『龔』皆被妄改，或為

〔註 312〕以上諸說皆見彭裕商、吳毅強《郭店楚簡〈老子〉集釋》，巴蜀書社 2011 年版，第 551～561 頁。

〔註 313〕白于藍《戰國秦漢簡帛古書通假字彙纂》，福建人民出版社 2012 年版，第 638～640、914 頁。

〔註 314〕引者按：當是「剡」字。

〔註 315〕劉樂賢《談簡帛本〈老子〉的「銛錟」》，《長沙三國吳簡暨百年來簡帛發現與研究國際學術研討會論文集》，中華書局 2005 年版，第 269～270 頁。

〔註 316〕鄭剛《「銛纚為上」辨》，收入《楚簡道家文獻辨證》，汕頭大學出版社 2004 年版，第 103 頁。

〔註 317〕王志平《也談「銛纚」的「纚」》，《古文字研究》第 28 輯，中華書局 2010 年版，第 611～619 頁；又收入王志平、孟蓬生、張潔《出土文獻與先秦兩漢方言地理》第 6 章，中國社會科學出版社 2014 年版，第 147～160 頁。

『僂』，或為『惔／憺／淡』。」〔註 318〕陳劍讀「銛𦃰」為「銛龐」，解作「鋒利堅實」〔註 319〕。「龑」字據《說文》從龖省聲，而不是從龍得聲，廖名春及北大簡整理者說非是。勞健、裘錫圭、廖名春讀恬、𦃰為銛，解作「鋒利」，是也。劉樂賢、鄭剛讀作「銛剡」亦是也；簡帛本從龍聲之字，史傑鵬、王志平說是東、談通轉，亦是也。北大簡作「僂」，又龍聲字之轉。惔、淡、澹，並當讀作剡，字亦作掞、剡，音轉則作銳。《說文》「蔛」條云：「剡，古（籒）文銳字。」又「𠢸」條、「銳」條並云：「剡，籒文銳。」音轉又作覃、錟。《廣雅》：「鐵、剡、銳、銛，利也。」又「剡、鑯，銳也。」《集韻》引《博雅》：「錟，銳也。」王念孫曰：「剡者，《爾雅》：『剡，利也。』《說文》云：『銳利也。』《小雅・大田篇》：『以我覃耜。』毛傳云：『覃，利也。』《繫辭傳》：『剡木為楫，剡木為矢。』《釋文》並作『掞』。『剡』、『掞』、『覃』古通用。銛者，《說文》：『利，銛也。』《漢書・賈誼傳》：『莫邪為鈍兮，鉛刀為銛。』晉灼注云：『世俗謂利為銛徹。』《燕策》云：『強弩在前，銛戈在後。』《史記・蘇秦傳》作『錟』。『錟』與『銛』通。《說文》：『銛，臿屬。』亦利之義也。」又曰：「剡者，（《爾雅》等同上引，此略）。《聘禮・記》云：『圭剡上寸半。』《史記・蘇秦傳》云：『錟戈在後。』並字異而義同。剡訓為銳，故又訓為鋒。《晉語》：『大喪大亂之剡也，不可犯也。』韋昭注云：『剡，鋒也。』」〔註 320〕長矛謂之錟，利耜謂之棪，皆取銳利為義。小徐本《說文》：「銛，鍤屬，從金舌聲，讀若掞，桑欽讀若鎌。」〔註 321〕「銛」當是從甛（甜）省聲〔註 322〕，亦是「剡」音轉，《史記・陳涉世家》：「鉏耰棘矜，非銛於句戟長鎩也。」又《秦

〔註 318〕李永康、吳偉《郭店簡〈老子〉「恬淡為上」新釋》，復旦古文字網 2017 年 1 月 24 日。

〔註 319〕陳劍《釋郭店楚簡〈老子〉中的「𦃰」》，《古籍整理研究學刊》2019 年第 1 期，第 72 頁。

〔註 320〕王念孫《廣雅疏證》，收入徐復主編《廣雅詁林》，江蘇古籍出版社 1992 年版，第 163、332 頁。

〔註 321〕大徐本「臿」作「鍤」，「掞」作「棪」，「鎌」作「鐮」。

〔註 322〕《六書故》卷 4 指出「舌非聲，乃甜省聲也」，朱駿聲說同，鈕樹玉據《古今韻會舉要》引作「甜省聲」。《說文》「栝」、「餂」、「恬」三字，亦皆從甛省聲。《玉篇殘卷》引《字書》「甛（甜）」異體字作「舌甘」，所從「舌」當亦是「甛」省寫。馬敘倫則謂「舌聲是也，舌從干得聲」。朱駿聲《說文通訓定聲》，鈕樹玉《說文解字校錄》，並收入丁福保《說文解字詁林》，中華書局 1988 年版，第 13541～13542 頁。馬敘倫《說文解字六書疏證》卷 27，上海書店 1985 年版，本卷第 31 頁。

始皇本紀》「銛」作「錟」。景宋本《淮南子·修務篇》:「服(佩)劍者期於銛利,而不期於墨陽、莫邪。」勞健謂《淮南》文本於《老子》。道藏本、四庫本同,明刊本、漢魏叢書本「銛」作「恬」,《史記·蘇秦傳》《索隱》引作「剡」。《淮南子·氾論篇》高誘注:「綅讀恬然不動之恬。」皆其證也。亦音轉為「孅(纖、鏟、鑯)」,俗作會意字「尖」。《說文》:「孅,銳細也。」又「纖,細也。」《廣雅》「鏟、鑯、剡、銳、銛」五字並一音之轉,又復合為合成詞「銛剡」、「銛銳」,同義連文〔註 323〕。後世誤讀「惔」如字,因改作「恬惔(淡、澹、憺)」耳。郭店簡「鏥」字,其右旁上舌下月即是「甛」字,《龍龕手鑑》:「胡,俗。甛,或作。甜,正。」《龍龕》謂「甜」字俗作「胡」,蓋有所承。

(55)殺人眾,以悲依(哀)立(莅)之;戰勝,以喪禮處之

按:立,北大本同,郭店簡作「位」,P.2255、P.2375、P.2584、S.783、S.792、S.798、S.2267、S.6453、S.6825V《想爾注》本、BD14633、羅振玉藏敦煌本、河上公本、王弼本等各傳世本皆作「泣」(《文子·上仁》、《弘明集》卷 1《正誣論》、《治要》卷 34 引同)。羅運賢曰:「『泣』當為『莅』之訛,即『逮』,臨也。」馬敘倫(P326)、高亨(P73)、朱謙之(P128)、高明(P396)從羅說,張舜徽亦改作「涖」(P193)。郭店簡整理者括注「位」作「莅」(P121),北大簡整理者襲其說(P160)。「泣」讀如字,「立」、「位」乃借字。《左傳·僖公三十三年》:「秦伯素服郊次,鄉師而哭。」此即秦伯以悲哀哭泣喪師之例也。

(56)天地相谷〈合〉,以俞(逾)甘洛(露),民莫之〔令而自均〕焉

按:缺文據乙本補,北大簡同,郭店簡「令」作「命」。河上公注:「天降善瑞,則萬物莫有教令之者,皆自均調若一也。」S.6825V《想爾注》:「不須令敕而自平均。」唐玄宗《御註》:「不煩教令,而自均平。」又《御疏》:「人無命令,自均若一。」彭耜《釋文》:「李:『令,力政切,教命也。』」易順鼎曰:「唐韓鄂《歲華紀麗》引作『民莫之合而自均』,『令』疑『合』字之誤。『莫之合』即聽其自然之意也。」馬敘倫曰:「『之令』蓋『之合』之譌,諗義『合』字是。」(P333)蔣錫昌曰:「51 章:『夫莫之命而常自然。』

〔註 323〕「銛銳」見《法書要錄》卷 4:「戈戟銛銳。」音轉字同義連文例參見蕭旭《變音複合詞舉證》。

『令』、『命』誼近，『莫之令』即『莫之命』，可證『令』字不誤，易說非是。『自均』即57章『自化』之誼。」（P217）張松如從蔣說（P189）。朱謙之曰：「語意與51章『夫莫之命而常自然』相同，作『令』、作『合』、作『命』誼均可通，惟此作『令』是故書。」（P131）古棣曰：「不能將『自均』解作『自化』，這裏的『均』是調和的意思。」（P109）蔣、朱謂「令」不誤是也，易、馬說非是，好奇之過也。P.2255、P.2375、P.2584、S.783、S.792、S.798、S.2267、S.6453、S.6825V《想爾注》本、BD14633、羅振玉藏敦煌本、景龍碑本作「令」，傳世各本除林志堅本作「命」外，皆同。《太平經》卷46：「人自為善，不日令而自均也。」《淮南子·主術篇》：「故臯陶瘖而為大理，天下無虐刑，有貴於言者也。師曠瞽而為大宰，晉無乱政，有貴於見者。故不言之令，不視之見，此伏犧、神農之所以為師也。故民之化也，不從其所言，而從其所行。」《文子·精誠》同。本於《老子》，亦作「令」字。又考《老子》第2章：「是以聖人處無為之事，行不言之教。」「不言之令」即「不言之教」，亦即「莫之令」也。「均」字承甘露而言，訓平均是也，古棣解作「調和」則誤。言古聖人雖無一言之教令，天下萬民自均平也。「合」是「令」形譌。羅振玉藏敦煌本「均」誤作「均」。

（57）往而不害，安平大（泰），樂與餌，過格（客）止

按：大，乙本、郭店簡、北大簡、S.798、道藏王弼本同，P.2255、P.2375、P.2584、S.783、S.2267、S.6453、BD14633、宋刊河上公本、《古逸叢書》之六王弼本、景龍碑本作「太」，P.3725唐玄宗注本（道藏本同）、S.792、道藏河上公本、道藏白文本、傅奕本、陸希聲本、李榮本、李約本、強思齊本、張君相本、宋徽宗《御解》本、陳景元本、范應元本作「泰」。餌，郭店簡、北大簡、P.2375、P.2584、P.3725唐玄宗注本、S.783、S.792同，P.2255、S.798、S.2267、S.6453、BD14633作「珥」。S.6825V《想爾注》本以「安平大樂」句，「與珥」句；S.6228V重「樂」字，以「安平泰樂（注：『胃（謂）護神其身也。』）」句，「樂與餌，過客止（注：『胃（謂）一生耳中，樂其神明，故謂過客止也。』）」句。河上公注：「餌，美也。過客，一也。人能樂美於道，則一留止也，一者去盈而處虛，忽忽如過客。」唐玄宗《御註》、李約並云：「樂，音樂也。餌，飲食也。」成玄英疏：「樂，絲竹宫商也，餌，飲食滋味也。」李榮曰：「五音之聲，樂也。八珍之味，餌也。百年寄身，過客也。止，留也，依也。」汪桂

年曰:「害，讀為遏，猶言遮礙也。」(P32)「害」讀如字。各家說略同，皆以「樂與餌」為句。《想爾注》:「如此之治，甚大樂也。諸與天災變怪，日月運(暈)珥，倍臣縱橫，刺賈之咎，過罪所致;五星順軌，客逆不曜，疾疫之氣，都悉止矣。」敦煌諸本作「珥」者，當是從《想爾注》，其說非正解。

(58)談(淡)呵其無味也

按:王叔岷曰:「卷子本《玉篇・水部》引此作『淡乎其無味也』。淡、惔，正、假字。」(P265)談，乙本、郭店簡、北大簡、P.2375、P.2584、P.3725唐玄宗注本、S.783、S.792、S.6825V《想爾注》本作「淡」(除強本外各傳世本及石刻本同)，P.2255、S.2267、S.6453、羅振玉藏敦煌本作「惔」，S.6228V作「啖」(注:『胃(謂)道行身中，啖然無味也。』)，S.798、BD14633作「恢」，強思齊本作「澹」。惔、淡、啖，讀為澹。「恢」是「惔」形譌。

(59)將欲拾(翕)之，必古(固)張之

按:拾，乙本作「擒」，北大簡作「欱」，P.2255、P.2584、S.798、S.2267、S.6453、S.6825V《想爾注》本、BD14633、道藏河上公本、道藏白文本、傅奕本、顧歡本、張君相本、景龍碑本、范應元本作「翕」(《韓子・喻老》、《漢藝文志考證》卷6引同)，P.2375、S.783、宋刊河上公本、李榮本、景福碑本、遂州碑本、唐無名氏《次解》本、杜道堅本作「噏」(《意林》卷1、《玉海》卷140、《記纂淵海》卷32引同〔註324〕)，P.3725唐玄宗注本(道藏本同)、王弼本、陸希聲本、李約本、強思齊本、杜光庭本、陳景元本、蘇轍本、宋徽宗《御解》本、張嗣成本、邵若愚本、董思靖本、林志堅本、李道純本作「歙」(《三國志・許靖傳》裴松之注《山陽公載記》、《容齋三筆》卷10引同)，P.3235V、S.792作「飲」。P.2462顏師古《玄言新記明老部》「第卅將欲翕之章」，是顏氏所見本亦作「翕」字。古，P.3235V、景龍碑本作「故」。陸氏《釋文》出「㒆」字，云:「㒆，簡〔文〕作『歙』，又作『給』，河上本作『噏』也，許及反。顧云:『閉塞也。』」成玄英疏:「翕，合也，斂也。」《集韻》:「㒆，斂也。《老子》:『將欲㒆之。』或作噏，通作歙。」范應元曰:「翕，斂也，合也，聚也，王弼同古本。」S.6825V《想爾注》:「善惡同規，禍福同根，其先張者後必翕。」畢沅曰:「古無『噏』、『㒆』二字。《說文》:『歙，縮鼻

〔註324〕《記纂淵海》據宋刻本，四庫本在卷60。

也。』歙有縮義，故與『張』為對。翕，古文字少，通用。」（P34）汪桂年（P32）、程南洲（P107）從畢說。馬敘倫曰：「翕借為劫，力止也。『固』讀為『姑且』之姑。《韓非・說林上》：『《周書》：「將欲取之，必姑予之。」』是其證。」（P356～357）高亨曰：「『歙』、『翕』古通用。」又從馬說讀「『固」為「姑」（P80）。蔣錫昌曰：「『歙』為本字。」（P236）劉笑敢從蔣說（P376）。朱謙之曰：「作『翕』是也。」（P143）高明曰：「拾、擒，均當假為『翕』。『古』字均當假為『固』。」（P417）北大簡整理者曰：「欱、拾、擒、歙、噏，皆當如想本、傅本讀為翕。翕，合也，斂也，與『張』相對。古，帛書同，假為『固』，傳世本多作『固』，景龍本作『故』，亦借字。」（P162）「飲」是「歙」形譌。朱謙之、高明說是也，「翕」是本字，從合羽會意，合亦聲，指鳥斂合羽翼將起飛也，故有「合」義，馬敘倫讀翕為劫，非也。「翕」是古楚語，《方言》卷3：「撲、翕、葉，聚也。楚謂之撲，或謂之翕。葉，楚通語也。」馬敘倫讀「固」為「姑」，張舜徽說同（P196），丁福保（P24）、古棣（P152）、張松如（P207）從馬說，是也，猶口語「先」，「古」、「故」亦借字。裴學海曰：「故，猶先也，字或作『固』，《韓非子・喻老篇》：『將欲取之，必固與之。』又『將欲翕之，必固張之；將欲弱之，必固強之。』字又或作『姑』，《說林上》：『將欲敗之，必姑輔之；將欲取之，必姑予之。』《說苑・說叢篇》：『天將與之，必先苦之；天將毀之，必先累之。』文例同此。」〔註325〕《喻老》乃引《老子》此文，《說林上》乃引《周書》，《戰國策・魏策一》亦引《周書》，惟「予」作「與」耳。《長短經・大私》引《周書》：「將欲取之，必故與之。」

（60）魚不说（脫）於潚（淵）

新注：乙本、北大本及傳本「不」下皆有「可」字，疑此本脫「可」字。（P55）

按：说，乙本、北大簡作「說」，道藏白文本、傅奕本、范應元本作「侻」；傳世本多作「脫」，敦煌各卷及石刻本同，《莊子・胠篋》、《韓子・喻老》、《淮南子・道應篇》、《韓詩外傳》卷7、《說苑・君道》、《後漢書・隗囂傳》（《後漢紀》卷5同）、《白氏六帖事類集》卷29〔註326〕、《御覽》卷935、《事類賦注》卷29引亦同。河上公注：「魚脫於淵，為去剛得柔，不可復制也。」S.6825V

〔註325〕裴學海《古書虛字集釋》，中華書局1954年版，第308～309頁。
〔註326〕《白帖》在卷98。

《想爾注》:「魚失淵去水則死。」唐玄宗《御註》:「脫,失也。魚若失淵,則為人所擒。」成玄英疏:「脫,失也。魚失水即為物所擒。」李榮曰:「脫,失也。魚不可以失水,失水則魚亡。」唐無名氏《次解》:「魚不可離於水也。」邵若愚曰:「脫,離也。」李約曰:「魚若脫手而入於淵,則不可得而制也。」范應元曰:「侻,吐活切,輕侻也。傅奕云『別本作脫』,消肉臞也,《韻略》訓骨去肉也。」《莊子・胠篋》郭象注:「魚失淵則為人禽。」《後漢書》李賢注:「脫,失也。失泉則涸矣。」畢沅曰:「古無『侻』字,作『脫』者是,《莊子》、《說苑》作『脫』。」(P34)馬敘倫曰:「各本及《淮南子・道應訓》引作『脫』。『侻』當作『奪』,《說文》曰:『奪,手持隹失之也。』」(P360)蔣錫昌曰:「《後漢書・隗囂傳》『魚不可脫於淵』,所引同此,注云:『脫,失也。』『脫』之本字為『挩』」(P238)北大簡整理者曰:「說,帛書同,傳世本多作『脫』,傅本作『侻』,讀為『脫』是,想本作『勝』。」《想爾注》本作「勝」非也。河上公、李約說是也,《想爾注》、范應元等說誤。說、侻、脫,並讀為挩,猶言失手,馬敘倫說亦是,「奪」、「挩」一音之轉,「奪」是手持隹失之的專字。《韓子・內儲說下》:「勢重者,人主之淵也。臣者,勢重之魚也。魚失於淵,而不可復得也。」是韓子亦解作「失手而入於淵」,故又云「不可復得也」。河上公、李約說與韓子同。

(61)道恒無名,侯王若守之,萬物將自𢡺(化)

原注:𢡺字從心為聲,疑即「譌」字異體,在此讀為化。(P16)

新注:郭簡此字亦作「𢡺」,乙本、北大本及傳本,此字皆作「化」。(P56)

按:敦煌各卷、石刻本皆作「化」。第57章:「我無為而民自化,我好靜而民自正。」與章此可互證。《莊子・秋水》:「何為乎?何不為乎?夫固將自化。」又《在宥》:「汝徒處無為,而物自化。」皆本於老氏。《說文》:「化,教行也。」今猶有「教化」一詞。丁福保曰:「言百千萬億化身,將自現也。」(P25)陳夢家曰:「化者生也。自化,自生也。」(P82)皆非是。

本文一部分內容以《帛書〈老子〉解詁(七則)》為題,收入上海大學《考證與釋義:出土四古本〈老子〉綜合研究》,中西書局2019年出版,第244~266頁。另一部分內容以《馬王堆帛書〈老子〉甲本校疏(六則)》為題,收入復旦大學《出土文獻與傳世典籍的詮釋》,中西書局2019年出版,第174~193頁。

《列子》校補

《列子》八篇，舊題周列禦寇撰，晉張湛注，唐殷敬順《釋文》（宋陳景元《補遺》），唐盧重玄《解》，宋林希逸著《列子鬳齋口義》。

天寶元年唐玄宗封列子為沖虛真人，景德四年宋真宗封列子為沖虛至德真人，故《列子》又名《沖虛至德真經》。宋徽宗著《沖虛至德真經義解》，宋江遹著《沖虛至德真經解》，宋范致虛著《沖虛至德真經注》，宋高守元著《沖虛至德真經四解》（集張湛、盧重玄、宋徽宗、范致虛四家注解），宋劉辰翁著《列子沖虛真經評點》。

明朱得之著《列子通義》。得之，字參之，一字本思，號近齋，吾邑人也。

清人整理研究《列子》，多是札記，盧文弨《〈列子〉張湛註校正》〔註1〕，任大椿《〈列子釋文〉考異》〔註2〕，江有誥《列子韻讀》〔註3〕，洪頤煊《列子叢錄》〔註4〕，王太岳《列子考證》、《沖虛至德真經解考證》〔註5〕，

〔註1〕盧文弨《〈列子〉張湛註校正》，收入《群書拾補》，《續修四庫全書》第1149冊，上海古籍出版社2002年版，第433～438頁。

〔註2〕任大椿《〈列子釋文〉考異》，收入《周秦諸子斠注十種》，北京圖書館出版社2007年版。《釋文》，第553～639頁；《考異》，第641～720頁。

〔註3〕江有誥《先秦韻讀．列子韻讀》，收入《江氏音學十書》，《續修四庫全書》第248冊，第181頁。

〔註4〕洪頤煊《列子叢錄》，收入《讀書叢錄》卷14，《續修四庫全書》第1157冊，第678～679頁。

〔註5〕王太岳《列子考證》、《沖虛至德真經解考證》，收入景印文淵閣《四庫全書》第1499冊，臺灣商務印書館1986年初版，第677～678頁。

蔣超伯《南漘楛語》卷 8〔註 6〕，徐時棟《煙嶼樓讀書志》卷 15〔註 7〕，王汝璧《芸簏偶存》卷 2〔註 8〕，俞樾《列子平議》〔註 9〕，徐友蘭《群書拾補識語·列子》〔註 10〕，孫詒讓《〈列子〉張湛註》、《校〈列子〉盧重元（玄）註》〔註 11〕，陶鴻慶《讀〈列子〉札記》〔註 12〕，于鬯《列子校書》〔註 13〕。秦恩復嘉慶九年刻《〈列子〉盧重玄注》有校說，汪萊（字孝嬰）《〈列子〉盧注考證》附於秦刻本之後〔註 14〕。

民國以還，主要研究成果有：章太炎《膏蘭室札記》〔註 15〕，王重民《列子校釋》、《〈列子·楊朱篇〉張湛註（S.777）敘錄》〔註 16〕，胡懷琛《〈列子〉張湛註補正》〔註 17〕，張懷民《列子札記》、《〈列子·天瑞篇〉新義》〔註 18〕，

〔註 6〕蔣超伯《南漘楛語》卷 8《讀列子》，收入《續修四庫全書》第 1161 冊，第 369～370 頁。

〔註 7〕徐時棟《煙嶼樓讀書志》卷 15《子下·列子》，收入《續修四庫全書》第 1162 冊，第 589～590 頁。

〔註 8〕王汝璧《芸簏偶存》卷 2，收入《續修四庫全書》第 1462 冊，第 78～79 頁。

〔註 9〕俞樾《列子平議》，收入《諸子平議》卷 16，上海書店 1988 年版，第 305～323 頁。

〔註 10〕徐友蘭《群書拾補識語·列子》，收入《叢書集成續編》第 92 冊，上海書店 1994 年版，第 575 頁。

〔註 11〕孫詒讓《〈列子〉張湛註》、《校〈列子〉盧重元（玄）註》，並收入《札迻》卷 5，中華書局 1989 年版，第 136～139 頁。

〔註 12〕陶鴻慶《讀〈列子〉札記》，收入《讀諸子札記》，中華書局 1959 年版，第 40～51 頁。

〔註 13〕于鬯《列子校書》，收入《香草續校書》，中華書局 1963 年版，第 402～431 頁。

〔註 14〕秦恩復校刻本《〈列子〉盧重玄注》，附汪萊（字孝嬰）《〈列子〉盧注考證》，收入《續修四庫全書》第 958 冊，第 257～313 頁。

〔註 15〕章太炎《膏蘭室札記》卷 1，收入《章太炎全集（1）》，上海人民出版社 1982 年版，第 34～36、108～111 頁。

〔註 16〕王重民《列子校釋》正續三篇，《北平北海圖書館月刊》第 2 卷第 6 號，第 3 卷第 1～2 號，1929 年版，第 467～478、27～39、179～190 頁。王重民《〈列子·楊朱篇〉張湛註（S.777）敘錄》，收入《敦煌古籍敘錄·子部下》，中華書局 1979 年版，第 257～258 頁；又收入黃永武《敦煌古籍敘錄新編》第 13 冊，新文豐出版公司 1986 年印行，第 292 頁。

〔註 17〕胡懷琛《〈列子〉張湛註補正》，《大陸雜志》第 2 卷第 8 期，1934 年版；又收入《叢書集成續編》第 39 冊，新文豐出版公司 1988 年印行，第 201～204 頁。

〔註 18〕張懷民《列子札記》正續三篇，《國專月刊》第 1 卷第 2～4 號，1935 年版，第 54～56、53～55、54～60 頁。張懷民《〈列子·天瑞篇〉新義》，中華國學會 1937 年出版。後者即前者三篇論文的合編，多以佛學解《列》，本稿無取焉。

陶光《列子校釋》〔註 19〕，于省吾《雙劍誃〈列子〉新證》〔註 20〕，金其源《讀〈列子〉管見》〔註 21〕，王叔岷《列子補正》、《論今本〈列子〉》〔註 22〕，陳直《讀子日札·列子》〔註 23〕，徐仁甫《列子辨正》〔註 24〕，錢鍾書《〈列子〉張湛注》〔註 25〕，周克昌《讀〈列子集釋〉札記》〔註 26〕，李若暉《列子校正》、《〈列子釋文〉反切考》〔註 27〕。

楊伯峻以《湖海樓叢書》汪繼培校刻本作底本著《列子集釋》〔註 28〕，彙錄諸家成果，間附己說，是《列子》校釋整理的集大成之作。另外，唐敬杲著有《列子選注》〔註 29〕，嚴北溟、嚴捷著有《列子譯注》〔註 30〕。

清人黃丕烈、顧廣圻、袁廷檮、章鈺、管禮耕、江德量、戈宙襄、陸雲士、翁廉、李遐齡、法偉堂、梁啟超、蔡元培各自批校過《列子》，其手稿余皆未見。近人貝琪《〈列子·楊朱篇〉新解》，周炳森《列子箋迻》，嚴靈峰《列子章句新編》，傅錫壬《〈列子〉假借字探究》〔註 31〕，莊萬壽《列子校正》〔註 32〕，

〔註 19〕陶光《列子校釋》，《雲南論壇》第 1 卷第 2、4、5、6 期，1948 年版，第 9～13、13～16、19～20、7～8 頁。余僅見此四篇，未完。1953 年臺北排印本余未見。

〔註 20〕于省吾《雙劍誃列子新證》，收入《雙劍誃諸子新證》，中華書局 2009 年版，第 1392～1395 頁。

〔註 21〕金其源《讀〈列子〉管見》，收入《讀書管見》，（上海）商務印書館 1957 年初版，第 383～386 頁。

〔註 22〕王叔岷《列子補正》，臺灣中央研究院歷史語言研究所專刊之三十一，1948 年初版。王叔岷《論今本〈列子〉》，收入《慕廬論學集（一）》，中華書局 2007 年版，第 367～376 頁。本稿引《列子補正》說不標出處。

〔註 23〕陳直《讀子日札·列子》，收入《摹廬叢著七種》，齊魯書社 1981 年版，第 115～117 頁；又中華書局 2008 年版，第 316～318 頁。

〔註 24〕徐仁甫《列子辨正》，收入《諸子辨正》，成都出版社 1993 年版，第 160～163 頁。

〔註 25〕錢鍾書《〈列子〉張湛注》，收入《管錐編》第 2 冊，中華書局 1986 年版，第 467～533 頁。

〔註 26〕周克昌《讀〈列子集釋〉札記》，《天津教育學院院刊》1986 年第 2 期，又收入《古籍點校疑誤彙錄（四）》，中華書局 2002 年重印本，第 347～352 頁。

〔註 27〕李若暉《列子校正》、《〈列子釋文〉反切考》，並收入《語言文獻論衡》，巴蜀書社 2005 年版，第 105～150 頁。

〔註 28〕楊伯峻《列子集釋》，中華書局 1979 年版。

〔註 29〕唐敬杲《列子選注》，（上海）商務印書館 1919 年再版。

〔註 30〕嚴北溟、嚴捷《列子譯注》，上海古籍出版社 1986 年版。

〔註 31〕傅錫壬《〈列子〉假借字探究》，《淡江學報》第 13 期，1975 年版。

〔註 32〕莊萬壽《列子校正》，《國文學報》第 7 期，1978 年版。

余亦未見。

日人著作余僅見岡白駒（1692～1767）《列子鬳》。東條弘（1778～1857）《列子箋注》，久保得二（1875～1934）《列子新釋》，柿村重松（1879～1931）《列子疏證》，皆愿川《列子繹解》，谷立本《張注〈列子〉補》，田邊誨輔《定本張注〈列子〉考異》，余皆未見。

《列子》的版本，余所目睹者有：《四部叢刊》景印北宋刊本《沖虛至德真經》，《鐵華館叢書》光緒九年至十年長洲蔣鳳藻刻景宋本（即據北宋本刊刻），《中華再造善本》景印中國國家圖書館藏宋刻宋遞元修本《沖虛至德真經》，上三本款式相同。汪繼培參訂湖海樓叢書本《列子張注附釋文》〔註 33〕，日本國立國會圖書館藏明覆元刊本《沖虛至德真經》，早稻田大學藏《沖虛至德真經》，《故宮珍本叢刊》景印《列子沖虛真經》白文本（明崇德書院刻本），《正統道藏》所收錄各本。敦煌寫卷存五個殘卷：P.2495《列子・說符篇》、S.777《列子・楊朱篇》、S.6134《列子・黃帝篇》、S.9928《列子・楊朱篇》、BD.12335《楊朱篇》〔註 34〕。另外還有一些《列子・楊朱篇》的碎片，各碎片僅存數字而已，其卷號分別是：S.10799、S.11422〔註 35〕、S.12087、S.12124、S.12285V、S.12288、S.12295、S.12710、S.12728、S.12951、S.12971、S.12991、S.13219、S.13441、S.13496、S.13624〔註 36〕。

自唐宋以後，《列子》一書的真、偽之辨甚烈，本稿採信許抗生所說：「現存《列子》主要反映的是戰國思想……現存《列子》仍應是戰國時代的著作，但在許多地方亦經過了後人的增改。」〔註 37〕

〔註 33〕汪繼培《列子參訂》，《湖海樓叢書》本。

〔註 34〕P.2495《列子・說符篇》收錄於《法藏敦煌西域文獻》第 14 冊，上海古籍出版社 2001 年版，第 309～310 頁。S.777《列子・楊朱篇》、S.6134《黃帝篇》、S.9928《楊朱篇》分別收錄於《英藏敦煌文獻（漢文佛經以外部分）》第 2、10、12 冊，四川人民出版社 1990、1994、1995 年版，第 148、96、284 頁。BD.12335《楊朱篇》收錄於《國家圖書館藏敦煌遺書》第 111 冊，國家圖書館出版社 2010 年版，第 44 頁。

〔註 35〕S.10799、S.11422 收錄於《英藏敦煌文獻（漢文佛經以外部分）》第 13 冊，四川人民出版社 1995 年版，第 97、261 頁。

〔註 36〕S.12087 以下各卷收錄於《英藏敦煌文獻（漢文佛經以外部分）》第 14 冊，四川人民出版社 1995 年版，第 79、82、92、93、113、114、120、122、124、133、142、146、150 頁。

〔註 37〕許抗生《〈列子〉考辨》，《道家文化研究》第 1 輯，上海古籍出版社 1992 年版，第 344～358 頁。又參見石光瑛《新序校釋》，中華書局 2001 年版，第 931 頁。

本稿以《四部叢刊》景印北宋刊本為底本作校補。凡引錄諸家說，未列出處者，皆見楊伯峻氏《集釋》，以避繁複。

《天瑞篇》第一校補

（1）子列子居鄭圃四十年，人無識者

張湛注：鄭有圃田。

按：林希逸曰：「鄭之有原圃，猶秦之有具囿也。」張、林皆以「鄭圃」連文，是也，陶光說同林氏〔註38〕。唐敬杲、楊伯峻「四十年」屬下讀，今改作屬上讀。朱得之、岡白駒並於「鄭」字句，以「圃四十年」為句，岡氏且云：「圃，業圃。」失之。

（2）國不足，將嫁於衛

張湛注：自家而出謂之嫁。

盧重玄解：嫁者，往也。

按：林希逸曰：「嫁，往也。旅行曰嫁曰喪，皆方言也。」劉辰翁曰：「嫁即適也。」于鬯曰：「嫁之言家也。」楊伯峻曰：「《四庫全書總目提要·爾雅注疏》云：『《釋詁》云：「嫁，往也。」此取《列子》之文也。』若如此，則《列子》在《爾雅》之前，其實未必然，或今本《列子》有所因襲，或《列子》襲《爾雅》也。」于省吾曰：「『嫁』乃借字，本應作『家』。《說文》：『家，居也。』」陶光曰：「《方言》卷1：『嫁，往也。自家而出謂之嫁，由女而出為嫁也。』」〔註39〕諸說皆是也。《方言》卷1：「嫁、逝、徂、適，往也。自家而出謂之嫁，由（猶）女而出為嫁也。逝，秦、晉語也。徂，齊語也。適，宋、魯語也。往，凡語也。」《方言》未說「嫁」是何語，據此文，然則「嫁」或是鄭語也〔註40〕。《說文》：「嫁，女適人也。」《白虎通義·嫁娶》：「嫁者，家也，婦人外成以出適人為嫁。」《易·序卦》《集解》引虞翻曰：「嫁，歸也。」《廣韻》：「嫁，家也，故婦人謂嫁曰歸。」嫁之言家，謂外出適人也。是嫁

〔註38〕陶光《列子校釋》，《雲南論壇》第1卷第2期，1948年版，第9頁。

〔註39〕陶光《列子校釋》，《雲南論壇》第1卷第2期，1948年版，第9頁。

〔註40〕羅焌《諸子學述》亦疑「嫁」為「鄭、衛語」，華東師範大學出版社2008年版，第59～60頁。

有適往義。《困學紀聞》卷 10：「列子以仕衛為嫁於衛。」沈善增謂「嫁」相當於「媵」，云：「指列禦寇被迫作為貴族女子的陪嫁侍從，遷徙到衛國去。」〔註 41〕二說皆無據，沈氏尤是妄說耳。

（3）故曰：有太易，有太初，有太始，有太素

張湛注：此明物之自微至著，變化之相因襲也。

按：楊伯峻曰：「注文《御覽》卷 1 引作『此明有物始之，自微至著，變化自相因襲也』。」《御覽》引作「此有物之始」，楊氏誤記。

（4）氣形質具而未相離，故曰渾淪。渾淪者，言萬物相渾淪而未相離也

張湛注：雖渾然一氣不相離散，而三才之道實潛兆乎其中。淪，語之助也。

按：于鬯曰：「渾淪即混沌，張注以『淪』為語之助，非。」楊伯峻曰：「《路史・前紀一》引『氣』下有『與』字。」《御覽》卷 1 引作「氣質具未相離」，又引注「離散」作「離襲」。有「與」字非。《御覽》脫「形」字，「襲」亦誤。《易乾鑿度》卷上無上「相」字，餘同此文。于鬯說是也，《周易正義》卷首引《乾鑿度》「渾淪」作「渾沌」，音之轉耳。

（5）易無形畤

張湛注：不知此下一字。

《釋文》本「畤」作「畤」，云：《淮南子》作「形埒」，謂兆朕也。《乾鑿度》作「形畔」。今從「乎」者，轉謂誤也。

按：林希逸曰：「無形埒者，無形迹也。」盧文弨曰：「《釋文》作『埒』，《乾鑿度》作『畔』。」任大椿曰：「今本『畤』作『埒』，考《淮南子・本經訓》：『合氣化物，以成埒類。』高誘注：『埒，形也。』《要略訓》：『形埒之兆。』《穆（繆）稱訓》：『道之有篇章形埒者。』《兵略訓》：『夫有形埒者，天下公見之。』凡形埒字皆作埒。《說文》、《玉篇》、《廣韻》有『埒』字，無『畤』字。《類篇》有『畤』字，云：『耕田起土也。』。『埒』、『畤』異義，埒之作畤，蓋假借字。又敬順《釋文》云『今從乎者，轉謂誤也』，考《淮南子・要略訓》：『嬴坪有無之精。』《類篇》：『坪，埒也。』即敬順所謂從『乎』者也。

〔註 41〕沈善增《「嫁」中飽含屈辱味》，《咬文嚼字》2000 年第 12 期，第 39 頁。

坪之義同乎埒，則從乎義自可通〔註 42〕，而敬順云『轉謂誤也』，未詳其說。」岡白駒曰：「埒猶跡也。」王叔岷曰：「《釋文》云云，是也。『畤』與『埒』同，盧重元本、世德堂本、道藏白文本、林希逸本、宋徽宗本、高守元本皆作『埒』(與《淮南》合)，道藏江遹本作『畔』，《御覽》卷 1 引同（與《乾鑿度》合)。」楊伯峻曰：「埒，北宋本作『畤』，汪本作『畇』，今從《四解》本改正。」日本國會圖書館藏明覆元刊本作「畤」，國圖藏宋元遞修本、蔣刻景宋本作「畇」，劉辰翁《評點》本、故宮藏明刻本、《道藏》本、早稻田大學藏本、朱得之《通義》本、秦恩復刻本、四庫本作「埒」，《路史》卷 1 引作「埒」，《易原》卷 2 引作「畤」。《釋文》所謂「今從『乎』者，轉謂誤也」，即指作「畇」之本是誤字，其說是也，「畇」不成字。張湛注云「不知此下一字」者，謂不識末字為何字，是張氏所見本已誤作「畇」矣。《類篇》云「坪，埒也」者，考《玉篇》：「坪，埒坪也。」《集韻》：「坪，埒〔坪〕也。」則「埒」是「埒」形譌〔註 43〕，任氏不辨其誤而引之，疏矣。《淮南》之「贏坪」，一本作「贏埒」，《永樂大典》卷 10814 引同。許慎注：「坪，摩煩也。」陳昌齊謂「坪當作埒」，又引王念孫說，謂「埒」讀為捋，訓摩〔註 44〕，是也，不足以說此文，任氏亦誤。「畤」當即是「埒」俗別字，與「耕田起土」之「畤」同形異字。陶光謂「『畤』與『埒』實同字異體，從土從田初無別矣」〔註 45〕，是也。《周易乾鑿度》卷下亦作「埒」，鄭玄注：「此又說上古太易之時，始有聲氣曰埒。尚未有聲氣，惡有形兆乎？」江遹本作「形畔」，《御覽》卷 1 引同，《周易乾鑿度》卷上亦同；《釋文》引《乾鑿度》作「畔」，不成字，當即「畔」字形譌。《說文》「埒」訓卑垣，引申之則有界畔、界限、邊界義。鄭氏「埒」訓形兆者，《爾雅》：「兆，域也。」《說文》：「垗，畔也。《周禮》曰：『垗五帝於四郊。』」今《周禮・小宗伯》作「兆」。《集韻》：「垗，埒也。」然則「形埒」與「形畔」同義，皆謂界域，《乾鑿度》二卷並無異義。

〔註 42〕楊伯峻引誤點作「坪之義同乎，埒則從乎，義自可通」，李若暉《列子校正》已訂正，收入《語言文獻論衡》，巴蜀書社 2005 年版，第 108 頁。

〔註 43〕蔣禮鴻《類篇考索》未及此條，收入《蔣禮鴻集》卷 2，浙江教育出版社 2001 年版。

〔註 44〕陳昌齊《淮南子正誤》，轉引自張雙棣《淮南子校釋》，北京大學出版社 2013 年版，第 2178 頁。

〔註 45〕陶光《列子校釋》，《雲南論壇》第 1 卷第 2 期，1948 年版，第 11 頁。李若暉《列子校正》引于省吾說同，收入《語言文獻論衡》，巴蜀書社 2005 年版，第 109 頁。

《淮南子・俶真篇》:「未有形埒垠堮。」《道德指歸論・上德不德章》:「其有形兆圻堮,旁鬚不可識者,不可稱言。」「形兆」即「形埒」,「圻堮」同「垠堮」。「形兆」亦「圻堮」之義,同義連文。《白虎通・天地》:「始起先有太初,後有太始,形兆既成,名曰太素。」此「形兆」亦界域之義。諸例「形兆」皆非「徵兆、形迹」之誼。宋徽宗《義解》云:「易無形埒者,無體也。」其說亦是。《釋文》訓兆朕,林氏訓形迹(岡白駒說同,蓋即襲其說耳),皆誤解其誼,與鄭說不合。朱駿聲曰:「埒,叚借為列。」〔註 46〕亦非是。

(6)清輕者上為天,濁重者下為地,沖和氣者為人

按:陶鴻慶曰:「沖讀為中。『中』與上文『上為天,下為地』相對成義。中和氣者,宅和氣之中也。《文子・上德篇》云『萬物負陰而抱陽,沖氣以為和,和居中央』,義與此同。」楊伯峻從其說。嚴北溟曰:「沖,沖動。和,合和、統一。」二氏說皆非是。唐敬杲曰:「沖亦訓和。」是也。「沖」即虛靜平和之義。《廣韻》:「沖,和也。」本字為「盅」,《說文》:「盅,器虛也。老子曰『道盅而用之。』」《繫傳》:「臣鍇曰:盅而用之,虛而用之也。今作沖,假借。」《廣雅》:「輕清者上為天,重濁者下為地,中和為萬物。」「中」亦借字。上博楚簡(三)《亙先》簡 4:「耄(濁)煲(氣)生埅,清煲(氣)生天。」《周易乾鑿度》卷上:「清輕者上為天,濁重者下為地。」《淮南子・天文篇》:「清陽者薄靡而為天,重濁者凝滯而為地。」《黃帝內經素問・陰陽應象大論》:「故清陽為天,濁陰為地。」又「清陽上天,濁陰歸地。」可以互證。

(7)攓蓬而指

張湛注:攓,拔也。

《釋文》云:攓,音蹇。

按:《莊子・至樂》作「攓蓬而指之」。陶光曰:「《方言》卷 1:『攓,取也。南楚曰攓。』」〔註 47〕王叔岷曰:「《類聚》卷 82 引『攓』作『搴』(《御覽》卷 374 引《莊子・至樂篇》亦作『搴』)。攓、搴並或㩮字。《說文》:『攓(㩮),拔取也。』」《莊子釋文》:「攓,司馬云:『拔也。』」「㩮」是南楚方言,俗字作攓、搴,亦作撁。《說文》:「㩮,拔取也,南楚語。《楚詞》

〔註 46〕朱駿聲《說文通訓定聲》,武漢市古籍書店 1983 年版,第 679 頁。
〔註 47〕陶光《列子校釋》,《雲南論壇》第 1 卷第 2 期,1948 年版,第 12 頁。

曰：『朝搴批之木蘭。』」今《離騷》作「搴」。《方言》卷10：「攓，取也。楚謂之攓。」《廣韻》：「搴，取也。摶，上同。」《六書故》：「搴，引取也。《說文》作『摶』，拔取也。又作攓，莊周曰：『攓蓬而指之。』」

（8）若䵷為鶉

張湛注：事見《墨子》。

《釋文》本「䵷」作「鼃」，云：《墨子》曰「化，若鼃為鶉」也。

按：林氏《口義》道藏本、四庫本亦作「鼃」。鼃、䵷，易位異體字。王叔岷曰：「《爾雅翼》卷15、《玉海》、《急就篇》卷4補注引『䵷』並作『蛙』。『蛙』下並有『化』字。『蛙』即『䵷』之俗。」《淮南子·齊俗》：「蝦蟇為鶉。」《論衡·無形》、《講瑞》並同，又《論衡·道虛》：「蝦蟇化為鶉。」《搜神記》卷12引《淮南畢萬（萬畢〔術〕）》：「蟾蜍得苽，卒時為鶉。」〔註48〕

（9）得水為𢇍

《釋文》云：𢇍，音計。司馬彪云：「萬物雖有兆眹，得水潤之氣，乃相繼而生也。」

按：𢇍，《莊子·至樂》同。《莊子釋文》：「𢇍，此古絕字。徐音絕，今讀音繼。司馬本作『繼』，云：『萬物雖有兆朕，得水土氣，乃相繼而生也。』本或作『斷』，又作『續斷』。」《埤雅》卷16引「𢇍」作「繼」，《御覽》887引《莊子》亦作「繼」，與司馬本合。郝懿行曰：「今驗馬舄生水中者，華如車前而大，拔之，節節復生。據此，即𢇍也。拔之寸節復生，故以𢇍為名。其或作『斷』，又作『續斷』者，『𢇍』或誤『斷』，後人又妄加『續』字耳。藚如續斷，與生山谷之續斷判然二物。節節復生，無根著土，故名水舄，與本文『得水為𢇍』合。」盧文弨曰：「古絕字當作𢇇，此𢇍乃繼字。」〔註49〕考《說文》：「絕，斷絲也。𢇇，古文絕。」又「繼，續也。從糸𢇍。一曰反𢇇為繼。」盧、郝說是也。《莊子釋文》云「此古絕字」，是誤認「𢇍」作「𢇇」。

（10）胡蝶胥也，化而為蟲，生於竈下，其狀若脫，其名曰鴝掇

《釋文》云：脫，他括切。郭注《爾雅》云：「脫謂剝皮也。」鴝，音衢。

〔註48〕《御覽》卷924引「卒」誤作「平」。

〔註49〕盧文弨《莊子音義中考證》，收入《經典釋文考證》，《叢書集成初編》第1204冊，中華書局1985年影印，第328頁。

掇，丁括切。鴝掇，蟲名。

按：《莊子・至樂》同。《御覽》卷 887 引《莊子》「鴝掇」作「駒掇」。《莊子釋文》：「脫，它括反。司馬音悅，云：『新出皮悅好也。』」成玄英疏：「鴝掇，蟲名也。胥得熱氣，故作此蟲，狀如新脫皮毛，形容雅淨也。」林希逸曰：「軟而無皮無殼，故曰若脫，如今柑蟲然。」岡白駒說同林希逸，蓋即襲其說耳。成、林說與殷氏《釋文》合。郭嵩燾曰：「家世父曰：《博雅》：『原蠶，其蛹蛭蚼。』此云鴝，蓋蚼之叚借字。」〔註 50〕王叔岷曰：「《庶物異名疏》卷 29 引『鴝』作『拘』，下同（引《莊子》亦作『拘』）。」馬敘倫曰：「脫，借為蛻。《說文》曰：『蛻，蛇蟬所解皮也。』『鴝掇』疑即『竈馬』，《酉陽雜俎》：『竈馬狀如促織，稍大，脚長，好穴竈旁。』」〔註 51〕陶光從馬說〔註 52〕。高亨曰：「馬說近之，但余疑『鴝掇』原作『掇鴝』，轉寫誤倒。掇，借為窡。《說文》：『窡，穴中見也。』又『窋，物在穴中見。』鴝，當為駒，音同通用，或形近而誤。駒，小馬也。竈馬因其居於竈下，故名竈馬。因其居於穴中，故名窡駒也。《玉篇》『蛁蚼似蟬而小。』『蛁蚼』即『掇鴝』。脫，借為蛻。《字林》：『蛻，蟬皮也。』是掇鴝似蟬之證。」〔註 53〕二氏讀脫為蛻，是也。高氏所引《字林》「蛻，蟬皮也」，見《玄應音義》卷 12、《慧琳音義》卷 55 引。蛇蟬所解皮謂之蛻，解皮亦謂之蛻，名、動相因也。「蛻」是「挩」分別字。《說文》：「挩，解挩也。」余謂「掇」亦「蛻」音轉。「鴝」是「句」增旁俗字，乃「殼」音轉〔註 54〕。此蟲無皮無殼若蛻皮然，故名為「殼蛻」，音轉而記作「鴝掇」。

（11）乾餘骨之沫為斯彌

張湛注：沫猶精華生起。

《釋文》本「骨」作「胥」，云：沫音末。胥，《南華真經》作「骨」。李

〔註 50〕郭嵩燾說轉引自郭慶藩《莊子集釋》，中華書局 1961 年版，第 627 頁。

〔註 51〕馬敘倫《莊子義證》卷 18，收入《民國叢書》第 5 編，（上海）商務印書館 1930 年版，本卷第 7 頁。所引《酉陽雜俎》見卷 17，馬氏蓋從《本草綱目》卷 41 轉引，作「好穴竈旁」，今本作「好穴於竈側」。

〔註 52〕陶光《列子校釋》，《雲南論壇》第 1 卷第 2 期，1948 年版，第 13 頁。

〔註 53〕高亨《莊子今箋》，收入《高亨著作集林》卷 6，清華大學出版社 2004 年版，第 375 頁。

〔註 54〕從句從青相通之例參見張儒、劉毓慶《漢字通用聲素研究》，山西古籍出版社 2002 年版，第 155 頁。

頤云：「沫，口中汁也。斯彌，蟲名。」

按：《御覽》卷887引《莊子》作「乾餘胥」，又有注：「斯彌為食。」斯彌，高亨讀為「强蛘」、「强芈」，指米穀中小黑蟲〔註55〕。「斯彌」亦作「鐁彌」、「虒彌」，音轉又作「磃磨」、「磄磨」，皆取摩擦之義。此蟲名「斯彌」者，蓋取啄齧為義。朱謀㙔曰：「斯彌，疑即烏洟。」〔註56〕無有所據。

（12）九猷生乎瞀芮

《釋文》云：瞀，茂、謀二音。芮，音蚋，小蟲也，喜去亂飛。

按：朱駿聲曰：「瞀芮即蠡蜹也。瞀、蠡一聲之轉。」楊伯峻從其說，是也。「蠡」同「蚊」。朱謀㙔亦曰：「瞀芮，疑即蚊蚋。」〔註57〕唐敬杲讀為「蝥蜹」，高亨讀為「蠓蜹」〔註58〕，皆音之轉耳。

（13）羊肝化為地皋

《釋文》云：顧胤《漢書集解》云：「如淤泥。」

按：楊伯峻以「如淤泥鄰」句，非是。楊氏又引劉汝霖曰：「『地皋』應作『地膏』，膏血連文，故地膏即地血。《說文》及《爾雅翼》：『茹藘，人血所生，故一名地血。』《本草》：『茜根可以染絳，一名地血。』蓋古人以茜根可染紅色，遂以為動物膏血所化。」考《搜神記》卷12引《淮南畢萬（(萬畢〔術〕)）》：「千歲羊肝，化為地宰。」《法苑珠林》卷11引同。《物理小識》卷11引作「千歲羊肝，〔化〕為石宰。蟾蜍得菰，卒時為鶉」，注：「宰，即『滓』。」葉德輝曰：「地宰，疑『地皋』之讹。」〔註59〕茆泮林曰：「『宰』疑『宰』之誤。」黃奭說同〔註60〕。唐敬杲曰：「皋，與『羔』古通。地羔，

〔註55〕高亨《莊子今箋》，收入《高亨著作集林》卷6，清華大學出版社2004年版，第376頁。

〔註56〕朱謀㙔《駢雅》卷7，收入《叢書集成新編》第38冊，新文豐出版公司1985年版，第347頁。

〔註57〕朱謀㙔《駢雅》卷7，收入《叢書集成新編》第38冊，新文豐出版公司1985年版，第347頁。

〔註58〕高亨《莊子今箋》，收入《高亨著作集林》卷6，清華大學出版社2004年版，第379頁。

〔註59〕葉德輝輯《淮南萬畢術》卷下，長沙葉氏郎園藏板。

〔註60〕茆泮林輯《淮南萬畢術》，收入《叢書集成初編》第694冊，中華書局1985年影印，第12頁。黃奭輯《淮南萬畢術》，收入《黃氏逸書考·子史鉤沉》，《續修四庫全書》第1209冊，上海古籍出版社2002年版，第454頁。《莊

羵羊也。《家語・辨物篇》:『土之怪,羵羊也。』」茆泮林、黃奭說是也。考《莊子・達生》:「丘有崒。」《釋文》本「崒」作「峷」,云:「峷,本又作莘,所巾反,又音臻。司馬云:『狀如狗,有角,文身五采。』」「宰」與「峷(莘)」形近,「崒」乃「峷」形譌,《集韻》、《類篇》、《增韻》引司馬說皆作「峷」,褚伯秀本、陳景元本、林希逸本《莊子》亦作「峷」。《集韻》又云:「峷,獸名,狀如狗,通作莘。」「皋」又「宰」形近而譌。《御定韻府拾遺》卷 40 引《尸子》:「地中有犬,名地狼。」注:「地宰,亦地狼之屬。」

(14)馬血之為轉鄰也,人血之為野火也

《釋文》云:鄰,《說文》作「粦」,又作「燐」,皆鬼火也。《淮南子》云「血為燐」也。音吝。

按:《釋文》所引《淮南》見《氾論篇》,今本作「久血為燐」,《釋文》引脫「久」字。王太岳曰:「刊本『燐』訛『鄰』,據《列子》改。」〔註 61〕胡懷琛曰:「『鄰』即今『燐』字,俗謂鬼火也。『轉』字疑在『為』字上。『轉為鄰』與上文『化為地皋』對文。」〔註 62〕楊伯峻從胡說乙「轉」於「為」上,其說非是,「馬血之為轉鄰」與「人血之為野火」對文,「轉」字不當乙在「為」字上。宋徽宗《義解》本、林氏《口義》元刻本、劉辰翁《評點》本、故宮藏明刻本作「轉燐」,《六書故》卷 3 引作「轉粦」。「轉」為「燐」之狀詞。朱駿聲曰:「鄰,叚借為粦。」〔註 63〕王叔岷曰:「道藏白文本、林希逸本、宋徽宗本『鄰』並作『燐』。《六書故》卷 3 引作『粦』。當以作『粦』為正,隸作『粦』。『鄰』借字,『燐』俗字。《御覽》卷 869、887 引《莊子》有此文,字亦作『燐』。」朱、王說是也。《說文》:「粦,兵死及牛馬之血為粦。粦,鬼火也。」《繫傳》:「臣鍇按:《博物志》:『戰鬬死亡之處,有人馬血積年化為粦。粦著地入草木,皆如霜露不可見。』」所引《博物志》見卷 9,字作「燐」。《論衡・論死》:「人之兵死也,世言其血為燐。」《湘山野錄》卷下引贊寧曰:

子・達生》:「丘有峷。」《釋文》:「峷,本又作莘,司馬云:『狀如狗,有角,文身五采。』」

〔註 61〕王太岳《沖虛至德真經解考證》,收入景印文淵閣《四庫全書》第 1499 冊,臺灣商務印書館 1986 年初版,第 678 頁。

〔註 62〕胡懷琛《〈列子〉張湛註補正》,收入《叢書集成續編》第 39 冊,新文豐出版公司 1988 年印行,第 201 頁。

〔註 63〕朱駿聲《說文通訓定聲》,武漢市古籍書店 1983 年版,第 836 頁。

「此燐火也，兵戰血或牛馬血著土則凝結為此。」

（15）老韭之為莧也

《釋文》本「莧」作「莞」，云：莞，音官，似蒲而圓，今之為蓆是也。楊承慶《字統》音關。一作「莧」，侯辨切，轉寫誤也。

按：任大椿曰：「『莞』、『莧』通。莧與莞皆近於蒲，故老韭為莞，莞一作莧也。」王叔岷、楊伯峻從其說。「莧」、「莞」俗字形近相亂，「莞」是「雚」同音誤字，「雚」是「萑」形誤，本當作「老韭之為萑」〔註 64〕。《御覽》卷910、976、《埤雅》卷 17 引已誤作「莧」。

（16）亶爰之獸自孕而生曰類

張湛注：亶，音蟬。《山海經》云：「亶爰之山有獸，其狀如狸而有髮，其名曰類，自為牝牡相生也。」

按：所引《山海經》，見《南山經》。郝懿行曰：「陳藏器《本草拾遺》云：『靈貓生南海山谷，狀如貍，自為牝牡。』又引《異物志》云：『靈貍一體自為陰陽。』據此，則『類』為『靈貍』無疑也。類、貍聲亦相轉。」〔註 65〕李若暉曰：「郝說本於《本草綱目》。然『類』當為『畾』之假。《爾雅》：『左倪不類。』《周禮・春官・龜卜》鄭注：『左倪雷。』邵晉涵《正義》：『雷與類同，聲近而轉。』郝懿行《義疏》亦曰：『類、雷聲近，故古字通。蓋古人以此獸乃雌雄相累者，故名類。』究其語源，蓋以此等獸為二體重累也。」〔註 66〕郝氏前說本於《本草綱目》卷 51。郝氏後說「雌雄相累」，李君讀類為畾（累），非是。《莊子・天運》：「類自為雌雄，故風化。」《釋文》：「類猶如草木異種而同類也。《山海經》云：『亶爰之山有獸焉，其狀如狸而有髮，其名曰師類。帶山有鳥，其狀如鳳五采文，其名曰奇類，皆自牝牡也。』」「類」當讀如字，謂同類而化。其名靈貍者，「貍」為「類」音轉而得名。故宮藏明刻本有注：「亶爰，山名。」是也，江遹本作「鸇猨」，則是誤解作獸名矣。《集韻》：「亶，亶爰，山名。」「亶爰」猶言「嬋媛」、「撣援」、「嘽緩」、「嘽咺」，南楚

〔註 64〕參見蕭旭《韓詩外傳校補》。

〔註 65〕郝懿行《山海經箋疏》卷 1，中國書店 1991 年版，本卷第 3 頁。

〔註 66〕李若暉《列子語詞柬釋》，《古漢語研究》1996 年第 1 期，第 51 頁；又收入《語言文獻論衡》，巴蜀書社 2005 年版，第 134～135 頁。引「異物志」誤作「博物志」。

方言，取連屬牽引為義〔註 67〕。

（17）河澤之鳥視而生曰鶂

張湛注：此相視而生者也。《莊子》曰：「白鶂相視，眸子不運，而風化之也。」

按：楊伯峻曰：「注引《莊子》，是《天運篇》文。『之也』兩字今本無，恐是張湛所加。」鶂之言睨，《說文》：「睨，衺視也。」故相視而生之鳥名為鶂。《御覽》卷 925 引《莊子》「鶂」作「鷁」。《禽經》：「白鷁相眂而孕。」《博物志》卷 4：「白鷁雄雌相視則孕。」《北戶錄》卷 1 引作「白鶂」。《說文》：「鶃，鳥也。《春秋傳》曰：『六鶃退飛。』」《左傳·僖公十六年》作「鷁」，《公羊傳》通，孔疏引《莊子》亦作「鷁」，《穀梁傳》作「鶂」。《廣韻》：「鷁，水鳥也。鶂，上同。」「鷁」是「鶂」改易聲符的異體字。《山海經·大荒東經》郭璞注引《莊子》作「白鵠」，《御覽》卷 50 引作「白鶴」，皆誤（鶴亦相視而孕，然非《莊子》舊文）。

（18）思士不妻而感，思女不夫而孕

張湛注：《大荒經》曰：「有思幽之國，思士不妻，思女不夫。」精氣潛感，不假交接而生子也。此亦白鶂之類也。

按：《山海經·大荒東經》：「有司幽之國，帝俊生晏龍，晏龍生司幽。司幽生，思士不妻，思女不夫。」「司」、「思」同音通借。「精氣潛感，不假交接而生子也」十二字是張湛釋語，楊伯峻、嚴北溟皆誤以為是《大荒經》文。

（19）《黃帝書》曰：「形動不生形而生影，聲動不生聲而生響，無動不生無而生有。」

按：《道德指歸論·知不知篇》亦有此三語，「無」下無「動」字，句下復有「覆不生覆而生反」七字，當亦引自《黃帝書》。此文「無動」之「動」涉上而衍，又脫七字。「無不生無而生有」與「覆不生覆而生反」相對為文。《玉海》卷 28、《西山讀書記》卷 35 引已誤同今本。

〔註 67〕參見蕭旭《〈淮南子〉古楚語舉證》，收入《淮南子校補》附錄二，花木蘭文化出版社 2014 年版，第 828～829 頁。

（20）精神者天之分，骨骸者地之分

張湛注：天分歸天，地分歸地，各反其本。

《釋文》本「分」作「夂」，云：夂，音有，下同。本作篆文，與「夂」字相類。按《漢書》楊王孫曰：「精神者天之有，骨骸者地之有。」王孫常讀此經，今國子監本作「分」。

按：任大椿曰：「今本『有』作『分』，即《釋文》所云國子監本也。考《淮南子・精神訓》：『是故精神者天之有也，而骨骸者地之有也。』又『壺子持以天壤』高誘注：『精神天之有也，形骸地之有也。』與楊王孫所云，皆本《列子》此文，然則漢人所見之本並作『有』，不作『分』。敬順《釋文》謂『夂』應作『有』，於古本猶可考見。」孫詒讓曰：「《釋文》謂『夂當作有』，是也。但『有』篆文與『夂』字不甚相類，疑殷所據別本『有』當作『又』，『又』與『有』古通，故殷氏徑定為『有』字也。」今本《漢書・楊王孫傳》「骨骸」作「形骸」，《說苑・反質》亦然。《文苑英華》卷 951 顧況《饒州刺史趙郡李府君墓誌銘》引此文作「精神天之久，骸骨地之久」，釋云「此言骸骨滅其精神不滅」。顧氏所見本與《釋文》合。

（21）黃帝曰：「精神入其門，骨骸反其根，我尚何存？」

盧重玄曰：唯至人無我，了識其神。凡人不知，封執彌厚。

按：楊伯峻曰：「《解》『封執』當作『封殖』。『封殖』見《左氏傳・昭二年》。」楊說非是。「封執」是六朝晉唐釋家語，猶言固執。梁・法雲《法華經義記》卷 3：「但今日之教本為斥二乘封執之情，是故長行偏對二乘。」梁・寶亮《大般涅槃經集解》卷 39：「豈況空有二說，而更生封執耶？」隋・吉藏《金剛般若疏》卷 1：「封執難祛。」唐・遁倫《瑜伽論記》卷 18：「能由一名眾生封執。」《慧琳音義》卷 51：「封著：上風用反，封執也。」《肇論疏》卷 3：「封，封執。耽，耽著也。」《祖庭事苑》卷 6：「迷封，封執也，言執事而不脫迷也。」皆其例。亦倒言作「執封」，隋・吉藏《十二門論疏》卷 3：「一者一切皆破，以執封故。」宋太宗《御製蓮華心輪迴文偈頌》卷 6：「心通三性，善因而聲譽遐彰；理契兩空，迷到而執封自泯者矣。」

（22）鹿裘帶索

按：《家語・六本》同。林希逸曰：「以鹿皮為裘，以索為帶。」沈濤曰：「鹿裘乃裘之麤者，非以鹿為裘也。鹿車乃車之麤者，非以鹿駕車也。

麤從三鹿，故鹿有麤義。《呂氏春秋．貴生篇》：『顏闔鹿布之衣。』猶言麤布之衣也。」楊伯峻曰：「《韓非子．五蠹篇》云：『冬日鹿裘，夏日葛衣，雖監門之服養不虧於此矣。』（『鹿』本作『麑』，今依《李斯傳》及《御覽》卷 27、80、694 所引訂正）。《史記．自序》云『夏日葛衣，冬日鹿裘』，《淮南子．精神訓》云『文繡狐白，人之所好也；而堯布衣揜形，鹿裘禦寒』，則鹿裘為冬日惡服。」「鹿車」乃「鹿獨車」的省稱，非車之麤者；「鹿裘」確是鹿皮之裘，林注不誤，《說苑．雜言》「孔子見榮啟期衣鹿皮裘，鼓瑟而歌」，《御覽》卷 510 引虞般佑《高士傳》「（郭文舉）恒著鹿皮裘，葛巾」，其文明確是「鹿皮裘」矣。又稱作「麑裘」、「麛裘」〔註 68〕。沈說非是，楊氏從沈，又改不誤之《韓子》，尤非。

（23）處常得終

按：盧文弨曰：「得，《說苑．雜言篇》作『待』。」王重民曰：「作『待』是也。若作『得』，則非其旨矣。《御覽》卷 468 引正作『待』。《類聚》卷 44 引作『居常以待終』，文雖小異，『待』字固不誤也。」王叔岷曰：「《高士傳》、《慎子外篇》並作『居常以待終』，與《類聚》引此文同。『得』即『待』之誤。《家語．六本篇》注亦云：『得宜為待。』」楊伯峻曰：「盧、王說是也。下章張注云：『樂天知命，泰然以待終。』『待終』之語即襲此文，可見張所見本猶作『待』也。」「得」字不誤，王叔岷後自訂其說，謂「得」訓待〔註 69〕，猶未達一間，「得」當讀為待〔註 70〕。

（24）林類年且百歲，底春被裘，拾遺穗於故畦，並歌並進

張湛注：底，當〔也〕。

《釋文》云：並，蒲浪切，下同。謂旁畦而行。

按：林希逸曰：「底春，當在春時也。並歌並進，言且行且歌也。」底、當一聲之轉。岡白駒、裴學海並曰：「底，至也。」〔註 71〕嚴北溟曰：「底，通『抵』，達到。」皆非是。《御覽》卷 468 引「底」誤作「晨」。《釋文》讀並

〔註 68〕參見蕭旭《「鹿車」名義考》，收入《群書校補（續）》，花木蘭文化出版社 2014 年版，第 2123～2134 頁。

〔註 69〕王叔岷《史記斠證》，中華書局 2007 年版，第 1771 頁。

〔註 70〕參見蕭旭《古書虛詞旁釋》，廣陵書社 2007 年版，第 195 頁。

〔註 71〕裴學海《古書虛字集釋》，中華書局 1954 年版，第 855 頁。下引同。

為旁，非也。林注是，裴學海曰：「並，且也。」岡白駒、楊伯峻亦皆解作「且歌且進」。

（25）試往訊之

按：訊，《御覽》卷 572 引誤作「評」。

（26）吾又安知營營而求生非惑乎

按：王叔岷曰：「『求生』下當有『之』字。《文選・行藥至城東橋詩》注引正有『之』字。」不必補「之」字，皇甫謐《高士傳》卷上亦無。

（27）若躇步跐蹈

《釋文》云：躇，音除。跐，音此。蹈，徒到切。四字皆踐蹈之貌。

按：林希逸曰：「躇步，躊躇也。跐蹈，踐蹈也。」岡白駒曰：「躇，住足也。跐蹈，踐踏也。」①岡說是也。躇之言著，止也。《楚辭・九思》：「握佩玖兮中路躇。」字亦作伫、佇、竚，《爾雅》：「佇，久也。」謂久立，久停。字亦作躇。《說文》：「峙，躇也。」又「躇，峙躇，不前也。」《廣雅》：「跱、棖、駐、躇，止也。」《玉篇》：「峙，躇也，止不前也。」「峙躇」同義連文，音轉則作「篙箸」、「蹢躅」、「踟躕」、「蹢躅」、「踶躕」、「跢跦」、「躊躇」。《說文》：「蹢，住足也，或曰蹢躅。」皆止而不進之義，引申為乍行乍止，復引申為徘徊、猶豫不決之義。倒言亦作「躇跱」，敦煌寫卷 P.2011 王仁昫《刊謬補缺切韻》：「跱，躇跱，行難進皃。」「躇步」習見於六朝人譯經，吳・支謙譯《梵摩渝經》卷 1：「躇步之儀。」吳・支謙譯《了本生死經》卷 1：「種根分異為不躇步。」吳・康僧會譯《六度集經》卷 3：「一躇步處一蓮華生。」西晉・白法祖譯《佛般泥洹經》卷 2：「採于語言，察于躇步。」②《廣雅》：「跐，履也。」又「跐，蹋也。」《文選・吳都賦》：「將抗足而跐之。」李善注引《廣雅》：「跐，蹋也。」俗字亦作跦，《玉篇》：「跦，千來切，踐升也。」〔註 72〕亦借「㨊」為之，敦煌寫卷 P.2717《碎金》：「人㨊泥：丑加反，足踏泥。」俗字或作跴，《玉篇》：「跴，策涉切，踏。」俗字亦作蹉、跎、踖〔註 73〕。

〔註 72〕此據元延祐二年圓沙書院刻本，元至正二十六年南山書院刊本、早稻田大學藏和刻本同，《篇海》、《字彙》引亦同，宋本《玉篇》無釋義。

〔註 73〕參見蕭旭《敦煌寫卷〈碎金〉補箋》，收入《群書校補》，廣陵書社 2011 年版，第 1319 頁。

（28）難終難窮

按：《御覽》卷 2 引誤作「難窮終始」。

（29）一年而給，二年而足，三年大壤

《釋文》云：壤，如掌切，又作「穰」。

按：洪頤煊曰：「《莊子・庚桑楚篇》：『居三年畏壘大壤。』《釋文》：『崔本作穰。』古『穰』字皆作『壤』。」吳玉搢曰：「大壤，大穰也。『壤』同『穰』。」〔註 74〕王汝璧曰：「壤應讀穰，不應讀如字，亦不應作『穰』也。」〔註 75〕岡白駒曰：「『壤』當作『穰』。」王重民曰：「《說文》：『穰，黍梨已活者。』又『秧，禾若秧穰也。』『秧穰』疊韻字，猶穰穰也。是穰有二義，秧穰即此大穰義所本。又按《說文》：『壤，柔土也。』則『壤』為古字，於古無徵，疑後人亂之也。穰義當為近之。許氏又曾用以解字，則『穰』字較古，洪說非是。《莊子》崔本及陸氏所見別本作『穰』，《列子》吉府本、《御覽》卷 485 引亦並作『穰』。」楊伯峻從王重民說。唐敬杲曰：「壤，『穰』之借字，富也。」王叔岷曰：「《記纂淵海》卷 42 引作『三年而富穰』。道藏白文本、林希逸本、宋徽宗本『壤』皆作『穰』。『壤』即『穰』之借，《廣雅》：『穰，豐也。』」劉辰翁《評點》本、故宮藏明刻本亦作「穰」。《釋文》「穰」，日本國會圖書館藏明覆元刊本、早稻田大學藏本、四庫本形誤作「攘」。《御覽》卷 485 引「足」誤作「定」，「壤」誤作「攘」，王重民失檢。

（30）向氏大喜，喻其為盜之言，而不喻其為盜之道

按：王叔岷曰：「《六帖》卷 91 引上『喻』字作『聞』，『道』作『意』。今本上『喻』字疑涉下『喻』字而誤。」《六帖》臆改，《御覽》卷 485、《記纂淵海》卷 40 引同今本〔註 76〕。

（31）遂踰垣鑿室，手目所及，亡不探也

按：王叔岷曰：「《六帖》卷 91 引『鑿室』作『穿宇』，『探也』作『探取』。」

〔註 74〕吳玉搢《別雅》卷 2，收入景印文淵閣《四庫全書》第 222 冊，臺灣商務印書館 1986 年初版，第 657 頁。

〔註 75〕王汝璧《芸簏偶存》卷 2，收入《續修四庫全書》第 1462 冊，上海古籍出版社 2002 年版，第 79 頁。

〔註 76〕四庫本《記纂淵海》在卷 42，下同。

楊伯峻說同。《六帖》臆改，《御覽》卷 485、《記纂淵海》卷 40 引同今本。

（32）夫禾稼、土木、禽獸、魚鱉，皆天之所生，豈吾之所有

按：皆天之所生，《記纂淵海》卷 40 引同，《白氏六帖事類集》卷 28 引作「皆天地所有」。

（33）遇東郭先生問焉

《釋文》本「遇」作「過」，云：過，音戈。一作「遇」字。

按：楊伯峻曰：「過，北宋本作『遇』，汪本從之，今從藏本、四解本、世德堂本改正。」《四解本》作「遇」，楊氏失檢。蔣刻景宋本、林氏《口義》本〔註 77〕、國圖藏宋元遞修本、《湖海樓叢書》汪刻本作「遇」，宋徽宗《義解》本、劉辰翁《評點》本、江遹本、日本國會圖書館藏明覆元刊本、故宮藏明刻本、早稻田大學藏本、秦恩復刻本、四庫本作「過」。二字皆通。

《黃帝篇》第二校補

（1）焦然肌色皯黣

張湛注：役心智，未足以養性命，秖（祇）足以焦形也。

《釋文》本「焦」作「燋」，云：燋，音焦。肌色，一作「顏色」。皯，古旱切。黣，音每。諸書無此字，《埤蒼》作「檌」，同音每，謂木傷雨而生黑斑點也。皯黣亦然也。

按：秦恩復曰：「檌，《說文》無此字。黣，俗『黴』字，當作『黴』。《楚辭·漁父》：『顏色憔悴。』王逸注：『皯黴黑也。』」王叔岷曰：「《釋文》本『焦』作『燋』，元本、世德堂本亦並作『燋』，《御覽》卷 79 引下文同。《廣雅》：『蕉，黑也。』『焦』、『燋』並與『蕉』同。《文子·上德篇》有『黣』字，『穤』與『黣』同，正作『黴』，今俗作『霉』。」陶光亦謂「黣」同「黴」〔註 78〕。焦，日本國會圖書館藏明覆元刊本、早稻田大學藏本、朱得之《通義》本作「燋」。注「秖」，汪刻本作「祇」，字同。秦刻本《釋文》「檌」作「穤」，「木傷」作「禾傷」，是也。《玉篇》：「穤，黑也，禾傷雨也。」《廣韻》：

〔註 77〕道藏本《口義》作「過」。

〔註 78〕陶光《列子校釋》，《雲南論壇》第 1 卷第 4 期，1948 年版，第 13 頁。

「穤，禾傷雨則生黑班也。」「黴」正字，「穤」俗別字，俗字亦作「黣」、「黴」、「梅」。焦、燋，讀為顦、憔。焦然，憔悴貌。《素問・上古天真論篇》：「五七陽明脈衰，面始焦，髮始墮。」亦用借字。

（2）養一己其患如此，治萬物其患如此

張湛注：惟任而不養，縱而不治，則性命自全，天下自安也。

按：《御覽》卷 79 引注「自全」誤作「自反」。

（3）不知斯齊國幾千萬里

張湛注：斯，離也。齊，中也。

按：王叔岷曰：「《類聚》卷 11、《天中記》卷 23 引『斯』並作『距』，《御覽》卷 397 引亦作『距』。」陶光、楊伯峻指出諸書所引是臆改〔註 79〕。《御覽》卷 79 引仍作「斯」。劉辰翁曰：「斯齊國，猶言此中國也。」非是。

（4）不偎不愛

張湛注：偎亦愛也。芻狗萬物，恩無所偏。偎音隱偎。

《釋文》云：偎，烏恢切，愛也。不偎不愛，謂或隱或見。《山海經》曰：「北海之隅，其人水居偎愛。」隱偎也。《字林》云：「偎，仿佛見不審也。」

按：林希逸曰：「不偎，不偎曲也，與『不愛』同。」楊伯峻曰：「《說文》：『僾，仿佛也。《詩》曰：僾而不見。』今《詩》『僾』作『愛』。此愛字亦借為僾，故《釋文》訓隱。《山海經・海內經》云『偎人愛人（之）』，郭注云：『畏（偎），亦愛也。』張注本此。」愛（僾）亦作薆，《爾雅》：「薆，隱也。」郭璞注：「謂隱蔽。」偎亦作隈。朱得之曰：「偎，求人憐也。愛，我憐人也。」岡白駒說同，蓋即襲取朱說也。嚴北溟曰：「偎，親近。」皆非是。

（5）土無札傷，人無夭惡

《釋文》云：鄭眾注《周禮》云：「越人名死為札。」《左傳》曰：「人不夭札。」

按：《左傳・昭公十九年》：「札瘥夭昏。」杜預注：「大死曰札，小疫曰

〔註 79〕陶光《列子校釋》，《雲南論壇》第 1 卷第 4 期，1948 年版，第 13 頁。

瘥，短折曰夭，未明曰昏。」《釋文》：「札，《字林》作『殀』，云：『夭死也。』」敦煌寫卷 P.2011 王仁昫《刊謬補缺切韻》：「殀，夭死。」又「殀，癘疾。」《玉篇》：「殀，夭殀也，癘病也。」字亦作殃、㞕，《集韻》：「殃，《字林》：『夭死也。』或作㞕。」朱駿聲曰：「札，叚借為折。」〔註 80〕

（6）列子師老商氏，友伯高子，進二子之道

《釋文》云：進，音盡。

按：皇甫謐《高士傳》卷中：「老商氏者，不知何許人也。列禦寇師焉，兼友伯高子，而進于其道。」則皇甫似讀「進」如字，非是。

（7）壹其性，養其氣，含其德，以通乎物之所造

《釋文》云：養其氣，一本作「真其氣」。

盧重玄曰：性不雜亂，唯真與天地合其德而通於萬物之性命。

按：陶光曰：「《集解》本『含』作『舍』。按《莊子》作『合』，當從之。《莊子・刻意篇》曰：『聖人虛無恬惔乃合其德。』與此文同旨。」〔註 81〕《莊子・達生》作「養其氣」，又「含」作「合」。「合」字是，盧《解》本正作「合」。郭象註：「不以物離性。」成玄英疏：「抱一不離，故常與玄德冥合也。」江遹本、高守元本、故宮藏明刻本作「舍」，亦形之誤也。

（8）是故遻物而不慴。

張湛注：向秀曰：「遇而不恐也。」

《釋文》本「遻」作「遌」，云：遌，音忤，遇也。一本作「遻」。心不欲見而見曰遻，於義頗迂。《莊子》亦作「遻」。慴，之涉切。

按：秦刻本「遻」作「忤」。秦恩復曰：「『遻』、『忤』古字通。」王叔岷曰：「『遻』即『遌』之俗，世德堂本亦作『遌』，道藏白文本、林希逸本並作『遻』，即『遌』之壞字。盧重元（玄）本、道藏高守元本並作『忤』，與《釋文》音合。」劉辰翁《評點》本、故宮藏明刻本、早稻田大學藏本作「遌」。《莊子》見《至樂》，《記纂淵海》卷 67 引作「遌物而不慴」〔註 82〕。《六書故》：「遌，五故切，逢也。莊周曰：『遌物而不慴。』別作迕、迕、啎。」

〔註 80〕朱駿聲《說文通訓定聲》，武漢市古籍書店 1983 年版，第 689 頁。
〔註 81〕陶光《列子校釋》，《雲南論壇》第 1 卷第 4 期，1948 年版，第 15 頁。
〔註 82〕四庫本《記纂淵海》在卷 49。

（9）揮斥八極

張湛注：郭象曰：「揮斥，猶縱放也。」

《釋文》云：斥，音尺。郭象云：「揮斥，猶放縱也。」又曰：「揮斥，奮迅也。」

按：《莊子·田子方》同，《莊子釋文》：「斥，郭音尺，李音託。」《集韻》引司馬彪注亦曰：「揮斥，放縱也。」朱謀㙔曰：「揮斥，縱恣也。」〔註 83〕陶光曰：「《莊子釋文》云：『斥，李音託。』是字假為祏，《廣雅》：『祏，大也。』」〔註 84〕陶說是，字亦作㨢、拓、拆，開張也。敦煌寫卷 S.6134 作「拆」，即「拆」俗字。字亦作柝，《淮南子·原道篇》：「廓四方，柝八極。」高誘注：「廓，張也。柝，開也。柝讀重門擊柝之柝也。」揮，讀為麾，俗作麾，即「指揮」之「揮」正字。

（10）今汝怵然有恂目之志

《釋文》云：怵，丑律切。恂，音荀。何承天《纂要》云：「吳人呼瞬目為恂目。」

按：《莊子·田子方》同，敦煌寫卷 P.3789《莊子》亦作「恂」，《莊子釋文》引李頤本作「眴」。林希逸曰：「恂，動也。恂目，動目也。」秦恩復曰：「『恂』當作『眴』。」桂馥謂恂借為旬（眴）〔註 85〕，是也，不必以為誤字。「旬」同「眴」，俗字作瞬、瞚、瞤，目搖動也〔註 86〕。眴目，形容怵然恐懼。陶光曰：「《釋文》引何承天說，非也。『瞬目之志』義不可解，『目』疑當為『懼』。『恂』當訓為驚懼之義，字實假為夐。《說文》：『夐，驚也。』」〔註 87〕陶說改字，非也。

（11）范氏有子曰子華，善養私名

張湛注：遊俠之徒也。

〔註 83〕朱謀㙔《駢雅》卷 2，收入《叢書集成新編》第 38 冊，新文豐出版公司 1985 年版，第 338 頁。

〔註 84〕陶光《列子校釋》，《雲南論壇》第 1 卷第 4 期，1948 年版，第 16 頁。

〔註 85〕桂馥《說文解字義證》，收入丁福保《說文解字詁林》，中華書局 1988 年版，第 3841 頁。

〔註 86〕參見蕭旭《孔子家語校補》，收入《群書校補（續）》，花木蘭文化出版社 2014 年版，第 461～462 頁。

〔註 87〕陶光《列子校釋》，《雲南論壇》第 1 卷第 4 期，1948 年版，第 16 頁。

按：林希逸曰：「私名，私僕（僕）也，浙江人謂之私身是也。」林說非是，「名」即「名譽」之「名」。許維遹曰：「『名』疑為『客』之壞字。注『遊俠之徒也』，則原文本作『客』明矣。又下文『子華使其俠客』，正承此而言。」王叔岷曰：「《文選·擬古詩》注引『范』上有『晉』字。」《文選·五等諸侯論》李善注引無「晉」字。許說非是，《文選》二注及《海錄碎事》卷 9 引皆作「名」字。《困學紀聞》卷 19：「俗語皆有所本……『私名』出《列子》，『家公』出《莊子》。」「名」非「客」壞字也。養私名，猶言養取私譽。于省吾曰：「私應訓為隱匿。私名謂隱匿名字，即亡命之徒。」其說亦非。

（12）目所偏視，晉國爵之；口所偏肥，晉國黜之

張湛注：肥，音鄙。肥，薄也。

《釋文》云：肥，皮美切。按《說文》、《字林》並作「扉」，又作「圮」，皆毀也。字從其省。

盧重玄曰：偏視者，顧眄之深也。偏肥者，毀謗之厚也。

按：盧文弨曰：「注『音鄙，肥，薄也』，疑本是『音鄙薄』，『肥』字乃衍文。」段玉裁曰：「古『肥』與『非』通。口所偏肥，猶云口所偏非耳。」洪頤煊曰：「《漢書·敘傳》：『安滔滔而不葩兮。』鄧展曰：『葩，避也。』『肥』又通作『腓』字，《詩·采薇》：『小人所腓。』毛傳：『腓，避也。』口所偏避，謂不齒之人。」秦恩復曰：「《說文》無『扉』字，當作『胣』，俗作『脆』。『圮』當作『肥』，故《釋文》云『字從其省』。多肉之肥字古作『肕』，從卪，不從色。」俞樾曰：「《說文》無『扉』字。《户部》：『扈，崩也。』崩與毀義近是。『扉』為『扈』之誤。張注曰『音鄙，肥，薄也』，疑本作『肥音鄙薄也』。蓋謂讀如鄙薄之鄙耳。『扈』字孫愐音符鄙切，與張讀正合。『扈』省作『肥』，故《釋文》曰『字從其省』也。秦氏恩復校刻盧重玄本以『扉』為『胣』字之誤。夫『胣』何得訓毀，於義難通。蓋誤讀張注作肥薄也，故為此說。今正其字為『扈』，其義為毀，其音為鄙，則皆得之矣。秦說非也。」金其源、錢鍾書亦謂「借肥為非」〔註 88〕，當即襲自段說而未出注耳。《說文》：「扈，

〔註 88〕金其源《讀〈列子〉管見》，收入《讀書管見》，（上海）商務印書館 1957 年初版，第 383 頁。錢鍾書《〈列子〉張湛注》，收入《管錐編》第 2 冊，中華書局 1986 年版，第 473 頁。

崩也。」桂馥曰：「崩也者，《集韻》：『𡾰，壞也。』通作『肥』，《列子》注云云（引者按：指《釋文》）。」錢大昕曰：「《列子釋文》云云，《史記・三王世家》：『毋俷德。』『俷』當是『𡾰』之譌。」朱駿聲曰：「𡾰，字亦誤作䏰，《列子・黃帝》『口所偏肥』，注引《字林》：『䏰，毀也。』字又作俷，《史記・三王世家》：『毋俷德。』《索隱》：『敗也。』一作『菲』。」鈕樹玉曰：「𡾰，當從肥作[illegible]。《列子釋文》云云，《說文》無『䏰』，蓋即『𡾰』誤。」朱士端引王念孫說，亦謂當從「肥」。王筠亦引此例以說《說文》〔註 89〕。此皆俞說所本。王念孫、鈕樹玉謂「𡾰」當從「肥」，是也。此文「肥」亦當從「己」作「肥」，形誤作「肥」，又誤作「肥」。《說文》：「𡾰，崩聲。」又「圮，毀也。䣩，圮或從手，從非，配省聲。」「𡾰」即「𡾰」異體字，「圮（䣩）」同「𡾰」〔註 90〕。秦恩復改「圮」作「肥」，俞樾駁之雖是，然亦未得其誼也。《釋文》說大致不誤。《集韻》：「肥，薄也。《列子》：『口所偏肥。』通作鄙。」此誤從張湛注。段玉裁又曰：「『𡾰』與『圮』亦非一字。」〔註 91〕則亦失考。洪氏所引「葩（腓）」訓避者，則讀為偝（背）〔註 92〕，與此無涉。

（13）雖傷破於前，不用介意

《釋文》云：介，音界，副也，稱也。

按：岡白駒曰：「介，滯也。」二說皆非是。介，讀為忦、妎，毒恨也〔註 93〕。

（14）莫不眲之

張湛注：眲，音奴革〔切〕。

《釋文》云：眲，奴革切。《方言》：「揚越之間，凡人相輕侮以為無知謂眲。眲，耳目不相信也。」

〔註 89〕桂馥《說文解字義證》，錢大昕《十駕齋養新錄》，朱駿聲《說文通訓定聲》，鈕樹玉《說文解字校錄》，朱士端《說文校定本》，王筠《說文解字句讀》，並收入丁福保《說文解字詁林》，中華書局 1988 年版，第 9216 頁。

〔註 90〕參見丁福保《說文解字詁林》引諸家說，中華書局 1988 年版，第 9217 頁。

〔註 91〕段玉裁《說文解字注》，收入丁福保《說文解字詁林》，中華書局 1988 年版，第 9216 頁。

〔註 92〕參見方以智《通雅》卷 4，康熙浮山此藏軒刻本，中國書店 1990 年影印，第 55 頁。

〔註 93〕參見蕭旭《〈慧琳音義〉「譀譪」正詁》，《中國語學研究・開篇》第 35 卷，2017 年 5 月日本好文出版，第 289～296 頁。

按：林希逸曰：「眲，輕視之意。」岡白駒說同林氏，蓋即襲其說耳。楊伯峻曰：「吳闓生謂『眲，蓋目訝之也，耳而目之之義』，蓋就字形為義。《中華大字典》謂『眲，輕視也』，蓋就文義為義。」《釋文》所引《方言》見卷10，戴震引此文以證〔註94〕。《廣韻》：「眲，耳目不相信，出《列子》。」《集韻》《類篇》並云：「眲，輕視也，《列子》：『見商邱開衣冠不檢，莫不眲之。』一曰耳目不相信。」此即《大字典》所本。吳闓生說無據。

（15）緩步闊視

按：《文選・遊天臺山賦》李善注引同，《記纂淵海》卷36引作「濶步緩視」。

（16）狎侮欺詒

《釋文》云：詒音待。《方言》：「相欺。」本作「紿」。

按：今本《方言》無此文。王重民曰：「《御覽》卷430引『詒』作『紿』。案《說文》：『詒，相欺語也。紿，絲勞也。』『詒』本字，後人多以『紿』代之。《仲尼篇》：『吾笑龍之詒孔穿。』此並古字之僅存者。」陶光曰：「紿假為詒。」〔註95〕王叔岷曰：「《記纂淵海》卷44引亦作『紿』。」宋・劉宰《送湯兄赴薛館序》用此典，亦作「紿」。字亦借「怠」、「殆」為之。後漢支婁迦讖譯《佛說無量清淨平等覺經》卷4：「轉相欺怠，調作好惡，得其財物歸給妻子。」元、明本「怠」作「詒」。《弘明集》卷13郗嘉賓《奉法要》：「殉私欺殆。」明本「殆」作「詒」。

（17）攩拯挨抌

張湛注：攩音晃。拯音扶閉。挨音烏待。抌音都感切。

《釋文》云：攩，胡廣切。《方言》：「今江東人亦名推為攩。」又音晃，搥打也。拯，蒲結切。《方言》：「凡相推搏曰拯。」又扶畢切，推擊也。挨，烏骸切，推也。抌，丁感切。《方言》：「擊背也。」一本作「抗」，違拒也。

盧重玄曰：攩者，觸撥之也。拯者，拗捩之也。挨者，恥辱之也。抌者，違拒之也。

〔註94〕戴震《方言疏證》卷10，收入《戴震全集（5）》，清華大學出版社1997年版，第2424～2425頁。

〔註95〕陶光《列子校釋》，《雲南論壇》第1卷第4期，1948年版，第16頁。

按：《方言》卷 10：「挩、抌，推也，南楚凡相推搏曰挩，或曰揔，沅湧澆幽之語或曰攩。」郭璞注：「今江東人亦名推為攩，音晃。」《釋文》解「攩」誤以郭注為《方言》正文，或今本脫「注」字。又所引《方言》「擊背也」，今本《方言》無此文。《說文》：「挨，擊背也。」疑《釋文》誤記，當是「挨」字釋義。「抌」據《方言》訓推。今本《釋文》「挨，推也。抌，《方言》：『擊背也。』」，當訂作：「挨，《說文》：『擊背也。』抌，《方言》：『推也。』」今本有脫字，又互倒其文。一本作「抗」者，王叔岷已指出乃「抌」字形譌。北宋·張舜民《火宅賦》有「攩挩挨抌」語，即出此文。《史記·刺客傳》：「右手揕其胷。」《集解》引徐廣曰：「揕，一作抗。」《索隱》：「揕，謂以劍刺其胷也。抗，言抗拒也，其義非。」「揕」即「抌」異體，一本亦誤作「抗」，是其比。《淮南子·說林篇》：「不在於槸格，在於批抌。」高誘注：「抌，推擊其要矣。」景宋本誤作「伉」。

（18）於眾中漫言曰

《釋文》云：漫，散也。

按：林希逸曰：「漫言，等閑說也。」岡白駒曰：「漫言，無意而言也。」諸說皆非。漫，讀為謾，欺也。

（19）形若飛鳥，揚於地，骫骨無碼

《釋文》本「骫」作「骪」，云：音肬。按「骪」是古「委」字。《說文》云：「骨曲直也。」於義頗迂。碼，音毀。

按：任大椿曰：「肬即委。」王叔岷曰：「《釋文》本『骫』作『骪』，道藏林希逸本亦作『骪』，『骫』即『骪』之誤。盧重元本、元本、世德堂本、道藏白文本、江遹本、高守元本並作『骪』，『骪』亦『骪』之誤。道藏宋徽宗本作『肌』，《御覽》卷 430 引同，『肌』又『肬』之誤也。」王氏所據《御覽》乃四庫本，景宋本《御覽》卷 430 引作「楊於地，巳骨無傷」。骫，蔣刻景宋本、國圖藏宋元遞修本同，劉辰翁《評點》本作「骪」，林氏《口義》本、《湖海樓叢書》汪刻本、日本國會圖書館藏明覆元刊本、早稻田大學藏本、故宮藏明刻本、秦恩復刻本、四庫本作「骪」。「骪」是「骫」形譌，即古「委」字。「肬」是「肒」形譌。骫骨，謂脛骨上端彎曲處。王叔岷以「骪」為正字，非是。二日藏本及四庫本有注：「骪，音肌。」故宮本上方校語：「『骪』與『肌』同。」陳直曰：「『肌』字作『骪』，因下文有『骨』字，是以字從義，

正古文之保存者。」〔註 96〕楊伯峻曰:「肌,《正韻》云音雞,《篇海》云同『肌』。『肌骨』即『肌骨』。」嚴北溟曰:「肌(jī),同『肌』。」皆非是。敦煌寫卷 S.6134「形」作「刑」,借字。

(20)因復指河曲之淫隈曰:「彼中有寶珠,泳可得也。」

《釋文》云:淫音深。隈,烏恢切,水曲也,一本作「隅」。

按:陶光指出《御覽》卷 430 引「淫隈」作「隈」,「彼」誤作「波」〔註 97〕。《御覽》卷 803 引「淫隈」亦作「隈」,「彼」字不誤。敦煌寫卷 S.6134 作「阿曲之隈」。

(21)既出,果得珠焉,眾昉同疑

張湛注:昉,始也。

《釋文》云:昉,或作「放」。

按:俞樾曰:「古字放與方通。《廣雅》:『方,始也。』然則『昉』者俗字,『放』者叚字,實即『方始』之方耳。」《御覽》卷 430 引「得」作「獲」,「昉」作「始」。既,讀為曁,及也。

(22)俄而范氏之藏大火

按:王重民曰:「《御覽》卷 430 引『大火』作『失火』。」《御覽》卷 191 引仍作「大火」,《御覽》卷 815、《事類賦注》卷 10 引脫「大」字。敦煌寫卷 S.6134 作「俄而子華之庫遇火」。

(23)埃不漫,身不焦

《釋文》云:埃,一本作「烸」。

按:王叔岷曰:「《御覽》卷 191、430 引『焦』作『燋』(燋、焦古通),《御覽》卷 815、《事類賦注》卷 10 引作『燒』。」陶光曰:「《廣韻》:『烸,火盛也。』」〔註 98〕陶說非是,埃、烸,並讀為炱。《說文》:「炱,灰,炱煤。」指煙灰、煙塵。朱駿聲曰:「炱,今蘇俗謂之煙塵。《通俗文》:『積煙為炱煤。』

〔註 96〕陳直《讀子日札‧列子》,收入《摹廬叢著七種》,齊魯書社 1981 年版,第 116 頁。

〔註 97〕陶光《列子校釋(續)》,《雲南論壇》第 1 卷第 5 期,1948 年版,第 19 頁。

〔註 98〕陶光《列子校釋(續)》,《雲南論壇》第 1 卷第 5 期,1948 年版,第 19 頁。

《素問・風論》:『其色炲。』注:『黑色也。』字亦作炱,《列子・黃帝》:『埃不漫。』《釋文》:『一作炱。』」〔註 99〕

(24)吾誠之無二心

按:盧文弨曰:「誠之,《御覽》卷 430 作『誠信』。」俞樾曰:「誠,信也。吾誠之即吾信之也。」景宋本《御覽》卷 430 引仍作「誠之」,盧氏所據乃誤本。

(25)怛然白熱

《釋文》本「怚」作「怛」,云:怛,丁達切,驚也。

按:怚,國圖藏宋元遞修本同,各本作「怛」,是也,《御覽》卷 430 引又形誤作「坦然」。白,蔣刻景宋本、國圖藏宋元遞修本同,宋徽宗《義解》本、林氏《口義》本、劉辰翁《評點》本、江遹本、高守元本、《湖海樓叢書》汪刻本、日本國會圖書館藏明覆元刊本、早稻田大學藏本、故宮藏明刻本作「內」,《御覽》卷 430 引亦作「內」。「白熱」不辭,王叔岷、陶光指出「白」是「內」形譌〔註 100〕。

(26)雖虎狼鵰鶚之類,無不柔〔馴〕者

《釋文》云:馴,順也。一本無「馴」字。

按:楊伯峻曰:「『柔』下原無『馴』字,藏本、世德堂本有,今據補。《御覽》卷 926 引無『馴』字。」宋徽宗《義解》本、林氏《口義》本、劉辰翁《評點》本、江遹本、高守元本、日本國會圖書館藏明覆元刊本、故宮藏明刻本、早稻田大學藏本、四庫本有「馴」字,《埤雅》卷 7、《記纂淵海》卷 101、《山谷外集詩注》卷 12 史容注引亦有「馴」字〔註 101〕。

(27)夫食虎者,不敢以生物與之,為其殺之之怒也

張湛注:恐因殺以致怒。

按:王叔岷曰:「《北山錄・異學篇》引『之怒』作『而怒』,下同。《御覽》卷 891、《記纂淵海》卷 98 引並作『恐怒』,下同。」陶光指出《御覽》

〔註 99〕朱駿聲《說文通訓定聲》,武漢市古籍書店 1983 年版,第 173 頁。
〔註 100〕陶光《列子校釋(續)》,《雲南論壇》第 1 卷第 5 期,1948 年版,第 19 頁。
〔註 101〕四庫本《記纂淵海》在卷 54。

引誤〔註102〕。諸書引皆臆改，《事類賦注》卷20、《記纂淵海》卷54引同今本作「之怒」，《埤雅》卷3同（未注出處），《莊子·人間世》亦同。之怒，猶言致怒、生怒，張注是也。

（28）不敢以全物與之，為其碎之之怒也

張湛注：恐因其用力致怒。

《釋文》云：碎之，一本作「決之」。

按：王叔岷曰：「《事類賦》卷20、《記纂淵海》卷98、《天中記》卷60引並作『決之』。《莊子·人間世篇》同。《御覽》卷891引作『使之』，『使』即『決』之誤。」陶光謂作「決」是〔註103〕。景宋本《御覽》卷891引作「決之」，蓋據《莊子》而改，王氏所據為誤本。《記纂淵海》卷54引作「辟之」，是「碎之」形譌。《北山錄》卷9慧寶注、《埤雅》卷3作「碎之」，未注出處。

（29）時其飢飽，達其怒心

張湛注：向秀曰：「達其心之所以怒而順之也。」

按：王叔岷曰：「《淮南·主術篇》『怒心』作『怒恚』。『怒恚』與『飢飽』對言，當從之。『心』蓋『恚』之壞字。《莊子》亦誤作『怒心』。」《淮南子》作「適其饑飽，違其怒恚」。「怒心」未必誤，《記纂淵海》卷54、98引同今本。敦煌寫卷P.3454《六韜》：「時其飢飽，達其憙怒。」時，讀為伺。適，節也。「違」是「達」形譌。

（30）乃若夫沒人，則未嘗見舟而謖操之者也

張湛注：謖，起也。

《釋文》云：謖，所六切，《莊子》作「便」。

按：林希逸說與張注同。朱得之曰：「謖，若不經意。」曾廣源曰：「楚語通謂愚孄曰㭘頭㭘腦，猶北人謂傻頭傻腦也。楚亦謂㭘曰謖，《列子》『未見舟而謖操之』，謖即傻也。楚讀謖若韶。」〔註104〕楊伯峻從曾說。陶光曰：「謖，《莊子》作『便』，疑是。」〔註105〕曾氏說無據。《爾雅》：「謖，起也。」

〔註102〕陶光《列子校釋（續）》，《雲南論壇》第1卷第5期，1948年版，第20頁。
〔註103〕陶光《列子校釋（續）》，《雲南論壇》第1卷第5期，1948年版，第20頁。
〔註104〕曾廣源《戴東原轉語釋補》，《安雅》第1卷第10期，1935年版，第38頁。
〔註105〕陶光《列子校釋（續）》，《雲南論壇》第1卷第5期，1948年版，第20頁。

此張注所本，邵晉涵、郝懿行、尹桐陽、陳晉、朱駿聲皆引此文以證〔註 106〕。謏，讀為速，音轉又作趚、趥。《集韻》：「趚，走貌。」今吳語謂疾行曰趚，又謂疾速亦曰趚。字亦作稷，或讀為即。章太炎曰：「《莊子》『謏』作『便』，則謏當借為稷。《詩·楚茨》箋云：『稷之言即也。』未嘗見舟而即操之，比『起』誼為切。」〔註 107〕章說是也，而張湛注「謏，起也」亦未失，起者，謂疾起之貌。《詩·楚茨》：「既齊既稷。」毛傳：「稷，疾。」孔疏引王肅曰：「執事已整齊，已極疾。」「便」亦「即」也，疾速之義。嚴北溟曰：「謏，立刻。」是也，而尚未知其所以然。

（31）向吾見子道之

張湛注：「道」當為「蹈」。

《釋文》云：道，音導，下「道之」同。郭璞注《穆天子傳》云：「道，從也。」

按：朱駿聲曰：「道，叚借為蹈。」〔註 108〕金其源曰：「《釋名》：『道，蹈也。』則不必作『蹈』。」〔註 109〕王叔岷曰：「盧重元本、道藏高守元本並作『蹈』。下文『此吾所以道之也』，盧本亦作『蹈』，《莊子·達生篇》同。作『道』是故書。」陶光曰：「《釋文》說非是。下文『此吾所以道之也』，《莊子》『道』正作『蹈』。《集解》本字作『蹈』者，從張注改之耳。」〔註 110〕楊伯峻曰：「四解本作『蹈』，亦是依張注之意而改。『道』當從注改為『蹈』，下文『請問蹈水有道乎』作『蹈』，可證。《釋文》讀為導，雖可通，終不逮張注為近之。」不煩改字，朱、金、王說是也〔註 111〕。《釋名》又曰：「蹈，道也。」《長短經·定名》：「夫道者，人之所蹈也。」二字互為聲訓。《韓詩外傳》卷 6：「故明君不道也。」《荀子·富國》同。《外傳》卷 3、《荀

〔註 106〕邵晉涵《爾雅正義》，郝懿行《爾雅義疏》，尹桐陽《爾雅義證》，陳晉《爾雅學》，並收入《爾雅詁林》，湖北教育出版社 1996 年版，第 858～860 頁。朱駿聲《說文通訓定聲》，武漢市古籍書店 1983 年版，第 217 頁。

〔註 107〕章太炎《膏蘭室札記》卷 1，收入《章太炎全集（1）》，上海人民出版社 1982 年版，第 108 頁。

〔註 108〕朱駿聲《說文通訓定聲》，武漢市古籍書店 1983 年版，第 265 頁。

〔註 109〕金其源《讀〈列子〉管見》，收入《讀書管見》，（上海）商務印書館 1957 年初版，第 383 頁。

〔註 110〕陶光《列子校釋（續）》，《雲南論壇》第 1 卷第 6 期，1948 年版，第 7 頁。

〔註 111〕另參見蕭旭《上博簡（二）〈容成氏〉「酥庀」臆解》。

子・王制》作「蹈」。北圖 0866《李陵變文》:「(管敢)直至單於帳前，勃籠宛轉，舞道揚聲，口稱死罪。」S.328《伍子胥變文》:「一時舞道呵呵。」二例即「舞蹈」。

(32)與齎俱入，與汩偕出

張湛注：齎汩者，水迴入涌出之貌。

《釋文》本「齎」作「齊」，云：司馬云:「齊，洄水如磨齊也。」汩，古忽切，涌波也。郭象云:「洄伏而涌出者汩也。」

按：林希逸曰：「齎，《莊子・達生篇》作『齊』，乃水之旋磨處也，『齎』字亦誤也。汩，湧處也。」任大椿曰:「考注曰『齎汩，洄入涌出之貌』，即司馬所云『齊，洄水如磨齊』者也。《說文》:『齌，肶齌也。』《玉篇》:『臍，又作齌。』今本『齎』字當為『齌』字之誤。『回』、『洄』又為通借之字，故《莊子釋文》作『回』，《列子釋文》又作『洄』也。」陶光曰:「任說是也。《莊子》作「齊」，假為『臍』。」〔註112〕《莊子》郭象注:「磨翁而旋入者，齊也。回伏而湧出者，汩也。」《釋文》:「司馬云:『齊，回水如磨齊也。』汩，胡忽反，司馬云:『涌波也。』」成玄英疏:「湍沸旋入，如磑心之轉者，齊也。回復騰漫而反出者，汩也。郭注云『磨翁而入』者，關東人喚磑為磨，磨翁而入，是磑釭轉也。」諸說是也，「齌」即「臍」易位異體字，乃「齊」分別字。本指腹臍，引申之，「臍(齊)」指物之中央，此指如磨磑中心的旋水也。馬敘倫曰:「齊，借為淀。《說文》:『淀，回泉也。』」〔註113〕馬說非是。《事類賦注》卷 7 引《莊子》誤作「齎」，《避暑錄話》卷下引又誤作「濟」。汩，讀為㫚，字亦作淈、滑。《說文》:「㫚，水流也。」又「淈，一曰水出皃也。」《六書故》:「汩，通作滑，或作淈。」王念孫曰:「『汩』與『㫚』同，重言之則曰㫚㫚……『汩』與『淈』同，重言之則曰淈淈。」〔註114〕朱駿聲曰:「汩，叚借為㫚。」〔註115〕郭注「磨翁」，蓋擬人之稱，當時方言耳。

〔註112〕陶光《列子校釋(續)》,《雲南論壇》第 1 卷第 6 期，1948 年版，第 7 頁。

〔註113〕馬敘倫《莊子義證》卷 19，收入《民國叢書》第 5 編，(上海)商務印書館 1930 年版，本卷第 14 頁。

〔註114〕王念孫《廣雅疏證》，收入徐復主編《廣雅詁林》，江蘇古籍出版社 1992 年版，第 469 頁。

〔註115〕朱駿聲《說文通訓定聲》，武漢市古籍書店 1983 年版，第 689 頁。

（33）吾生於陵而安於陵，故也；長於水而安於水，性也

按：《莊子‧達生》同。陵，陸地，古吳楚語〔註116〕。宋‧李綱《乞造戰船募水軍劄子》：「臣聞生於陸者安於陸，生於水者安於水。」則易作通語。

（34）仲尼適楚，出於林中，見痀僂者承蜩

《釋文》云：痀僂，背曲疾也。

按：《莊子‧達生》同。林希逸曰：「承蜩，持竿而粘蟬者也。」蔣超伯曰：「張湛注云：『痀僂，背曲疾也。』按與此二字音近者俱訓為隆起之義，高地狹小之區曰甌窶，山峰之陡絕者曰岣嶁。」〔註117〕楊伯峻曰：「僂，世德堂本作『慺』，或作『瘻』。」任大椿曰：「凡訓曲脊者皆作僂。《玉篇》：『慺，謹敬也，不輕也，下情也。』無曲脊之義。今本『僂』作『慺』，誤。」《莊子‧達生》亦作「痀僂」，蔣超伯說是也，字又作「痀瘻」、「鉤婁」、「鉤婁」、「傴僂」、「軀瘻」等形〔註118〕。王念孫曰：「承，讀為拯，《說文》作『抍』。拯謂引取之也。《莊子‧達生篇》：『見痀僂者承蜩，猶掇之也。』承亦謂引取之也。」〔註119〕馬敘倫曰：「承，借為黏，古讀同舌音也。《淮南‧說山訓》：『孔子見黏蜩者。』即謂此事，字正作『黏』。」〔註120〕王說是。成玄英疏：「承蜩，取蟬也。」《爾雅翼》卷27《音釋》：「承蜩，謂以膠竿黏蟬。」《柳南隨筆》卷2：「以竿黏曰承。」「承」謂持竿粘取，非可徑讀為黏也。

（35）纍垸二而不墜，則失者錙銖

張湛注：向秀曰：「累二丸而不墜，是用手之停審也，故承蜩所失者不過錙銖之間耳。」

《釋文》本「纍」作「絫」，云：絫，古累字。垸，音丸。司馬云：「謂

〔註116〕參見蕭旭《〈越絕書〉古吳越語例釋》，收入《群書校補（續）》，花木蘭文化出版社2014年版，第2015～2017頁。

〔註117〕蔣超伯《南漘楛語》卷8《讀列子》，收入《續修四庫全書》第1161冊，上海古籍出版社2002年版，第369頁。

〔註118〕參見蕭旭《「果贏」轉語補記》，收入《群書校補（續）》，花木蘭文化出版社2014年版，第2290～2297頁。

〔註119〕王說轉引自王引之《經義述聞》卷11，江蘇古籍出版社1985年版，第267～268頁；其說又見《廣雅疏證》，收入徐復主編《廣雅詁林》，江蘇古籍出版社1992年版，第41頁。

〔註120〕馬敘倫《莊子義證》卷19，收入《民國叢書》第5編，（上海）商務印書館1930年版，本卷第4頁。《淮南子》原文作「黏蟬」。

累丸於竿頭也。」

按：垸，蔣刻景宋本、國圖藏宋元遞修本同，林氏《口義》本作「琓」，故宮藏明刻本作「琓」，江遹本作「丸」，其餘各本作「垸」。陶光曰：「字當作『垸』，《莊子》作『丸』，假為『垸』。《說文》：『垸，以桼和灰而𩭩也。』着膠桼於竿頭黏蟬。」〔註121〕陶說「字當作垸」是也，而所解則誤。「垸」是漆中加灰塗抹器物，非此文之誼。纍垸，當據《莊子·達生》讀為累丸。馬王堆帛書《五十二病方》：「毀一垸音（杯）酒中，飲之。」又「漬以淳酒而垸之，大如黑叔（菽），而吞之。」亦借用「垸」為「丸」。字或作捖，馬王堆帛書《養生方》：「冶雲母、銷〔消〕松脂等，並以麥𪌭捖之。」字亦省作完，馬王堆帛書《養生方》：「即以松脂和，以為完。」又「到春，以牡〔牝〕鳥卵汁畚（弁），完如鼠矢，陰乾，入八完叔（菽）醬中，以食。」睡虎地秦簡《日書》甲種：「以犬矢為完。」

（36）吾處〔身〕也，若橜株駒

張湛注：崔譔曰：「橜株駒，斷樹也。」

《釋文》本「橜」作「厥」，云：厥，本或作「橛」，同，其月切。《說文》作「橜」，木本也。李頤云：「厥，竪也。株駒亦枯樹本也。」駒，音俱。

按：朱得之曰：「橜株，槁枝。」任大椿曰：「今本作『橜』，『厥』、『橜』通。考《呂覽·本生篇》『佁蹶之機』，注：『蹶機，門內之位也。』。是佁蹶之蹶即門閫之橜。『橜」與『厥』通，又與『蹶』通也。又『株駒』，《莊子·達生篇》作『株拘』。《釋文》引李云：『厥，竪也。竪若株拘。』考《易林》：『蒙生株瞿，棘掛我鬚。』云蒙生，云棘，則亦林木之類。株駒、株拘、株瞿，皆一音相轉也。又考《山海經》『下有九拘』，注：『根盤錯也。』《淮南子》曰：『大本則根欋。』音劬。則駒、拘、瞿、枸、欋，皆有木本盤錯之義。」王叔岷、楊伯峻從其說。《呂覽》本作「招蹷」，「蹷」是足不能行之病名，任氏引以為證，非是。任氏謂「駒、拘、瞿、枸、欋，皆有木本盤錯之義」，是也。上博簡（五）《三德》：「枸株覆車。」當以「厥（橜）株」為一詞，亦作「掘株」，指斷木根〔註122〕。《廣韻》：「橛，橛株，山名。」「橛株」同源，正足證

〔註121〕陶光《列子校釋（續）》，《雲南論壇》第1卷第6期，1948年版，第8頁。
〔註122〕參見蕭旭《敦煌寫本〈莊子〉校補》，收入《群書校補》，廣陵書社2011年版，第1229～1230頁。

當以「厥（橜）株」連文也。

（37）漚鳥之至者百住而不止

張湛注：「住」當作「數」。

《釋文》云：住，音數。

按：王重民曰：「《呂氏春秋．精諭篇》作『數』，《類聚》卷 92 引《列子》亦作『數』。蓋作『住』者《列子》本文，作『數』者後人所改也。」王叔岷曰：「《類聚》卷 92、《御覽》卷 925、《爾雅翼》卷 17、《容齋四筆》卷 14、《記纂淵海》卷 56、《事文類聚》後集卷 46、《合璧事類》別集卷 69、《韻府群玉》卷 8、《天中記》卷 59 引皆作『數』。《世說新語．言語篇》注、《文選．雜體詩》注引《莊子》，《呂氏春秋．精諭篇》並同。作『住』是故書。」「鎚餺」音轉則作「鎚䬴」〔註 123〕，亦「住」讀為「數」之證。

（38）至言去言，至為無為

按：二語亦見本書《說符》，《呂氏春秋．精諭》、《淮南子．道應篇》同，《莊子．知北遊》、《文子．微明》作「至言去言，至為去為」。

（39）齊智之所知，則淺矣

張湛注：限於智之所知，則失之遠矣。

《釋文》云：齊，在詣切。

按：林希逸曰：「齊，同也，猶『皆』字也。」張湛注是也。《莊子．知北遊》「智」作「知」，餘同；本書《說符》作「夫淺知之所爭者，末矣」，《淮南子．道應篇》、《文子．微明》同，《呂氏春秋．精諭》「知」作「智」，餘同。

（40）趙襄子率徒十萬狩於中山

按：王重民曰：「《御覽》卷 51、《類聚》卷 80 並引『中山』作『山中』。此恐非指中山，蓋汎（汎）言山中耳。」楊伯峻曰：「中山，春秋時為鮮虞，戰國時為中山國。」《御覽》卷 869、《事類賦注》卷 8、《記纂淵海》卷 1 引仍作「中山」，《博物志》卷 8 同，「中山」即「山中」，狀語前置，楊說非是。本篇下文「老子中道仰天而歎」，《釋文》：「中道，道中。」亦其比。

〔註 123〕參見蕭旭《麵食「餺飥」、「餢飳」、「蠍餅」名義考》。

（41）藉芿燔林

《釋文》云：藉，在夜切。芿，而振切。在下曰藉，草不剪曰芿。燔，音煩，燒也。

按：王叔岷曰：「《博物志》『芿』作『艿』，『芿』即或『艿』字。」艿（芿）之言仍也，取因仍為義。《玉篇》：「艿，音仍，《說文》曰：『舊草不芟，新草又生曰艿。』今本《說文》但作「艿，艸也」，當有脫文。《慧琳音義》卷99引《考聲》：「芿草密不剪也。」又引《說文》訓草密也。《廣韻》：「艿，草名，謂陳根草不芟，新草又生，相因艿也。」《集韻》：「艿《說文》：『草也。』一曰陳草相因艿。或作芿。」

（42）鯢旋之潘為淵

張湛注：向秀曰：「夫水流之與止，鯢旋之與龍躍，常淵然自若，未始失其靜默也。」

《釋文》本「旋」作「桓」，云：鯢，音倪。桓，胡官切，盤桓也。一本作「旋」，謂盤旋也。潘，音盤，本作蟠，水之瀊洄之瀊。今作蟠，恐寫之誤。鯢，大魚也。桓，盤桓也。蟠，洄流也。此言大魚盤桓，其水蟠洄，而成深泉。《南華真經》作「審」。梁簡文云：「蟠，聚也。」

按：林希逸曰：「鯢，大魚也。旋，盤旋也，《莊子》作『桓』為是。水中有魚，半靜半動之象也。」奚侗曰：「『潘』當為『瀋』，『沈』之叚字。『沈』正作『湛』。《說文》：『湛，沒也。』引伸之則有深意。沈、湛古今字。沈為淵者，尤（猶）言深為淵耳。《莊子》作『審』，蓋瀋缺宀則為潘，缺水則為審，易滋訛誤，蹤跡固可尋也。」任大椿曰：「凡山水以桓名，皆有盤桓之義。《水經注》云：『桓是，隴阪名，其道盤桓旋曲而上，故名曰桓〔是〕。』〔註124〕阪以桓名，與水以桓名，皆以盤桓為義，與《釋文》『旋』之作『桓』可以互證。而『盤桓』二字古多訓為旋。故《列子》盤桓之桓又作旋。又考《莊子·應帝王》《釋文》：『鯢桓，司馬云：「二魚名也。」簡文云：「鯢，鯨魚也。桓，盤桓也。」崔本作「鯢拒」，云：「魚所處之方穴也。」又云：「拒或作桓。」』然則鯢桓之桓一作旋，見《列子釋文》；一作拒，又見《莊子釋文》也。『潘』敬順《釋文》既云『本作蟠，水之瀊洄之瀊』，則是以『蟠』為正字。又云『今

〔註124〕《水經注》見《桓水》，任氏引脫「是」字，蓋誤以「是」作判斷詞，不知「是」即「氏」也。

本作蟠，恐寫之誤』，於義頗未順。其云『今本作蟠』之蟠，恐是『潘』之訛。然考《莊子·應帝王》《釋文》『鯢桓之審』，司馬云：『審當為蟠，聚也。』崔本作『潘』，云：『回流所鍾之域。』《管子·五輔篇》注云：『潘，溢也。』《補註》謂水之溢洄為潘。《廣雅》：『潘，瀾也。』然則作『蟠』作『潘』，義各有據，皆不誤也。未知敬順《釋文》所云『今本作蟠』之蟠究為何字之誤。又考《玉篇》：『瀊，洄也。』敬順《釋文》『瀊洄』二字乃本於此。《管子·小問篇》作『洀桓』。」馬敘倫曰：「鯢借為研。旋、桓同喉音也。研旋猶礳（磨）旋。」〔註 125〕奚說非是。《莊子·應帝王》作「鯢桓之審為淵」。崔本作「拒」是「桓」形譌。「桓」、「旋」音之轉耳，馬說是也。「盤桓」、「洀桓」皆即「盤旋」，又作「般桓」、「槃桓」、「磐桓」、「畔桓」、「盤亙」、「蹣桓」、「便旋」、「槃還」、「般還」等形〔註 126〕。任氏未達音轉。胡懷琛曰：「張注謂『水之盤回之盤』，是也；謂『恐寫之誤』，非也。此形聲字，言蟲作蟠，言鳥作翻，言草作蕃，言山作嶓，言水正宜作潘，非寫之誤也。」〔註 127〕「潘」是「蟠」分別字，借作盤，俗作瀊，指盤旋之水、盤聚之水。《莊子》作「審」是誤字。林希逸《莊子口義》：「審，信也。」非是。《吳越春秋·勾踐伐吳外傳》：「故前潮水潘候者，伍子胥也。」亦借潘為盤。「鯢」指鯨魚。鯢旋之潘、鯢桓之審（潘），指鯨魚盤桓的盤聚之水。

（43）氿水之潘為淵

《釋文》云：氿，音軌，水泉從傍出也。

按：林希逸本作「沈水」，云：「一作『氾』，合作『汍』，水從旁穴出曰汍也。」王叔岷曰：「道藏白文本『氿』作『沈』，林希逸本亦作『沈』，《記纂淵海》卷 8 引作『氾』，盧重元本、道藏高守元本並作『汍』。『沈』、『氾』、『汍』並『氿』之誤。」王說是也，秦恩復刻本亦誤作「汍」。《爾雅》：「氿泉穴出。穴出，仄出也。」郭璞注：「從旁出也。」《釋文》：「氿，音軌，《詩》云：『有洌氿泉。』仄，本亦作側。」《詩·大東》《釋文》：「氿，音軌，泉側

〔註 125〕馬敘倫《莊子義證》卷 7，收入《民國叢書》第 5 編，（上海）商務印書館 1930 年版，本卷第 7 頁。

〔註 126〕參見蕭旭《〈說文〉「蠶姍」疏證》，收入《群書校補（續）》，花木蘭文化出版社 2014 年版，第 1851～1864 頁。

〔註 127〕胡懷琛《〈列子〉張湛註補正》，收入《叢書集成續編》第 39 冊，新文豐出版公司 1988 年印行，第 201 頁。

出也，字又作晷。」考《說文》:「厬，仄出泉也。讀若軌。」又「氿，水厓枯土也。」然則「厬」正字，「氿」、「晷」借字。

（44）吾與之虛而猗移

張湛注：向秀曰：「無心以隨變也」。

《釋文》云：猗移，委移，至順之貌。

按：林希逸曰：「『猗移』合作『委蛇』，順也。」楊伯峻曰:「猗移，汪本作『倚移』，今從北宋本、藏本訂正。馮登府曰:『猗移即委蛇。』」《釋文》及馮說是也，《莊子·應帝王》作「委蛇」。「猗移」即「委移」音轉，又作「委隨」等形，順從之貌〔註 128〕。汪本作「倚移」亦不誤，《周禮·考工記》鄭玄注:「迤讀為『倚移從風』之移。」

（45）因以為茅靡

張湛注:「茅靡」當為「頹靡」。向秀曰:「變化頹靡，世事波流，無往不因，則為之非我。」《釋文》云：茅，《莊子》作「苐（弟）」，音頹。苐（弟）靡，崔譔曰:「遜伏也。」盧重玄曰：至虛而無形，不見其相貌，如草之靡，如波之流，淼然汎然，非神巫之所識也。按：林希逸曰：「茅，音頹。茅靡者，拉扱也。」劉辰翁《評點》本作「弟靡」，云:「弟音頹，謬如『豈弟』之弟，其義則替弟又勝替也。」又引林希逸說「茅」亦作「弟」。褚伯秀《南華真經義海纂微》卷 21 曰：「弟靡，舊註同『頹』，未詳所據，今依《列》文『茅靡』為正，即『草上之風必偃』，庶協下文『波流』之義。」傅山、沈一貫亦謂當作「茅靡」〔註 129〕。《埤雅》卷 18：「《列子》曰：『因以為茅靡，因以為波流。』言其轉徙無定如此。『茅靡』一作『弟靡』，弟讀如稊。稊，茅之始生也。」惠士奇曰:「弟讀如稊（俗讀為頹，形聲兩失），茅之始生曰稊。」〔註 130〕王汝璧曰:「茅靡，謂若偃草，於誼自通，不必讀如頹靡。」〔註 131〕光

〔註 128〕參見蕭旭《〈說文〉「委，委隨也」義疏》，收入《群書校補》，廣陵書社 2011 年版，第 1413～1418 頁。

〔註 129〕傅山《霜紅龕集》卷 39《雜記四》，收入《續修四庫全書》1395 冊，第 721 頁。沈一貫《莊子通》卷 3，收入《續修四庫全書》第 956 冊，第 372 頁。

〔註 130〕惠士奇《易說》卷 3，收入景印文淵閣《四庫全書》第 47 冊，臺灣商務印書館 1986 年初版，第 711 頁。

〔註 131〕王汝璧《芸簏偶存》卷 2，收入《續修四庫全書》第 1462 冊，上海古籍出版社 2002 年版，第 79 頁。

聽諧曰：「上文『吾與之虛而猗移』，注既以猗移為至順之貌，則『茅靡』正謂如茅之從風靡，『波流』正謂如波之逐水流，皆言無逆於物。」洪頤煊曰：「《莊子·應帝王篇》『因以為弟靡』，《釋文》：『弟靡，不窮之貌。』崔云：『猶遜伏也。』『弟靡』即『迤靡』之借。『第』、『茅』因字形相近而訛。」宣穎、武延緒曰：「作『弟』誤。」〔註 132〕羅勉道曰：「弟靡，如人之弟靡然從兄也。」〔註 133〕朱桂曜曰：「『弟靡』即『夷靡』，弟、夷古字通。『茅』蓋譌字。」〔註 134〕朱駿聲曰：「茅靡，雙聲連語。」〔註 135〕馬敘倫曰：「《列子》作『茅』，形近而誤。弟借為披。『披靡』者，雙聲連綿詞。」〔註 136〕金其源曰：「弟猶荑苐也，草名。茅與弟皆是草名。《列子》之『茅靡』，《莊子》之『弟靡』，皆草靡之字異而義同也，不當讀頽。」〔註 137〕王叔岷曰：「『茅』即『弟』之誤，『弟』又『夷』之誤也。奚侗《莊子補注》云：『弟當為夷。《文選·射雉賦》：「崇墳夷靡。」徐爰注：「夷靡，頽弛也。」』其說是也。」洪頤煊、朱桂曜說是，「茅靡」是「苐（弟）靡」形誤。「弟靡」是「夷靡」、「猗靡」、「邐迤」、「弟佗」轉語，實亦「委蛇」、「委隨」音變〔註 138〕，隨順之義。「弟」、「夷」一音之轉。奚侗、王叔岷皆未達耳。盧重玄、褚伯秀、王汝璧、光聰諧、金其源皆望文生訓。《酉陽雜俎》續集卷 4 引作「方靡」，亦形譌。

（46）因以為波流

按：《莊子·應帝王》同。王念孫、陶鴻慶謂《莊子》「蛇、何、靡、隨為韻」，當從崔本作「波隨」。林希逸曰：「波流者，莽蕩也。」岡白駒說同，乃襲自林說。王叔岷曰：「《酉陽雜俎》續集卷 4 引『波流』作『流波』，當從之。『波』與上文『移、何、靡』為韻。」「波」字雖亦歌部合韻，然當據崔本作

〔註 132〕宣穎《南華經解》卷 7，收入《續修四庫全書》第 957 冊，第 458 頁。武延緒《莊子札記》卷 1，永年武氏壬申歲刊所好齋札記本（民國 21 年刊本），本卷第 27 頁。

〔註 133〕羅勉道《南華真經循本》卷 8，收入《續修四庫全書》第 956 冊，第 173 頁。

〔註 134〕朱桂曜《莊子內篇證補》，上海商務印書館中華民國 24 年版，第 210～211 頁。

〔註 135〕朱駿聲《說文通訓定聲》，武漢市古籍書店 1983 年版，第 261 頁。

〔註 136〕馬敘倫《莊子義證》卷 7，收入《民國叢書》第 5 編，（上海）商務印書館 1930 年版，本卷第 7～8 頁。

〔註 137〕金其源《讀〈列子〉管見》，收入《讀書管見》，（上海）商務印書館 1957 年初版，第 384 頁。

〔註 138〕參見蕭旭《荀子校補》，花木蘭文化出版社 2016 年版，第 163～166 頁。

「波隨」為是。馬敘倫曰:「流借為隨。『波隨』亦疊韻連緜詞也。」〔註 139〕聞一多曰:「王念孫說是也。『波隨』當讀作『陂陁』,亦頹靡之意,文一作『陂池』,一作『岥峗』。」〔註 140〕聞說是也,馬說音借不可信。字又作「陂池」、「陂阤」、「坡陁」、「岥峗」、「坡陀」等形〔註 141〕。

(47)份然而封戎,壹以是終

張湛注:向秀曰:「真不散也。」「戎」或作「哉」。

《釋文》本「戎」作「哉」,云:份,音紛。哉,一本作「戎」,音哉。

按:林希逸曰:「封,有廉隅也。紛,多也。其形已如木偶,安有封畛廉隅之多乎?『份』合作『紛』,『戎』合作『哉』,從《莊子》為是,此皆傳寫之誤也。」王叔岷曰:「道藏宋徽宗本正作『紛』,《莊子·應帝王篇》同。」《莊子》作「紛而封哉」,郭象注:「雖動而真不散也。」《釋文》:「紛,芳雲反。崔云:『亂貌。』哉,崔本作『戎』,云:『封戎,散亂也。』」成玄英疏:「封,守也。」李楨曰:「紛而封哉,《列子》作『份然而封戎』。按『封戎』是也。六句並韻語……戎、終為韻。惟崔本不誤,與《列子》同。」〔註 142〕宣穎曰:「封哉,當從《列子》作『封戎』,渾無端緒也。」〔註 143〕章太炎曰:「封哉,當依崔本作『封戎』,即『蒙戎』、『尨茸』也。」〔註 144〕馬敘倫曰:「朱駿聲曰:『紛,借為紊。』紊、紛並脣音。《說文》曰:『紊,亂也。』『封戎』者,與《詩》『狐裘蒙茸』之『蒙茸』同,皆『芃』字之緩言也。《詩》『有芃者狐』,《說文》曰:『芃,艸盛也。』」〔註 145〕朱起鳳曰:「封戎,散亂貌,聯緜字。『戎』字作『哉』,形相近而訛。」〔註 146〕李楨而下,諸說皆

〔註 139〕馬敘倫《莊子義證》卷 7,收入《民國叢書》第 5 編,(上海)商務印書館 1930 年版,本卷第 8 頁。

〔註 140〕聞一多《莊子內篇校釋》,收入《聞一多全集》第 9 冊,湖北人民出版社 1994 年版,第 62 頁。

〔註 141〕參見蕭旭《〈中古漢語詞匯史〉補正》,收入《群書校補(續)》,花木蘭文化出版社 2014 年版,第 2594~2595 頁。

〔註 142〕李楨說轉引自郭慶藩《莊子集釋》,中華書局 1961 年版,第 307 頁。

〔註 143〕宣穎《南華經解》卷 7,同治五年半畝園刊本,本卷第 6 頁。

〔註 144〕章太炎《莊子解故》,收入《章太炎全集(6)》,上海人民出版社 1986 年版,第 138 頁。

〔註 145〕馬敘倫《莊子義證》卷 7,收入《民國叢書》第 5 編,(上海)商務印書館 1930 年版,本卷第 8 頁。

〔註 146〕朱起鳳《辭通》卷 1,上海古籍出版社 1982 年版,第 10 頁。

是，馬氏所引《詩》「狐裘蒙茸」，見《史記・晉世家》引（阜陽漢簡《詩經》同），《左傳・僖公五年》引作「尨茸」，今《詩・旄丘》作「蒙戎」。《方言》卷2：「朦、厖，豐也。自關而西秦晉之閒凡大貌謂之朦，或謂之厖。『豐』其通語也。」此「蒙」、「尨」、「豐」音轉之證。字亦作「馮戎」，《古文苑》卷4揚雄《蜀都賦》：「五穀馮戎。」章樵注：「馮戎，富盛也。」字亦作「蒙容」，北大漢簡（三）《趙正書》：「吾衣（哀）令（憐）吾子之孤弱，及吾蒙容之民。」整理者指出「蒙容」即「蒙戎」、「蒙茸」、「尨茸」〔註147〕。字亦作「丰茸」、「妦媶」、「韸鞲」、「稀（穟）穃」，《文選》司馬相如《長門賦》：「羅丰茸之游樹兮。」李善注：「丰茸，眾飾貌。」《集韻》：「鞋、韃：鞋鞲，韋飾，或從夆。」謂韋飾之盛。《集韻》：「媶，妦媶，美貌。」又「穟、稀：《字林》：『矛有二横曰穟穃。』或從夆。」又「穃，稀穃，矛也。」字亦作「丰容」，《文選・於南山往北山經湖中瞻眺》：「解作竟何感？升長皆丰容。」李善注：「丰容，悦茂貌。」字亦作「菶茸」、「蓬茸」，《文選・射雉賦》：「稊菽蔂糅，蘙薈菶茸。」徐爰注：「翳薈菶茸，深概貌。」李善注引《西京賦》：「莽蓴菶茸。」《文選・西京賦》作「蓬茸」。字亦作「蓊茸」，《類聚》卷87引梁張纘《瓜賦》：「蓊茸鬱薈，莽蓴婆娑。」字亦作「髼茸」，李商隱《垂柳》：「垂柳碧髼茸，樓昏雨帶容。」字亦音轉作「紛容」、「紛溶」，《史記・司馬相如傳》《上林賦》：「紛容蕭蔘，旖旎從風。」《漢書》、《文選》作「紛溶」。楊慎曰：「紛溶，猶豐茸也。」〔註148〕明・周子文說同，孫志祖引楊說〔註149〕。「紛而」形容「封戎」，自當訓為散亂貌。宋徽宗、江遹並謂「戎」宜作「哉」，傎矣。字書、韻書未收「忿」字，僅見於金人邢准《新修絫音引證群籍玉篇》：「忿，忿心。」蓋據《賈子・匈奴》「孰敢忿然不承帝意」而立義。《賈子》「忿」同「忿」，偏旁易位別字。此文「忿」當是「汾」形訛，借為「紛」，實為「紊」。岡白駒曰：「『忿』與『憤』通，有勢貌。封，猶立也。『戎』從作『哉』。」其說全誤。

〔註147〕《北京大學藏西漢竹書（三）》，上海古籍出版社2015年版，第190頁。

〔註148〕楊慎《丹鉛總錄》卷19，收入景印文淵閣《四庫全書》第855冊，臺灣商務印書館1986年版，第564頁。

〔註149〕周子文《藝藪談宗》卷2，明萬曆間梁溪周氏刻本。孫志祖《文選理學權輿補》，收入《清代文選學名著集成》第6冊，廣陵書社2013年版，第531頁。施之勉《史記會注考證訂補》誤作孫志祖說，華岡出版有限公司1976年版，第1604頁。

（48）吾食於十漿，而五漿先饋

《釋文》云：饋，餉也。

按：漿，《莊子・列禦寇》《釋文》本作「饕」，云：「饕，本亦作漿。司馬云：『饕，讀曰漿。』饋，遺也。」

（49）夫內誠不解

張湛注：郭象曰：「外自矜飾，內不釋然也。」

《釋文》云：解，音蟹。向秀曰：「未能懸解。」

按：《莊子・列禦寇》同。《莊子釋文》：「解，音蟹，司馬音懈。」成玄英疏：「自覺內心實智，未能懸解。」林希逸曰：「解，化也。」是「解」舊有三說，林氏同郭，成氏同向。馬敘倫曰：「『解』為『懈』省。」〔註 150〕用司馬彪說。

（50）形諜成光

張湛注：郭象曰：「舉動便辟成光儀。」

《釋文》云：諜，音牒。辟，婢亦切。

按：王叔岷曰：「《御覽》卷 861 引此下有注云：『諜飾其形身之光也。』」《莊子・列禦寇》同。《莊子釋文》：「諜，徒協反。郭云：『便辟也。』《說文》云：『閒也。』成光，司馬云：『形諜於衷，成光華也。』」成玄英疏：「諜，便辟貌也。」林希逸曰：「諜，動也。形諜，形容舉動也。成光者，有光儀也。即積中發外之意。」朱駿聲曰：「諜，叚借為偞。」〔註 151〕孫詒讓曰：「郭及司馬說並難通。成以『諜』為便辟貌，古書亦無此義。諜，疑『諜』當為『渫』之叚字。謂形宣渫於外，有光儀也。」〔註 152〕馬敘倫從孫說〔註 153〕。岡白駒曰：「諜，伺也。從外伺之，有光華也。舊注諜訓動訓露，皆無據。」嚴北溟曰：「諜，察伺，引申為逢迎。」朱說是也，字亦省作偞。《釋文》引《說

〔註 150〕馬敘倫《莊子義證》卷 32，收入《民國叢書》第 5 編，（上海）商務印書館 1930 年版，本卷第 1 頁。

〔註 151〕朱駿聲《說文通訓定聲》，武漢市古籍書店 1983 年版，第 142 頁。

〔註 152〕孫詒讓《〈莊子〉郭象注》，收入《札迻》卷 5，中華書局 1990 年版，第 166 頁。

〔註 153〕馬敘倫《莊子義證》卷 32，收入《民國叢書》第 5 編，（上海）商務印書館 1930 年版，本卷第 1 頁。

文》「諜，閒也」，羅勉道、陸樹芝、桂馥從其說〔註 154〕，非是。《說文》：「偞，宋、衛之間謂華偞偞。」《方言》卷 2：「奕、偞，容也。自關而西，凡美容謂之奕，或謂之偞，宋、衛曰偞。」郭璞注：「奕、偞，皆輕麗之貌。」形諜，猶言形容。郭、成訓便辟貌者，諜之言牒，借為疊；便辟猶言盤辟，取曲疊、盤折為義。孫詒讓未知「便辟」所取義〔註 155〕。

（51）使人輕乎貴老，而整其所患

張湛注：郭象曰：「以美形動物，則所患亂至也。」

《釋文》云：整，子西切。

按：注「至」，今本《莊子・列禦寇》郭注作「生」，是也。整，蔣刻景宋本、國圖藏宋元遞修本、《湖海樓叢書》汪刻本、江遹本同，《釋文》本、宋徽宗《義解》本、高守元本、日本國會圖書館藏明覆元刊本、早稻田大學藏本、故宮藏明刻本作「整」，林氏《口義》本作「鳌」，《莊子》亦作「整」，褚伯秀本《莊子》作「鳌」。「鳌」當即「鏊」。林希逸曰：「鳌，聚也，積也。」朱得之「整」字旁注曰：「舍。」盧文弨曰：「『整』當作『韲』。」秦恩復曰：「『整』即《說文》『韲』字，或作『齏』，見《玉篇》。」王重民曰：「《御覽》卷 861 引『整』作『察』。」馬敘倫曰：「整，《說文》作『韲』，此借為齎，持遺也。」〔註 156〕金其源曰：「《莊子・大宗師》：『韲萬物而不為義。』《釋文》：『韲，司馬云：「碎也。」』《廣雅》：『碎，散也。』《國語・齊語》注：『散謂失亡也。』是韲猶失亡也。」〔註 157〕《說文》作「韲」，亦作「齏」（秦氏引誤），云：「韲，墜也。齏，韲或從齊。」俗字作整、韲、韲、齏、鏊。「墜」當是「韰」分別字，《繫傳》本正作「韰」，《集韻》引同。《說文》：「韰，齏也。」指細切或搗碎薑蒜淹醬，故引申訓雜亂。《莊子釋文》：「整，子兮反，亂也。」成玄英疏：「整，亂也。」陸樹芝曰：「韲，猶醃釀

〔註 154〕羅勉道《南華真經循本》卷 26，收入《續修四庫全書》第 956 冊，上海古籍出版社 2002 年版，第 276 頁。陸樹芝《莊子雪・雜篇》卷下，嘉慶四年儒雅堂刊本。桂馥《說文解字義證》，齊魯書社 1987 年版，第 220 頁。

〔註 155〕參見蕭旭《「便辟」正詁》，《中國文字研究》第 27 輯，上海書店出版社 2018 年 5 月出版，第 135～139 頁。

〔註 156〕馬敘倫《莊子義證》卷 32，收入《民國叢書》第 5 編，（上海）商務印書館 1930 年版，本卷第 1 頁。

〔註 157〕金其源《讀〈列子〉管見》，收入《讀書管見》，（上海）商務印書館 1957 年初版，第 384 頁。

也。……則所患由此而釀成矣。」〔註 158〕《御覽》卷 861 有注：「形飾則心亂，亂必患生，故當察也。」作「察」未知所據。

（52）汝處己，人將保汝矣

張湛注：汝若默然不自顯曜，適齊之與處此，皆無所懼。苟違此義，所在見保矣。

《釋文》云：保，附也。

按：《莊子·列禦寇》同。郭象注：「保者，聚守之謂也。」《莊子釋文》引司馬彪曰：「保，附也。」成玄英疏：「保，守也……門人請益，聚守之矣。」林希逸曰：「保，守也。歸者眾而守其門也。」奚侗曰：「處當訓審。」陶鴻慶曰：「保者，任也，言人將信任之。張注義殊未安。」岡白駒曰：「將保汝矣，人將愛護而從汝矣。」奚說是也。保訓聚守、附者，讀為赴〔註 159〕，趨附、歸附。下文云「無幾何而往，則戶外之屨滿矣」，張湛注：「歸之果眾。」是趨附之者眾也。

（53）伯昏瞀人北面而立，敦杖蹙之乎頤

張湛注：敦，竪也。

《釋文》云：敦，音頓。蹙，子六切。頤，音怡。

按：《莊子·列禦寇》同。《莊子釋文》引司馬彪曰：「敦，豎也。」成玄英疏：「敦，竪也。以杖柱頤，聽其言說，倚立閑久，忘言而歸也。」林希逸曰：「敦杖蹙之乎頤，豎立其杖而拄之於頤也。蹙，拄也。」朱駿聲曰：「敦，叚借為錞。」〔註 160〕馬敘倫曰：「敦借為章。《說文》：『章，磊章，重聚也。』蹙亦拄也，疑借為搊。」〔註 161〕胡懷琛曰：「敦，停也。」〔註 162〕敦，讀為頓，即「頓首」、「頓足」之「頓」，用力叩地也。蹙之言造，迫近也，至也。字亦作摵、埱，《方言》卷 13：「摵、𢿛，到也。」敦煌寫卷 P.2011 王仁昫

〔註 158〕陸樹芝《莊子雪·雜篇》卷下，嘉慶四年儒雅堂刊本。

〔註 159〕參見蕭旭《韓非子校補》，花木蘭文化出版社 2015 年版，第 11 頁。

〔註 160〕朱駿聲《說文通訓定聲》，收入丁福保《說文解字詁林》，中華書局 1988 年版，第 3678 頁。

〔註 161〕馬敘倫《莊子義證》卷 32，收入《民國叢書》第 5 編，（上海）商務印書館 1930 年版，本卷第 2 頁。

〔註 162〕胡懷琛《〈列子〉張湛註補正》，收入《叢書集成續編》第 39 冊，新文豐出版公司 1988 年印行，第 201 頁。

《刊謬補缺切韻》:「摵,到。」《廣雅》:「擻、槭,至也。」王念孫曰:「『撴』、『摵』二字並從手,各本譌從木,今訂正。摵之言造也,造亦至也。『造』與『摵』古同聲。」錢大昭曰:「《方言》:『摵,到也。』《玉篇》、《廣韻》並同。俗本譌從木,今訂正。『摵』通作『埱』,《說文》:『埱,至也。』字異音義同。」〔註 163〕王筠、朱駿聲亦謂「摵」同「埱」。桂馥曰:「錢君大昭云云。馥案:《集韻》:『摵,至也。』」〔註 164〕《慧琳音義》卷 99、《集韻》引《廣雅》作「摵」。此文猶言抵距,故成氏、林氏訓拄也。

(54)且必有感也,搖而本身

張湛注:必恒使物感己,則彼我之性動易之。

按:許維遹曰:「『必』當作『心』,形近致訛。《莊子·列禦寇篇》誤與此同。」許說非是。《莊子》作「必且有感」。必且,猶言必將。此文「且必」誤倒。

(55)與汝遊者,莫汝告也。彼所小言,盡人毒也。莫覺莫悟,何相孰也

張湛注:不能相成濟也。

盧重玄曰:與汝同居者,不攻汝之短,但稱汝之長;如此,適足毒汝之行,驕汝之心,有何相成耶?

按:《莊子·列禦寇》同,北圖本《莊子》「孰」作「熟」。《莊子釋文》:「孰,誰也,謂誰相親愛者。既無告語,此不相親愛之至也。」成玄英疏:「孰。誰也。彼此迷塗,無能覺悟,何誰獨曉以相告乎?」宋徽宗注:「相孰者,謂相與薰蒸至於成也。」林希逸曰:「相孰,相誰何也,相借問之意也。」郭嵩燾曰:「孰,審也。言莫之覺悟而終不自審也。」〔註 165〕馬敘倫曰:「孰借為毒。《老子》:『亭之毒之。』河上本作『成之熟之』,是其例證。」〔註 166〕嚴北溟曰:「相孰,猶相善,相互得益。」馬說是也,「孰」、「毒」異文同字耳。

〔註 163〕王念孫《廣雅疏證》,錢大昭《廣雅疏義》,並收入徐復主編《廣雅詁林》,江蘇古籍出版社 1992 年版,第 10 頁。

〔註 164〕桂馥《說文解字義證》,王筠《說文解字句讀》,朱駿聲《說文通訓定聲》,並收入丁福保《說文解字詁林》,中華書局 1988 年版,第 2392 頁。

〔註 165〕郭嵩燾說轉引自郭慶藩《莊子集釋》,中華書局 1961 年版,第 1041 頁。

〔註 166〕馬敘倫《莊子義證》卷 32,收入《民國叢書》第 5 編,(上海)商務印書館 1930 年版,本卷第 2 頁。

（56）楊朱南之沛，老聃西遊於秦，邀於郊，至梁而遇老子

張湛注：《莊子》云『楊子居』，子居或楊朱之字。

按：顧炎武曰：「《莊子》：『楊（陽）子居南之沛。』子居正切朱。」楊伯峻從顧說，是也，陳澧、莫友芝、劉盼遂、龍宇純皆從顧說〔註 167〕。遇，《莊子‧寓言》同，《文選‧與嵇茂齊書》李善注、《御覽》卷 709 引誤作「過」。

（57）老子曰：「而睢睢而盱盱，而誰與居？」

張湛注：汝云何自居處而夸張若此，使物故歎之乎？

《釋文》本「睢」作「睢」，云：睢，許唯切。盱，音吁。《說文》云：「盱，仰目也。」《蒼頡篇》云：「盱，張目貌。」高誘注《淮南子》云：「睢盱，視聽貌。」

按：《說文》：「睢，仰目也。」又「盱，張目也。」則《釋文》所引《說文》「盱，仰目也」之「盱」當作「睢」〔註 168〕。睢睢，字從且，國圖藏宋元遞修本、蔣刻景宋本同，宋徽宗《義解》本、林氏《口義》本、高守元本、江遹本、日本國會圖書館藏明覆元刊本、故宮藏明刻本、早稻田大學藏本、《湖海樓叢書》汪刻本從目作「睢睢」。從目作「睢睢」者是也，《文選‧與嵇茂齊書》李善注引作「睢睢」，《莊子‧寓言》同。郭象注：「睢睢盱盱，跋扈之貌。人將畏難而疏遠。」《莊子釋文》：「睢睢，郭呼維反，徐許圭反。《廣雅》云：『睢睢盱盱，元氣也。』而，汝也。言汝與元氣合德，去其矜驕，誰復能同此心？解異郭義。」成玄英疏：「睢盱，躁急威權之貌也。而，汝也。跋扈威勢，矜莊燿物，物皆哀悼，誰將汝居處乎？」林希逸曰：「睢睢盱盱，矜持而不自在之貌。」《淮南子‧俶真篇》：「萬民睢睢盱盱然。」高誘注：「睢睢盱盱，視聽之貌也。」《文選‧西京賦》：「睢盱拔扈。」又《魯靈光殿賦》：「厥狀睢盱。」又《劇秦美新》：「權輿天地未袪，睢睢盱盱。」李善三注，並引《字林》：「睢，仰目也。盱，張目也。」「睢盱」郭象注解為跋扈之貌，甚

〔註 167〕陳澧在《切韻考》卷 6《通論》，收入《續修四庫全書》第 253 冊，上海古籍出版社 2002 年版，第 435 頁。莫友芝《韻學源流》，中華書局 1962 年版，第 53 頁。劉盼遂《春秋名字解詁補證》，《劉盼遂文集》，北京師範大學出版社 2002 年版，第 491 頁。龍宇純《上古陰聲字具輔音韻尾說檢討》，《歷史語言研究所集刊》第 50 本第四分，第 696 頁。

〔註 168〕王叔岷《莊子校詮》已訂正，臺灣中央研究院歷史語言研究所專刊之八十八，1988 年版，第 1111 頁。

確，蓋以仰目、張目狀其傲視之貌也。朱駿聲曰：「睢，為『雎』之誤字，按『睢盱』者疊韻連語。此以聲為義，義不在字之從目也。高誘『視聽』之訓，失之。」〔註169〕朱說非是。《玉篇》、《廣韻》並云：「睢，睢盱，視皃。」《慧琳音義》卷16：「睢眄（盱）：《聲類》：『睢矍，大視也。』顧野王云：『睢眄（盱），驚速之皃。』《說文》：『仰視也。』二字並從目。」慧琳明確指出字從目。此為《佛說無量清淨平等覺經》卷4《音義》，檢經文作：「魯扈抵突，不知人情，睢眄強制。」宋本「眄」作「吁」，元、明本作「盱」。《北山錄》卷6：「恍惚睢盱，刺促趑趄，何燕居之有也？」慧寶注：「睢盱，舉目也。」字亦作「眭盱」，《廣韻》：「眭，眭盱，健皃。」《集韻》：「睢，《說文》：『仰目也。』一曰：睢睢，元氣皃。或作眭。」又「眭，眭盱，健也。」《御覽》卷186引《莊子》「盱盱」誤作「肝肝」。朱得之曰：「睢睢，神馳於目。盱盱，瞻顧不止。」岡白駒襲其說，臆說無據。

（58）其往也，舍迎將，家公執席，妻執巾櫛

張湛於「家」字下注：客舍家也。

按：林希逸曰：「迎將，迎送也。家公，旅邸之主也。」當「家公」連文，林注是。《莊子・寓言》作「其往也，舍者迎將，其家公執席，妻執巾櫛」，加一「其」字，尤為明豁。王叔岷、楊伯峻並從張以「舍迎將家」為句，非是。稱人之父為家公，指客店主人也。《韓子・說林上》「逆旅之父」，是其誼也。《莊子釋文》：「家公，李云：『主人公也。』一讀『舍者迎將其家』為句。」李說是。于鬯曰：「將者，進也。『家公』之稱固有李注，不煩再說。」

（59）彊勝不若己，至於若己者剛

張湛注：必有折也。

按：吳闓生曰：「『剛』當作『戕』，故注云『必有折也』。」楊伯峻、嚴北溟從其說。吳說無據。《說文》：「剛，強斷也。」張注用許說。剛，《淮南子・詮言篇》、《文子・道原》、《符言》並作「格」，《淮南子・原道篇》作「同」。

（60）戴髮含齒

按：《御覽》卷360引「齒」誤作「鹵」。

〔註169〕朱駿聲《說文通訓定聲》，武漢市古籍書店1983年版，第598頁。

（61）禽獸之智有自然與人〔童〕者，其齊欲攝生，亦不假智於人也

按：林希逸曰：「齊，皆也。攝，養也。」岡白駒曰：「『齊』同『攝』，養也。」王叔岷曰：「元本『假』作『暇』，古通。」楊伯峻曰：「『假』或作『暇』，皆讀為下。」嚴北溟曰：「假，通『遐』，遠。」童，北宋刊本、蔣刻景宋本脫，據各本補。假，日本國會圖書館藏明覆元刊本作「暇」。嚴說是也，下文「言血氣之類心智不殊遠也」，是其誼矣。齊，限也。

（62）紀渻子為周宣王養鬥雞

《釋文》本「渻」作「消」，云：姓紀名消，或作「消（渻）」，所景切。

按：王叔岷曰：「《事類賦》卷18引『渻』作『消』，《釋文》本、盧重元本、道藏高守元本皆作『消』。《類聚》卷91、《記纂淵海》卷97引並同。《莊子・達生篇》《釋文》亦云：『渻，一本作消。』（成疏亦云：『亦作消字。』）」《事類賦注》、《類聚》、《淵海》引皆作「渻」，王氏失檢。楊伯峻曰：「紀渻子，藏本作『紀消子』，秦本同，今依北宋本、吉府本、《御覽》卷918及《類聚》卷91引正。《莊子・達生篇》同。」道藏白文本作「渻」，楊氏失檢。林氏《莊子口義》本作「消」（《列子口義》則作「渻」）。《事物紀原》卷9、《事文類聚》後集卷46引作「渻」。

（63）方虛驕而恃氣

張湛注：無實而自矜者。

按：范致虛本作「虛憍」，《莊子・達生》同，《白氏六帖事類集》卷29、《古今合璧事類備要》別集卷85引《莊子》作「虛矯」〔註170〕。《莊子釋文》：「虛憍，李云：『高也。』司馬云：『高仰頭也。』」李頤注「高也」，指自高，張湛注解為「自矜」，二說合，是也。《列女傳》卷2：「寧榮於義而賤，不虛驕以貴。」義同。《集韻》：「憍，虛憍，高仰也。」此用司馬注「高仰頭」，則是讀為撟，其說未是。類書引作「矯」者，則是從司馬說，易作「矯首」字。

（64）康王蹀足謦欬疾言曰

《釋文》云：蹀，音牒。謦，口頂切。欬，音慨。

〔註170〕《白帖》在卷94。

按：林希逸曰：「蹀足，頓足也。謦欬，高聲也。疾言，言之急也。皆形容其怒之狀也。」吳闓生曰：「以『蹀』為『跌』。」楊伯峻曰：「六朝人多言『蹀足』，而有數解。《梁書·昭明太子傳》：『驤蹀足以酸嘶，挽悽鏘而流泫。』以古代喪車歌車不得疾馳，則此『蹀足』當作慢步解。顏延之《赭白馬賦》：『眷西極而驤首，望朔雲而蹀足。』此『蹀足』又當作疾馳解。」「蹀」是「趚」字音轉，字亦作踥、蹩、趞、跇、迣、跩、逷，蹈也，踏也，小跳貌〔註171〕。吳闓生未得其字。「蹀足」作慢步解或疾馳解者，此文中分別義，而語源皆取跳躍為義，楊氏未能會通。《呂氏春秋·古樂》：「昔葛天氏之樂，三人操牛尾投足以歌八闋。」高誘注：「投足，猶蹀足。」投足，謂以足擊地，猶言踏足、頓足，林注是也。朱得之亦曰：「蹀，頓。」岡白駒襲取林、朱說。蹀足謦欬，《淮南子·道應篇》同，《呂氏春秋·順說》誤作「謂足聲速」，《文選·七月七日夜詠牛女》李善注引《呂氏》不誤，《冊府元龜》卷887作「蹀足聲速」，「蹀」字尚不誤，「聲速」亦誤〔註172〕。謦欬，或借「聲咳」為之。桂馥曰：「《士虞禮》：『聲三啓戶。』注云：『聲者，噫歆也。將啓戶，警覺神也。』馥案：噫即欬也，噫、欬聲相近。《曲禮》：『車上不廣欬。』疏云：『欬，聲欬也。』『聲』當為『謦』。《列子·黃帝篇》：『宋康王謦欬。』《莊子·徐無鬼篇》：『況乎昆弟親戚之謦欬其側。』」〔註173〕

《周穆王篇》第三校補

（1）周穆王時，西極之國有化人來

張湛注：化，幻人也。

按：王叔岷曰：「《書鈔》卷129、《御覽》卷173、626引『西極』皆作『西域』，《類聚》卷62引作『西胡』，疑並後人所改。」《黃氏日抄》卷55引作「西域」。王氏謂諸書所引皆臆改，是也。《弘明集》卷14釋僧祐《弘明論後序》、《廣弘明集》卷25道宣《簡諸宰輔敘佛教隆替狀》、《法苑珠林》卷61、《北山錄·聖人生篇》、《容齋四筆》卷1、《攷古質疑》卷6、《資治通鑑前編》

〔註171〕參見蕭旭《〈爾雅〉「貗貐」名義考》，收入《群書校補（續）》，花木蘭文化出版社2014年版，第1819～1821頁。

〔註172〕周勳初等校訂《冊府元龜》失校，鳳凰出版社2006年版，第10303頁。

〔註173〕桂馥《札樸》卷4，中華書局1992年版，第156頁。

卷 9 引並作「西極」,《金樓子·志怪》同,本篇下文云「西極之南隅有國焉」。《御覽》卷 626 引「化人」誤作「山人」。

(2)化人以為王之宮室卑陋而不可處,王之廚饌腥螻而不可饗,王之嬪御膻惡而不可親

張湛注:螻蛄臭也。

《釋文》云:《周禮·天官·內饔》:「腥不可食者,馬黑脊而般臂〔螻〕。」鄭玄云:「般臂,毛自有文也。螻,蛄臭。」今讀者宜依《周禮》饔食。按隋祕書王邵《讀書記》云「『螻蛄』古本多作女旁者」,《方言》亦同。膻,音羶。

按:岡白駒曰:「腥螻,皆臭氣也。『膻』與『羶』通,羊臭也。」俞樾曰:「『膻』當作『羶』,言臭惡而不可親也。《廣雅》:『羶,臭也。』」胡懷琛曰:「『螻』應作『僂』。『僂』字與下『膻』字互訛。」楊伯峻從胡說。楊伯峻又曰:「今本《方言》仍作『螻蛄』,不作女旁。」舊注及俞說是,胡說非也。《埤雅》卷 11、《書敘指南》卷 9、《華嚴懸談會玄記》卷 31 引同今本,《攷古質疑》卷 6 引作「腥膢」。《埤雅》卷 11、《攷古質疑》卷 6、《增韻》卷 2「膻」字條引同今本作「膻惡」。北宋·宋祁《絕葷》:「多年卧病壓腥膢,香飯初依竺國流。」又《春晏病體少悰退臥北齋有寄》:「樸斵知林短,腥膢厭席卑。」即用此典,其所見本亦作「腥膢」。「膢」通「螻」。今《周禮》鄭玄注作:「般臂,臂毛有文。鄭司農云:『螻,螻蛄臭也。』」《周禮釋文》:「般,音班。臂,如字,徐本作辟。螻,音樓,如螻蛄蟲臭也。干音漏,內病也,此依《禮記》文。」《山海經·北山經》郭璞注引《周禮》作「斑臂膢」。《禮記·內則》作「般臂漏」,鄭玄注:「般臂,前脛般般然也。漏當為螻,如螻蛄臭也。」《禮記釋文》:「般,音班。臂,本又作擘。漏,依注音螻,力侯反。」此篇《釋文》所引《周禮》「般臂」下脫「螻」字,所引鄭注「蛄臭」上亦脫「螻」字。

(3)簡鄭衛之處子娥媌靡曼者

張湛注:娥媌,妖好也。靡曼,柔弱也。

《釋文》云:媌,音茅。好而輕者謂之娥,自關而東、河齊之間謂之媌,或謂之妖。曼,音萬。

按:《釋文》本於《方言》卷 1,當據今本《方言》於「好而」上補「秦晉之間」,改「河齊」作「河濟」,改「妖」作「姣」。任大椿失校。

（4）施芳澤，正蛾眉，設笄珥，衣阿錫，曳齊紈，粉白黛黑，珮玉環，雜芷若

《釋文》本「蛾」作「娥」，云：娥，音俄。

按：王重民曰：「吉府本『蛾』作『娥』。『娥』正字，『蛾』俗字也。《方言》：『娥，好也，秦晉之間，好而輕者謂之娥。』此娥眉本字。形若蠶蛾之說，始於顏師古《漢書》注。」王叔岷曰：「道藏白文本、林希逸本、江遹本、高守元本皆作『娥』，《淮南・修務篇》同。」楊伯峻曰：「王（重民）此說乃本陳奐《毛詩傳疏》說，是也。」宋徽宗《義解》本、劉辰翁《評點》本、故宮藏明刻本亦作「娥」。《淮南子・修務篇》：「施芳澤，正娥眉，設笄珥，衣阿錫，曳齊紈，粉白黛黑，佩玉環，揄步，雜芝（芷）若，籠蒙目視，冶由笑，目流眺，口曾撓，奇牙出，䤶酺搖。」

（5）居亡幾何，謁王同游，王執化人之袪，騰而上者，中天迺止，暨及化人之宮

張湛注：袪，衣袖也。

按：王重民曰：「暨、及同義，於文為複，蓋後人附注『及』字於『暨』之下而誤入正文者。《類聚》卷 62、《初學記》卷 27、《御覽》卷 812 引並無『及』字。」王叔岷曰：「王說是也。《北山錄・聖人生篇》、《文選・魏都賦》注、《御覽》卷 173 引亦並無『及』字。」《北山錄》引作「乃暨化人之宮」，《金樓子・志怪》作「乃携王至幻人之宮」。今本「及」乃「乃」字形譌，又誤倒於下。

（6）視其前，則酒未清，肴未昲

《釋文》本「昲」作「咈」，云：咈，《方言》：「咈，乾物也。」又音沸。

按：林希逸曰：「未昲，未敗也。」岡白駒曰：「咈，乾也，訓敗無據。」昲，蔣刻景宋本、國圖藏宋元遞修本、林氏《口義》本、劉辰翁《評點》本、故宮藏明刻本同，宋徽宗《義解》本、《湖海樓叢書》汪刻本、高守元本、江遹本、日本國會圖書館藏明覆元刊本、早稻田大學藏本、秦恩復刻本作「咈」，《資治通鑑前編》卷 9 引亦作「咈」。「咈」字是，俗作𣊫，楚語，《方言》卷 10：「咈、曬，乾物也，揚、楚通語也。」郭璞注：「咈音費，亦皆北方常語耳。」

（7）且曩之所居，奚異王之宮？曩之所游，奚異王之圃？

按：圃，各本皆誤，當據《北山錄・聖人生篇》引校作「囿」。「圃」是菜園，非所遊之所。

（8）而封之以詒後世

《釋文》云：詒，音怡，傳也。

按：詒，高守元本、故宮藏明刻本作「貽」，古字通用。《資治通鑑前編》卷9引誤作「治」。

（9）迺觀日之所入

張湛注：《穆天子傳》云：「西登弇山。」

按：王引之以上句「焉」屬句首，云：「焉猶於是也，乃也，則也。『焉乃』二字連文。」王重民曰：「王說非是。『迺』本作『西』，字之誤也。『焉』字仍當屬上為句。按郭璞《穆天子傳》注曰：『弇茲山，日所入也。』弇山在瑤池之西，為日所入處，張氏引之正以釋『西觀』之義，《御覽》卷3引作『西觀日所入處』，文雖小異，『西』字尚不誤。吉本府正作『西』。」楊伯峻從王重民說。王叔岷曰：「《事類賦》卷1引亦作『西觀日所入處』。疑此文本作『迺西觀日之所入』，《御覽》、《事類賦》所引，蓋略『迺』字耳。《文選・恨賦》注引作『乃西觀日所入』，是其塙證。『迺』即古『乃』字，道藏高守元本亦作『乃』，《玉海》卷148引同。」迺，故宮藏明刻本作「西」，《資治通鑑前編》卷9引作「乃」，其餘各本均作「迺」。「焉」屬上句。此當作「迺」，「西」為「迺」挩誤。

（10）予一人不盈於德而諧於樂

張湛注：諧，辨。

按：《穆天子傳》卷1「諧」作「辨」。諧，讀為解，一音之轉耳。岡白駒曰：「諧，和狎也。」非是。

（11）昔老聃之徂西也

按：徂，《御覽》卷752引作「祖」，借字。

（12）遂能存亡自在，憣校四時，冬起雷，夏造冰

《釋文》云：憣，音翻。校，音絞。顧野王讀作「翻交四時」。

按：林希逸曰：「幡校者，翻覆檢校也，變幻之意也。幡校四時者，變易陰陽之節也。」岡白駒曰：「憣校，作『翻交』，即變易也。」朱謀瑋《駢雅》卷1：「憣校，變易也。」朱駿聲曰：「『繙冤』疊韻連語。字亦作憣。《莊子·天道》：『於是繙十二經以說老聃。』司馬注：『煩冤也。』按：襍亂之意。《列子·周穆王》：『憣校四時。』」〔註174〕吳闓生曰：「憣校，播弄之意。」楊伯峻從吳說。章太炎曰：「憣猶幡也，亦猶蕃也。蕃得借為變矣。校讀為交者，《小爾雅》：『交，易也，更也。』然則憣校四時，謂變易四時也。」〔註175〕胡懷琛曰：「憣即翻也，於鳥從羽，於人從心。」〔註176〕王叔岷曰：「《記纂淵海》卷2、《事文類聚》前集卷5、《合璧事類備要》前集卷4、《天中記》卷4引『憣』並作『翻』。作『憣』是故書。道藏白文本、林希逸本並作『幡』，『幡』亦通『翻』。」《漢書·成帝紀》：「從胡客大校獵。」顏師古注引如淳曰：「合軍聚眾，有幡校擊鼓也。」〔註177〕又《趙充國傳》：「為塹壘木樵，校聯不絕。」如淳曰：「播校相連也。」朱起鳳謂「憣校」是「幡校」之誤，云：「幡校，音翻交，變易之義。作『憣』作『播』，並形之誤。」〔註178〕諸家解作「變幻」、「變易」，皆是也，但朱起鳳所引《漢書》如淳所說二例則誤，「幡校」是名詞，即「旛校」，指旌旗。旌旗亦有校名。《類聚》卷60引《抱朴子》：「軍所始〔出〕，舉牙立旗，風氣和調，幡校飄飄。」〔註179〕亦其例。憣（幡）校，顧野王讀為翻交，亦是也，猶言翻覆更易。《玉篇》：「交，更也。」言能改變四時，故能冬起雷夏造冰也。《莊子·徐無鬼》：「吾能冬爨鼎而夏造冰矣。」《關尹子·七釜》：「人之力有可以奪天地造化者，如冬起雷夏造冰。」《淮南子·覽冥篇》：「以冬鑠膠，以夏造冰。」

〔註174〕朱駿聲《說文通訓定聲》，武漢市古籍書店1983年版，第748頁。

〔註175〕章太炎《膏蘭室札記》卷1，收入《章太炎全集（1）》，上海人民出版社1982年版，第34頁。

〔註176〕胡懷琛《〈列子〉張湛註補正》，收入《叢書集成續編》第39冊，新文豐出版公司1988年印行，第202頁。

〔註177〕《文選·東都賦》李善注引「擊」作「鞾」。

〔註178〕朱起鳳《辭通》卷8，上海古籍出版社1982年版，第717頁。

〔註179〕「出」字據《書鈔》卷120引補。《御覽》卷339引亦作「幡校」，《書鈔》卷120引作「幡動」。

（13）故陰氣壯則夢涉大水而恐懼，陽氣壯則夢涉大火而燔焫，陰陽俱壯則夢生殺

張湛注：失其中和，則濡溺恐懼也。火性猛烈，遇則燔焫也。

《釋文》本「焫」作「焫」，云：焫，如悅切。

按：林希逸曰：「焫，火盛貌。」王叔岷曰：「《釋文》本是也。道藏林希逸本、江遹本並作『焫』，《意林》引同。『焫』即『焫』之誤。《靈樞經・淫邪發夢篇》亦作『焫』（本字作『爇』，《說文》：『爇，燒也。』）《素問・脈要精微論》作『灼』。」楊伯峻曰：「『焫』各本並作『焫』，字之誤也。《禮記・郊特牲》：『既奠然後焫蕭合羶薌。』《釋文》云：『焫，如悅切。』敬順《釋文》正作『焫』，亦取此音，可知唐時尚未誤。《玉篇》有『焫』字，而悅切，同『爇』，非顧氏原本，乃後人增竄，亦當據此校正也。惜古逸叢書《玉篇殘卷》缺火部，無從證明矣。」「焫」或作「焫」，是「焫」形譌，「焫」同「爇」。故宮藏明刻本亦作「焫」不誤，其餘各本皆誤作「焫」，朱得之《通義》本又脫誤作「炳」。王叔岷所云，「爇」是「爇」誤書，又謂《意林》引作「焫」，失檢，《意林》卷 2 引仍誤作「燔焫」〔註 180〕，《千金翼方》卷 12、《御覽》卷 397 引誤同。《素問・脈要精微論》：「陰盛則夢涉大水恐懼，陽盛則夢大火燔灼，陰陽俱盛則夢相殺毀傷。」《太素》卷 14、《御覽》卷 397 引《黃帝鍼經》、《備急千金要方》卷 1 亦作「燔灼」，《靈樞經・淫邪發夢》作「燔焫」，《巢氏諸病源候總論》卷 4 作「燔爇」，並同義，《鍼灸甲乙經》卷 6 亦誤作「燔焫」。《文選・為袁紹檄豫州》：「若舉炎火以焫飛蓬，覆滄海以沃熛炭。」〔註 181〕李善注引《聲類》：「焫，燒也。」「焫」亦「焫」形誤，《類聚》卷 58 引作「爇」〔註 182〕，《後漢書・袁紹傳》作「焚」。

（14）甚飽則夢與，甚饑則夢取

按：《素問・脈要精微論》：「甚飽則夢予，甚飢則夢取。」《靈樞經・淫邪發夢》：「甚饑則夢取，甚飽則夢予。」

〔註 180〕《意林》據指海本、聚珍本，道藏本又誤作「燔炳」。王天海《意林校注》以聚珍本作底本而失校，貴州教育出版社 1998 年版，第 94 頁。

〔註 181〕《魏志・袁紹傳》裴松之注、《玉海》卷 193 引誤同。

〔註 182〕《類聚》據南宋刊本，四庫本誤作「焫」。

（15）將陰夢火，將疾夢食

按：《說郛》卷 34 耐得翁《就日錄》引作「將雨夢水，將晴夢火，將病夢食」。考《關尹子・二柱》：「將陰夢水，將晴夢火。」疑今本「將陰夢火」當作「將陰夢〔水，將晴夢〕火」，捝四字。宋・李綱《夢志》：「列禦寇亦言陽盛則夢火，陰盛則夢水，甚饑則夢取，甚飽則夢與。」宋・程俱《列子論中》：「飽則夢與，飢則夢取，陽則夢火，陰則夢涉。」是二氏所見《列子》亦有「夢火」之語也。《意林》卷 2 引作「天將陰則夢火，身將疾則夢食」，《御覽》卷 397 引同今本，《御覽》卷 487 引作「將陰夢火，將病夢食」，已捝。

（16）信覺不語，信夢不達，物化之往來者也

張湛注：夢為鳥而厲於天，夢為魚而潛於淵，此情化往復也。

按：王太岳曰：「刊本『戾』訛『厲』，今改。」〔註 183〕楊伯峻曰：「注『戾』本作『厲』，亦通。但處度用《詩》（《小雅・四月》云：『匪鶉匪鳶，翰飛戾天。』），《詩》本作『戾』，當以『戾』為正。今從藏本訂。」各本皆作「厲」，獨高守元本作「戾」。王、楊說非是。「翰飛戾天」亦見《詩・小宛》，《文選・西都賦》注引《韓詩》：「翰飛厲天。」又引薛君曰：「厲，附也。」「戾」、「厲」古同音通借。然張湛注不用《詩》，錢鍾書指出張注本自《莊子・大宗師》「夢為鳥而厲乎天，夢為魚而沒於淵」〔註 184〕，甚確。《淮南子・俶真篇》：「𡪇為鳥而飛於天，𡪇為魚而沒於淵。」亦本於《莊子》。

（17）西極之南隅有國焉

《釋文》本「隅」作「嵎」，云：「嵎」與「隅」同。

按：任大椿曰：「嵎、隅、禺並通。」《御覽》卷 397、宋・程俱《列子論中》引作「隅」。

（18）有老役夫筋力竭矣

按：筋，《御覽》卷 397 引形誤作「筯」。

〔註 183〕王太岳《列子考證》，收入景印文淵閣《四庫全書》第 1499 冊，臺灣商務印書館 1986 年初版，第 677 頁。

〔註 184〕錢鍾書《〈列子〉張湛注》，收入《管錐編》第 2 冊，中華書局 1986 年版，第 496 頁。李若暉《列子校正》說同，收入《語言文獻論衡》，巴蜀書社 2005 年版，第 138 頁。

(19) 尹氏心營世事，慮鍾家業

按：慮，《御覽》卷 397 引誤作「盧」。

(20) 覆之以蕉

《釋文》云：「蕉」與「樵」同。

按：岡白駒曰：「蕉，薪也。」黃生曰：「『蕉』、『樵』古字通用。取薪曰樵，謂覆之以薪也。《莊子・人間世》：『死者以國量乎澤若蕉。』字與此同，謂死人骨如積薪也。」皮錫瑞說同〔註 185〕。《御覽》卷 906 引「蕉」形誤作「蕉」。

(21) 魯有儒生自媒能治之，華子之妻子以居產之半請其方

按：陶鴻慶曰：「居，猶蓄也，謂其素所蓄積也。」《御覽》卷 738 引「居產」誤作「居室」，宋・毛滂《行藏樓記》作「居產」。居產，猶言家產。《三國志・司馬朗傳》：「郊境之內，民不安業，捐棄居產，流亡藏竄。」自媒，猶言自我介紹。

(22) 而積年之疾一朝都除

按：《御覽》卷 738 引作「而積年之病一日都盡」。

(23) 聞歌以為哭，視白以為黑

按：《御覽》卷 738 引「聞」誤作「間」。

(24) 饗香以為朽，常甘以為苦

張湛注：《月令》曰：「其臭朽。」

按：錢大昕曰：「古人香與朽對，取其相反，猶味有甘苦也。《月令》：『春之臭羶，夏之臭焦，中央之臭香，秋之臭腥，冬之臭朽。』」俞樾曰：「『常』、『嘗』古通用。《列子》原文借『常』為『嘗』。道藏本易以本字，轉非古書之舊矣。」楊伯峻從錢、俞說。王叔岷曰：「《御覽》卷 490、《記纂淵海》卷 49、《合璧事類》續集卷 34 引『朽』並作『臭』。作『朽』是故書。盧重元本、世德堂本亦並作『嘗』，《御覽》卷 490、738、《記纂淵海》、《合璧事類》引皆同。作『常』是故書。」朽，《御覽》卷 738、《埤雅》卷 3 引

〔註 185〕皮錫瑞《師伏堂筆記》卷 2，收入《續修四庫全書》第 1165 冊，第 617 頁。

同，《事文類聚》別集卷 18 引亦作「臭」。嚴北溟曰：「朽，通『殠』，腐臭氣。」字亦作殑，《廣雅》：「殑，臭也。」常，蔣刻景宋本、國圖藏宋元遞修本、日本國會圖書館藏明覆元刊本、世德堂本同，宋徽宗《義解》本、高守元本、江遹本、林氏《口義》本、劉辰翁《評點》本、《湖海樓叢書》汪刻本、故宮藏明刻本、早稻田大學藏本、秦恩復刻本、四庫本作「嘗」，《埤雅》、《事文類聚》引作「嘗」。

（25）而況魯之君子迷之郵者

《釋文》云：郵，音尤。

按：林希逸曰：「『郵』與『尤』同。迷之郵者，言迷之甚也。」岡白駒取林說。汪中曰：「『郵』、『尤』通。」于鬯曰：「郵，讀為尤，甚也。」王重民曰：「《御覽》卷 490 引『郵』作『尤』，當亦引者所改。」景宋本《御覽》引仍作「郵」。

（26）滎汝之糧，不若遄歸也

張湛注：滎，棄也。

盧重玄曰：滎，棄也。爾不如棄汝路糧速歸矣。

按：林希逸曰：「滎，棄也，費也。言莫枉汝資糧也。」朱得之曰：「『滎』、『營』同。」牟庭曰：「房謂《列子》『滎汝之糧』，張湛注曰：『滎，棄也。』《蘇秦傳》：『贏縢履蹻。』『贏』與『滎』聲近義通，蓋言棄行縢而踏草屨也，今京師人語謂棄曰贏矣。余按：房說失之。《荀子·議兵》：『贏三日之糧。』注：『贏，負擔也。』《莊子·胠篋》：『贏縢而趨之。』《釋文》：『贏，裹也。』《方言》：『攍，儋也。』然則贏縢謂緘縢而負之。《列子》滎亦攍之假音，訓棄非也。」〔註 186〕朱駿聲曰：「滎，叚借為縈。注：『滎，棄也。』」〔註 187〕俞樾曰：「張湛、盧重玄注並訓滎為棄，不知何據，殆非也。滎者對實而言，滎猶華也。以草木言之，則滎實也；以人事言之，則名實也，虛實也。其義固得通矣。」章太炎曰：「注『滎，棄也』，按張意以為『滎』與『環』通，《釋

〔註 186〕牟廷相《雪泥書屋雜志》卷 4，收入《續修四庫全書》第 1156 冊，上海古籍出版社 2002 年版，第 521～522 頁。所引房說，指其次子牟房說。楊伯峻但引按語《荀子》以下，則牟說「贏縢」突兀而出，且其義與本篇無涉，今據原文具錄之。

〔註 187〕朱駿聲《說文通訓定聲》，武漢市古籍書店 1983 年版，第 857 頁。

器》云：『環謂之捐。』是『環』、『捐』得通，此『縈』由環聲而借為捐也。《說文》：『捐，棄也。』」〔註 188〕金其源曰：「縈，寵也。寵，尊也。縈汝之糧者，謂當尊貴汝之糧，蓋行必裹糧，不若尊貴汝糧，自陳遄歸。」〔註 189〕吳闓生曰：「『縈』當與『贏』同，『棄』當為『弃』。」周克昌曰：「以贏訓縈得之矣……『贏』有『餘』義，活用為動詞，則義為『帶足』。『縈』似當訓為『全部帶上』方妥。」〔註 190〕楊伯峻從牟說，謂俞說迂曲，是也。王汝璧亦曰：「縈汝之糧，應讀作贏，注訓棄非也。」〔註 191〕字亦省作嬴，《集韻》：「攍、搵，《方言》：『儋，齊楚陳宋曰攍。』或從盈，通作嬴。」《文選·過秦論》：「嬴糧而景從。」李善注引《方言》：「嬴，擔也。」《史記·秦始皇本紀》、《史記·陳涉世家》、《漢書》、《賈子》作「贏」。今本《方言》卷 7 作「攍，儋也」，郭璞注引《莊子》：「攍糧而赴之。」《玉篇》：「攍，擔也。《莊子》云：『攍糧而趣之。』本亦作嬴。」今本《莊子·胠篋篇》作「贏」。諸字並讀為籯，竹籠也，用為動詞，即為擔負之義。朱駿聲讀縈為縈，縈亦無棄義，且棄其路糧而速歸，亦不近情理。章太炎說亦迂曲。周克昌不通訓詁，全是妄說。

（27）乃涓然而泣

《釋文》云：涓，音泫，胡犬、胡絹二切。

按：朱起鳳曰：「『涓』即『泫』字形譌」〔註 192〕王叔岷曰：「《釋文》云云，《御覽》卷 558 引『涓』正作『泫』，《類聚》卷 34、《記纂淵海》卷 42 引並作『潸』。」涓然，《事文類聚》續集卷 4、《記纂淵海》卷 49 引同〔註 193〕，北宋·李昭玘《任城修佛殿記》用此文作「濽然」。「潸」是「濽」俗譌字。作「濽」者蓋臆改。上古「涓」、「泫」可以音轉，然此文「涓」讀如字即通。

〔註 188〕章太炎《膏蘭室札記》卷 1，收入《章太炎全集（1）》，上海人民出版社 1982 年版，第 108 頁。

〔註 189〕金其源《讀〈列子〉管見》，收入《讀書管見》，（上海）商務印書館 1957 年初版，第 385 頁。

〔註 190〕周克昌《讀〈列子集釋〉札記》，收入《古籍點校疑誤彙錄（四）》，中華書局 2002 年重印本，第 349～350 頁。

〔註 191〕王汝璧《芸簏偶存》卷 2，收入《續修四庫全書》第 1462 冊，上海古籍出版社 2002 年版，第 79 頁。

〔註 192〕朱起鳳《辭通》卷 7，上海古籍出版社 1982 年版，第 629 頁。

〔註 193〕《記纂淵海》據宋刊本，四庫本在卷 44，引作「濽然」。

「涓」狀細流，此以喻淚水耳。

（28）予皆紿若

《釋文》云：紿，音待，欺也。

按：俞樾曰：「『昔』當為『皆』，字之誤也。」王重民曰：「《御覽》卷 558 引『昔』作『等』。」王叔岷曰：「『等』疑『昔』之誤。」楊伯峻曰：「『昔』字可通，不煩改字。」《記纂淵海》卷 40、49 引作「昔」〔註 194〕，《事文類聚》續集卷 4 引作「皆」。紿，讀為詒。

《仲尼篇》第四校補

（1）歸家淫思七日，不寢不食，以至骨立

按：林希逸曰：「淫也者，浸淫也。酷意以思之也。」岡白駒曰：「淫，深也。」岡說是，林說非也。《列子》「淫」、「深」通用。《黃帝篇》：「朕之過淫矣。」張湛注：「淫，當作『深』。」《釋文》：「淫，音深。」又「彼將處乎不深之度。」張湛注：「深，當作『淫』。」《釋文》：「深，音淫。」又「因復指河曲之淫隈曰。」《釋文》：「淫，音深。」皆其證。《周穆王篇》：「老成子歸，用尹文先生之言深思三月。」《釋文》本「深」作「淫」，云：「淫，音深。」然則「淫思」即「深思」也。

（2）老聃之弟子有亢倉子者

《釋文》云：賈逵《姓氏英覽》云：「吳郡有庚桑姓，稱為士族。」

按：《釋文》「士族」，四庫本誤作「七族」。段玉裁曰：「賈逵《姓氏英覽》必賈執《姓氏英賢譜》耳，見《隋書・經藉志》。」楊伯峻從段說，是也。段說見盧文弨《群書拾補》所引〔註 195〕。章宗源曰：「《唐書・柳冲傳》賈執作《姓氏英賢》（無『譜』字）。《文選・頭陀寺碑》注、《太平御覽・宗親部》並稱《姓氏英賢錄》，《廣韻》注稱賈執《英賢傳》（省『姓氏』二字。陸法言《序》稱賈執《姓氏英賢傳》），殷敬順《列子釋文》稱賈逵《姓氏英覽》，

〔註 194〕四庫本《記纂淵海》分別在卷 42、44。

〔註 195〕盧文弨《〈列子〉張湛注校正》，收入《群書拾補》，《續修四庫全書》第 1149 冊，上海古籍出版社 2002 年版，第 435 頁。

訛『執』為『逵』，訛『賢』為『覽』，脫去『譜』字。《元和姓纂》梁賈執撰《姓氏英賢傳》，唐志卷同。」姚振宗從章說〔註 196〕。

（3）魯侯曰：「此增異矣。其道奈何？寡人終願聞之。」

按：終，《亢倉子．全道》作「果」。果亦終也、卒也。

（4）其有介然之有，唯然之音

按：孫詒讓曰：「此文以『有』與『音』相儷，『有』疑當作為『形』。盧重玄注云『是故有形有音，無遠無近』云云，疑盧本正作『形』字。（《亢倉子．全道篇》襲此文亦作『有』。）」《素問．上古天真論》王冰注、秦觀《浩氣傳》引亦作「有」，宋．夏元鼎《陰符經講義》卷 2 作「色」，宋．林之奇《正己箴》作「聲」。

（5）乃不知是我七孔四支之所覺，心腹六藏之所知

《釋文》云：今六藏者，為腎有兩藏：其左為腎，右為命門。命門者，謂神之所舍也。男子以藏精，女子以繫胞。

按：《釋文》「繫胞」，楊伯峻本誤作「擊胞」。《巢氏諸病源候總論》卷 41：「婦人腎以繫胞，任娠而腰痛。」又卷 43：「婦人以腎繫胞，產則勞傷腎氣。」又卷 44：「婦人以腎繫胞，產則血水俱下，傷損腎與膀胱之氣。」《雲笈七籤》卷 57：「左為正腎，以配五臟。右為命門，男以藏精，女以繫胞。」

（6）子列子既師壺丘子林，友伯昏瞀人，乃居南郭

《釋文》云：乃居，一本作「反居」。

按：王叔岷曰：「《初學記》卷 18、《御覽》卷 404 引並作『反居』（《白帖》卷 11 引作『交居』，『交』疑『反』之誤）。」楊伯峻曰：「《御覽》卷 406 引正作『反』。」《御覽》引見卷 404，楊氏誤記。《白氏六帖事類集》卷 3 引作「列子師壺丘子林，友伯昏務人，交居東（南）郭」〔註 197〕。「務」、「瞀」通。疑作「乃」是，與「既」字呼應。

〔註 196〕章宗源《隋經籍志考證》卷 7，收入《四庫未收書輯刊》第 3 輯，第 20 冊，北京出版社 1997 年影印出版，第 125 頁。姚振宗《隋書經籍志考證》卷 22，收入《續修四庫全書》第 915 冊，第 381 頁。

〔註 197〕《白帖》在卷 11，「務」作「瞀」。

（7）子列子曰：「南郭子貌充心虛，耳無聞，目無見，口無言，心無知，形無惕。」

張湛注：充猶全也。心虛則形全矣，故耳不惑聲，目不滯色，口不擇言，心不用知；內外冥一，則形無震動也。

《釋文》云：惕，他歷切。

盧重玄曰：貌全而心至，終不耳目心口之為辯也，故心無所用知，形無所憂惕。

按：林希逸曰：「形無惕者，言德全而無所怵惕於外也。」江遹曰：「形無惕，都無所畏忌也。」陶鴻慶曰：「『惕』當為『傷』。即『易』之本字。形無傷者，謂其形無變易也。」楊伯峻、嚴北溟從陶說。于省吾曰：「陶說不可據。『惕』即『易』之孳乳字。言無所變易也。」舊說是，陶、于說皆非。

（8）賜之辯賢於丘也……賜能辯而不能訥

按：楊伯峻曰：「《說苑・雜言》、《家語・六本》『辯』作『敏』，『訥』作『屈』。」《家語》「訥」作「詘」，楊氏失記。《淮南子・人間篇》：「辨（辯）且訥。」《說苑・敬慎》：「辯而能訥。」《論衡・定賢》：「辯且詘。」《賈子・道術》：「論物明辯謂之辯，反辯為訥。」詘、屈，並讀為拙，笨拙，與「訥」一聲之轉。敏，讀為佞，口辯也。《說苑・奉使》：「不佞而迷惑入于天子之朝。」《晏子春秋・雜篇下》作「不敏」。《漢書・文帝紀》：「寡人不佞，不足以稱宗廟。」《史記》作「不敏」。

（9）子心六孔流通，一孔不達

按：王重民曰：「《御覽》卷376、401、724引『流通』並作『通流』。」《御覽》卷724引仍作「流通」，王氏失檢。《類聚》卷20、75、《御覽》卷738引亦作「流通」。《類聚》卷75引「六孔」誤作「穴孔」。

（10）季梁之死，楊朱望其門而歌

按：王重民曰：「《御覽》卷487引『歌』作『不哭』。」楊伯峻曰：「《戰國策・魏策》云『魏王欲攻邯鄲，季梁聞之，中道而反，衣焦不申，頭塵不去，而諫梁王』云云，不知是否即此季梁？」《戰國策》之季梁乃魏人，與此當非一人。《御覽》卷487引「季梁」誤作「李梁」。本書《力命》：「楊朱之友曰季梁。季梁得疾，七日大漸，其子環而泣之，請醫。季梁謂楊朱曰：『吾子不肖如此之甚，汝奚不為我歌以曉之？』楊朱歌曰……」

（11）耳將聾者，先聞蚋飛

盧重玄曰：秦呼蚊為蚋。患耳者，聞耳中蟲飛之聲，是失聽之漸也。

按：王叔岷曰：「《記纂淵海》卷 66 引『蚋飛』作『蚋聲』。盧重元注云云，疑所見本亦作『蚋聲』。」《御覽》卷 945 引同今本作「蚋飛」。「蚋」是「蜹」省文。《說文》：「蜹，秦、晉謂之蜹，楚謂之蚊。」《後漢書・崔駰傳》李賢注、《慧琳音義》卷 9 引作「蚋」

（12）鼻將窒者，先覺焦朽

按：焦，《意林》卷 2、《御覽》卷 738 引作「燋」。岡白駒曰：「『朽』與『殠』同，臭也。」

（13）圃澤之役有伯豐子者，行過東里，遇鄧析。鄧析顧其徒而笑曰：「為若舞彼來者，奚若？」

張湛注：世或謂相嘲調為舞弄也。

按：朱得之於「舞」字旁注「侮」。朱駿聲曰：「舞，叚借為侮。」岑仲勉從朱駿聲說，並指出楊伯峻讀「為若舞」句非是〔註 198〕。

（14）公儀伯曰：「臣之力能折春螽之股，堪秋蟬之翼。」

張湛注：堪猶勝也。

按：林希逸曰：「勝，任也。言能舉秋蟬之翼也。」岡白駒說同林氏。胡懷琛曰：「勝謂勝任也。古人多以蟬翼指最輕之物。堪蟬翼謂能負荷蟬翼也。」三氏皆從張湛注，郝懿行、嚴北溟亦同〔註 199〕，皆是也。《御覽》卷 386 引「股」誤作「服」，「堪」作「勝」，據張注而易字也。《記纂淵海》卷 12 引「堪」作「堪勝也」〔註 200〕，誤以注文混入正文。《韻府群玉》卷 10「螽股」條引「堪」作「斷」，蓋臆改。唐・陸龜蒙《幽居賦》：「病唯聞蟻，力止戡蟬。」唐・李商隱《為滎陽公桂管補逐要等官牒》：「雖懷暴武（虎）之鋒，不起戡彈

〔註 198〕岑仲勉《再論〈列子〉的真偽》，收入《岑仲勉史學論文續集》，中華書局 2004 年版，第 228 頁。

〔註 199〕郝懿行《爾雅義疏》卷上，上海古籍出版社 1983 年版，第 89 頁。

〔註 200〕四庫本《記纂淵海》在卷 56，無「也」字。

（蟬）之色。」〔註 201〕宋・劉攽《知蔡州謝上表》：「疲瘵之質，力不迨于戡蟬；濛涌之恩，榮復叨于分虎。未知補報，徒積慚羞。」三文「戡蟬」皆用《列子》此典〔註 202〕，字作「戡」，當是「堪」借字。《爾雅》：「戡，勝也。」莊履豐、莊鼎鉉曰：「堪翼：戡翼。」〔註 203〕俞樾曰：「『堪』當讀為『戡』。戡，刺也。春螽之股細，故言折，見能折而斷之也。秋蟬之翼薄，故言戡，見能刺而破之也。張注曰『堪猶勝也』，則螽股亦可言堪，不見古人文字之密矣。」岑仲勉從俞說〔註 204〕。王汝璧曰：「堪秋蟬之翼，應作『揕』。」〔註 205〕「揕」即「戡」俗別字，是王說實與二莊及俞氏相同，此義不長。

（15）王作色曰：「吾之力者能裂犀兕之革，曳九牛之尾。」

《釋文》云：「裂」或作「分」字。

按：王叔岷曰：「《御覽》卷 386 引正作『分』。」《晏子春秋・內篇諫上》：「殷之衰也，有費仲惡來，足走千里，手裂兕虎。」《墨子・明鬼下》：「（桀）有勇力之人推哆大戲，主別（生裂）兕虎，指畫殺人。」〔註 206〕

（16）故學眎者先見輿薪，學聽者先聞撞鐘，夫有易於內者無難於外

張湛注：古人有言曰：「善力舉秋毫，善聽聞雷霆。」亦此之謂也。

按：張注引古人言云云，《雲笈七籤》卷 1：「善力舉秋毫，善聽聞雷霆，此道之與形反也。」亦有此語。《孫子・軍形》：「故舉秋毫不為多力，見日月不為明目，聞雷霆不為聰耳，古之所謂善戰者，勝於易勝者也。」

〔註 201〕錢振倫、錢振常云：「唐諱『虎』作『武』，『彈』疑當作『蟬』。」《樊南文集補編》卷 9，收入《續修四庫全書》第 1312 冊，上海古籍出版社 2002 年版，第 682 頁。

〔註 202〕「鬪蟻」典出《世說新語・紕漏》：「殷仲堪父病，虛悸，聞牀下蟻動，謂是牛鬪。」

〔註 203〕莊履豐、莊鼎鉉《古音駢字續編》卷 5，收入景印文淵閣《四庫全書》第 228 冊，臺灣商務印書館 1986 年版，第 536 頁。

〔註 204〕岑仲勉《再論〈列子〉的真偽》，收入《岑仲勉史學論文續集》，中華書局 2004 年版，第 226 頁。

〔註 205〕王汝璧《芸麓偶存》卷 2，收入《續修四庫全書》第 1462 冊，上海古籍出版社 2002 年版，第 79 頁。

〔註 206〕《御覽》卷 82、《路史》卷 23 引「主別」作「生裂」。

(17) 佞給而不中

張湛注：雖才辯而不合理也。

盧重玄曰：辯而不中。

按：林希逸曰：「佞給，口才也。不中，不中理也。」佞，讀為敏。「敏給」同義連文，猶言敏捷，先秦二漢之成語。

(18) 漫衍而無家

按：林希逸曰：「漫衍，氾濫也。」漫衍，讀為漫延。字亦作「漫羨」，《漢書‧藝文志》：「雜家者流，蓋出於議官……乃盪者為之，則漫羨而無所歸心。」

(19) 吾笑龍之詒孔穿

張湛注：詒，欺也。

《釋文》：詒，音待，欺也。

按：王叔岷曰：「《御覽》卷745引『詒』作『紿』。作『詒』是故書。」《御覽》引實作「給」，「給」是「紿」形譌。

(20) 龍曰：「此未其妙者。」

按：王重民曰：「《御覽》卷745引『未（未）』下有『躋』字。」景宋本《御覽》引同今本，王氏所據乃四庫本。「其」疑「甚」脫誤。

(21) 逢蒙之弟子曰鴻超

按：超，《書鈔》卷125、《御覽》卷350、《事類賦注》卷13、《玉海》卷150引同，《御覽》卷745、《合璧事類備要》前集卷57引形誤作「起」。

(22) 引烏號之弓綦衛之箭射其目，矢來注眸子而眶不睫，矢墜地而塵不揚

《釋文》本「來」作「末」，云：「末」一本作「來」。睫，本作「睞」，目瞬也。睞，且洽切。

按：王重民曰：「《御覽》卷350引『來』作『末』，與《釋文》本同。又卷745引『來注』兩字作『至』。疑『來』字本衍文也。『至』與『注』義同。下文云『矢注眸子而眶不睫』，正承此言，則『來』字為衍文甚明。」王

叔岷曰：「《釋文》本『來』作『末』，王氏謂作『未』，失檢。《御覽》卷350引作『未』，『未』即『末』之誤。據注『所謂彊弩之末不能穿魯縞也』，則作『末』是，『來』亦『末』之誤，非衍文也。下文『矢注眸子而眶不睫』，蓋略『末』字耳。《御覽》卷745引『來注』作『至』，《錦繡萬花谷》別集卷25引同，『來』與『至』同義（蓋略引『注』字），疑後人不知『來』是誤字，因有改為『至』者也。王氏謂『至與注義同』，亦非。」楊伯峻曰：「王說未審。『來』字當從《釋文》作『末』。矢末謂矢尖也。《御覽》卷350引作『未』，又『未』字之誤刻。」嚴北溟說同楊氏，當乃襲取其說。《書鈔》卷125引同今本作「來」，《事類賦注》卷13引無此字。《合璧事類備要》前集卷57引同《御覽》卷745。二王、楊三氏說皆誤。二句「矢」字對文，不當作「矢末」成詞。「矢末」指箭尾，不指矢尖，王叔岷據注「彊弩之末」解「末」亦非。《詩·騶驖》毛傳：「拔，矢末也。」鄭箋：「拔，括也。」是「矢末」即拔，亦即括。「末」、「未」皆「來」形譌。來，至也。《御覽》卷350引「眶不睫」作「瞬不睫」，亦誤。

（23）後鏃中前括，鈞後於前

按：《御覽》卷745引「鈞」作「均」。

（24）矢墜地而塵不揚

張湛注：箭行勢極，雖箸而不覺，所謂「彊弩之末不能穿魯縞」也。

《釋文》本「墜」作「隧」，「穿」作「撤」，云：隧，音墜。撤，一本作「穿」。

按：《湖海樓叢書》汪刻本、早稻田大學藏本、朱得之本、四庫本亦作「隧」，《書鈔》卷125、《御覽》卷350、745、《事類賦注》卷13、《合璧事類備要》前集卷57引均作「墜」。「撤」當作「徹」，亦穿也。

《湯問篇》第五校補

（1）夏革曰：「古初無物，今惡得物？後之人將謂今之無物，可乎？」

按：王叔岷曰：「《路史·前紀二》引『後』上有『使』字。」《路史》卷2引「將」作「而」。

(2)渤海之東不知幾億萬里，有大壑焉，實惟無底之谷，其下無底，名曰歸墟。

張湛注：《莊子》云「尾閭」。

《釋文》云：歸墟，或作「歸塘」。

按：洪頤煊曰：「《文選·吳都賦》李善注、《御覽》卷67引皆作『歸塘』，《顏氏家訓·歸心篇》：『歸塘尾閭，渫何所到？』亦與或本同。」王重民曰：「《御覽》卷60、67引並作『歸塘』，與《釋文》所見或本同。」胡懷琛曰：「歸墟、尾閭，音之轉也。然『歸墟』有意義，『尾閭』無意義。『歸墟』謂眾水之所歸也。以作『歸墟』為是。」〔註207〕王叔岷曰：「《記纂淵海》卷7、《事文類聚》前集卷15引『墟』並作『虛』。當以作『虛』為正。」《初學記》卷6引亦作「歸塘」，《增韻》卷3「底」字條引亦作「歸虛」。《文選·海賦》、《江賦》李善注引作「歸墟」，《事類賦注》卷6、《楚辭·天問》、《遠遊》洪興祖補注引同，唐·柳宗元《天對》：「東窮歸墟，又環西盈。」宋·沈與求《客游玄都賦》：「夫瀛洲五山之根出没乎歸墟。」則所見皆同今本。疑作「歸墟（虛）」是。

（3）其上臺觀皆金玉

按：《初學記》卷27、《御覽》卷810引作「其上高觀皆金闕」。

（4）珠玕之樹皆叢生

按：王叔岷曰：「《御覽》卷38引『叢』作『聚』。」「聚」是「藂」脫誤，「藂」是「叢」俗字。

（5）所居之人皆仙聖之種，一日一夕飛相往來者，不可數焉

按：飛相往來，《類聚》卷63引作「飛相來往」，《御覽》卷38、《事類賦注》卷7引作「飛翔來往」。相，讀為翔。

（6）灼其骨以數焉

按：骨，《類聚》卷96、《初學記》卷19、《御覽》卷931引同，《爾雅翼》卷31引形誤作「首」。

〔註207〕胡懷琛《〈列子〉張湛註補正》，收入《叢書集成續編》第39冊，新文豐出版公司1988年印行，第202頁。

（7）東北極有人名曰諍人，長九寸

張湛注：見《山海經》。

《釋文》云：諍，音爭。《山海經》曰：「東海之外，有小人，名曰諍人。」

按：秦恩復曰：「諍，《山海經》作『靖』。」王重民曰：「《御覽》卷 378 引『諍』作『竫』，是也。竫又當讀為靖。《說文》：『靖，一曰細貌。』《山海經·大荒東經》曰：『東海之外，大荒之中有小人國，名靖人。』郭注曰：『靖或作竫。』」王叔岷曰：「《法苑珠林》卷 8 引亦作『竫』。」王氏讀諍為靖，其說本於惠棟、郝懿行、段玉裁、桂馥、王筠等人，非創見也。諸家說固備一通。竊謂靖、諍（竫）並讀為崝，高貌。短人而名曰諍人，猶短人名曰僬僥，皆取相反為義。僬僥亦高貌。袁珂謂「靖人」是「侏儒」音轉，殊為妄說〔註 208〕。

（8）朽壤之上有菌芝者，生於朝，死於晦

《釋文》云：崔譔云：「糞上生芝也。朝生暮死。」簡文云：「欻生芝。」

按：王重民曰：「《御覽》卷 945 引『上』作『土』。」「土」蓋「上」形誤，《廣韻》「蠓」字條、《爾雅·釋蟲》邢昺疏、《記纂淵海》卷 12、《通鑑》卷 289 胡三省注、《淨心誡觀法發真鈔》卷 2 引作「上」〔註 209〕，《雲笈七籤》卷 90 同，《記纂淵海》卷 1 引無「上」字〔註 210〕。

（9）春夏之月有蠓蚋者，因雨而生，見陽而死

《釋文》云：蠓，莫孔切。蚋，音芮。謂蠛蠓蚊蚋也，二者小飛蟲也。

按：王叔岷曰：「《御覽》卷 945、《廣韻》、《韻府群玉》卷 9 引『蠓蚋』並作『蠛蠓』。」《爾雅·釋蟲》邢昺疏、《通鑑》卷 289 胡三省注引亦作「蠛蠓」，《意林》卷 2、《記纂淵海》卷 12 引仍作「蠓蚋」，《雲笈七籤》卷 90 同。「蠓蚋」音轉亦作「瞀芮」，本書《天瑞》：「九猷生乎瞀芮，瞀芮生乎腐蠸。」《莊子·至樂》同。「芮」是「蜹」借音字。

（10）江浦之間生麼蟲

張湛注：麼，細也。

〔註 208〕參見蕭旭《〈國語〉「僬僥」語源考》，收入《群書校補（續）》，花木蘭文化出版社 2014 年版，第 1925～1933 頁。

〔註 209〕四庫本《記纂淵海》在卷 56，「朽」誤作「杇」。

〔註 210〕四庫本《記纂淵海》在卷 55，引有「上」字。

《釋文》云：麼，亡果切。《字書》云：「麼，小也。」

按：王叔岷曰：「《爾雅翼》卷 26 引『生』作『有』。《事文類聚》後集卷 49 引作『海上有蟲』。今本『有』作『生』，疑誤。」王說非是，二書所引皆臆改。《類聚》卷 97、《御覽》卷 945、951、《事類賦注》卷 30、《容齋續筆》卷 13、四庫本《記纂淵海》卷 56、100 引皆同今本。

（11）䚥俞、師曠方夜擿耳俛首而聽之，弗聞其聲

張湛注：䚥俞未聞也。師曠，晉平公時人。

《釋文》云：䚥，除侍切。䚥俞、師曠，皆古之聰耳人也。擿，音惕。俛，音免。

按：「䚥俞」是雙聲連綿詞，是《列子》虛構的人物，不必坐實所指。字還作「㰻瘉」、「㰻歈」、「攋㩧」、「攋歈」、「㒩廞」、「㒩愉」、「攋揄」、「攋廞」、「耶歈」、「耶揄」、「邪揄」、「邪歈」、「耶廞」、「椰榆」、「冶夷」等形〔註 211〕。章太炎曰：「擿耳者，屬耳也。擿借為適，主也。主者，謂屬意在是也。適、屬亦以雙聲通矣。」〔註 212〕日本國會圖書館藏明覆元刊本、早稻田大學藏本、四庫本無「擿」字，「夜」字下注：「音惕。」早稻田藏本上方有校語：「『方夜』下脫『擿』字。」宋本、道藏本皆不脫。楊慎曰：「夜，音惕。《列子》：『夜耳俛首而听之。』」〔註 213〕方以智訂正楊說，云：「夜耳，言耳垂如掖也。夜當音掖，方與『俛首』相洽。」洪頤煊曰：「『夜耳』當作『仄耳』，即『側耳』也。」三氏皆據誤本說耳，非是（王叔岷已指出「方夜」與上文「方晝」對舉，洪氏不知所見本脫「擿」字而曲為之解）。

（12）唯黃帝與容成子居空桐之上，同齋三月，心死形廢。徐以神視，塊然見之，若嵩山之阿；徐以氣聽，砰然聞之，若雷霆之聲

按：朱得之改「容成子」作「廣成子」，云：「舊誤作『容』。」王叔岷曰：「《類聚》卷 97 引『容成子』作『廣成子』。《莊子．在宥篇》亦作『廣成子』。」南宋紹興刻本《類聚》引仍作「容成子」，嘉靖天水胡纘宗刊本同，獨四庫本

〔註 211〕參見蕭旭《淮南子校補》，花木蘭文化出版社 2014 年版，第 675～676 頁。

〔註 212〕章太炎《膏蘭室札記》卷 1，收入《章太炎全集（1）》，上海人民出版社 1982 年版，第 34 頁。

〔註 213〕楊慎《古音叢目》卷 5、《轉注古音略》卷 5，並收入景印文淵閣《四庫全書》第 239 冊，臺灣商務印書館 1986 年版，第 275、399 頁。

作「廣成子」，蓋據《莊子》所改。《容齋續筆》卷 13 引亦作「容成子」。考《漢書・藝文志》陰陽家有《容成子》十四篇。《御覽》卷 16 引《世本》：「容成作曆。」宋衷注：「容成，黃帝之臣。」《呂氏春秋・勿躬》：「容成作曆。」《淮南子・修務》：「容成造曆。」高誘注：「容成，皇（黃）帝臣，造作曆，知日月星辰之行度。」《雲笈七籤》卷 100：「容成氏善知音律，始造律曆。」又「帝以容成子為樂師。」此文當作「容成子」為是，容成子為黃帝臣，或云黃帝師（《列仙傳》卷上），善知音律，造作律曆，故下文云容成子以神視以氣聽也。《莊子・在宥篇》記載廣成子在空同之上，黃帝往見之，與此容成子非一人。「齋」謂心齋，即佛家所謂「內觀」，非謂齋戒，故下文云「心死形廢」。《莊子・人間世》：「顏回曰：『吾無以進矣，敢問其方。』仲尼曰：『齋，吾將語若。有而為之，其易邪？易之者，皞天不宜。』顏回曰：『回之家貧，唯不飲酒不茹葷者數月矣。若此，則可以為齋乎？』曰：『是祭祀之齋，非心齋也。』回曰：『敢問心齋。』仲尼曰：『若一志，無聽之以耳而聽之以心，無聽之以心而聽之以氣。聽止於耳，心止於符。氣也者，虛而待物者也。唯道集虛。虛者，心齋也。』」山高而大謂之嵩，此「嵩山」非指中嶽。

（13）懲山北之塞，出入之迂也

盧重玄曰：懲，戒也，創也，草政也。

《釋文》云：《韓詩外傳》云：懲，苦也。

按：王重民曰：「《御覽》卷 40、519 引『塞』作『寒』。」王叔岷曰：「《事文類聚》後集卷 7、《合璧事類備要》前集卷 27 引亦並作『寒』。『寒』疑『塞』之誤。惟其塞，故下言『出入之迂也』。」「寒」、「塞」形近易譌，《記纂淵海》卷 82、《太平寰宇記》卷 5、《合璧事類備要》前集卷 5 引作「塞」〔註 214〕，《事類賦注》卷 7、《愛日齋叢抄》卷 2 引並作「寒」〔註 215〕。此文作「寒」、「塞」皆通，作「塞」與下句「迂」相應，二句只是一義；作「寒」則謂山北陰寒，二句二義。《御覽》卷 40 引作「徵山北之寒，出入之迃也」。「徵」是「懲」省借。「迃」同「迂」。《詩・小毖》《釋文》引《韓詩》：「懲，苦也。」屈守元謂《釋文》所引「韓詩外傳」是「韓詩章句」之誤〔註 216〕。盧解「草政」當作

〔註 214〕《記纂淵海》據宋刻本，四庫本在卷 51，字作「寒」。

〔註 215〕《事類賦注》據宋刻本，四庫本作「塞」。

〔註 216〕屈守元《韓詩外傳佚文・辨誤》，收入《韓詩外傳箋疏》，巴蜀書社 1996 年版，第 931 頁。

「革政」，形近而譌。《玄應音義》卷 8：「懲，革也。案：改革前失曰懲也。」

（14）雜然相許

張湛注：雜猶僉也。

按：雜訓僉，讀為帀，俗作匝。

（15）以君之力，曾不能損魁父之丘

《釋文》云：魁父，《淮南子》作「魁阜」，謂小山如堆阜。

按：方以智曰：「魁父，猶塊附也。蓋『培塿』一作『附婁』，『魁然』即『塊然』。」〔註 217〕楊伯峻曰：「《御覽》引《淮南子》云：『魁父之山，無營宇之材。』《類聚》引《淮南》『魁父』作『魌府』，《淮南》本文作『魁阜』，音同字異耳。」《淮南子・俶真篇》作「塊阜」，《類聚》卷 7 引作「頽府」〔註 218〕，《御覽》卷 38 引作「魅（魁）父」，楊氏引文皆誤。高誘注：「塊阜，小山也。」魁父，當讀為𠂤阜，《說文》：「𠂤，小𨸏也。」段玉裁曰：「小𨸏曰𠂤。《國語》叚借『魁』字為之。《周語》：『夫高山而蕩以為魁陵糞土。』賈逵、韋昭皆曰：『小阜曰魁。』即許之『𠂤』也。賈逵注見《海賦》。其字俗作『堆』，『堆』行而『𠂤』廢矣。『𠂤』語之轉為『敦』。如《爾雅》之『敦丘』，俗作『墩』。」〔註 219〕字亦作「堆阜」，《類聚》卷 55 梁武帝《撰孔子正言竟述懷詩》：「白水凝澗谿，黃落散堆阜。」字亦作「垍阜」，《慧琳音義》卷 3：「垍阜：上都迴反。《考聲》云：『土之高貌上聚也。』《集訓》云：『丘阜高也。』《說文》作『𠂤，小阜也』。或從土作堆，亦同。經文作塠，俗字也。」

（16）隱土之北

張湛注：《淮南》云：「東北得州曰隱土。」

按：楊伯峻曰：「今本《淮南子・地形訓》作『東北薄州曰隱土』，疑注文『得』乃誤字。」《後漢書・張衡傳》李賢注、《困學紀聞》卷 4 引《河圖》作

〔註 217〕方以智《通雅》卷 17，收入《方以智全書》第 1 冊，上海古籍出版社 1988 年版，第 616 頁。

〔註 218〕《類聚》據南宋紹興刻本，嘉靖天水胡纘宗刊本、四庫本引作「頹府」，字同。

〔註 219〕段玉裁《說文解字注》，上海古籍出版社 1981 年版，第 730 頁。

「咸州」。《御覽》卷 40、《事類賦注》卷 7 引「土」誤作「士」。

（17）跳往助之

《釋文》云：跳，音調，躍也。或作「眺」，誤也。

按：任大椿曰：「《漢書・高帝紀》：『漢王跳。』晉灼曰：『跳，獨出意也。』列子此節述愚公移山無與為助，而遺男獨往助之，故云跳往助之也。『跳往』之跳與晉灼之訓可以互證。」洪頤煊曰：「《漢書・高帝紀》：『漢王跳。』如淳曰：『跳，音逃，謂走也。』《史記》作『逃』。晉灼曰：『跳，獨出意也。』《燕王澤傳》：『遂跳驅至長安。』亦謂逃驅也。」楊伯峻從任、洪二氏說，非也，《漢書》「跳」同「逃」，非此之誼。胡竹安曰：「《說文》：『跳，一曰躍也。』又『躍，迅也。迅，疾也。』《廣雅》：『眺，疾也。』跳往是快去，不是跳躍著前往。」〔註 220〕亦非。《釋文》訓躍是也，朱駿聲申其說，云：「跳，叚借為趒，《說文》：『一曰躍也。』」〔註 221〕林希逸曰：「跳，奮而往也。」朱得之曰：「跳，奮躍。」「跳往」正是蹦蹦跳跳著前往，描寫小兒之狀。《御覽》卷 40、《事類賦注》卷 7、《記纂淵海》卷 6、43、81 引皆無「跳」字。

（18）何苦而不平

《釋文》本「苦」作「若」，云：若，一本作「苦」。

按：王重民曰：「《釋文》本、吉府本『苦』作『若』，是也，蓋形近而訛。」王叔岷曰：「盧重元本、道藏各本『苦』並作『若』，《記纂淵海》卷 49 引同。」王重民說是也，林氏《口義》本、故宮藏明刻本亦作「何若」，《愛日齋叢抄》卷 2 引同；《御覽》卷 40、519、《事類賦注》卷 7、《記纂淵海》卷 6 引俱誤作「何苦」。何若，猶言何如。《鶡冠子・王鈇》：「龐子曰：『何謂天，何若而莫能增其高尊其靈？』」《史記・淮陰侯傳》：「於是信問廣武君曰：『僕欲北攻燕，東伐齊，何若而有功？』」

（19）命夸蛾氏二子負二山

張湛注：夸蛾氏，傳記所未聞，蓋有神力者也。

《釋文》云：夸蛾氏，一本作「夸蟻氏」。夸，口花切。

〔註 220〕胡竹安《〈永樂大典戲文三種校注〉〈元本琵琶記校注〉斠補》，《中國語文》1983 年第 5 期，第 375 頁。

〔註 221〕朱駿聲《說文通訓定聲》，武漢市古籍書店 1983 年版，第 327 頁。

按：王叔岷曰：「道藏白文本、林希逸本『蛾』並作『娥』，《記纂淵海》卷6、《事文類聚》前集卷14、別集卷18、19、《合璧事類備要》前集卷5、續集卷37、《韻府群玉》卷4引皆同。娥、蛾古通。」劉辰翁《評點》本、故宮藏明刻本、四庫本作「娥」，《白氏六帖事類集》卷2〔註222〕、《事類賦注》卷7、《記纂淵海》卷49、《愛日齋叢抄》卷2、《太平寰宇記》卷5引亦同。「蟻」是「蛾」俗字，「娥」是音誤字。蟻力甚大，《列子》虛託「夸蛾」為有神力者之神名。《楚辭・招魂》：「赤蟻若象，玄蠭若壺些。」又《天問》：「蠭蟻微命，力何固？」王逸注：「言蠭蟻有蛒毒之蟲，受天命，負力堅固。」洪興祖補注：「蛾，古蟻字。」

（20）自此冀之南、漢之陰無隴斷焉

《釋文》本「隴」作「壟」，云：壟，力踵切。

按：無隴斷，《白氏六帖事類集》卷2引作「無隴」，《事文類聚》前集卷14、《合璧事類備要》前集卷5引作「無壠」，皆脫「斷」字。林希逸曰：「無隴斷者，言其地皆平，雖小坡垤亦無之也。」《孟子・公孫丑下》：「有私龍斷焉。」又「必求龍斷而登之。」趙岐注：「龍斷，謂堁斷而高者也。」孫奭《音義》：「丁云：『案龍與隆聲相近。隆，高也。蓋古人之言耳，如胥須之類也。』張云：『斷，如字，或讀如斷割之斷，非也。』陸云：『龍斷，謂岡壟斷而高者。』如陸之釋，則龍音壟。堁，丁云：『《廣雅》音課，《開元文字》音塊。』」朱熹《集注》：「龍斷，岡壟之斷而高也。」孫奕《示兒編》卷6：「龍，音壟。斷，如字。龍斷者，岡壟斷而崛起之小山也。」李治《敬齋古今黈》卷2：「詳審眾說。張音、陸解正與《列子》合，今當從之。斷則斷絕之處，俯臨低下，所以為高也。丁說雖通。而於斷義稍疏。」《說文》：「壠，丘也。」《繫傳》：「壟斷，高地也。故《列子》曰『無登壟斷』。」《說文》：「買，市也。《孟子》曰：『登壟斷而網市利。』」段玉裁曰：「壟，《孟子》作『龍』，丁公箸讀為隆，陸善經乃讀為壟，謂岡壟斷而高者。按趙注釋為堁斷而高者也。堁，塵塺也。高誘云：『楚人謂塵為堁。』趙本蓋作『尨斷』。尨，塵雜之皃，蹓塵不到、地勢略高之處也。古書『尨』、『龍』二字多相亂。許書亦當作『尨』，淺人以陸善經說改為『壟』耳。」〔註223〕鈕樹玉曰：「按陸書不甚傳，淺人未

〔註222〕《白帖》在卷5，下同。

〔註223〕段玉裁《說文解字注》，上海古籍出版社1981年版，第282頁。

必經見，『壟』與『堁』義合，《孟子》必不作『尨』。」〔註224〕王筠曰：「《孟子》『龍斷』，趙注：『堁斷而高者也。』《貝部》『買』下引作『壟斷』，則今本是殘字。因知壟亦厓岸之通稱，而字書、韻書皆遺此訓。『堁』字亦無此訓。」〔註225〕朱駿聲曰：「龍，叚借為隆。《孟子》：『必求龍斷而登之。』丁《音》：『龍與隆聲相近。隆，高也。』陸善經謂『壟斷而高者』，則謂借為壠。按：《列子・湯問》云云，正當作『壠碫』字。」〔註226〕翟灝曰：「《列子》云云，可為陸善經說『龍斷』之確證。《說文》『買』字下引下文直作『登壟斷』。三家之釋，要惟陸氏為長。」〔註227〕焦循從翟灝、段玉裁說〔註228〕，未作按斷；宋翔鳳從翟說〔註229〕。陳鱣曰：「按《說文》『買』字引《孟子》曰：『登壟斷而罔市利。』是可為陸說之證。《列子・湯問》云云，『隴』與『壟』亦通。」〔註230〕吳昌宗說同陳氏〔註231〕。朱得之曰：「無隴斷，地平無小坡阜。」岡白駒襲取朱說。俞樾曰：「按趙說『龍斷』不了，疑非經旨也。《說文》『買』下引《孟子》『登壟斷而网市利』，是『龍』字本作『壟』。孫奭《音義》曰：『陸云：龍斷，謂岡壟斷而高者。』是陸善經正讀龍為壟也。惟於『斷』字尚未得解。斷，當讀為敦。『敦』與『斷』一聲之轉，古得通用。《莊子・逍遙遊篇》：『斷髮文身。』《釋文》云：『斷，司馬本作敦。』是其證也。《爾雅・釋丘》曰：『丘一成為敦丘。』郭注曰：『今江東呼地高堆者為敦。』然則『壟』與『敦』皆土之高者。《說文》：『壟，丘壟也。』敦即今墩字。讀龍斷為壟墩，自得其義，無煩申說矣。」〔註232〕胡毓寰從

〔註224〕鈕樹玉《段氏說文注訂》卷2，收入《續修四庫全書》第213冊，上海古籍出版社2002年版，第20頁。

〔註225〕王筠《說文解字句讀》，中華書局1988年版，第553頁。

〔註226〕朱駿聲《說文通訓定聲》，武漢市古籍書店1983年版，第33頁。

〔註227〕翟灝《四書考異》下編卷26，收入《續修四庫全書》第167冊，上海古籍出版社2002年版，第330頁。

〔註228〕焦循《孟子正義》卷9，中華書局1987年版，第301～302頁。

〔註229〕宋翔鳳《孟子趙注補正》卷2，光緒十七年廣雅書局校刻本，本卷第9～10頁。

〔註230〕陳鱣《簡莊疏記》卷15，《叢書集成續編》第12冊，新文豐出版公司1988年印行，第746頁。

〔註231〕吳昌宗《四書經注集證・孟子》卷2，收入《續修四庫全書》第168冊，上海古籍出版社2002年版，第358頁。

〔註232〕俞樾《孟子平議》，收入《群經平議》卷32，王先謙《清經解續編》卷1393，鳳凰出版社2005年版，第1214頁。

俞說〔註 233〕。裴學海曰：「『斷』與『𠂤』一聲之轉，古通用。《說文》：『𠂤，小阜也。』〔註 234〕『龍斷』當讀為『壟𠂤』，皆謂土之高者也……斷、敦、追三字均通用，尤『斷』與『𠂤』通之明證也……焦君謂『尨』為塵雜之貌〔註 235〕，係附會不可從。」〔註 236〕李維琦曰：「『龍斷』合音為『巒』。『隴斷』與『龍斷』同。」〔註 237〕許匡一從李說〔註 238〕。諸說惟俞樾、裴學海得之，「𠂤」是「敦」本字，俗作「堆」、「垍」、「墩」、「塠」等字，另詳上文。

（21）夸父不量力，欲追日影，逐之於隅谷之際

張湛注：隅谷，虞淵也，日所入。

按：隅谷，《記纂淵海》卷 82、《合璧事類備要》前集卷 1 引作「嵎谷」〔註 239〕，《山海經·大荒北經》作「禺谷」（王叔岷已及）。郭璞注：「禺淵，日所入也，今作『虞』。」「禺（隅）」與「虞」一聲之轉。吳任臣曰：「禺谷即虞淵，古人音義相通，字多假借。『虞淵』又作『吳泉』。」〔註 240〕「吳泉」即「虞淵」，避唐諱而改。

（22）迷而失塗

按：塗，《御覽》卷 490 引誤作「墜」。

（23）名曰滋穴

按：楊伯峻曰：「穴，世德堂本作『冗』，誤。《御覽》卷 490 引作『穴』，不誤。」《御覽》卷 58、71、《事類賦注》卷 7、《西溪叢語》卷下、《續博物志》卷 3 引皆作「穴」。日本國會圖書館藏明覆元刊本、早稻田大學藏本亦誤作「冗」。

〔註 233〕胡毓寰《孟子本義》，收入《民國叢書》第 5 編第 4 冊，上海書店 1996 年影印，第 128～129 頁。

〔註 234〕引者按：《說文》作「小𠂤也」。「𠂤」同「阜」。

〔註 235〕引者按：裴氏誤以段玉裁說為焦循說。

〔註 236〕裴學海《孟子正義補正》，《國學論叢》第 2 卷第 2 號，1930 年版，第 81～82 頁。

〔註 237〕李維琦《合音詞例》，收入《古漢語論集》，湖南教育出版社 1985 年版，第 303 頁；又收入《李維琦語言學論集》，語文出版社 2011 年版，第 13 頁。

〔註 238〕許匡一《關於「壟斷」的釋義》，《古漢語研究》1989 年第 3 期，第 52～54 頁。

〔註 239〕四庫本《記纂淵海》在卷 51。

〔註 240〕吳任臣《山海經廣注》卷 17，收入景印文淵閣《四庫全書》第 1042 冊，臺灣商務印書館 1986 年初版，第 233 頁。

（24）一源分為四埒，注於山下

張湛注：山上水流曰埒。

《釋文》云：埒，音劣。

按：《爾雅》：「山上有水，埒。」郭璞注：「有停泉。」《釋文》：「埒，音劣，字或作浖。」《玉篇》：「浖，山上水。」

（25）不驕不忌

按：忌，《御覽》卷490引作「妄」。「忌」形誤作「忘」，又易作妄」。

（26）不媒不聘

《釋文》本「聘」作「娉」，云：音聘。

按：《御覽》卷490引作「娉」。

（27）其民孳阜亡數

《釋文》云：孳，息也。阜，盛也。

按：孳阜，讀為滋阜。《歷代三寶紀》卷12：「龍首之山，川原秀麗，卉物滋阜，宜建都邑。」

（28）力志和平

按：《御覽》卷71引作「力志平和」。「力志」不辭，疑「心志」之誤。

（29）慠然自失

《釋文》云：慠，昌兩切。

按：岡白駒曰：「慠然，怳忽自失貌。」胡懷琛曰：「『慠』字今通作『恍』字。」〔註241〕唐敬杲曰：「慠，同『惝』。」慠然，惘然。字亦作惝、倘、儻、儻、戃〔註242〕。

（30）臣恐彼國之不可知之也

張湛注：此國自不可得往耳，豈以朋之言故止也。

〔註241〕胡懷琛《〈列子〉張湛註補正》，收入《叢書集成續編》第39冊，新文豐出版公司1988年印行，第202頁。

〔註242〕參見蕭旭《中村不折藏敦煌寫卷〈莊子〉校補》（與陳敏合作），《東亞文獻研究》總第18輯，2016年12月出版，第95～96頁。

按：俞樾曰：「張注云云，『知』與『得』義相近。」王重民曰：「《御覽》卷490引『知』作『升』，與張注義相近。」王叔岷曰：「《御覽》卷490未引此文，王氏失檢。道藏白文本、林希逸本『知』並作『升』。」劉辰翁《評點》本、故宮藏明刻本、早稻田大學藏本「知」亦作「升」。

（31）南國之人被髮而裸

《釋文》本「被」作「祝」，云：孔安國注《尚書》云：「祝者，斷截其髮也。」《漢書》云：「越人斷髮文身，以避蛟龍之害。」一本作「被」，恐誤。裸，乎瓦切，謂不以衣蔽形也。

按：所引《漢書》見《地理志》。「裸」音乎瓦切者，《禮記・月令》《釋文》：「倮，力果反，又乎瓦反。」又音亦同。《禮記・曲禮上》《釋文》：「倮，力果反，沈胡瓦反。」胡瓦反音亦同。乎瓦切是讀「稞」或「踝」音。王叔岷曰：「道藏白文本、林希逸本、元本、世德堂本皆作『祝』。」蔣刻景宋本、國圖藏宋元遞修本、高守元本、江遹本、《湖海樓叢書》汪刻本皆同北宋本作「被」，劉辰翁《評點》本、日本國會圖書館藏明覆元刊本、故宮藏明刻本、早稻田大學藏本、四庫本作「祝」。「被」是「祝」形近之誤。祝訓斷者，當讀為殊〔註243〕。北宋本、蔣刻景宋本、國圖藏宋元遞修本、高守元本、《湖海樓叢書》汪刻本「裸」注音「力果〔反〕」。

（32）北國之人鞨巾而裘

《釋文》云：鞨，音末。《方言》俗人「帞頭」是也。帞頭，幧頭也。「帞」又作「鞨」，又作「帓」。帞，亡八反。幧，七消反。

按：《釋文》「帞」字，日本國會圖書館藏明覆元刊本、早稻田大學藏本作「帕」。《方言》卷4：「絡頭，帞頭也。紗繢、鬢帶、髮帶、帑、幓，幧頭也。自關而西，秦晉之郊曰絡頭。南楚江湘之閒曰帞頭，自河以北趙魏之閒曰幧頭。」戴震曰：「《釋名》云：『綃頭，或曰陌頭，言其從後橫陌而前也。』『綃』即『幧』，『陌』即『帞』。《列子》張湛注云：『《方言》俗人帕頭是也。帕頭，幧頭也〔註244〕。帕又作鞨，又作帓。』『俗人』二字當即『絡

〔註243〕參見蕭旭《荀子校補》，花木蘭文化出版社2016年版，第24頁。
〔註244〕引者按：戴氏誤《釋文》為張注。

頭』之訛。『帞』、『帕』同。」〔註 245〕「帞頭」亦作「陌頭」、「袹頭」、「貊頭」、「絈頭」、「帕頭」、「抹頭」，又稱作「袹首」、「抹額」，「帞」、「抹」一音之轉，皆取「橫越」為義〔註 246〕。「鞨」音末，又作「帓」者，古書「靺鞨」、「頛顯」、「韈韐」疊韻連語，「鞨」因而變音為「靺」。岡白駒曰：「鞨巾，皮帽也。治皮曰剧，與『鞨』通。」其說非是。

（33）越之東有輒沐之國

張湛「沐」下注云「又休」。

《釋文》本「輒沐」作「輒休」，云：輒，《說文》作「耴」，豬涉切，耳垂也。休，美也。蓋儋耳之類是也。諸家本作「輒沐」者，誤耳。

按：張湛注「又休」者，謂「沐」或作「休」。盧文弨曰：「輒木，《意林》作『沐』。」任大椿曰：「今本作『輒木』，『木』為『休』之誤。」秦恩復曰：「輒休，《墨子》作『輆沐』，《太平廣記》引作『輆沐』，《新論》作『軫沐』。」孫詒讓曰：「畢云：『輆，舊作輆，不成字，據《太平廣記》引作輆，音善愛反〔註 247〕，今改。』《意林》引《列子》及《道藏》本《劉子·風俗篇》並作『輒沐』，《博物志》卷 5 引作『駭沐』。宋本《列子》作『輒沐』，《釋文》及盧重元注本並作『輒休』。案：諸文舛互，此無文義可校。《集韻》云：『輆沐，國名，在越東。』是北宋本實作『輆沐』，依殷說則『輆』當作『輒』。」〔註 248〕朱駿聲曰：「輒，此疑借為輟。」又「休，疑『沐』字之誤。」〔註 249〕吳毓江曰：「輆，諸本同，寶曆本作『輆』。沐，諸本同，茅本、寶曆本、李本、緜眇閣本作『沭』。今訂從『輆沐』，存《墨子》古本之舊。『輆』字蓋從軌，必聲，為《墨子》書中之奇字。」〔註 250〕王叔岷曰：「盧重元本、道藏各本『輒沐』並作『輒休』，《釋文》本同。元本作『輒沐』，『沐』亦『休』之誤。世德堂本作『輒木』，『木』乃『休』之壞字。《墨子·節葬下篇》作『輆沐』，《博

〔註 245〕戴震《方言疏證》，收入《戴震全集（5）》，清華大學出版社 1997 年版，第 2356 頁。

〔註 246〕參見蕭旭《「蝗蟲」名義考》，收入《群書校補（續）》，花木蘭文化出版社 2014 年版，第 2188 頁。

〔註 247〕引者按：「善愛」當作「喜愛」。

〔註 248〕孫詒讓《墨子閒詁》，中華書局 2001 年版，第 187 頁。《道藏》本《劉子》仍作「軫沐」，孫詒讓謂作「輒沐」，失檢。

〔註 249〕朱駿聲《說文通訓定聲》，武漢市古籍書店 1983 年版，第 146、242 頁。

〔註 250〕吳毓江《墨子校注》，中華書局 1993 年版，第 289 頁。

物志》作『駭沐』(《太平廣記》卷480引《墨子》、《博物志》並作『⿰車亥沐』，《集韻》同)，《劉子新論・風俗篇》作『軫沐』，疑並『輒休』之誤。」楊伯峻曰:「輒，北宋本作『**⿰車永**』字，汪本從之，字書無此字，今從藏本訂正。世德堂本『沐』作『木』，注『休』作『康』。《博物志》作『駭沐』。」楊明照謂「⿰車亥沐」是，傅亞庶從楊說；盧文弨、陳應鸞謂「輒沐」是〔註251〕。白耀天謂「輒休」是〔註252〕。**⿰車永**沐，蔣刻景宋本、《湖海樓叢書》汪刻本、國圖藏宋元遞修本同，高守元本作「輙休」，江遹本作「輒休」，林氏《口義》本、劉辰翁《評點》本作「輙沐」，日本國會圖書館藏明覆元刊本作「輒沭」，故宮藏明刻本作「輙沭」，早稻田大學藏本作「趣木」，四庫本作「輒木」；《廣博物志》卷8引作「輒沐」，《古微書》卷23引作「輒沐」〔註253〕，敦煌寫卷P.3704《劉子》作「輙沐」，「輙」字旁注一字，不甚清晰，似是「**⿰車永**」字〔註254〕。敦煌寫卷P.3636《類書》「四異」條載此事作「脉沐」(未載出處，核其文當出《劉子》)〔註255〕。《類篇》同《集韻》，《五音集韻》又作「⿰車亥汰」。「汰」、「沭」、「休」是「沐」形譌，「木」、「沐」同音。「輙」同「輒」。余以同源詞斷之，當作「脉沐」，音陌沐，雙聲連語，皆明母字。北宋本作「**⿰車永**沐」，「**⿰車永**」是「脉」形譌，猶存其致誤之迹。同源詞有「霢霂」、「霢沐」、「⿱雨脈霂」、「⿱雨派霂」、「⿱雨泳霂」，音轉則為「溟沐」、「溟濛」、「陌目」、「蔑蒙」、「蠛蠓」、「瞢矇」、「蔑蠓」，中心詞義是細小貌〔註256〕，此文狀其心性糊塗不明。國名「脉沐」，非無意義可言也。獨敦煌寫卷P.3636《類書》作「脉沐」不誤，字極清晰，可謂一字千金矣。隸書「亥」作「」、「」等形〔註257〕，與「永」形近，故「**⿰車永**」誤作「⿰車亥」，

〔註251〕楊明照校注、陳應鸞增訂《增訂劉子校注》，巴蜀書社2008年版，第669～670頁。傅亞庶《劉子校釋》，中華書局1998年版，第446～447頁。盧文弨校《劉子》曰:「輒沐，誤『軫』。」盧文弨《群書拾補》，收入《續修四庫全書》第1149冊，上海古籍出版社2002年版，第515頁。

〔註252〕白耀天《「俚」論》，《廣西民族研究》1990年第2期，第60～64頁。

〔註253〕《古微書》據補守山閣叢書本，四庫本作「輒木」。

〔註254〕P.3704《劉子》，收入《法藏敦煌西域文獻》第27冊，上海古籍出版社2002年版，第4頁。

〔註255〕P.3636《類書》，收入《法藏敦煌西域文獻》第26冊，上海古籍出版社2002年版，第174頁。

〔註256〕參見蕭旭《敦煌變文校補(二)》，收入《群書校補(續)》，花木蘭文化出版社2014年版，第1370～1373頁。

〔註257〕參見臧克和《漢魏六朝隋唐五代字形表》，南方日報出版社2011年版，第152頁。

又易作「駭」。隸書「輒」作「[illegible]」〔註 258〕，故「𨋕」又形誤作「輒」。

（34）其親戚死，殉其肉而棄之

《釋文》云：殉，本作「咼」，音寡，剔肉也。又音朽。

按：于鬯曰：「《釋文》『咼』當作『冎』，『冎』即今『剮』字。《說文》：『冎，剔人肉，置其骨也。』今作『殉』亦自通，《說文》『殉』、『朽』同字。故《墨子·節葬篇》作『朽』（《太平廣記》引《博物志》作『刳』，今《博物志》作『朽』）。」王重民亦謂「咼」當作「冎」。王叔岷曰：「王重民云云，孫詒讓《墨子閒詁》已有此說。道藏林希逸本亦有注云：『殉與冎同。』（白文本『冎』誤『咼』）《墨子·節葬篇》、《博物志》並作『朽』（《太平廣記》卷 480 引《墨子》《博物志》並作『刳』），《劉子》作『拆』。」唐敬杲曰：「殉，讀為刳。」楊伯峻曰：「《博物志》作『朽』，《御覽》卷 790 引『朽』作『刳』，蓋從《列子》。」敦煌寫卷 P.3704《劉子》作「朽」〔註 259〕。盧文弨曰：「『坼』誤『折（拆）』。」〔註 260〕諸家校「咼」作「冎」，是也。唐說亦是也，殉（朽）從丂得聲，與「刳」一聲之轉。「刳」、「冎」亦音轉。以形說之，「刳」或易作「挎」，脫作「抙」或「桍」，因誤作「扝」或「朽」。「坼」義近。

（35）聚祡積而焚之

《釋文》云：祡，音柴。《說文》：燒柴焚燎以祭天神。或通作「柴」。積，子智切，聚也。

按：陶鴻慶曰：「既言聚，又言積，於文複矣。『積』當為『簀』之假字。《說文》：『簀，床棧也。』朱氏駿聲以『簀』為席籍之通稱。《史記·范雎列傳》《索隱》云：『簀謂葦荻之薄也。』聚柴簀而焚之，謂聚柴為藉，以便其焚也。」楊伯峻從其說。陶說非是。《御覽》卷 871 引作「柴積」，《博物志》卷 5 同。積，聚也，所聚之草木亦為積。《呂氏春秋·慎小》：「突洩一熛（熛），

〔註 258〕參見臧克和《漢魏六朝隋唐五代字形表》，南方日報出版社 2011 年版，第 1413 頁。

〔註 259〕P.3704《劉子》，收入《法藏敦煌西域文獻》第 27 冊，上海古籍出版社 2002 年版，第 4 頁。

〔註 260〕盧文弨《群書拾補》，收入《續修四庫全書》第 1149 冊，上海古籍出版社 2002 年版，第 515 頁。

而焚宮燒積。」俗字作積，《玄應音義》卷 2：「穀積：《埤蒼》：『積，積也。』」敦煌寫卷 S.617《俗務要名林》：「積，大積。」《集韻》：「積，艸積。」《中阿含經》卷 47：「猶如從葦積草積生火，燒樓閣堂屋。」宋本「積」作「積」。《寶雲經》卷 5：「不依囊草積住。」今吳語猶言「草積」、「草積堆」。此文「柴積」即「柴積」，猶言柴木、柴草。《墨子・節葬下》作「柴薪」，義同。

（36）日初出大如車蓋

按：王重民曰：「《意林》、《初學記》卷 1、《御覽》卷 3 引『車蓋』並作為『車輪』。」王叔岷曰：「《事類賦》卷 1、《韻府群玉》卷 18 引亦作『車輪』。」《類聚》卷 1、《合璧事類備要》前集卷 1 引亦作「車輪」，《書鈔》卷 149、《白氏六帖事類集》卷 1、《法苑珠林》卷 4、《隋書・天文志》、《御覽》卷 385、《記纂淵海》卷 42 引仍作「車蓋」，《博物志》卷 5、《金樓子・立言篇上》同。

（37）及日中，則如盤盂

按：裴學海曰：「則，猶裁也（『裁』與『纔』同）。一為『僅』字之義。《列子》云云，《金樓子・立言篇上》作『日初出如車蓋，至中裁如盤盂』。」〔註 261〕王叔岷曰：「《書鈔》卷 149 引『則』作『裁』，唐寫本《世說新書（語）・夙惠篇》注引桓譚《新論》、《金樓子・立言上篇》亦並作『裁』，《法苑珠林》卷 7、《意林》、《事類賦》卷 1、《御覽》卷 3 引『則』並作『纔』，《御覽》卷 385 引作『才』。裁、纔、才古通用。」《類聚》卷 1 引作「纔」，《隋書・天文志》引作「裁」。《初學記》卷 1 引作「其中時如盤盂」，《博物志》卷 5 作「及日中時如盤盂」，並誤「則」作「時」。

（38）日初出滄滄涼涼

《釋文》本「滄」作「愴」，云：愴，初良切，又本作「滄」。《周書》曰：「天地之間有愴熱，善用道者終無竭。」孔鼂注云：「愴，寒也。」桓譚《新論》亦述此事作「愴涼」。《字林》云：「涼，微寒也。」

按：任大椿曰：「《說文》、《廣雅》：『滄，寒也。』是訓寒者字作滄。《列子》云『愴愴涼涼』，以『涼涼』之義求之，則『愴愴』當作『滄滄』。今本《逸周書・太子晉解》：『天地之間有滄熱。』孔晁注：『滄，寒也。』亦作『滄』，

〔註 261〕裴學海《古書虛字集釋》，中華書局 1954 年版，第 594 頁。

不作『愴』，與今本《列子》同。惟《釋文》引《逸周書》作『愴熱』，豈敬順所見舊本作『愴』不作『滄』耶？『滄滄』之作『愴愴』，乃叚借字。」王叔岷曰：「《釋文》本『滄滄』作『愴愴』，引桓譚《新論》同（唐寫本《世說新書》注引《新論》亦同），《意林》、《初學記》卷1、《御覽》卷385、《韻府群玉》卷18引並作『蒼蒼』。愴、蒼並滄之借字，《說文》：『滄，寒也。』」楊伯峻曰：「《說文》：『滄，寒也。滄，寒也。』滄、滄音義皆同，疑是一字。故《集韻》云：『滄，寒也，或從水。』朱駿聲謂『滄』之本訓為水名，似近武斷。」滄滄，《類聚》卷1、《法苑珠林》卷4、《隋書・天文志》、《御覽》卷3、《事類賦注》卷1、《記纂淵海》卷42引同，《博物志》卷5、《金樓子・立言上》亦同；《白氏六帖事類集》卷1、《合璧事類備要》前集卷1引亦作「蒼蒼」。其義為「寒」，其本字自當從仌作「滄」。字亦省作倉，上博簡（六）《用曰》簡6：「脣亡齒倉。」《左傳・哀公八年》作「寒」字。

（39）詹何以獨繭絲為綸，芒鍼為鉤

按：王念孫曰：「『鉤』本作『釣』，釣即鉤也。今本作『鉤』者，後人但知釣為釣魚之釣，而不知其又為鉤之異名，故以意改之耳。《廣雅》曰：『釣，鉤也。』《列子・湯問篇》『詹何以芒鍼為釣』，後人改『釣』為『鉤』，不知《御覽》引此正作『釣』也。又下文『投綸沈釣』，今本『釣』作『鉤』，亦是後人所改。《韻府群玉》『釣』字下引《列子》『投綸沈釣』，則所見本尚作『釣』也。」楊伯峻從其說。王叔岷曰：「《記纂淵海》卷84、《合璧事類》前集卷52引『鉤』並作『釣』，『釣』是故書（本王念孫說）。」王念孫說非是，其說《御覽》引此正作「釣」，《韻府群玉》「釣」字引「投綸沈釣」，皆未檢得出處，疑王氏誤記。《記纂淵海》卷84引仍作「鉤」，王叔岷亦失檢。《初學記》卷22、《御覽》卷834、《事文類聚》前集卷37、《韻府群玉》卷8「芒針」條、卷20「剖粒」條引作「鈎」，《白氏六帖事類集》卷29、《文選・吳都賦》、《歸田賦》、《與滿公琰書》李善注三引作「鉤」〔註262〕。《博物志》卷5作「鈎」，《渚宮舊事》卷1作「鉤」字。《後漢書・張衡傳》《應間》：「蒲且以飛矰逞巧，詹何以沈鈎致精。」李賢注引此文作「鈎」。是張衡、李賢所見本並作「鈎」，不作「釣」。《劉子・觀量》：「夫釣者雖有籊竿、纖綸、芒鈎、芳餌，增以詹何之妙，不能與罾罟爭多。」用此文之典，字亦作「鈎」。《御覽》卷834引王子年《拾遺記》：「漢

〔註262〕四庫本《白帖》在卷98。

帝以香金為鈎，霜絲為綸。」又卷862引「鈎」作「釣」。亦其比。

（40）於百仞之淵、汩流之中

《釋文》云：汩，古物切，疾也。

按：汩，《御覽》卷834引誤作「洦」。

（41）綸不絕，鈎不伸，竿不橈

張湛注：夫飾芳餌，挂微鈎，下沉青泥，上乘驚波，因水勢而施舍，頡頏委縱，與之沉浮；及其弛絕，故生而獲也。

《釋文》本「頡頏」作「頡頑」，云：上胡結切，下戶郎切。

按：注「頡頏」，蔣刻景宋本、國圖藏宋元遞修本、《湖海樓叢書》汪刻本、日本國會圖書館藏明覆元刊本同，皆誤，當據高守元本、早稻田大學藏本作「頡頑」，與《釋文》本同。

（42）蒲且子之弋也

張湛注：蒲且子，古善弋射者。

《釋文》云：且，子余切。

按：楊伯峻曰：「《漢書·藝文志》技巧家有『《蒲且子弋法》四篇』。」《漢書》作「蒲苴」，楊氏誤記。「且」即「苴」省，故音子余切。蒲且子，《御覽》卷916引作「捕且子」。北大漢簡（四）《反淫》：「合蒲苴之數，察逆順之風。」《說苑·談叢》：「蒲且修繳，鳧鴈悲鳴。」《後漢書·張衡傳》《應間》：「蒲且以飛矰逞巧，詹何以沈鈎致精。」《文選·勵志詩》：「蒱盧縈繳，神感飛禽。」五臣本作「蒲蘆」，李善注引此文，又引《汲冢書》：「蒲且子見雙鳧過之，其不被弋者亦下。」呂向注：「蒲蘆，即蒲且也。」《文選·四子講德論》：「但懸曼矰，蒲苴不能以射。」李善注引此文作「蒲苴」。「蒱盧（蒲蘆）」亦「蒲且（苴）」之音轉。

（43）乘風振之

按：乘，《類聚》卷90引形誤作「垂」。

（44）連雙鶬於青雲之際

按：王叔岷曰：「《類聚》卷90、《御覽》卷916引『鶬』並作『鶴』。」

鴿，《文選・勵志詩》、《西京賦》、《南都賦》、《子虛賦》、《四子講德論》、《與從弟君苗君冑書》李善注六引同，《白氏六帖事類集》卷 29「鴿」條〔註 263〕、《後漢書・張衡傳》《應間》李賢注、《御覽》卷 832、925「鴿」條、《農書》卷上引亦同，《渚宮舊事》卷 1 作「鵠」。「鵠」同「鶴」。《類聚》卷 90、《御覽》卷 916 並歸入「鶴」條。是唐人所見有作「鴿」、「鶴」二本也。

（45）用心專，動手均也

按：動，《渚宮舊事》卷 1 誤作「勤」。

（46）扁鵲辨其所由，訟乃已

張湛注：此言恢誕，乃書記少有。然魏世華他能刳腸易胃，湔洗五藏，天下理自有不可思議者，信亦不可以臆斷，故宜存而不論也。

按：注「刳腸易胃」，當作「刳腹剔胃」。早稻田大學藏本上端校記：「注『亦』疑『否』訛。」非是。「信」是副詞，猶言確實。

（47）柱指鈞弦，三年不成章

張湛注：安指調弦，三年不能成曲。

《釋文》云：柱，一本作「住」。鈞，音均。

按：俞樾曰：「盧重元本『鉤』作『鈞』，當從之。張注云云，是其所據本亦作『鈞』，故以調弦釋之。《國語・周語》韋注曰：『鈞，調也。』」王叔岷曰：「世德堂本『鈞』作『鉤』，『鉤』即『鈞』之誤。」鈞，各本皆同；早稻田大學藏本、四庫本作「鉤」，早稻田本上端校記：「鉤，《口義》作『鈞』，可從，下同。按『柱』、『鉤』易地則通。又按《口義》『柱』作『拄』，不可從。據張注，『柱』元作『拄』，可知也。」林氏《口義》本作「柱」，不作「拄」。《記纂淵海》卷 78 引作「柱指鈞絃」。「鈞（鉤）」字是，柱指鈞絃，謂柱指以鈞琴絃也。《文子・自然》杜道堅《纘義》：「師文彈琴，注指鈞弦，寫神放意，游心手之間。」宋・劉一止《三友齋賦》：「至於鈞絃柱指，函宮泛商，寫天地之淳和，雜古今之興亡。」字皆作「鈞」。

（48）於是當春而叩商弦，以召南呂，涼風揔至，草木成實

《釋文》本「揔」作「忽」，云：忽至，一本作「總至」，誤也。

〔註 263〕四庫本《白帖》在卷 95。

按：唐敬杲曰：「揔，依諸本改『忽』。」王叔岷曰：「《記纂淵海》卷 58、78 引並作『緫至』，《文選・嘯賦》注、《御覽》卷 577 引並作『揔至』，『揔』即『緫』之俗。」楊伯峻曰：「忽，北宋本作『揔』，汪本作『總』，今從藏本正。」《記纂淵海》卷 78 引作「忽」，王氏誤記。揔，蔣刻景宋本、國圖藏宋元遞修本同，林氏《口義》本、劉辰翁《評點》本、高守元本、江遹本、日本國會圖書館藏明覆元刊本、故宮藏明刻本、早稻田大學藏本、秦恩復刻本、四庫本作「忽」；《記纂淵海》卷 3、《埤雅》卷 19、《禮記集說》卷 96 引作「忽」，《御覽》卷 577、《事類賦注》卷 11 引作「惣」〔註 264〕，《樂書》卷 9 作「隨」。「揔」、「緫」是「總」俗字，「惣」是「揔」譌字。作「總」字是，讀為悤，字亦作怱、匆，急遽也，急速也。「忽」是「揔（緫）」挩誤字。

（49）霜雪交下，川池暴沍

張湛注：得冬氣，故凝陰水凍。

按：王叔岷曰：「《事類賦》卷 11、《御覽》卷 577 引『沍』並作『涸』，『沍』與『涸』同，當以作『涸』為正，《說文》無『沍』字。」楊伯峻曰：「沍，《史記・封禪書》、《漢書・郊祀志》、《後漢書・張衡傳》皆作『冱』，云：『冱，凝也。』《莊子・齊物論》《釋文》引向注：『冱，凍也。』冱亦作沍。古從仌從水之字多易溷。疑從仌從水之『冱』、『沍』本一字，而後人傳寫或減一筆或增一畫，遂訛成二字也。」《古今韻會舉要》已指出「沍」、「冱」是一字。《御覽》卷 22 引「沍」作「冱」。「冱」是「冱」俗字。

（50）鄒衍之吹律

張湛注：北方有地，美而寒，不生五穀。鄒子吹律煖之，而禾黍茲也。

按：《文選・魏都賦》：「且夫寒谷豐黍，吹律暖之也。」劉淵林注引劉向《別錄》：「鄒衍在燕，有谷地美而寒，不生五穀，鄒子居之，吹律而温〔氣〕至，黍生，今名黍谷。」〔註 265〕

（51）乃厚賂發之

張湛注：發猶遣也。

〔註 264〕《事類賦注》據宋刊本，四庫本作「忽」。

〔註 265〕「氣」字據《白氏六帖事類集》卷 2、《類聚》卷 5、9、《御覽》卷 16、54 引補，又《白帖》「黍生」作「堪植黍」。

按：王叔岷曰：「《事文類聚》續集卷 24 引『發之』作『而遺之』，『遺』蓋『遣』之誤，注可證。《博物志》正作『遣』。」《宋書・樂志一》作「遣」，俗本《通典》卷 145 亦形誤作「遺」。

（52）**故雍門之人至今善歌哭，效娥之遺聲**

按：王重民曰：「北宋本、吉府本『放』並作『效』，《初學記》卷 15 亦作『效』。」王叔岷曰：「《釋文》本、元本、世德堂本『效』並作『放』，作『放』是故書。盧重元本、道藏各本皆作『效』，《事文類聚》續集卷 24 引亦作『效』，《博物志》同。《初學記》卷 15 引作『放』，王氏失檢。」《湖海樓叢書》汪刻本、日本國會圖書館藏明覆元刊本、早稻田大學藏本作「放」，其餘各本作「效」，《宋書・樂志一》亦作「效」。

（53）**伯牙游於泰山之陰，卒逢暴雨，止於巖下。心悲，乃援琴而鼓之。初為霖雨之操，更造崩山之音。曲每奏，鍾子期輒窮其趣。伯牙乃舍琴而嘆曰：「善哉，善哉，子之聽夫！志想像猶吾心也。吾於何逃聲哉？」**

《釋文》本「霖」作「淋」，云：淋，音林。

按：楊伯峻曰：「《御覽》卷 1 引《傅子》：『昔者伯牙子遊於泰山之陰，逢暴雨，止於巖下，援琴而鼓之，為淋雨之音，更造崩山之曲。每奏，鍾子期輒窮其趣。曰：善哉子之聽也！』」《御覽》卷 10 引《傅子》，楊氏誤記。

（54）**若與偕來者何人邪**

按：偕，《御覽》卷 752 引誤作「階」。

（55）**穆王驚視之，趣步俯仰，信人也**

按：信人，《御覽》卷 752 引誤作「言皆人」。

（56）**巧夫鎮其頤，則歌合律**

《釋文》云：鎮，驅音切，曲頤也。又五感反。鎮猶搖頭也。

按：朱得之曰：「鎮，動。」秦恩復曰：「頷，張湛本作『鎮』，殷《釋文》『搖頭也』。《說文》：『頷，面黃也。鎮，低頭也。《春秋傳》曰「迎於門鎮之而已」。』作『頷』非。」陳鱣曰：「『頷』與『鎮』音義俱別。殷《釋文》：『鎮，猶搖頭也。』「鎮」當依《說文》訓低頭，殷《釋文》沿杜注誤也。」〔註 266〕王重民曰：「《文選・遊仙詩》注、《御覽》卷 752 並引『頷』作『頷』。『頷』、『頷』二字形義均相近，淺人多見『頷』，少見『頷』，作『頷』者皆後人所改也。《襄二十六年左傳》：『逆於門者頷之而已。』《說文》引作『頷』。《漢書・揚雄傳》：『頷頤折頞。』宋祁曰：『頷，一作頷。』《說文》：『頷，低頭也。』《玉篇》：『頷，曲頤也。』案古語以曲為欽，低（氐）與曲皆有搖動之義。頷釋為低頭，頷頤釋為曲頤。蓋頷字從頁，皆隨文以立義也。『頷』自是正字，作『頷』者訛。」王叔岷曰：「盧重元本、道藏高守元本並作『頷』；道藏白文本、林希逸本、江遹本並作『鎮』，《記纂淵海》卷 84 引同。『鎮』即『頷』之誤。」楊伯峻說略同王叔岷。嚴北溟曰：「頷，通『撳』，抑下。」《蒙求集註》卷下引作「頷」。林希逸曰：「鎮，壓也。」劉辰翁《評點》本引林注作「頷，壓也」。「鎮」是「頷」形譌，《金樓子・志怪》亦誤作「鎮」。故宮藏明刻本上方校記：「『頷』即『頷』字。」「頷」是「頷」借字（《玉篇》、《集韻》謂同字），非誤字。《說文繫傳》：「頷，點頭以應也，今《左傳》作『頷』，假借。」《文選・郭璞・遊仙詩》：「姮娥揚妙音，洪崖頷其頤。」李善注引此文作「頷」，又引《廣雅》：「頷，動也。」今本《廣雅》作「頷，動也」。是郭璞所見本已作「頷」字。《後漢書・呂布傳》：「操頷之。」亦用借字。頷之言捦、鈙，持也，捉也，謂以手按之。俗字作撳、搇，《集韻》：「搇，按也。」今吳語尚謂以手按壓物而使下為搇。頷謂按壓頭，故製分別字從頁作頷。按壓則低下，故頷訓低頭，今吳語猶有「頷頭」、「頭一頷」之語。引申則為點頭義，《繫傳》說是也。東漢安世高譯《太子慕魄經》卷 1：「王心雖慈，事不獲已，頷頭可之。」明本「頷」作「頷」。頷其頤，謂按壓其下巴。《漢書》「頷頤」，與此文不同，彼用「曲頤」之訓，是「顩」的異體字（《文選》正作「顩」），指下巴尖銳上翹。王重民混而一之，非是。

（57）技將終，倡者瞬其目而招王之左右侍妾

《釋文》本「瞬」作「瞚」，云：瞚，音舜。

按：《御覽》卷 752 引作「瞚」，有注：「與『瞬』同。」《金樓子・志怪》亦作「瞚」。

〔註 266〕陳鱣《簡莊疏記》卷 11，收入《續修四庫全書》第 1157 冊，上海古籍出版社 2002 年版，第 255 頁。

（58）王試廢其心，則口不能言

按：試，《御覽》卷752引誤作「誠」。

（59）彀弓而獸伏鳥下

《釋文》云：彀，音搆，張弓也。

按：王叔岷曰：「《錦繡萬花谷》別集卷25、《事文類聚》前集卷42、《合璧事類》前集卷57引『彀』並作『彎』。」《類聚》卷74、《御覽》卷745引仍作「彀」，是其故書。

（60）爾先學不瞬，而後可言射矣

按：瞬，《類聚》卷60引同，《御覽》卷347、752、825、《事類賦注》卷13引作「瞚」〔註267〕，《御覽》卷752有注：「音舜。」下文「雖錐末倒眥而不瞬也」，《御覽》卷752、825引亦作「瞚」。

（61）紀昌歸，偃臥其妻之機下，以目承牽挺

張湛注：牽挺，機躡。

《釋文》云：挺，徒鼎切。躡，女輒切。

按：林希逸曰：「牽挺，機下之挺，隨足上下者也。」盧文弨曰：「躡，疑『鑷』。」惠棟從張湛注〔註268〕。厲荃曰：「《庶物異名疏》：『牽挺，躡機也。』《字林》云：『庨（㚇），機下所履。』即牽挺類也。」〔註269〕陳元龍《格致鏡原》卷48說同厲氏。王紹蘭曰：「『挺』當為『㚇』字之誤（『㚇』訛為『捷』，又訛『挺』。觀湛注，晉時已誤矣）。《說文》：『㚇，機下足所履者。』㚇之言躡也，機下繩縣兩版，用足躡之，使牽引相上下以織布帛者，謂之牽㚇。」許槤說同王氏。王紹蘭又曰：「『入』則『㚇』之聲，亦取牽㚇上下經緯相入，聲兼意。」楊伯峻但引王氏前說，從王、許說。桂馥曰：「馥謂牽挺即㚇。」〔註270〕于鬯曰：「挺蓋讀為筳，《說文》云：『筳，繀絲筦也。』」章太炎說同于氏，

〔註267〕《事類賦注》據宋刊本，四庫本作「瞬」。

〔註268〕惠棟《松崖筆記》卷1，收入《叢書集成續編》第92冊，上海書店1994年版，第472頁。

〔註269〕厲荃《事物異名錄》卷18，收入《續修四庫全書》第1252冊，上海古籍出版社2002年版，第657頁。引《字林》「㚇」誤作「庨」。

〔註270〕王紹蘭《說文段注訂補》，許槤《讀說文記》，桂馥《說文解字義證》，並收入丁福保《說文解字詁林》，中華書局1988年版，第2398～2399頁。

又曰:「『牽』當是『弦』,弦即絲也。弦筳猶言絲筳也。」〔註271〕「牽挺」不誤,《白氏六帖事類集》卷2、《御覽》卷745、852、《蒙求集註》卷上引並作「牽挺」〔註272〕,注同。于、章讀挺為筳是也,「牽」讀如字,牽引。王重民曰:「《御覽》卷745、852引『臥』並作『坐』。」《御覽》卷745引仍作「臥」,王氏誤記。

(62)必學視而後可

《釋文》本「必」作「亞」,云:亞,烏嫁切,次也。一本作「必學」,非也。

按:王重民曰:「北宋本、《御覽》卷745引並作『必』,與《釋文》所見一本同。」王叔岷曰:「道藏白文本、林希逸本、元本、世德堂本並作『亞學』。」楊伯峻說同王叔岷。日本國會圖書館藏明覆元刊本、故宮藏明刻本、早稻田大學藏本作「亞學」,景宋本《御覽》卷745引同,王重民所據《御覽》乃誤本。林希逸曰:「亞,次也,更也。」承上文「先」字而言,自當作「亞」訓次。

(63)乃以燕角之弧、朔蓬之簳射之

按:王叔岷曰:「《酉陽雜俎》續集卷4引『燕』作『蒸』,注云:『一作徵。』並與今本異。《御覽》卷951引『朔』作『孤』。」楊伯峻曰:「『朔』字當為『荊』,形近而誤。《考工記》:『燕之角,荊之幹,此材之美者也。』即此文所本。且『荊』與『燕』對舉,似非泛指朔方而言。《御覽》卷347、745、951所引已誤。」楊說非是。《類聚》卷60、《書鈔》卷125、《酉陽雜俎》續集卷4、《御覽》卷347、745、《事類賦注》卷13、《學林》卷3、《事文類聚》前集卷42、《合璧事類備要》前集卷57、《蒙求集註》卷上、《書敘指南》卷19引作「朔蓬」,《御覽》卷951、《記纂淵海》卷100、《合璧事類備要》別集卷93引作「孤蓬」,《事文類聚》後集卷49作「弧蓬」,《合璧事類備要》外集卷56引作「胡蓬」。作「孤(弧)蓬」者,承上「弧」而誤。作「胡蓬」者,「朔蓬」之形誤。燕角,各書引同,《酉陽雜俎》引作「蒸角」,又作「徵角」,《太平廣記》卷227引《雜俎》作「徵角」,乃「燕角」之形誤,復又音誤。「燕角」謂燕牛之角,非燕地之角。《列女傳》卷

〔註271〕章太炎《膏蘭室札記》卷1,收入《章太炎全集(1)》,上海人民出版社1982年版,第109頁。

〔註272〕《白帖》在卷8。

6 弓人之妻曰：「傳（傅）以燕牛之角，纏以荊麋之筋，糊以河魚之膠。」〔註 273〕嚴北溟解作「燕角出產的牛角」，非是。

（64）二人交射，中路矢鋒相觸而墜於地，而塵不揚

《釋文》云：墜，一本作「隊」。

按：觸，敦煌寫卷 P.2635《類林》引形誤作「解」。

（65）飛衛之矢先窮，紀昌遺一矢，既發，飛衛以棘刺之端扞之，而無差焉

按：王叔岷曰：「《酉陽雜俎》續集卷 4 引『扞』作『搏』。」津逮本《雜俎》作「搏」，學津討原本作「捍」，四庫本引作「搏」。「搏」、「搏」皆「捍」形譌，《太平廣記》卷 227 引《雜俎》正作「捍」。扞，《御覽》卷 369、745 引同，《事文類聚》前集卷 42、《合璧事類備要》前集卷 57 引作「打」，「打」是「扞」形譌。敦煌寫卷 P.2635《類林》引作「矢既各盡，又拔棘針相刺相突」，臆改失其真。

（66）剋臂以誓

《釋文》云：《淮南子》曰：「中國歃血，越人契臂，其一也。」許慎云：「剋臂出血也。」

按：剋臂，《御覽》卷 369 引同，《酉陽雜俎》續集卷 4 引作「刻臂」，《太平廣記》卷 227 引《雜俎》作「刻背」。「背」是「臂」形譌。音轉亦作「割臂」，《左傳・莊公三十二年》「割臂盟」，《史記・魯周公世家》作「割臂以盟」。

（67）趣走往還，無跌失也

《釋文》云：跌，音凸。

按：跌，《御覽》卷 746 引誤作「缺」。

（68）凡所御者，亦如此也。

盧重玄曰：《莊子》云：「側足之外皆去其土，則不能履之者，心不定也。」

〔註 273〕《類聚》卷 60、《御覽》卷 347、《事類賦注》卷 13、《埤雅》卷 1 引「傳」作「傅」。

按：楊伯峻曰：「盧解所引《莊子》，今本無其文。」《莊子・外物》：「惠子謂莊子曰：『子言無用。』莊子曰：『知無用而始可與言用矣。夫地非不廣且大也，人之所用容足耳。然則厠足而墊之致黃泉。人尚有用乎？』惠子曰：『無用。』莊子曰：『然則無用之為用也亦明矣。』」一本「厠」作「側」。盧解乃括引其意，非引原文。下文張湛注：「夫行之所踐，容足而已。足外無餘而人不敢踐者，此心不夷、體不閑故也。」亦本《莊子》。

（69）齊輯乎轡銜之際

《釋文》云：輯，音集。《說文》云：「輯，車輿也。」此言造父善御，得車輿之齊整在於轡銜之際，喻人君得民心則國安矣。

按：《淮南子・主術篇》同，《御覽》卷 746 引「輯」誤作「楫」。殷說甚誤。《爾雅》：「輯，和也。」

（70）是故能進退履繩而旋曲中規矩

按：陶鴻慶曰：「『矩』字衍文。本作『進退中繩而旋曲中規』，言直者中繩曲者中規也。《淮南子・主術訓》引此文無『矩』字。」王重民曰：「陶說是也。《莊子・達生篇》：『進退中繩，左右旋中規。』與《列子》此文義同而無『矩』字，可證。蓋『履繩』、『中規』相對為文，若有『矩』字，不但義有不合，詞亦為贅矣。《御覽》卷 746 引正無『矩』字。」楊伯峻曰：「《呂覽・適威篇》亦云：『進退中繩，左右旋中規。』又云：『夫進退中繩，左右旋中規。』皆無『矩』字，更為的證。」諸說皆非。旋，指周旋，今言轉圓圈。曲，指折旋，今言拐直角。《廣雅》：「曲，折也。」《禮記・玉藻》：「周旋中規，折旋中矩。」即此文所謂旋曲中規矩也。無「矩」字則文義不備。

（71）六轡不亂，而二十四蹄所投無差

按：《禮書》卷 147 引作「二十四蹄無遺跡」，不知所據。《呂氏春秋・古樂》高誘注：「投足，猶言蹀足。」投，猶蹋也。

（72）魏黑卵以暱嫌殺丘邴章

張湛注：暱嫌，私恨。

按：王叔岷曰：「《書鈔》卷 122、《御覽》卷 344、386、482 引『卵』並作『卯』，下同。」楊伯峻說略同，惟未及《書鈔》耳。《事類賦注》卷

13引作「卵」。疑「卵」字是，周有周公黑肩，楚有公子黑肱，衛有子叔黑臂，晉成公名黑臀，楚有連尹黑要（腰），皆其比。孔廣陶曰：「陳本『卯』誤『卵』。」〔註274〕非是。

（73）丹氣甚猛，形甚露

按：林希逸曰：「形甚露，骨立也。」朱得之曰：「露，瘦弱。」王汝璧曰：「露，讀作羸。」〔註275〕岡白駒曰：「露，瘦弱也，謂骨立。」唐敬杲曰：「露，謂羸瘦也。」王叔岷曰：「《御覽》卷344引『露』下有注云：『露，羸。』《事類賦》卷13亦引有此注，『羸』下更有『也』字。」楊伯峻曰：「形，體也。露，羸也。形甚露猶言體甚羸也。下文張注云『體羸虛』，正得其義。」王汝璧讀作「羸」無義，疑是「羸」字誤書。《御覽》、《事類賦注》引有注，疑今本《列子》挩之。《書鈔》卷122引作「來丹羸弱」。

（74）雖怒，不能稱兵以報之

按：王重民曰：「《御覽》卷482引『怒』作『怨』，下文『子怨黑卵至矣』，疑作『怨』者近是。」景宋本《御覽》卷482引仍作「怒」。然當據下文作「怨」。

（75）延頸承刀，披胸受矢，鋩鍔摧屈，而體無痕撻

按：痕撻，《酉陽雜俎》卷9引同。林希逸曰：「痕撻，痕跡也。」章太炎曰：「撻借為達。達，射也，芒也，穿也。謂刀矢所斫所射所穿之芒也，與『痕』同意。又按：達訓芒，與『銳』音誼同。《說文》云：『銳，芒也。』籀文作『劂』，《廣雅》：『劂，傷也。』是傷痕謂之銳也。古無去聲，故銳讀如達。」〔註276〕王重民曰：「『撻』字與上文義不相合，《御覽》卷386、482引並無『撻』字，疑是衍文。」胡懷琛曰：「『痕撻』二字疑倒。」楊伯峻曰：「刀，藏本、世德堂本作『刃』。」林氏《口義》本、故宮藏明刻本作「刃」，

〔註274〕孔廣陶校注本《書鈔》卷122，收入《續修四庫全書》第1212冊，上海古籍出版社2002年版，第556頁。

〔註275〕王汝璧《芸簏偶存》卷2，收入《續修四庫全書》第1462冊，上海古籍出版社2002年版，第79頁。

〔註276〕章太炎《膏蘭室札記》卷1，收入《章太炎全集（1）》，上海人民出版社1982年版，第35頁。

《御覽》卷 386、482 引同。林注是也。撻，讀為徹、轍，本指車跡，此指痕跡。《老子》第 27 章：「善行無轍跡。」《釋文》本作「徹」，馬王堆《老子》甲本作「勶」（北大簡本同），乙本作「達」。《說苑・辨物》「達眼」，《大戴禮記・本命》「達」作「徹」。《國語・晉語三》：「臭達於外。」《書・盤庚中》孔疏、《左傳・僖公十年》孔疏引「達」並作「徹」《荀子・賦篇》「銛達」，即《漢書・賈誼傳》晉灼注「世俗謂利銛為銛徹」之「銛徹」。皆其音轉之證。疑俗字又作皶，《集韻》、《類篇》並云：「皶，皮起。」

（76）其所觸也，竊竊然有聲，經物而物不疾也

按：竊竊然有聲，《書鈔》卷 122 引同，《類聚》卷 60 引作「寂無有聲」，《御覽》卷 344、《事類賦注》卷 13 引作「竊然有聲」。岡白駒曰：「竊竊然，猶察察也。」嚴北溟說同。

（77）遇黑卵之子於門，擊之三下，如投虛

按：投，《御覽》卷 344 引作「接」。

（78）周穆王大征西戎，西戎獻錕鋙之劍、火浣之布

《釋文》本「浣」作「浣」，云：浣，音緩。

按：浣，蔣刻景宋本、國圖藏宋元遞修本同，其餘各本作「浣」，《御覽》卷 820 引同，是也。《孔叢子・陳士義》亦作「浣」。字亦作「澣」，俗字作「澣」。

（79）布則火色，垢則布色

按：布色，《孔叢子・陳士義》引《周書》作「灰色」。

《力命篇》第六校補

（1）朕衣則裋褐，食則粢糲

《釋文》云：粢，稻餅也。《聲類》：「粍，米不碎。」《史記》曰：「陳平食糠粍。」孟康云：「麥糠中不破者是也。」蓋謂粗舂粟麥為粢餅食之。

按：《史記・陳丞相世家》：「亦食糠覈耳。」《漢書》同。《集解》引徐廣曰：「覈，音核。」又引孟康曰：「麥糠中不破者也。」又引晉灼曰：「覈，音紇，京師謂麤屑為紇頭。」《御覽》卷 484、517 引《漢書》作「糠粍」。「紇」

是「麧（麧）」借字。「紇頭」即「麧頭」。《說文》：「麧，堅麥。」《繫傳》曰：「麥之磨不碎者，舂磨之久而堅老也。」《廣韻》：「麧，麧䴭。《漢書》云：『食糠麧。』」「籺」則俗字，「覈」則借字。《玄應音義》卷 22：「無秔：又作麧，同。堅米也，謂米之堅鞕舂擣不破者也，今關中謂麥屑堅者為麧頭，亦此也。江南呼為䵂子。」《說文》：「䵂，麥覈屑也。」又「䴬，小麥屑之覈。」許氏亦借覈為麧也。《法華經玄贊攝釋》卷 3：「米籺名糠者，按撿字書，不見此字。然《切韻》中有『麧』字者，麧䴭頭也，音下沒反。」《集韻》：「麧，麥糠中不破者，或作覈。」沈欽韓謂「覈」借為「䵂」〔註 277〕，非是。字亦作秔，《集韻》：「麧、秔、籺：《說文》：『堅麥也。』一曰俗謂麤屑為麧。或從禾、從米。」字亦作稧，《廣韻》：「稧，麥稧不破。」《集韻》：「稧，麥全曰稧，通作覈。」字源是「乞刂（刏）」《說文》：「乞刂，一曰：刀不利，於瓦石上乞刂之。」取摩擦為義，字亦作「扢（扤）」，《玉篇》：「扢，磨也。」《廣雅》：「扤，摩也。」《淮南子》例以「扢」作摩用。

（2）汝造事而窮，予造事而達

按：林希逸曰：「造事者，言所作為之事也。」嚴北溟曰：「造事，遇事。」嚴說義長，造讀為遭。

（3）偊偊而步

《釋文》云：偊，丘羽切，本或作「踽」。《字林》云：「疏行貌。」

按：林希逸曰：「偊偊而步，行不進之貌。」任大椿曰：「《說文》：『踽，疏行貌。』偊亦行貌。《漢書．東方朔傳》：『行步偊旅。』是『踽』、『偊』通也。」岡白駒曰：「偊偊，不進也，故為疏行貌。」任氏讀偊為踽，是也。本書《楊朱篇》：「偊偊爾慎耳目之觀聽，惜身意之是非。」亦用借字。字亦作「瑀瑀」、「吾吾」、「俉俉」、「衙衙」、「與與」、「懙懙」、「悊悊」、「趣趣」、「鸒鸒」、「于于」，並一音之轉〔註 278〕。但任氏引《漢書》則誤，「偊旅」又作「踽旅」、「禹旅」、「踽僂」、「蝺僂」，是「痀僂」轉語，身體

〔註 277〕沈欽韓《漢書疏證》卷 27，收入《續修四庫全書》第 266 冊，上海古籍出版社 2002 年版，第 769 頁。

〔註 278〕參見蕭旭《國語校補》，收入《群書校補》，廣陵書社 2011 年版，第 135～136 頁。

彎曲貌〔註 279〕，與此無涉。

（4）北宮子既歸，衣其裋褐，有狐貉之溫

按：狐貉，《記纂淵海》卷 81 引作「狐狢」〔註 280〕，《事文類聚》前集卷 32 引作「貂狐」。《詩・七月》：「一之日于貉，取彼狐貍，為公子裘。」作「貂」乃誤字。本書《楊朱》：「綿纊狐貉。」

（5）小白既立，脅魯殺子糾

《釋文》本「脅」作「搚」，云：又作「脅」。

按：《公羊傳・莊公九年》載此事云：「脅我，使我殺之也。」亦作「脅」。

（6）上且鉤乎君，下且逆乎民

按：《莊子・徐無鬼》同，《莊子釋文》：「鉤，反也，亦作拘，音同，又音俱。」林希逸曰：「鉤乎君者，鉤絆拘束之也。」岡白駒從林說。林氏《莊子口義》云：「鉤，要束之意也。」林氏據別本「拘」字說之。宣穎曰：「鉤亦逆意。」〔註 281〕章太炎說同宣氏，王叔岷取章說，是不知宣氏早已發之也〔註 282〕。

（7）其於國有不聞也，其於家有不見也

張湛注：道行則不煩聞見，故曰「不瞽不聾，不能成功。」

按：王重民曰：「《治要》引注文『煩』作『賴』。」鈔本《治要》卷 34 引作「頼」，即「賴」俗字。不煩，不須也。北大漢簡（三）《周馴》簡 12：「此諺之所謂曰『不狂不聾，不能為人公』者也。」《御覽》卷 496 引《慎子》引諺曰：「不聰不明，不能為王；不瞽不聾，不能為公。」《釋名・釋首飾》引里語曰：「不瘖不聾，不成姑公。」《宋書・庾炳之傳》：「不癡不聾，不成姑公。」《北史・長孫平傳》「諺云：『不癡不聾，不作大家翁。』」「家翁」即「姑公」，

〔註 279〕參見蕭旭《「果贏」轉語補記》，收入《群書校補（續）》，花木蘭文化出版社 2014 年版，第 2290～2293 頁。

〔註 280〕四庫本《記纂淵海》在卷 51。

〔註 281〕宣穎《南華經解》卷 24，收入《續修四庫全書》第 957 冊，上海古籍出版社 2002 年版，第 521 頁。

〔註 282〕王叔岷《莊子校詮》，臺灣中央研究院歷史語言研究所專刊之八十八，1988 年版，第 953 頁。

謂公婆。張注「功」是「公」音誤。

（8）季梁得疾，十日大漸

張湛注：漸，劇也。

按：楊伯峻本「疾」作「病」，云：「病，北宋本作『疾』。」各本皆作「疾」，《文選·為石仲容與孫皓書》李善注引作「病」。十日，林氏《口義》本、劉辰翁《評點》本、高守元本、江遹本、日本國會圖書館藏明覆元刊本、故宮藏明刻本、早稻田大學藏本、四庫本作「七日」，《文選》李善注、《御覽》卷 724、738 引同。

（9）其子弗曉，終謁三醫

按：蔣超伯曰：「終，周也。謂徧謁三醫也，不作「竟」字解。」〔註 283〕楊伯峻、嚴北溟從其說。蔣說非是。「終」作「竟」、「卒」解，與「弗曉」相應。《御覽》卷 738 引「謁」誤作「謂」。

（10）診其所疾

《釋文》云：診，之忍切，候脈也。

按：診，《御覽》卷 724 引作「脉」。

（11）矯氏謂季梁曰：「汝寒溫不節，虛實失度，病由飢飽色欲，精慮煩散，非天非鬼。」

按：精慮煩散，《御覽》卷 724 引挩誤作「精虛」。

（12）鬻熊語文王曰：「自長非所增，自短非所損。」

按：陸佃《鬻子序》：「熊語文王曰『自長非所增，自短非所損』者，即《南華》『藏舟鳧鶴』之義也。」《莊子·駢拇》：「長者不為有餘，短者不為不足。是故鳧脛雖短，續之則憂；鶴脛雖長，斷之則悲。故性長非所斷，性短非所續。無所去憂也。」

（13）黃帝之書云：「至人居若死，動若械。」

張湛注：此舉無心之極。

〔註 283〕蔣超伯《南漘楛語》卷 8《讀列子》，收入《續修四庫全書》第 1161 冊，上海古籍出版社 2002 年版，第 370 頁。

《釋文》云：械，戶界切，本又作「戒」。

盧重玄曰：居若死，無心也。動若械，用機關也。如木人之運動，有何知哉？

按：俞樾曰：「『械』字無義。《釋文》云：『本又作戒。』實皆『駭』之叚字也。居若死動若駭，即『處女脫兔』之意。」王叔岷曰：「俞說非也。至人心如死灰，故其居若死；形如槁木，故其動若械。注『此舉無心之極』是也。戒亦借為械。若以為『駭』之叚字，則非其旨矣。《莊子·庚桑楚篇》『動不知所為』，亦『動若械』之意。」俞氏讀戒（械）為駭，是也，而所解則非。《莊子·大宗師》：「且彼有駭形而無損心。」《淮南子·精神篇》「駭」作「戒」。高誘注：「戒，備也。人形體備具。戒，或作『革』。革，改也。言人形骸有改更而作化也。心諭神，神不損傷也。」郭象注：「以變化為形之駭動耳，故不以死生損累其心。」《釋文》：「駭，如字。崔作『咳』，云：『有嬰兒之形。』」成玄英疏：「彼之孟孫，冥于變化，假見生死為形之驚動，終無哀樂損累心神也。」「戒」、「革」亦讀為駭，高氏二說皆非。駭，驚駭、駭動之義，郭、成說是。居，生也。言至人其生若死，其動若駭也。《淮南子·精神篇》：「居而無容，處而無所，其動無形，其靜無體，存而若亡，生而若死。」岡白駒曰：「動若械，其動也如木人，自有機械使之。言隨感即應，無思無滯也。」錢鍾書亦謂「械」指機關，引徵中外文獻以說之〔註 284〕，愈歧遠矣，皆無當。

（14）墨㞞、單至、嘽咺、憋懯四人相與游於世

張湛注：此皆默詐、輕發、迂緩、急速之貌。

《釋文》云：墨㞞，音眉癡。《方言》：「墨㞞，江淮之間謂之無賴。」《廣雅》云：「墨音目，㞞作欺。」單，音戰。單至，戰激之至。鄭玄注《禮記》云：「咺，寬綽貌。」《說文》云：「咺，寬閑心腹貌。」《方言》：「憋怤，急性也。」

盧重玄曰：墨㞞，默詐佯愚之狀。單至，輕動之狀。嘽咺，迂緩之狀。

按：①宋徽宗《義解》：「墨㞞，言其質無所通。」林希逸曰：「墨㞞，軟弱也。」秦恩復曰：「墨，《方言》作『嚜』，音目。墨、嚜古字通。」楊

〔註 284〕錢鍾書《〈列子〉張湛注》，收入《管錐編》第 2 冊，中華書局 1986 年版，第 513～515 頁。

伯峻曰：「《廣雅》云：『嚜杘，欺也。』《釋文》疑有捝誤。」《方言》卷10：「央亡、嚜杘、姡，獪也。江湘之閒或謂之無賴，或謂之𤜱。」郭璞注：「嚜杘，潛潛狡也。」《釋文》「江湘」誤作「江淮」。敦煌寫卷P.2011王仁昫《刊謬補缺切韻》：「嚜，嚜杘，多詐。」《廣韻》：「嚜，嚜杘，小兒多詐獪。」又「杘，杘嚜，多詐。屎，上同。」《集韻》：「墨，墨杘，默詐皃。」《困學紀聞》卷19：「墨杘，音眉癡。」字亦作「嘿杘」，《集韻》：「杘，嘿杘，欺也。」〔註285〕俗音轉作「迷癡」，《容齋四筆》卷1：「柔詞謟笑，專取容悅，世俗謂之迷癡，亦曰迷嬉……雖為俚言，然其說皆有所本。《列子》云『墨杘單至』，張湛注云：『墨，音眉。杘，勑夷反。』」郭璞解作「潛潛狡」，盧重玄解作「默詐佯愚之狀」，《集韻》解作「默詐皃」，皆是也。墨（嚜、嘿）之言默也。杘之言癡也，字亦作詠、謘、誺，音轉則作誺〔註286〕。《方言》卷10：「誺，不知也，沅澧之閒凡相問而不知答曰誺。」郭璞注：「誺，音癡眩，江東曰咨，此亦知（痴—癡）聲之轉也。」〔註287〕P.2011王仁昫《刊謬補缺切韻》：「誺，丑知反，不知。」《集韻》：「誺：《方言》：『沅澧之間凡相問而不知答曰誺。』或作誺、謘、詠。」方以智曰：「墨杘，借𥫱器之滑而狀人之詐也。」又「杘即屎之省文耳。墨音眉。因其轉滑，寓多詐義。」〔註288〕朱駿聲曰：「杘，發聲之詞。」〔註289〕二氏說並誤。②《集韻》：「單，單至，輕發之皃。」又「至，單至，輕發皃。」宋徽宗《義解》：「單至，言其行有所達。」林希逸曰：「單至，不安貌。」章太炎曰：「墨杘、單至，此二者相反。《方言》言墨杘即無賴，然則『單』當讀為『亶』，誠也。『至』讀為『質』，誠也，信也。」〔註290〕章說義長。《釋文》云「戰激之至」，非

〔註285〕《集韻》據述古堂影宋鈔本，南宋初明州刻本、金州軍刻本、潭州宋刻本同，錢恂藏揚州使院本、曹氏楝亭本、日本天保九年重刊顧廣圻補刻本「杘」誤作「㞙」。校《集韻》諸家皆已校正，參見趙振鐸《集韻校本》下冊，上海辭書出版社2012年版，第66頁。

〔註286〕「誺」、「誺」音轉，非形譌，參見蕭旭《呂氏春秋校補》，花木蘭文化出版社2016年版，第330～331頁。

〔註287〕靜嘉堂影宋抄本「知」作「痴」。

〔註288〕方以智《通雅》卷4、34，收入《方以智全書》第1冊，上海古籍出版社1988年版，第196、1050～1051頁。

〔註289〕朱駿聲《說文通訓定聲》，武漢市古籍書店1983年版，第602頁。

〔註290〕章太炎《膏蘭室札記》卷1，收入《章太炎全集（1）》，上海人民出版社1982年版，第110頁。

也。③任大椿曰：「《說文》：『愃，寬閑心腹貌。』『愃』借作『咺』。」嘽咺，讀為繟緩。《說文》：「繟，帶緩也。嬗，緩也。」「繟」同「嬗」。字亦作「嘽緩」，《禮記·樂記》：「其聲嘽以緩。」鄭玄注：「嘽，寬綽貌。」《釋文》引注作「咺，寬綽貌」，「咺」乃「嘽」誤。字亦作「闡緩」，《廣雅》：「闡，緩也。」《文選·長笛賦》：「安翔駘蕩，從容闡緩。」朱起鳳曰：「闡、嘽同音通用。咺與緩一聲之轉。」〔註291〕字亦作「嬋媛」，《後漢書·邊讓傳》：「形便娟以嬋媛兮，若流風之靡草。」嬋媛亦舒緩貌。宋徽宗《義解》：「嘽咺，以言性之緩。」是也。林希逸曰：「嘽咺，恐懼貌。」林說非是。④宋徽宗《義解》：「憋懯，以言其心之急。」林希逸曰：「憋懯，急速貌。」秦恩復曰：「《方言》：『憋，惡也。』郭璞注：『憋忲，急性也。』『懯』當作『忲』。」所引《方言》見卷10。「憋懯」即「憋忲」，性急之貌，不煩改字。鳥名「鷩鴂」、「鷩鴂」，其語源亦是「憋忲（懯）」，以性急而得名。「憋懯」單言亦作「憋（憋）」，或作敝、弊、嫳〔註292〕。

（15）巧佞、愚直、婩斫、便辟四人相與游於世

張湛注：婩，魚略反。斫，齒略反。婩斫，不解悟之貌。

《釋文》云：婩，言上聲。斫，音酌。婩斫，容止峭巇也。《字林》云：「婩，齊也。」久不解語貌。便，房連切。辟，婢亦切。便僻，恭敬太過也。

盧重玄曰：婩斫，憨駭之狀也。便辟，折旋之狀。

按：宋徽宗《義解》：「婩斫者，剛立之稱。便辟者，柔從之貌。」洪頤煊曰：「『婩斫』即『婩婧』。《方言》：『婩、婧、鮮，好也〔註293〕，南楚之外通語也。』《說文》：『婧，齊也。』《漢書·江充傳》：『充為人魁岸。』師古曰：『岸者，有廉棱如厓之形。』『岸』即『婩』字。」任大椿曰：「此篇張湛注『婩斫，不解悟之貌』，敬順《釋文》約舉注義，故云『久不解悟』。道藏本『語』字乃『悟』字之訛。」章太炎曰：「《釋文》：『婩斫，容止峭巇也。』此於『婩』誼得矣，而於『斫』未得也。又云：『婩斫，不解悟之貌。』按《方言》：『揚越之郊，凡人相侮以為無知，或謂之斫。』不解悟即無知，

〔註291〕朱起鳳《辭通》卷14，上海古籍出版社1982年版，第1380頁。

〔註292〕參見蕭旭《敦煌變文校補（二）》，收入《群書校補（續）》，花木蘭文化出版社2014年版，第1378～1379頁。

〔註293〕楊伯峻點作：「婩婧，鮮好也。」

此於『斫』詛得矣，而於『嫸』未得也。按《方言》注云：『卻斫，頑直之貌。』嫸借為悍。悍亦憨直之誼，故曰『悍斫』。」〔註 294〕《道藏》本注作「嫸，魚踐、午漢二切。斫，夫約切」。切音「夫約」當據《集韻》、《類篇》作「尺約」，形之誤也。《釋文》解「嫸斫」為「容止峭巇」，是也。《廣雅》：「嫸、嫧（嫧），齊也。」又「忓、嫸、嫧、鮮，好也。」《玉篇》：「嫧，嫸嫧，鮮好皃。」王念孫曰：「嫸與忓聲近而義同。」〔註 295〕錢繹引其父錢大昭曰：「斫與嫧聲相近，嫸斫即嫸嫧也。」〔註 296〕「嫧」字亦作賾，《釋名》：「冊，賾也，勑使整賾，不犯之也。」許克勤曰：「《說文》：『嫧，齊也。』《廣雅》：『嫧，善也。』謂整齊修飭，以至於善也。此以賾訓冊，『賾』之正字當作『嫧』。『賾』俗字，冊、嫧疊韻。」〔註 297〕「整賾」即整齊之義。盧重玄解「便辟」為折旋之狀，《釋文》解為恭敬太過，宋徽宗解為柔從之貌，皆是也〔註 298〕。

（16）犭翏伢、情露、譴極、淩誶四人相與游於世

張湛注：此皆多誶、訥澀、辯給之貌。

《釋文》本「極」作「慱」，云：阮孝緒云：「忍伢，伏態貌。」情露，無所隱藏。《字林》云：「慱，吃也。』《方言》：『譴、吃、慱，急也。』謂語急而吃〔註 299〕。又訥澁貌。又云：疾也，又急性相背也。或作殛、極，皆非是。淩誶，謂好陵辱責罵人也。《說文》云：「誶，責讓也。」

盧重玄曰：犭翏伢，頑戾強愊之狀也。情露，不隱之狀也。譴極，訥澀之狀也。淩誶，尋間語責之狀也。

按：一本「淩」作「凌」，同。一本《釋文》引《方言》作：「譴、吃也。慱，急也。」「吃」下「也」字衍。《方言》今本卷 10 作：「譴、極，吃也。楚語也。或謂之軋，或謂之歰。」①敦煌寫卷 P.2011 王仁昫《刊謬補缺切韻》：

〔註 294〕章太炎《膏蘭室札記》卷 1，收入《章太炎全集（1）》，上海人民出版社 1982 年版，第 36 頁。

〔註 295〕王念孫《廣雅疏證》，收入徐復主編《廣雅詁林》，江蘇古籍出版社 1992 年版，第 61 頁。

〔註 296〕錢繹《方言箋疏》，上海古籍出版社 1984 年版，第 563 頁。

〔註 297〕許說轉引自任繼昉《釋名匯校》，齊魯書社 2006 年版，第 331 頁。

〔註 298〕參見蕭旭《「便辟」正詁》，《中國文字研究》第 27 輯，上海書店出版社 2018 年 5 月出版，第 135～139 頁。

〔註 299〕「謂語急而吃」是殷氏釋語，楊伯峻誤作《方言》之文。

「伢，忢伢，伏態皃。」《玉篇》:「伢，忢伢，伏態。」《廣韻》:「伢，忢伢，伏態之貌。」蓋即承阮孝緒說。伏態蓋謂心藏詭計。宋徽宗《義解》:「㺒伢者，心有所藏。」林希逸曰：「㺒伢，獪猾也。」秦恩復曰:「《文選・吳都賦》:『僄譶㒡㺒。』李善注:『《方言》:「㺒，獪也。」據此『㺒』即『狡』字。」朱駿聲曰:「㺒，經傳多以『狡』為之。」〔註 300〕㺒訓獪者，蓋謂狡獪欺詐。字或作膠，《方言》卷 3:「膠、譎，詐也。」《廣雅》:「謬、膠，欺也。」又「㺒，獪也。」胡文英曰:「㺒伢，故作不然之態以欺人，故與『情露』相反也。吳諺謂心欲如是而故意不肯者曰㺒伢。」〔註 301〕王念孫曰:「㺒者，《方言》:『江湘之閒謂獪為㺒。』郭璞注云:『忢伢多智也。』《列子釋文》引阮孝緒《文字集略》云:『忢伢，伏態貌。』『忢』與『㺒』同。《方言》:『膠，詐也，涼州西南之閒曰膠。』義與『㺒』亦相近。」〔註 302〕「㺒」音轉亦作聊，《荀子・子道》:「不女聊。」《家語・困誓》「聊」作「欺」。字亦作「憀伢」，唐・獨孤及《唐故洪州刺史張公遺愛頌并序》:「憀伢蹇亟、苛察繳繞之吏不能見其巧。」〔註 303〕即用此文。②宋徽宗《義解》:「情露者，事無所隱。」林希逸曰：「情露，今人言賣弄之意。」林說無據，別家說皆是。③宋徽宗《義解》:「謇極者，吃訥之至。」林希逸曰：「謇極，吃急之意。」秦恩復曰:「《方言》作『極』。『極』、『慱』古字通，《釋文》誤。」俞正燮曰:「謇慱，口吃。『慱』有急義。蓋吃者語必多，又性欲速，語出蹇而亟，故曰謇慱。亦作『謇吃』，《一切經音義》引《通俗文》云:『言不通則謂之謇吃。』」任大椿曰:「極，讀為亟，急也。然則『慱』亦通作『極』。」王叔岷曰:「元本、世德堂本『極』並作『慱』,《釋文》本亦作『慱』。今本《方言》卷 10『慱』作『極』。極、殛、慱古通用。」日本國會圖書館藏明覆元刊本、故宮藏明刻本、早稻田大學藏本、四庫本「極」作「慱」,《喻林》卷 57 引同，古字通，秦、王說是也。《說文》:「慱，疾也。」此《釋文》所本。獨孤及作「蹇亟」，亦同。④宋徽宗《義解》:「淩誶者，辯說之給。」林希逸曰：「淩誶，詰問也。」胡

〔註 300〕朱駿聲《說文通訓定聲》，武漢市古籍書店 1983 年版，第 259 頁。

〔註 301〕胡文英《吳下方言考》卷 5，收入《續修四庫全書》第 195 冊，上海古籍出版社 2002 年版，第 46 頁。

〔註 302〕王念孫《廣雅疏證》，收入徐復主編《廣雅詁林》，江蘇古籍出版社 1992 年版，第 328 頁。

〔註 303〕一本「伢」誤作「悴」。

文英曰：「讟愜，不能言貌。凌誶，煩言貌。二者相反。今吳諺怨煩言者曰凌誶。」〔註 304〕章太炎曰：「《莊子・徐無鬼》：『察士無凌誶之事則不樂。』是凌誶者，苛察之意。《天官書》：『凌雜米鹽。』此『凌』當讀從之。誶讀為碎，碎猶雜也。」〔註 305〕殷、盧、林說是也。《莊子釋文》：「凌，李云：『謂相凌轢。』誶，音信，《廣雅》云：『問也。』」

（17）眠娗、諈諉、勇敢、怯疑四人相與游於世

張湛注：眠娗，不開通之貌。諈諉，煩重之貌。

《釋文》本「眠」作「眂」〔註 306〕，云：眠上聲。娗，音殄。《方言》：「眂娗，欺慢之語也。」郭璞云：「謂以言相輕蚩弄也。」又不開通貌。諈，鈍滯也。《爾雅》云：「諈諉，累去也。」郭璞云：「謂以事相屬累以諈諉也。」又煩重也。勇敢，勇猛果敢也。怯疑，怯慎持疑。

盧重玄曰：眠娗，無精采之狀也。諈諉，並煩重之貌。勇敢，雄健之狀也。怯疑，懦弱不決之狀。

按：《集韻》：「眠，楚謂欺為眠娗。」林希逸曰：「眠娗，瑟縮不正之貌。諈諉，煩絮之貌。怯疑，拙退也。」任大椿謂《釋文》「眂」是「眠」避諱改字，又謂「眠上聲」之「眠」衍文，是也。《釋文》引《爾雅》「諈諉，累去也」，早稻田大學藏本上端校記謂「去字衍」，是也。又《釋文》引郭注「屬累」下「以」字今本作「為」，亦當據改。今本《方言》卷 10「欺慢」作「欺謾」，郭注作「中國相輕易蚩弄之言也」，此挩「易」字。「眠娗」是南楚語，《方言》卷 10：「眠娗、脈蜴、賜施、茭媞、譠謾、㦟忚，皆欺謾之語也。楚郢以南東揚之郊通語也。」田汝成《西湖遊覽志餘》卷 25《委巷叢談》：「杭人言……蘊藉不躁暴者曰眠娗，音如緬忝，出《列子》。」轉語又作「茗艼」、「酩酊」、「懵懂」、「懵憕」等形〔註 307〕，林氏解為「瑟縮不正」，無據。

〔註 304〕胡文英《吳下方言考》卷 9，收入《續修四庫全書》第 195 冊，第 80 頁。

〔註 305〕章太炎《膏蘭室札記》卷 1，收入《章太炎全集（1）》，上海人民出版社 1982 年版，第 110 頁。

〔註 306〕任大椿、楊伯峻本「眂」誤作「眂」。

〔註 307〕參見蕭旭《「酩酊」考》，收入《群書校補（續）》，花木蘭文化出版社 2014 年版，第 2447～2458 頁。

（18）佹佹成者，俏成也，初非成也。佹佹敗者，俏敗者也，初非敗也

張湛注：俏音肖。俏，似也。

《釋文》云：佹，姑危切，幾欲之貌。「俏」與「肖」字同。

盧重玄曰：魏魏者，幾欲之狀也。俏者，似也。

按：《集韻》：「佹，幾似貌。《列子》：『佹佹成者。』」朱得之曰：「佹佹，卒然。」方以智曰：「佹佹，猶姽姽也。《說文》：『姽，閑體行姽姽也。』過委切，此即『佹佹』。」〔註 308〕秦恩復曰：「盧注作『魏魏』，與張湛本不同。」王叔岷說同秦氏。朱起鳳曰：「弊弊，勞役貌。弊字古亦讀如懲。佹、懲音相近。」〔註 309〕楊伯峻曰：「『俏成』下疑有『者』字，方與下文句法一律。《六書故》卷 8 引正作『俏成者也』。」嚴北溟曰：「佹，出於偶然。」亦有可能下文「俏敗者也」衍「者」字，《增韻》卷 4「俏」字條引二句皆無「者」字。佹佹、魏魏，讀為危危，副詞。《爾雅》：「幾，危也。」郭璞注：「幾，猶殆也。」是危亦幾也，殆也，故訓幾欲之貌，猶今言幾乎、險乎、險些。方、朱說非是。「俏」與「肖」同，楚語。《方言》卷 7：「肖、類，法也。齊曰類，西楚、梁、益之間曰肖。秦晉之西鄙、自冀隴而西使犬曰哨，西南梁益之間，凡言相類者亦謂之肖。」郭璞注：「肖者，似也。」

（19）若何滴滴去此國而死乎

《釋文》云：滴滴，或作「滂滂」，並音普郎切，流蕩貌。

按：林希逸曰：「滴滴，衰落之貌。」朱得之曰：「滴滴，零落。」岡白駒曰：「滴滴，零落之貌。」乃從林、朱說化出。方以智曰：「《列子》『滴滴』乃『滂滂』之譌也，《荀子》作『汸汸』。」〔註 310〕盧文弨曰：「滴滴，〔道藏本作〕『滴滴』。」任大椿曰：「《荀子·賦（富）國篇》：『汸汸如〔河〕海。』〔註 311〕楊倞注：『汸，讀為滂，水多貌也。』則『滴』字疑『汸』字之誤。」王叔岷曰：「『滴』疑『滂』之形誤，《晏子春秋·內篇諫上》亦作『滂滂』。」方、王說是

〔註 308〕方以智《通雅》卷 9，收入《方以智全書》第 1 冊，上海古籍出版社 1988 年版，第 370 頁。

〔註 309〕朱起鳳《辭通》卷 17，上海古籍出版社 1982 年版，第 1830 頁。

〔註 310〕方以智《通雅》卷 9，收入《方以智全書》第 1 冊，上海古籍出版社 1988 年版，第 354 頁。

〔註 311〕任氏誤「富」作「賦」，又脫「河」字，楊伯峻皆不知檢正。

也，吳則虞說同〔註 312〕，林說無據。滂滂，擬聲詞，狀其行之盛也，音轉則作「旁旁」、「騯騯」、「傍傍」、「彭彭」、「膨膨」、「龐龐」、「怲怲」。《荀子》「汸汸」形容水流之聲。戰國時期中山國胤嗣壺銘文：「四牡汸汸。」此則形容馬行之聲。《詩林廣記》卷 6 引「滂滂」作「謫」，亦誤。

（20）駑馬稜車可得而乘也

《釋文》云：「稜」當作「棧」。《晏子春秋》及諸書皆作「棧車」，謂編木為之。棧，士限反。

按：林希逸曰：「稜車，小車，其制柰不圓淨也。」岡白駒用其「小車」之說，其說無據。朱得之曰：「稜，粗草。」王叔岷曰：「《韓詩外傳》卷 10『稜車』作『柴車』，《釋文》云云，今本無此文。」《御覽》卷 428 引《新序》作「棧車」，今本《新序》無此文，蓋誤記出處。《後漢書・趙壹傳》李賢注引《外傳》，注云：「柴車，弊惡之車也。」盧文弨、李貽德、章太炎謂「棧」與「柴」通，是也。「棧車」指不飾之車，即不革鞔不加漆的簡易之車〔註 313〕。《晏子春秋・內篇雜下》：「晏子衣緇布之衣，麋鹿之裘，棧軫之車，而駕駑馬目朝。」《說苑・臣術》同。「棧軫之車」即「俴收之車」，與不飾之車謂之「棧（柴）車」不同〔註 314〕。

（21）公雪涕而顧晏子曰

按：林希逸曰：「雪涕，拭其涕也。」朱得之曰：「雪，拭。」岡白駒、楊伯峻說同朱氏。《晏子春秋・內篇諫上》「雪」作「刷」，一聲之轉，此文用借字。

（22）臣奚憂焉

按：王重民曰：「吉府本『臣』作『詎』，疑本作『奚巨憂焉』。『奚巨』複詞，讀者不達其義，遂以意移於『奚』字之上也。」王叔岷曰：「道藏白文本『臣』作『詎』，林希逸本作『巨』，云：『巨與詎同。』『臣』即『巨』之誤。《白帖》卷 18、《事文類聚》後集卷 7、《合璧事類》前集卷 32 引『臣奚』並作『吾何』，《御覽》卷 518、《記纂淵海》卷 48、51 引『臣』並作『又』。」

〔註 312〕吳則虞《晏子春秋集釋》（增訂本），國家圖書館出版社 2011 年版，第 51 頁。

〔註 313〕參見蕭旭《韓非子校補》，花木蘭文化出版社 2015 年版，第 177～179 頁。又《韓詩外傳校補》。

〔註 314〕參見蕭旭《晏子春秋校補》。

岡白駒曰：「『巨』與『詎』通。詎，猶豈也。」故宮藏明刻本作「詎奚憂焉」。各本俱作「臣」，《戰國策‧秦策三》同。作「巨」、「詎」者偶誤，二王說非是。

（23）農赴時，商趣利，工追術，仕逐勢，勢使然也

按：追亦逐也。林希逸曰：「追，治也。」岡白駒襲其說，非是。

《楊朱篇》第七校補

（1）凡為名者必廉，廉斯貧；為名者必讓，讓斯賤

盧重玄曰：夫人之生世也，唯名與利。聖人以名利鈞之，則小人死於利，君子死於名，無有不至者也。

按：盧解「鈞」當作「釣」。

（2）乃復為刑賞之所禁勸，名法之所進退

按：進退，《西山讀書記》卷35引誤作「追遣」。

（3）楊朱曰：「古語有之：『生相憐，死相捐。』」

《釋文》「捐」作「損」，云：音捐。

按：楊伯峻曰：「『捐』古音在文部，『憐』古音在真部，古合韻最近，此捐、憐為韻。」《釋文》以注音改誤字。《御覽》卷496引作「捐」，宋‧晁補之《彭城劉君墓誌》、宋‧林季仲《與孫端朝書》引同。

（4）鼻之所欲向者椒蘭，而不得嗅，謂之閼顫

張湛注：閼，塞〔註315〕。鼻通曰顫。

《釋文》云：「顫」與「羶」字同。

按：《莊子‧外物》：「目徹為明，耳徹為聰，鼻徹為顫，口徹為甘，心徹為知，知徹為德。」任大椿指出此張湛注所本。《集韻》：「顫，鼻徹為顫，謂審於氣臭也。」說亦本《莊子》。成玄英疏：「徹，通也。顫者，辛臭之事也。」殷氏《釋文》與成說同，嚴北溟曰：「顫，通『膻』，審辨氣味。」亦同。馬其昶曰：「顫讀曰馨。《禮》：『燔燎羶薌。』注：『羶當為馨，聲之誤也。』『顫』

〔註315〕楊伯峻本脫張注「閼，塞」。

與『羶』同，見《列子釋文》。」〔註 316〕聞一多說略同，云：「《禮記》『羶薌』，猶馨香也。」〔註 317〕鍾泰已批駁讀羶讀馨之說，是也，「羶」或「馨」只是指臭氣或香氣，不得用為鼻通或審辨氣味之義，但鍾氏僅僅歸為「當時常言」〔註 318〕，仍未得其字。奚侗曰：「『顫』乃『亯』字之譌。《說文》：『亯，用也，從亯從自，自知臭亯（香）所食也。』『亯』變為『亶』，遂譌為『顫』矣。」馬敘倫、沙少海從其說〔註 319〕。奚說亦非是，不得《莊》、《列》均誤，且「亯」訓享用，既非其誼，奚氏又臆造「亶」字以就其說，殊為迂曲。朱駿聲曰：「顫，叚借為闡。」〔註 320〕闡為開義，朱說近之。余謂顫讀作嬗，《說文》：「嬗，一曰傳也。」字或作邅，轉移之義。林希逸曰：「閼，抑遏而自制之意。」朱得之曰：「閼，遏塞。」岡白駒曰：「閼，抑遏也。」閼顫，閉塞其流通也。

（5）穆之後庭比房數十，皆擇稚齒婑媠者以盈之

張湛注：婑音烏果切。媠音奴坐切。

《釋文》云：婑，烏果切。媠，奴坐切。

按：林希逸曰：「婑媠，美女也。」婑媠，又作「婑嫷」、「委惰」、「委隨」，又音轉為「婀娜」、「阿那」等語，美好皃〔註 321〕。

（6）鄉有處子之娥姣者，必賄而招之，楳（媒）而挑之，弗獲而後已

按：林希逸曰：「娥姣，亦美女也。弗獲而後已，言百計營求，至不得而後已也。」岡白駒曰：「弗獲而後已，百計不獲而後已也。」于鬯曰：「弗，語辭。弗獲，獲也。」楊伯峻曰：「『弗』字疑衍，或者為『必』字之誤。」林說是，楊改字非也，于說亦未得。弗獲而後已。猶今言直到搞不到才肯罷手。

〔註 316〕馬其昶《莊子故》，黃山書社 1989 年版，第 196 頁。

〔註 317〕聞一多《莊子章句》，收入《聞一多全集》卷 9，湖北人民出版社 1994 年版，第 275 頁。

〔註 318〕鍾泰《莊子發微》，上海古籍出版社 2002 年版，第 641 頁。

〔註 319〕奚侗《莊子補注》卷 4，民國六年當塗奚氏排印本，本卷第 8 頁。奚氏引《說文》「香」誤作「亯」。馬敘倫《莊子義證》卷 26，收入《民國叢書》第 5 編，（上海）商務印書館 1930 年版，本卷第 10 頁。沙少海《莊子集注》，貴州人民出版社 1987 年版，第 290 頁。

〔註 320〕朱駿聲《說文通訓定聲》，武漢市古籍書店 1983 年版，第 739 頁。

〔註 321〕參見蕭旭《〈說文〉「委，委隨也」義疏》，收入《群書校補》，廣陵書社 2011 年版，第 1415～1416 頁。

（7）唯患腹溢而不得恣口之飲，力憊而不得肆情於色

按：溢，《記纂淵海》卷 52 引誤作「液」〔註 322〕。

（8）夫善治外者，物未必治，而身交苦；善治內者，物未必亂，而性交逸

按：《廣雅》：「交，定也。」

（9）鄭國之治偶耳，非子之功也

張湛注：此一篇辭義太迳挺抑抗，不似君子之音氣。

《釋文》本「迳挺」作「迳廷」，云：廷，音聽。

按：盧文弨曰：「注『迳挺』，《莊子》作『迳庭』，又作『徑侹』。」盧說是，字亦作「迳廷」、「徑庭」、「徑廷」、「侹侹」、「莖庭」、「迳侹」、「徑侹」、「侹侹」、「涇涏」等形，謂激過也〔註 323〕。

（10）衛端木叔者，子貢之世也

按：王叔岷曰：「《六帖》卷 19 引『世』下有『子』字，《御覽》卷 477、493 引『世』下並有『父』字，疑誤。」楊伯峻曰：「世，嗣也。子貢之世，謂子貢之後。淺人不達『世』字之義，妄加『父』字。《御覽》卷 477、493 引皆作『世父』，其實非也。但卷 830 引無『父』字，未誤。亦有妄加『子』字者，如《白孔六帖》卷 19 所引。」二氏說是也，但其校語有誤。《御覽》卷 493、836 引無「父」字（非卷 830）。《合璧事類備要》前集卷 27 引亦誤作「世子」。

（11）及其死也，無瘞埋之資

按：王叔岷曰：「《六帖》卷 19 引『資』作『所』。」《御覽》卷 493 引「資」作「實」，《合璧事類備要》前集卷 27 引亦作「所」。

（12）一國之人受其施者，相與賦而藏之，反其子孫之財焉

按：反，《白氏六帖事類集》卷 6、《御覽》卷 477 引誤作「及」〔註 324〕。

〔註 322〕四庫本《記纂淵海》在卷 45。

〔註 323〕參見蕭旭《〈莊子〉「迳庭」正詁》，收入《群書校補（續）》，花木蘭文化出版社 2014 年版，第 1949～1951 頁。

〔註 324〕《白孔六帖》卷 19 引作「反」，不誤。

（13）禽骨釐聞之曰

張湛注：骨，又「屈」。

《釋文》本「骨」作「屈」，云：屈釐，音骨狸，墨子弟子也。

按：《御覽》卷477引作「金屈」，又卷493引作「禽屈」。金、禽，骨、屈，皆一音之轉。骨、屈又音轉作滑。「氂」同「犛」，「釐」同「釐」，同音借字。《孟子・告子下》慎子名「滑釐」，《漢書・五行志》有「劉屈釐」，又《公孫弘傳》有「賀屈氂」，其名皆同。下文「段干生聞之曰」，即段干木，此「禽骨釐」當是《史記・儒林列傳》與段干木同受業於子夏的儒者，非墨子弟子也。《漢書・古今人表》有「禽屈釐」，列於「墨翟」之下，此人則墨子弟子也。《困學紀聞》卷10：「《莊子》稱『墨翟、禽滑釐聞其風而悅之』，則滑釐墨者也。《史記・儒林傳》謂『田子方、段干木、吳起、禽滑釐之屬，皆受業於子夏之倫，為王者師』，豈滑釐逃儒而入於墨，亦若吳起之言兵歟？」《釋文》及王氏皆未知是二禽滑釐也。《墨子・公輸》「禽滑釐」，孫詒讓曰：「釐，《文選》注引作『氂』。陳琳《書》云『翟、氂』，即墨、禽二子名也。《漢書・儒林傳》亦作『氂』。案：禽子名，《備城門》、《備梯篇》又（亦）作『滑釐』〔註325〕，《史記索隱》云：『禽滑釐者，墨子弟子之姓字也。釐音里。』《呂氏春秋・當染篇》作『禽䰯』，《尊師篇》作『禽滑黎』，《列子・楊朱篇》作『禽骨釐』，殷敬順《釋文》作『禽屈釐』，音骨貍，《漢書・古今人表》同。惟《列子・湯問》、《莊子・天下篇》、《說苑・反質篇》與此同。滑、骨、屈，釐、氂、黎，並聲近字通。《孟子・告子篇》『魯有慎滑釐』，或謂即禽子，非也。前《耕柱篇》有『駱滑氂』，《漢書》有『丞相劉屈氂』，疑皆同禽子名。《呂覽》作『䰯』，字書所無，當即『㲋』之訛。《說文》云：『㲋，彊曲毛，可以箸起衣。』段玉裁謂『劉屈氂當本作屈㲋，謂彊曲毛』，若然，禽子名當作『屈㲋』與？」〔註326〕孫說是也，惟謂此篇「禽骨釐」是墨子弟子，則承《釋文》之誤。任大椿曰：「『骨』乃『滑』字之誤。」斯未達古音也。

（14）（孔子）伐樹於宋，削跡於衛，窮於商周，圍於陳蔡

按：俞樾曰：「『圍』乃『困』字之誤。」楊伯峻曰：「圍，秦刻盧解本作『困』。」二氏改字非是，《莊子・天運》、《山木》、《讓王》、《漁父》四篇並作

〔註325〕排印本「又作」，當據光緒三十三年刻本作「亦作」。

〔註326〕孫詒讓《墨子閒詁》卷13，中華書局2001年版，第488頁。

「圍」字，BD.12335《楊朱篇》同。《史記・孔子世家》：「聞孔子在陳蔡之間，楚使人聘孔子。孔子將往拜禮，陳蔡大夫……於是乃相與發徒役圍孔子於野，不得行，絕糧，從者病，莫能興。」又 BD.12335「衛」誤作「魯」。

（15）百羊而群

按：王重民曰：「《類聚》卷 94 引『而』字作『為』，疑作『為』者是也。」王叔岷曰：「《六帖》卷 96 引『而群』作『為群』。《御覽》卷 833、《事文類聚》後集卷 39、《天中記》卷 54 引亦並作『為群』，《御覽》卷 902 引《列子傳》同。王說是也。」二王說非是，《御覽》卷 902 引作「而」，王叔岷失檢。《事類賦注》卷 22、《記纂淵海》卷 84 引作「而」，《說苑・政理》同。而，猶為也〔註 327〕。

（16）吞舟之魚不游枝流，鴻鵠高飛不集汙池

按：《說苑・政理》「枝流」作「淵」，「集」作「就」。《金樓子・立言篇下》「枝流」作「清流」，「集汙池」作「就茂林」。集、就一聲之轉。《韓詩外傳》卷 6：「孟子曰：『吞舟之魚，不居潛澤；度量之士，不居汙世。』」《弘明集》卷 1 漢・牟子《理惑論》：「麒麟不處苑囿之中，吞舟之魚不遊數仞之谿。」

（17）黃鐘大呂不可從煩奏之舞

按：陶鴻慶曰：「『奏』當讀為『湊』。湊，會合也。」楊伯峻從陶說，非是。唐敬杲曰：「煩，讀為繁。」奏讀如字，唐說是，《說苑・政理》正作「繁奏」。

（18）將治大者不治細，成大功者不成小

按：敦煌寫卷 S.12728 殘存「治小成大功」五字，S.12951 殘存「不成少」三字，可以綴合，「細」作「小」。《說苑・政理》「細」作「小」，「成小」作「小苛」。

（19）人肖天地之類，懷五常之性

張湛注：肖，似也。類同陰陽，性稟五行也。

《釋文》本「肖」作「俏」，云：音笑，本或作「肖」。

按：敦煌寫卷 S.12285V+12295 殘存此二句，「肖」作「俏」，注作：「俏，

〔註 327〕參見裴學海《古書虛字集釋》，中華書局 1954 年版，第 525～527 頁。

似也。」任大椿曰:「《淮南子》:『浸想宵類。』高誘注:『宵,物似也。』《漢書・刑法志》:『凡人宵天地之貌。』師古以宵為肖。然則『肖』、『俏』、『宵』並通。」任說是也。《漢書・刑法志》:「夫人宵天地之皃,懷五常之性。」即本此文。應劭曰:「宵,類也。」顏師古曰:「宵義與肖同,應說是也。皃,古貌字。」此文「類」是「皃」形譌,當據《漢書》校正。張湛所見本已誤。《新語・術事》「惑於外貌,失於中情」,《弘明集》卷 1 牟子《理惑論》「貌」作「類」,是其相譌之例。

(20)肌膚不足以自捍禦,趨走不足以逃利害

按:逃利害,楊伯峻本作「從利逃害」,云:「本作『逃利害』,今從敦煌 S.777 六朝寫本訂正。」唐敬杲改同。楊、唐說非是,《漢書・刑法志》作「趨走不足以避利害」,足證今本不誤。《呂氏春秋・恃君》:「筋骨不足以從利辟害」,敦煌本蓋據之改耳。敦煌寫卷 S.13219 殘存「扞禦趍」三字,「扞」字僅存右半「干」。

(21)必將資物以為養

按:岡白駒曰:「養性,養生也。」楊伯峻曰:「各本『養』下有『性』字,今從敦煌 S.777 六朝寫本殘卷刪。」楊說是也,《漢書・刑法志》作「必將役物以為養」,亦無「性」字。

(22)啜菽茹藿,自以味之極

按:王叔岷曰:「《記纂淵海》卷 57 引『菽』作『水』。」《御覽》卷 496、《緯略》卷 4 引仍作「菽」。

(23)肌肉麤厚,筋節𦟛急

張湛注:𦟛,音區位切。

《釋文》「𦟛」作「𦢊」,云:音喟,筋節急也。或作「臛𦚧」,上音權,下區位切。睽醜,筋急貌。

按:秦恩復曰:「《釋文》『音喟』者,『睽』字音喟也。『𦚧』當作『睽』。睽,癸聲,故音區位反,若『𦚧』字則當音之春反矣。《玉篇》:『臛睽,醜貌。』臛從月,雚聲;𦟛從月,卷聲。雚、卷聲之轉也。《淮南子・修務訓》作『啳睽』,高誘注:『啳讀權衡之權,急氣言之。睽讀夔。』讀夔是區位反

之明證。《爾雅》：『其萌虇。』郭音繾綣，是『腃』即『虇』字之明證。『䏜』張湛本作『峰』，《淮南子》作『啳』。從山從口皆非，當從月。」任大椿曰：「今本『臛䏜』作『臛腃』，考『䏜』無區位切之音，道藏本『䏜』當為『腃』之誤。又『筋急貌』三字下今本又有『曰腃，音區位切』六字，道藏本脫去此六字，非也。蓋《列子》別本或作『臛腃』，《釋文》因分釋『臛腃』二字。其云『膬醜』，釋『臛』字之義。《玉篇》、《廣雅》、《廣韻》皆云『臛，膬醜貌』，故以『膬醜』釋『臛』字。其云『筋急貌曰腃，音區位切』，欲明『腃』之與『臛』音義之不同也。今道藏本脫去『曰腃』以下六字，則竟似以『筋急貌』釋『膬醜』矣。『膬醜』無筋急之訓也。」徐友蘭曰：「峰急，『急』當為『慧』，《釋文》音『慧』為『喟』也。」王叔岷曰：「道藏白文本、林希逸本『䏜』作『腃』，元本、世德堂本並作『峰』。當以作『腃』為正，『䏜』俗字，『峰』誤字。」楊伯峻曰：「任說非也。『腃音區位切』五字本張注，世德堂本溷與《釋文》為一，任據世德堂本補《釋文》，不可信。又《玉篇》、《廣韻》之『臛膬，醜貌』（《廣雅》作『臛膬，醜也』），當以『臛膬』連讀。王氏《廣雅疏證》引《淮南子．修務訓》『啳睽（膬）哆噅』，即《廣雅》之『頞噅啳㗛（臛膬）』〔註328〕，即此『臛膬』也。任氏以『膬醜』為讀，非也。然《釋文》亦有錯脫。」秦、楊說是。此文「䏜急」即「腃急」，「腃」同「卷」，曲也。道藏林氏《口義》本、道藏江遹本、故宮藏明刻本作「腃急」，林、江本注音作「腃，驅圓切」。日本國會圖書館藏明覆元刊本、早稻田大學藏本、朱得之本作「峰急」，二日藏本《釋文》作「筋節急也。或作『臛峰』，上音權，下區位反。膬醜，筋急貌曰峰，音區位切。」四庫本作「卷急」，《喻林》卷15引同。《廣韻》、《集韻》「腃」、「喟」同音丘愧切，云：「腃，筋節急也。」讀音丘愧切蓋即承誤本《釋文》，其誤當始自宋代，蔣斧印本《唐韻殘卷》、P.2011王仁昫《刊謬補缺切韻》、P.3696V《箋注本切韻》皆無「腃，丘愧切，筋節急也」之語。

（24）心痟體煩

《釋文》云：痟，一鉛切。

按：痟，《御覽》卷496引同，《記纂淵海》卷57引臆改作「病」。林希逸曰：「痟，骨酸也。」《正字通》：「痟，音淵，煩鬱也，《列子》『心悁體煩』。

〔註328〕楊氏引「膬」誤作「睽」，「臛膬」誤作「啳㗛」。

通作『悁』。」岡白駒曰：「痟，煩鬱也。」唐敬杲說同。尾臺逸曰：「痟，音淵，煩鬱也，通作『焆』，又憂也。」〔註 329〕《正字通》說是也，尾說即襲之，「焆」是「悁」誤書。字亦作餇，《初學記》卷 28 引《廣志》：「真定御梨大若拳，甘若蜜，脆若凌（菱），可以解煩釋餇。」《事類賦注》卷 27 引魏文帝詔「餇」作「悁」。「餇」即「痟」，亦煩也。《類聚》卷 86 引「餇」誤作「飴」，《御覽》卷 969、《證類本草》卷 23 引誤作「渴」。

（25）商魯之君與田父侔地，則亦不盈一時而憊矣

《釋文》云：侔，莫侯切。

按：林希逸曰：「使商魯之君與田野之人易地而處，雖頃刻亦不可居矣。」岡白駒曰：「侔，同也。地，所居也。」尾臺逸曰：「侔，均也。」林說是也，侔讀為貿，易也。

（26）常衣緼黂

張湛注：亂麻。

《釋文》云：黂，房未反。緼黂，謂分弊麻絮衣也。《韓詩外傳》云：「異色之衣也。」又音汾。

按：「亂麻」是「緼」字之訓。岡白駒曰：「從房未反，則當作『黂』。黂，敝麻絮衣也。『黂』則音汾。」楊伯峻曰：「黂，世德堂本作『黂』，誤。」黂，蔣刻景宋本、國圖藏宋元遞修本、高守元本、《湖海樓叢書》汪刻本、四庫本、秦恩復刻本同，《書鈔》卷 149、《記纂淵海》卷 41、54、57、《事文類聚》前集卷 2、《書敘指南》卷 11 引亦同；江遹本、日本國會圖書館藏明覆元刊本、故宮藏明刻本、早稻田大學藏本、朱得之本作「黂」。當作「黂」，楊說是，岡說慎矣。「音汾」正「黂」字之音。《文選．與山巨源絕交書》李善注引作「濕黂」，「緼」雖誤作「濕」，「黂」固不誤。《類聚》卷 3、《御覽》卷 19、27 引《博物志》作「黂緼」，《御覽》卷 19 有注音「黂，分衮反」。

（27）自曝於日

按：王叔岷曰：「《事類賦》卷 1、《御覽》卷 3、《天中記》卷 1 引並作『曝日於野』，『野』下更有『美之』二字。《書鈔》卷 149、《文選．與山巨

〔註 329〕尾臺逸《醫餘．養性篇》，第 15 頁。下同。

源絕交書》注引『曝』作『暴』，當從之，『曝』俗字。」《事文類聚》前集卷 2、續集卷 17、別集卷 22、《記纂淵海》卷 41、54、57、《合璧事類備要》前集卷 1、別集卷 59 引同今本，《御覽》卷 19 引《博物志》亦同。《文選》李善注、《書鈔》卷 149 引作「自暴於日」，《類聚》卷 3 引《博物志》亦同。《御覽》卷 27 引《博物志》作「每自曝於日」，《御覽》卷 371 引《博物志》作「自曝背於日」。

（28）不知天下之有廣廈隩室

《釋文》云：隩，音奧。

按：隩，《御覽》卷 19、27 引《博物志》作「奧」。

（29）鄉豪取而嘗之，蜇於口，慘於腹

《釋文》云：蜇，音哲。慘，千感切。慘、蜇，痛也。

按：岡白駒曰：「『蜇』與『螫』通，毒烈也。」王叔岷曰：「舊鈔本《文選・與山巨源絕交書》注引正作『哲』，《御覽》卷 491 引《博物志》同（卷 371 引《博物志》作『苦』）。《御覽》卷 980 引作『螫於其口，慘於其腸』，『蜇』與『螫』同。『哲』借字。」景宋本《御覽》卷 980 引作「哲於其口，嘇於其腸」，王氏所據乃誤本。「嘇」乃「慘」形譌。慘，《御覽》卷 491 引《博物志》「慘」作「憬」，「憬」乃俗譌字。

《說符篇》第八校補

（1）關尹謂子列子曰：「言美則響美，言惡則響惡，身長則影長，身短則影短。名也者，響也。身也者，影也。故曰：慎爾言，將有知之。慎爾行，將有隨之。」

《釋文》本「知」作「和」，云：和，胡臥切，一作「知」。

按：陶鴻慶曰：「今云『身也者影也』，義頗難通。此『身』字乃指受報之身言之，與上文『身長身短』意義迴別。」王叔岷曰：「『身』當作『行』，下文『慎爾行，將有隨之』，即承此言。《御覽》卷 430 引《尸子》作『行者影也』，可為旁證。《釋文》本、盧重元本、元本、世德堂本、道藏白文本、林希逸本、江遹本『知』並作『和』，當從之，《御覽》卷 430 引《尸子》字亦作和。」楊伯峻案：「王說可取，陶氏曲為之說，頗嫌迂僻。和，北宋本作『知』，汪本從之，今從吉府本、世德堂本訂正。」王說是，《御覽》所引《尸子》，當是「《關尹子》」挩誤，王叔岷指為《尸子》逸文〔註 330〕，非是。《御覽》引二「慎爾」作「慎而」。「和」、「隨」歌部合韻〔註 331〕，高守元本誤作「知」，《黃氏日抄》卷 55 引亦誤同。

（2）度在身，稽在人

盧重玄曰：禮度在於身，稽考在於人。

按：度，《黃氏日抄》卷 55 引誤作「廢」。

（3）彊食靡角，勝者為制，是禽獸也

張湛注：以力求勝，非人道也。

《釋文》云：《韓詩外傳》云：「靡，共也。」《呂氏春秋》云：「角，試力也。」此言人重利而輕道，唯食而已，亦猶禽獸飽食而相共角力以求勝也。

按：《呂氏春秋・孟冬》高誘注：「角，猶試。」是注文，非正文，此《釋文》所本。林希逸曰：「彊食，爭而食也。靡角，以角相觸也。力之勝者制其弱者，禽獸之事也。」俞樾曰：「『靡』讀為『摩』。《莊子・馬蹄篇》：『喜則交頸相靡。』《釋文》引李云：『摩也。』『靡角』之『靡』即『交頸相靡』之『靡』，謂以角相靡也。」于鬯曰：「疑『角』即『肉』字，形近而誤。『靡』當是『靡敝』之靡，與『弱』義可合。『靡肉』即『弱肉』也。」王重民曰：「『制』字義不可通，蓋當作『利』，字之誤也。《御覽》卷 421 引作『勝者為利』，可證。」王叔岷曰：「俞說是也。《御覽》卷 421 引作『磨』。磨、摩、靡古並通用。」林、俞說是，「靡角」謂摩角相鬭。「制」字不誤，楊伯峻從王重民說，非是。勝者為制，言勝者制其敗者。

（4）列子學射，中矣

張湛注：率爾自中，非能期中者也。

〔註 330〕王叔岷《論今本〈列子〉》，收入《慕廬論學集（一）》，中華書局 2007 年版，第 373 頁。

〔註 331〕參見顧炎武《唐韻正》卷 2，收入《叢書集成三編》第 27 冊，新文豐出版公司 1997 年印行，第 403 頁。江有誥《先秦韻讀・列子》，《江氏音學十書》，收入《續修四庫全書》第 248 冊，上海古籍出版社 2002 年影印，第 181 頁。

按：學，《呂氏春秋．審己》作「常」。譚戒甫曰：「似『學』字為『嘗』字之誤。此『常』字疑亦『嘗』字之假用，謂偶中一次，非前期而中也，故不知中之所以然。」〔註 332〕譚說是也。

（5）毫芒繁澤

按：繁澤，《韓子．喻老》同，《淮南子．泰族篇》作「顏澤」。

（6）故聖人恃道化而不恃智巧

盧重玄曰：夫斲雕為樸，還淳之道也。故曰，善約者不用膠漆，善閉者不用關鑰。是以大辯若訥，大巧若拙耳。

按：二「恃」，《御覽》卷 752 引作「持」，借字。《老子》第 23 章：「善閉無關鍵而不可開，善結無繩約而不可解。」又第 45 章：「大巧若拙，大辯若訥。」此盧解所本。

（7）晉文公出會，欲伐衛

按：王重民曰：「《意林》引無『出會』二字。」《意林》卷 2 省文耳，《類聚》卷 24、《御覽》卷 305、391、《事文類聚》後集卷 14 引同今本，《類聚》卷 88、《御覽》卷 955、《合璧事類備要》別集卷 51 引有一「會」字。《御覽》卷 457 引作「晉文公出欲會伐衛」，「會」字倒在下文。

（8）公子鋤仰天而笑

按：楊樹達曰：「《說苑．正諫》作『趙簡子攻齊，公盧大笑』，蓋即一事而記者互異。盧、鋤音讀相近。」《意林》卷 2 引作「公子鋤笑之」，《類聚》卷 24 引作「公子鉏仰而笑之」，《類聚》卷 88、《御覽》卷 391、457、955、《合璧事類備要》別集卷 51 引作「公子鉏仰而笑」，《御覽》卷 305 引作「公子鋤御（仰）而笑之」，《事文類聚》後集卷 14 引作「公子鋤仰而笑」。今本「天」蓋「而」字誤衍。

（9）道見桑婦，悅而與言

按：王重民曰：「《意林》、《御覽》卷 305 引『言』上並有『之』字。」

〔註 332〕譚戒甫《校呂遺誼》，國立武漢大學《文哲季刊》第 3 卷第 1 期，1933 年版，第 199 頁。

《類聚》卷 24 引亦有「之」字，蓋臆增，其餘各書引無。

（10）能視盜之眼

《釋文》本「眼」作「貌」，云：貌，一本作「眼」。

按：王叔岷曰：「《釋文》本、道藏白文本、林希逸本、江遹本、元本、世德堂本『眼』並作『貌』，《治要》引同，《御覽》卷 499 引作『皃』。『皃』即古『貌』字。」楊伯峻曰：「『貌』本作『眼』，今從吉府本、世德堂本正。」蔣刻景宋本、高守元本、國圖藏宋元遞修本、《湖海樓叢書》汪刻本、秦刻本作「眼」，劉辰翁《評點》本、日本國會圖書館藏明覆元刊本、故宮藏明刻本、早稻田大學藏本、四庫本作「貌」。

（11）周諺有言：「察見淵魚者不祥，智料隱匿者有殃。」

按：楊伯峻曰：「《韓非子・說林上》云：『古者有諺曰：知淵中之魚者不祥。』」《御覽》卷 496 引「周」誤作「國」，「匿」誤作「逸」，無「有」字。《記纂淵海》卷 59 引「匿」作「暱」。此蓋當時諺語，《史記・吳王濞傳》：「察見淵中魚不祥。」

（12）於是用隨會知政，而群盜奔秦焉

按：知政，《御覽》卷 499 引作「為政」，又引「群」誤作「君」。《後漢書・王暢傳》張敞《上王暢奏記》：「隨會為政，晉盜奔秦。」即用此典，然則《列子》豈魏晉偽書乎？

（13）爭魚者濡，逐獸者趨

按：楊伯峻曰：「《呂覽・舉難篇》云：『救溺者濡，追逃者趨。』」此亦當時諺語，二語亦見《淮南子・道應篇》、《文子・微明》。《呂氏春秋・精諭》：「求魚者濡，爭獸者趨。」《說苑・談叢》：「逐魚者濡，逐獸者趨。」《鹽鐵論・論儒》：「故追亡者趨，拯溺者濡。」

（14）白公不得已，遂死於浴室

按：浴室，《淮南子・道應篇》同，《呂氏春秋・精諭》作「法室」。《淮南》許慎注：「楚殺白公於浴室之地也。」《呂氏》高誘注：「法室，司寇也。一曰浴室，澡浴之室也。」

（15）趙襄子使新稚穆子攻翟，勝之，取左人中人

張湛注：左人中人，鮮虞二邑名。

按：左人，《國語・晉語九》同，《呂氏春秋・慎大》作「老人」，《淮南子・道應篇》作「尤人」。「老人」、「尤人」皆「左人」之誤，《御覽》卷322、849引《呂氏》正作「左人」〔註333〕。中人，《淮南子》作「終人」。

（16）夫江河之大也，不過三日；飄風暴雨不終朝，日中不須臾

按：梁履繩曰：「《老子》曰：『飄風不終朝，驟雨不終日。』此襄子語義所本。」楊伯峻曰：「《呂覽》、《淮南子》俱無『不終朝』三字。」《文子・微明》：「江河之大溢，不過三日；飄風暴雨，日中不出須臾。」《說苑・談叢》：「江河之溢，不過三日；飄風暴雨，須臾而畢。」

（17）孔子之勁能拓國門之關，而不肯以力聞

張湛注：勁，力也。拓，舉也。孔子能舉門關而力名不聞者，不用其力也。

《釋文》云：勁，力也。拓，一本作「招」。李善注《文選・吳都賦》曰：「招與翹同。」《淮南子》作「杓」，許慎云：「杓，引也。古者縣門下，從上杓引之者難也。」

盧重玄曰：夫子之力能舉關。

按：王重民曰：「作『招』者是也。《淮南・主術篇》：『孔子力招城關。』高注曰：『招，舉也。』《呂氏春秋・慎大篇》：『孔子之勁能舉國門之關。』高注曰：『以一手捉城門關顯而舉之。』『捉』字當是『招』字之誤。此又以『招』釋『舉』也。張注：『拓，舉也。』蓋『拓』亦『招』字之誤，則《列子》本作『招』明矣。《文選・吳都賦》注引正作『招』。《意林》引作『舉』，雖得其義，殆非《列子》之舊矣。」王說是也，王叔岷指出其說襲自清人陶方琦〔註334〕。許維遹亦襲陶說〔註335〕，陳奇猷又指出《呂氏》高注「捉」非誤字〔註336〕。《御覽》卷386引《呂氏》「舉」作「招」，注：

〔註333〕王念孫《淮南子雜志》、《呂氏春秋雜志》已訂作「左人」，收入《讀書雜志》卷14、16，中國書店1985年版，本卷第3、39頁。

〔註334〕陶方琦說見《淮南許注異同詁》卷3，收入《續修四庫全書》第1121冊，上海古籍出版社2002年版，第456頁。

〔註335〕許維遹《呂氏春秋集釋》，中華書局2009年版，第362頁。

〔註336〕陳奇猷《呂氏春秋新校釋》，上海古籍出版社2002年版，第871頁。

「招，舉也，《淮南子》同也。」《文選・吳都賦》：「翹關扛鼎，拚射壺博。」庾信《擬連珠》：「蓋聞意氣難干，非資扛鼎。風神自勇，無待翹關。」《顏氏家訓・誡兵》：「孔子力翹門關，不以力聞。」《史通・史記》：「昔孔子力可翹關，不以力稱。」「翹」即「招」。《論衡・效力》：「孔子能舉北門之關，不以力自章。」《淮南》之「杓」，王念孫、陶方琦訂作「扚」〔註 337〕。招、扚一聲之轉。

（18）聖人之言先迕後合

《釋文》云：迕音誤。

按：王叔岷曰：「《記纂淵海》卷 56 引『迕』作『汗』，『汗』蓋『忤』之誤。」《文子・微明》、《道德》同此作「迕」，《淮南子・人間篇》、《主術篇》、《兵略篇》作「忤」。

（19）民易子而食之，析骸而炊之

《釋文》云：析，音錫。

按：析，《御覽》卷 899 引誤作「折」。

（20）宋有蘭子者，以技干宋元

張湛注：凡人物不知生出主謂之蘭也。

《釋文》云：《史記》注云：「無符傳出入為闌。」應劭曰：「闌，妄也。」此所謂闌子者，是以技妄遊者也。疑「蘭」字與「闌」同。

按：任大椿曰：「注『生』字疑『妄』字之訛。蘭、闌古多通用。」俞樾曰：「《說文》：『闌，妄入宮掖也，讀若闌。』是『蘭子』之蘭即『闌』之引申義。」于鬯曰：「如殷說本字當作『闌』。竊疑『蘭』當讀為讕，《說文》：『讕，詆讕也。』」蘇時學曰：「『蘭子』義未詳，舊注釋蘭為妄，亦未了了。今世俗謂無賴子為爛仔，其義疑本於此。」楊伯峻曰：「注『主』世德堂本作『者』。」蘇說是也，張注、俞說皆非。孫錦標曰：「《通俗文》：『縱失曰蘭。』今市井謂債不可復收曰爛賬，爛即蘭矣。」〔註 338〕章太炎說同，章氏又曰：「凡人縱馳

〔註 337〕王念孫《淮南子雜志》，收入《讀書雜志》卷 14，中國書店 1985 年版，本卷第 4 頁。陶方琦《淮南許注異同詁》卷 3，第 456 頁。

〔註 338〕孫錦標《南通方言疏證》，轉引自許寶華、宮田一郎《漢語方言大詞典》，中華書局 1999 年版，第 1445 頁。

無檢亦曰蘭。《列子・說符篇》:『宋有蘭子者。』注:『應劭曰:闌，妄也。』『蘭』與『闌』同。今人謂舒縱不節曰爛，爛亦蘭字也。」〔註 339〕錢鍾書曰:「竊意蘇說近是，『蘭子』即後世之『賴子』。」〔註 340〕字本作爁，《說文》:「爁，過差也。」「過差」猶言過甚、過度。俗字作濫。《事類賦注》卷 13 引作「闌子」，《書鈔》卷 122 引誤作「簡子」。

(21) 其技以雙枝，長倍其身，屬其踁

《釋文》云:「倍」依字。屬音燭。踁，音脛。

按:《釋文》「依字」猶今言讀如字，下文《釋文》云:「『衣素』之衣，於既切。『素衣』之衣依字。」亦其例。王叔岷曰:「踁，道藏白文本、林希逸本並作『脛』。當以作『脛』為正(《御覽》卷 483 引作『腦』，卷 569 引作『腫』，疑並『脛』之誤。)《六帖》卷 61 引作『頸』。」于省吾曰:「作『枝』者是也。雙枝謂雙戟也。」楊伯峻曰:「枝，世德堂本作『技』,《御覽》卷 344、483 引作『杖』，又卷 569 引作『枝』。」《御覽》卷 344 未引此文，楊氏誤記。《白氏六帖事類集》卷 9、18 引作「枝」〔註 341〕,《樂書》卷 186 引作「技」。踁,《白氏六帖事類集》卷 9 引同，劉辰翁《評點》本、故宮藏明刻本作「脛」,《樂書》引作「踵」。「腦」、「頸」是「脛」形譌,「腫」是「踵」形譌。林希逸曰:「雙枝屬於脛，今人所為接脚戲是也。雙枝者，雙木也。」此即今之踩高蹺之戲。于省吾謂當作「枝」，是也，但謂即雙戟，則誤。

(22) 弄七劍迭而躍之

按:迭,《白氏六帖事類集》卷 9 引誤作「走」。躍,《御覽》卷 483 引誤作「躡」。

(23) 又有蘭子又能燕戲者

張湛注:如今之絕倒投狹者。

按:王叔岷曰:「元本、世德堂本注『狹』並作『俠』,《六帖》卷 33 引作『挾』。挾、俠、狹古通用。」《御覽》卷 569 引注作「鸗戲，若〔今〕

〔註 339〕章太炎《新方言》卷 2，收入《章太炎全集(七)》，上海人民出版社 1980 年版，第 65 頁。

〔註 340〕錢鍾書《管錐編》，中華書局 1986 年版，第 529 頁。

〔註 341〕《白帖》分別在卷 33、61，卷 33 引作「技」。

絕倒投〔狹〕也」〔註342〕，《樂書》卷186引作「亦謂之燕濯，若今絕倒技也」，皆誤作正文。四庫本亦作「投俠」。絕倒蓋即今之筋斗，《賈子・匈奴》稱作「倒挈」。作「投狹」是也，《抱朴子內篇・辨問》:「使之跳丸弄劍，踰鋒投狹。」「投狹」也稱作「衝狹」，「燕戲」指燕濯之戲。《文選・西京賦》:「烏獲扛鼎，都盧尋橦。衝狹鷰濯，胸突銛鋒。」薛綜注:「衝狹，卷簟席，以矛插其中，伎兒以身投，從中過。鷰濯，以盤水置前，坐其後，踊身張手跳前，以足偶節踰水，復却坐，如鷰之浴也。」

(24) 昔有異技干寡人者

張湛注：謂先僑人。

《釋文》云：僑，音喬，寄也。

按:《釋文》說非是。早稻田大學藏本上方校語：「僑人，疑『技人』。」亦非是。盧文弨曰:「郭璞注《山海經》長股國云:『今伎家喬人蓋象此〔身〕。』〔註343〕『僑』、『喬』通用。」僑、喬，並讀為趫，字亦作蹻。吳任臣曰:「伎家喬人，喬人雙木續足之戲，今曰躧蹻。」〔註344〕《說文》:「趫，善緣木走之才（工）。」〔註345〕

(25) 技無庸

按:《御覽》卷569引作「伎無用」。

(26) 若此者絕塵弭轍

張湛注：言迅速之極。

《釋文》云：弭，亡爾切。轍，跡也，一本作「徹」。

按：朱得之注:「弭，消。轍，轍。」岡白駒曰:「弭，消也。『轍』與『轍』通。言無跡也。」王叔岷曰:「《文選・赭白馬賦》注、《舞賦》注、《七命》注引並作『轍』，《淮南・道應篇》同。徹、轍古今字。轍，俗字。」轍，敦煌寫卷P.2495作「險」，景宋本《淮南子》作「徹」，許慎注:「絕塵，不及也。弭

〔註342〕景宋本《御覽》「今」字作空格，又脫「狹」字。

〔註343〕盧氏引脫「身」字，據《山海經・海外西經》郭璞注補。

〔註344〕吳任臣《山海經廣注》卷7，收入景印文淵閣《四庫全書》第1042冊，臺灣商務印書館1986年初版，第186頁。

〔註345〕《玉篇》「才」作「工」。

徹，引跡疾也。」

（27）臣有所與共擔纆薪菜者

張湛注：負索薪菜，蓋賤役者。

《釋文》云：纆，音墨。

按：王叔岷曰：「盧重元本、元本、世德堂本、道藏各本『纆』皆作『纏』，《淮南・道應篇》亦作『纏』。王念孫云：『纏當為纆，字之誤也。《說文》作縲，云：索也。』」楊伯峻曰：「纆，各本皆作『纏』。王念孫云云。俞樾曰：『纏乃纆字之誤。』楊校非是，北宋本、蔣刻景宋本、國圖藏宋元遞修本、《湖海樓叢書》汪刻本皆作「纆」，《世說新語・輕詆》劉孝標注引同，與《釋文》同，不誤；劉辰翁《評點》本、日本國會圖書館藏明覆元刊本、故宮藏明刻本、早稻田大學藏本、秦恩復刻本誤作「纏」。《淮南子》誤作「纏」，王念孫說見《淮南子雜志》，非校此篇案語。敦煌寫卷 P.2495 作「臣有共擔薪（下殘）」。

（28）狐丘丈人謂孫叔敖曰：「人有三怨，子知之乎？」

按：敦煌寫卷 P.2495「怨」作「惌」，俗字。

（29）祿厚者，怨逮之

按：俞樾曰：「《淮南子・道應篇》作『祿厚者怨處之』，是也。『怨處之』謂怨讎之所處也，猶曰為怨府也。處與妒、惡為韻。若作『逮』，則失其韻矣。」王重民曰：「俞說是也，《御覽》卷 459 引『逮』正作『處』。北宋本作『遠』，誤（《意林》引作『祿厚者人怨之』）。」王叔岷曰：「《冊府元龜》卷 788 引《韓詩外傳》、《類聚》卷 35 引《文子》並作『祿厚者怨處之』，亦可證此文『逮』字之誤。今本《外傳》卷 7『處』作『歸』，《文子・符言篇》作『人怨之』，與《意林》引合。」《御覽》卷 459 引作「祿厚者患處之」，又卷 483 引《文子》作「祿厚者怨處之」（又卷 510 引袁淑《真隱傳》同），《荀子・堯問》作「祿厚者民怨之」，《說苑・敬慎》作「祿已厚而不知足者患處之」。

（30）吾祿益厚，吾施益博

按：王重民曰：「《意林》引『博』作『溥』，疑作『溥』者是也。」王叔岷曰：「作『溥』是故書。」敦煌寫卷 P.2495 殘存「益博」二字。《淮南子・道應篇》、《文子・符言》、《韓詩外傳》卷 7、《御覽》卷 459 引《晏子》作「博」，《御覽》卷 483 引《文子》作「薄」，又卷 510 引袁淑《真隱傳》作「溥」（注：「又見《列子》。」）。《荀子・堯問》作「每益祿而施瘉（愈）博」。博、薄，並讀為溥。

（31）為我死，王則封汝，汝必無受利地

按：敦煌寫卷 P.2495 作「……王必封汝，汝慎無受利地」。

（32）牛缺者，上地之大儒也

按：牛缺，《御覽》卷 74、499 引作「牛䍊」，字同。

（33）視之歡然無憂恚之色

按：王叔岷曰：「《御覽》卷 402 引『歡』作『欣』，『恚』作『苦』。『苦』疑『恚』之形誤。《御覽》卷 499 引『歡』亦作『欣』，『恚』作『怯』。『怯』疑『悋』之形誤。」作「怯」字是，王說非也。《淮南子・人間篇》作「無懼色憂志，驩然有以自得也」。

（34）家充殷盛，錢帛無量，財貨無訾

《釋文》云：訾，音髭，言不可度量也。賈逵注《國語》云：「貲，量也。」

按：王重民曰：「《類聚》卷 33、《御覽》卷 472 引並作『家既充盛，錢金無量，財貨無比』。」〔註 346〕王叔岷曰：「今本『充殷』疑『殷充』之誤倒，『殷』又『既』之形誤也。」（僅節引其說）楊伯峻曰：「《淮南・人間訓》『充』下有『盈』字。」敦煌寫卷 P.2495 作「財資無量」，《類聚》卷 33 引作「家既充盛，錢金無量，財貨無貲」，《御覽》卷 472 引作「家既完盛，錢金無量，財貨無比」，王氏所記不準確。《御覽》卷 473 引作「家既充盛，錢金無量，財貨無訾」，《白氏六帖事類集》卷 7 節引作「財無量」〔註 347〕，《淮南子》作「家充盈殷富，金錢無量，財貨無貲」。《國語・齊語六》：「訾相其質。」《玉篇殘卷》「訾」字條、《文選・詠史詩》李善注並引賈逵《國語》注：「訾，量也。」《文選・徵吳將校部曲》注引賈逵《國語》注：「訾，量也。」此《釋文》

〔註 346〕楊伯峻引「錢金」誤作「錢帛」。

〔註 347〕《白帖》在卷 21，「兩檐」誤作「兩眼」。

「貲」當作「訾」。《類聚》及《淮南子》作「貲」者，古字通。

（35）俠客相隨而行，樓上博者射明瓊張中，反兩㮶魚而笑

張湛注：明瓊，齒五白也。射五白得之，反兩魚獲勝，故大笑。

《釋文》本「㮶」作「揄」，云：揄，他臘切。凡戲爭能取中皆曰射，亦曰投。裴駰曰：「報采獲魚也。」「揄」字案《真經》本或作「魚」，案《大博經》作「鰈」，比目魚也。蓋謂兩魚勇之比目也。此言報采獲中，翻得兩魚，大勝而笑也。鰈，他獵反。今本云「揄魚」者，是多一字也。據義用「鰈」不用「魚」，用「魚」不用「鰈」字。

按：王重民曰：「『樓上』當作『樓下』，此謂虞氏於高樓設樂陳酒擊博賭勝之時，俠客相隨，行經樓下，適有飛鳶墜腐鼠而中之，因疑虞氏在樓上所故為而以為辱也。若俠客已行至樓上，則不得有此誤會矣。此蓋因上文『擊博樓上』句而誤。《類聚》卷 95 引作『遊俠相隨行樓下，博者射中而笑』。文雖簡略，而『樓下』字固不誤也。」楊伯峻曰：「今以『樓上』兩字屬下讀，則俠客相隨者在樓下可知矣。」林氏《口義》本、劉辰翁《評點》本、故宮藏明刻本、秦恩復刻本「㮶」作「揄」。敦煌寫卷 P.2495 作「樓下有俠客相隨而行」，《類聚》卷 33、《御覽》卷 473 引作「俠客相隨而行，樓上博者大笑」，《白氏六帖事類集》卷 7 引作「俠客相隨而行，樓上博者射中兩㮶魚笑」，《淮南子・人間篇》作「遊俠相隨而行樓下，博上者射朋張中，反兩而笑」，《御覽》卷 911 引《淮南子》作「遊俠相隨行於樓下，博者射明張中，友（反）雨（兩）㮶而笑」，有注：「㮶，音榻。」《御覽》卷 923 引《淮南子》作「遊俠相隨行樓下，博者射中而笑」。王叔岷指出此文「而行」下脫「樓下」二字，「樓上」屬下讀，是也。「魚」字衍文。《淮南子》下句當作「樓上博者射明瓊張中，反兩㮶而笑」，「朋」是「明瓊」脫誤。許慎注：「射朋張，上棋中之，以一反兩也。」「㮶」乃「鰈」同音借字。《御覽》注音「榻」疑「搨」字形誤，即「擸」俗字。《楚辭・招魂》：「呼五白些。」王逸注：「五白，簙齒也。言己棊已梟，當成牟勝，射張食棊，下兆於屈，故呼五白以助投也。兆於屈，一作『逃於窟』。」洪興祖補注：「《列子》云：『樓上博者射明瓊張中。』說者曰：『凡戲爭能取中皆曰射。明瓊，齒五白也。』」

（36）兩手據地而歐之，不出，喀喀然，遂伏而死

《釋文》本作「伏地而死」，云：喀，音客。一本無「地」字。

按：王叔岷曰：「《釋文》本有『地』字，當從之。《呂氏春秋・介立篇》、《新序・節士篇》、《金樓子・雜記上篇》亦並有『地』字。」楊伯峻曰：「道藏白文本『歐』作『嘔』。《說文》：『歐，吐也。』『嘔』乃俗字。」敦煌寫卷P.2495作「（上殘）地而歐之，不出，客客然，遂伏而死者」。《御覽》卷743引「歐」作「嘔」，「喀喀」作「客客」。《呂氏春秋》「歐」作「吐」。

（37）柱厲叔事莒敖公，自為不知己者，居海上

《釋文》云：居海上，一本作「而去海上」。

按：盧文弨曰：「藏本『自』下有一『去』字。」岡白駒曰：「『者』當作『去』。」陶鴻慶曰：「『自』下當有『以』字，『者』當作『去』。其文云『自以為不知己，去，居海上』。下文『子自以為不知己，故去』，又『自以為不知故去』，並其證。」王重民曰：「道藏本、吉府本『者』正作『去』。」王叔岷曰：「《釋文》本『自』下正有『以』字，《呂氏春秋・恃君篇》同。道藏白文本、林希逸本、江遹本『者』並作『去』，高守元本作『者』，王氏失檢。《釋文》引一本作『而去海上』，『者』作『去』是也，惟『去』下挩『居』字，《呂氏》作『而去居於海上』，亦其證。」楊伯峻說略同王叔岷。敦煌寫卷P.2495作「柱廣叔事莒敖公，以為不□□，退居海上」。「退」即「去」，「廣」是「厲」形譌。

（38）夏日則食菱芰，冬日則食橡栗

按：敦煌寫卷P.2495作「夏食蔆芰，冬食橡栗」。

（39）吾將死之，以醜後世之人主不知其臣者也

按：醜，《呂氏春秋・恃君》同，《說苑・立節》作「激」。高誘注：「醜，愧也。」敦煌寫卷P.2495作「令後世人主媿不知臣者也」。「媿」同「愧」。

（40）利出者實及，怨往者害來，發於此而應於外者唯請，是故賢者慎所出

張湛注：「請」當作「情」。情所感無遠近幽深。

《釋文》本「及」作「反」，云：反，一本作「及」，非也。請，音精。《字林》云：「精，誠也」。一本音情，《說文》云：「人之陰氣有所欲也。」徐廣曰：「古『情』字或假借作『請』。」

盧重玄曰：唯請者，若自召之也。

按：洪頤煊曰：「『言』古文與『心』字篆文字形相近，故『情』字多為『請』。」俞樾曰：「『及』乃『反』字之誤。『出』與『反』猶『往』與『來』，相對成文。」「及」當作「反」，《釋文》及俞說是。請，讀為情，徐廣說是。情，誠也。正文「發於此」當作「發於內」或「發於中」。《淮南子・齊俗篇》：「情發於中而聲應於外。」又《修務篇》：「憤於中則應於外。」（高誘注：「憤，發也。」）又《繆稱篇》：「忠信形於內感動應於外。」《說苑・復恩》：「利施者福報，怨往者禍來，形於內者應於外，不可不慎也。」又《善說》：「君子誠能刑（形）於內則物應於外矣。」《論衡・福虛》：「行善者福至，為惡者禍來。」郭店楚簡《成之聞之》：「形於中，發於色，其誠也固矣，民孰弗信？」諸文並可相證。

（41）楊子之鄰人亡羊，既率其黨，又請楊子之豎追之

按：請，《御覽》卷195引誤作「謂」。

（42）楊朱之弟曰布，衣素衣而出，天雨，解素衣，衣緇衣而反

按：敦煌寫卷P.2495作「楊布，楊朱之弟，衣素衣出行，遇雨，著[illegible]衣而反」。「[illegible]」即「繙」〔註348〕，同「緇」。

（43）其狗不知，迎而吠之

按：知，敦煌寫卷P.2495作「識」。

（44）楊布怒，將扑之。

《釋文》本「扑」作「朴」，云：片卜切。

按：盧文弨曰：「藏本『扑』作『朴』。」王叔岷曰：「《釋文》本『扑』誤『朴』。《韓非子・說林下篇》作『擊』。『扑』正作『攴』。」敦煌寫卷P.2495作「朴」，《御覽》卷905引作「扑」。

（45）人有濱河而居者，習於水，勇於泅，操舟鬻渡，利供百口

按：渡，動詞，擺渡。鬻渡，以擺渡謀生。《水經注・河水》「漢武微行

〔註348〕劉佩德《敦煌〈列子〉殘卷整理》「繙」誤錄作「絹」，《中南大學學報》2012年第6期，第217頁。

柏谷，遇辱竇門，又感其妻深識之饋，既返玉階，厚賞賚焉，賜以河津，令其鬻渡。」

（46）行善不以為名，而名從之；名不與利期，而利歸之；利不與爭期，而爭及之；故君子必慎為善

按：楊伯峻曰：「《說苑·敬慎篇》載魏公子牟語，意與此大同。」尋公子牟曰：「君知夫官不與勢期而勢自至乎？勢不與富期而富自至乎？富不與貴期而貴自至乎？貴不與驕期而驕自至乎？驕不與罪期而罪自至乎？罪不與死期而死自至乎？」語意與此大不同。《淮南子·繆稱篇》：「聖人為善，非以求名而名從之，名不與利期而利歸之。」《文子·符言》：「為善者，非求名者也，而名從之，名不與利期而利歸之。」為名，猶言求名。馬王堆漢墓帛書《稱》：「不為得，不辭福，因天之則。」《淮南子·詮言篇》「為」作「求」。

（47）昔人言有知不死之道者，燕君使人受之，不捷，而言者死

《釋文》云：捷，以接切。

按：林希逸曰：「捷，速也。」岡白駒曰：「不捷，行不速。」于鬯曰：「《小爾雅》：『捷，成也。』」楊伯峻曰：「《韓非·外儲說左上》作『所使學者未及學而客死，王大怒，誅之』。」《抱朴子內篇·至理》：「昔有名師知不死之道者，燕君使人學之，不逮，而師死。」即本《列子》。《小爾雅》：「捷，及也。」字亦音轉作接。逮亦及也。林說非是。

（48）燕君甚怒，其使者將加誅焉

按：「甚」字衍文，當據《抱朴子內篇·至理》作「燕君怒其使者，將加誅焉」。

（49）人所憂者莫急乎死，己所重者莫過乎生

按：《抱朴子內篇·至理》「急」、「過」互易。

（50）邯鄲之民以正月之旦獻鳩於簡子，簡子大悅，厚賞之

按：《孔叢子·執節》：「邯鄲之民以正月之旦獻雀於趙王，而綴之以五綵，趙王大悅。」即本《列子》。《玉燭寶典》卷1引「鳩」作「鳪」，「悅」作「傀」。

《類聚》卷 92 引「悅」作「愧」〔註 349〕，《白氏六帖事類集》卷 1 引《孔叢子》同〔註 350〕。「傀」是「愧」形譌。疑「愧」是故書。《類聚》卷 4、《御覽》卷 29 引已作「悅」。敦煌寫卷 P.2495 作「鳩」。

（51）郭中人戲之曰：「從馬醫而食，不以辱乎？」乞兒曰：「天下之辱，莫過於乞。乞猶不辱，豈辱馬醫哉？」

按：楊伯峻曰：「《御覽》卷 485 引『馬醫』作『馬豎』。」錢鍾書曰：「嵇康《難自然好學論》：『俗語曰：乞兒不辱馬醫。』《列子》此節當是『俗語』之演義也。」〔註 351〕作「馬醫」是，敦煌寫卷 P.2495 同，《御覽》臆改耳。本書《黃帝篇》：「范氏門徒路遇乞兒、馬醫弗敢辱也。」是其證也。錢氏必謂《列子》偽書，故謂《列子》是「俗語」演義，無寧謂「俗語」出典於《列子》也。

（52）宋人有游於道得人遺契者

張湛注：遺，棄。

《釋文》云：宋人有游於道，一本作「宋人有於道」。

按：王重民曰：「《御覽》卷 499 引無『游』字。」敦煌寫卷 P.2495 亦無「游」字，與《釋文》所見一本合。「游」即涉「於」形誤而衍。

（53）歸而藏之，密數其齒

按：密，敦煌寫卷 P.2495 誤作「必」。

（54）俄而扣其谷而得其鈇

張湛注：扣，音掘。

《釋文》云：扣，古掘字。一本作「相」，非也。

按：《釋文》說是也。秦恩復本作「相」，云：「《呂氏春秋》亦作『掘』。」王叔岷曰：「盧重元本、道藏高守元本誤『扣』並誤『相』，《呂氏春秋・去尤篇》同（《治要》、《長短經・忠疑篇》引《呂氏》『相』並作『掘』）。『扣』正

〔註 349〕《類聚》據宋刊本，四庫本仍作「悅」。

〔註 350〕《白帖》在卷 4。

〔註 351〕錢鍾書《〈列子〉張湛注》，收入《管錐編》第 2 冊，中華書局 1986 年版，第 533 頁。

作『搰』,《說文》:『搰,掘也。』」《御覽》卷763引誤作「於」,《記纂淵海》卷7、25引誤作「相」〔註352〕。扫、掘、搰一聲之轉〔註353〕。敦煌寫卷P.2495作「掩」,亦誤。《治要》卷39、《長短經》有注:「谷,坑也。」

(55)白公勝慮亂,罷朝而立,倒杖策,錣上貫頤,血流至地而弗知也

張湛注:錣,杖末鋒。

《釋文》云:錣,張劣反。許慎注《淮南子》云:「馬策端有利鐵,所以刺不前也。」

按:楊伯峻曰:「《韓非·喻老篇》作『罷朝倒杖而策銳貫顊』。」《淮南子·道應篇》亦作「錣上貫頤」。錣、銳,並讀為為笍。「顊」是「頤」別體〔註354〕。敦煌寫卷P.2495作「倒杖鉢貫頤」。

(56)意之所屬箸,其行足躓株埳,頭抵植木,而不自知也

《釋文》本「埳」作「埳」,云:屬,音燭。著,直略切。躓,音致,礙也。埳,音坎。

按:王叔岷曰:「《淮南·原道篇》『躓』作『蹪』,注:『蹪,躓也,楚人讀躓為蹪。』」楊伯峻曰:「『意之所屬』數句又見《淮南子·原道訓》。」《淮南子》作「凡人之志,各有所在,而神有所繫者,其行也足蹪趎埳,頭抵植木,而不自知也。」高誘注:「知,猶覺也。」箸(著),讀為注。「埳」是「埳」俗譌字,高守元本、江遹本、劉辰翁《評點》本、日本國會圖書館藏明覆元刊本、《湖海樓叢書》汪刻本、早稻田大學藏本、四庫本、秦刻本作「埳」。趎,讀為株。《韓詩外傳》卷10:「不知前有深坑,後有掘株也。」〔註355〕「掘株」讀為「橛株」,《慧琳音義》卷30引正作「橛株」,木根。「株埳」即謂橛株深坑也。《漢語大字典》:「趎,同『跦』,跳行貌。」〔註356〕非是。

〔註352〕四庫本《記纂淵海》在卷55、59,卷55引作「扫」不誤。

〔註353〕參見王念孫《廣雅疏證》,收入徐復主編《廣雅詁林》,江蘇古籍出版社1992年版,第196頁。

〔註354〕參見蕭旭《韓非子校補》引諸家說,花木蘭文化出版社2015年版,第96頁。

〔註355〕茲據《類聚》卷60、《書鈔》卷124、《御覽》卷350、956所引,今本「掘株」作「窟」。

〔註356〕《漢語大字典》(第二版),崇文書局、四川辭書出版社2010年版,第3717頁。

（57）昔齊人有欲金者，清旦衣冠而之市

按：王重民曰：「《意林》引『欲』下有『得』字，《呂氏春秋·去宥篇》同。」敦煌寫卷 P.2495 亦有「得」字，《呂氏春秋·聽言篇》同，然不必據補，《白氏六帖事類集》卷 2、《類聚》卷 65、83、《御覽》卷 810、827、《事類賦注》卷 9、《記纂淵海》卷 1、50、52、55 引皆無「得」字〔註 357〕。

（58）因攫其金而去

按：《呂氏春秋·去宥》作「攫而奪之」，《淮南子·氾論篇》作「掇而走」。敦煌寫卷 P.2495 作「因獲而去」，「獲」是「攫」形譌〔註 358〕。

（59）取金之時，不見人，徒見金

按：王叔岷曰：「《記纂淵海》卷 1 引『徒』作『惟』，《意林》引『徒』作『但』。」敦煌寫卷 P.2495 亦作「但」。徒、但一聲之轉耳。

本稿主要內容曾以《列子解詁》為題發表於《書目季刊》第 51 卷第 1 期，臺灣學生書局 2017 年 6 月出版，第 79～100 頁。《〈列子·黃帝篇〉解詁》為題發表於《東亞文獻研究》總第 21 輯，2018 年 6 月出版，第 51～63 頁。

〔註 357〕《白帖》在卷 8。

〔註 358〕楊思範、劉佩德「獲」皆誤錄作「攫」。楊思范《敦煌本〈列子注〉考》，《文獻》2002 年第 3 期，第 19 頁。劉佩德《敦煌〈列子〉殘卷整理》，《中南大學學報》2012 年第 6 期，第 218 頁。